監修
一般社団法人
日本社会福祉教育学校連盟

ソーシャルワーク・スーパービジョン論

中央法規

発刊に寄せて

認定社会福祉士認証・認定機構
機構長　橋本 正明

　わが国における社会福祉（ソーシャルワーク）教育・実践において，取り組むべき大きなテーマの一つが対人援助活動を支えるスーパービジョンであることは，大方の同意を得ることだと思います。同時に従来その重要性の認識はありながら，具体的なソーシャルワークにおけるスーパービジョンの学問的な整理と深化の取り組みが十分であったとはいえません。
　また方法としてのソーシャルワークにおけるスーパービジョンについては，実習指導教育を含めた大学教育等においても，ソーシャルワークの実践現場においてもその機能と方法が十分に認識され実施されていたとは言い難いものがあります。
　それは従来のわが国の福祉教育の目的が，実務者（ソーシャルワーカー）の育成を目指すよりは，制度の理解や学問的な学びを中心としたものになっているという背景があるともいえます。社会福祉士養成課程の180時間の相談援助実習についても，必ずしも福祉相談を中心とした実習ばかりではなく，介護や養護といった近隣領域の学びと重なり，十分な相談援助の実習とスーパービジョンを受けないまま実習を終える場合も少なくはないといえます。

　クライエントの社会的・精神的自立を支援する社会福祉援助実践において，ソーシャルワーカーは，常に自らをクライエントの直面する生活の困難さに対し共に立ち向かうことになります。そのことはソーシャルワークの原点・原理として特徴づけられるもですが，援助者は常に精神的に重い負担感や強いストレスを受けます。そのソーシャルワーカーの後ろ

盾になり，支える援助としてスーパービジョンが必要であり，極めて重要なのです。

ソーシャルワーカーには常に自らの援助の妥当性や客観性，立ち位置の確認という振り返りが大切です。実行した援助が妥当なものであるか否かの検証です。援助者はそのような支援と指導を受けながら，自らの成長を確認していけることもスーパービジョンの大切な機能となります。

2007 年の社会福祉士等の資格法の改正にあたり，国会では専門社会福祉士等の早急な検討を付帯決議としました。それは現代の社会的援助ニーズの質的な変化と量的な増大をふまえ，より専門的対応ができる専門職への期待であり要求でした。専門職団体として日本社会福祉士会は，関係諸団体とともに 2011 年認定社会福祉士認証・認定機構を立ち上げ，認定社会福祉士および認定上級社会福祉士認定制度をスタートさせました。

社会福祉士資格は教育機関で受験資格を得て，国家試験に合格し認定される資格です。いわば資格の取得がソーシャルワーカーとしてキャリア形成のスタートとなります。認定社会福祉士は 5 年以上の実務経験と，認証された研修の受講により 20 単位を取得し，同時にスーパービジョン 10 単位を認定の必須要件としています。認定上級社会福祉士は認定社会福祉士の認定を受け，実務 10 年と規定の単位およびスーパーバイジーとスーパーバイザー両面の実践を積み，認定試験に合格することにより認定を受けます。

社会福祉士にとって認定社会福祉士認定は生涯学習，キャリア形成として，実務に裏づけられた学びの機会となります。そこで知識と実践を結びつけ，検証し，実践活動の支えとなるスーパービジョンが重要な意味を持ちます。

今回，日本社会福祉教育学校連盟によって刊行された本書は，現在の日

本におけるスーパービジョンの到達点を体系的に示すものとなります。それは実践現場で対人援助活動に奮闘する社会福祉士（ソーシャルワーカー）にとって力強い支援となります。そして認定社会福祉士にとっては学びと実践の重要なバイブルとなることを確信しています。

 日本社会福祉教育学校連盟会長の大島巖先生，編集委員会委員長の野村豊子先生は認定社会福祉士認証・認定機構において理事を始め重要な役割をお持ちいただいています。その意味からも本書と認定社会福祉士の関係は学問と実践を取り結んだ成果物といえます。

 本書の発行にご尽力いただいた先生方に深甚の感謝を申し上げ，本書が関係者の座右の書になることを祈念いたします。

◆ 刊行にあたって ◆

　本書は，一般社団法人日本社会福祉教育学校連盟（以下連盟と略記）の創設60周年事業の一環として，連盟役職者が中心になって編集委員会を組織して出版するソーシャルワーク・スーパービジョンに関する体系的な書籍です。

　今日，認定社会福祉士等の制度が創設されてスーパービジョンの実施が制度の中核に位置づけられ，また専門性の高いソーシャルワーカーの人材養成と確保に関する社会的な議論が進むなか，ソーシャルワーク・スーパービジョンの今日的な位置と今後の発展方向性を，社会福祉教育関係者が一丸となって見定めることは重要な課題です。9名の編集委員と29名の執筆者が議論を重ねながらまとめた本書は，日本におけるソーシャルワーク・スーパービジョンの現在の到達点と課題を明らかにした道標となる書籍と自負しています。

　私たち日本社会福祉教育学校連盟は，1955年に創設されて以来，60年間にわたって国際レベルでの社会福祉教育の質確保と向上，および資質の高い福祉人材の育成を目指して活動を続けてきました。国際ソーシャルワーク学校連盟（International Association of Schools of Social Work；IASSW），およびアジア・太平洋ソーシャルワーク教育連盟（Asian and Pacific Association for Social Work Education；APASWE）への積極的な関与と運営協力，日本における社会福祉教育の質保証のための分野別学部認証評価，コアカリキュラム策定への関与，福祉系大学院におけるコアカリキュラムについての検討，専門職大学院の認証評価の実施，連盟入会審査基準の制定などの活動です。

　これに加えて，近年は認定社会福祉士認証・認定機構の参加団体として，一般社団法人日本社会福祉士養成校協会，一般社団法人日本精神保健福祉士養成校協会と協力して，連盟会員校教員の中から経過措置期間中の認定社会福祉士等制度のスーパーバイザーを推薦し，スーパービジョン説

明会を開催しています。また,「スーパービジョン教育研修講座」を開催し,会員校ソーシャルワーク系教員のスーパービジョン能力の向上に目指しています。このように本連盟は,社会福祉教育の中に,ソーシャルワーク・スーパービジョンを根づかせる活動を進めてきました。本書は,連盟のこれら取り組みの中からまとめられた書籍ということができるでしょう。

本書は 11 章から構成されています。ソーシャルワーク・スーパービジョンの総論にあたる序章と 1 章から 3 章では,国際的・歴史的な位置づけを含めて,スーパービジョン文化の醸成,機能と役割,倫理,スーパーバイザー-スーパーバイジーの関係性がまとめられています。

また 4 章から 6 章では,スーパービジョンの諸形態として,個人スーパービジョン,グループ・スーパービジョン,ピア・スーパービジョンの方法論が整理され,同時に 6 章後半と 7 章では,類似の機能を持つメンタリング,コンサルテーションの方法論との異同や関係性が議論されます。さらに,社会の中でのソーシャルワーカー養成とスーパービジョンの関係性が,8 章「わが国における専門職養成とスーパービジョン」,9 章「ソーシャルワーク・スーパービジョンの歴史」にまとめられます。またその社会における取り組みの多様性が,10 章「ソーシャルワーク・スーパービジョン実践の多様性」において提示されています。

11 章「文献からみた諸外国におけるソーシャルワーク・スーパービジョン」は,会員校若手教員が中心になってまとめた世界のソーシャルワーク・スーパービジョンに関する体系的な文献レビューであり,スーパービジョン構築した先人たちが構築した体系を学説史として理解するうえで貴重な資料となるでしょう。

本書でも繰り返し述べられるように,ソーシャルワーク・スーパービジョンは,ソーシャルワークの専門性・独自性を構築するプロセスを併走しながら発展してきました。資質と力量の高いソーシャルワーカーを育成し,その専門性をさらに高めていくためには,不可欠のアプローチといえ

ます。多くの執筆者によって執筆された本書は，日本の社会福祉教育関係者の共通認識を得る過程における重要な一里塚になるものと考えます。ソーシャルワークの専門性を高め，より高い資質と力量を持つソーシャルワーカーの育成に意欲と関心を持つ多くの関係者にお読みいただくことを心から期待しています。

　なお本書の企画・編集にあたり，連盟前会長 野村豊子氏，連盟前事務局長 藤林慶子氏，連盟監事 北島英治氏には，正副編集委員長として中心的な役割を果たしていただきました。

　最後になりますが，本書に推薦の言葉をお寄せいただいた認定社会福祉士認証・認定機構長 橋本正明先生を始め，本書の意義を認めご推薦をいただいた多くの関係団体の皆さまに厚く御礼を申し上げます。また中央法規出版 野池隆幸氏のご尽力によって短期間で，時宜にかなって本書が刊行されることになりました。記して深謝申し上げます。

2015 年 3 月吉日
一般社団法人日本社会福祉教育学校連盟会長
大島　　巌

目　次

発刊に寄せて ……………………………………………………………… i
刊行にあたって …………………………………………………………… v

序　章●ソーシャルワークにおけるスーパービジョンの文化の醸成　―ソーシャルワーク・スーパービジョンの現状と課題―

第1節　ソーシャルワーク・スーパービジョンの定義と概要 ………… 3
第2節　日本における社会福祉専門職のスーパービジョンに
　　　　関する動向・現場の声 ……………………………………… 20
第3節　ソーシャルワーク・スーパービジョンに関する課題 ………… 27

第1章●ソーシャルワーク・スーパービジョンの機能と役割

第1節　スーパービジョンの種類 ……………………………………… 45
第2節　「機能と役割」の視点からみたソーシャルワーク・
　　　　スーパービジョンの発展 ……………………………………… 49
第3節　ソーシャルワーク・スーパービジョンの定義 ………………… 59
第4節　新たなソーシャルワーク・スーパービジョン ………………… 79

第2章●ソーシャルワーク・スーパービジョンの倫理

第1節　「倫理」について考える ………………………………………… 93
第2節　対人関係における倫理 ………………………………………… 96
第3節　スーパービジョンにあたって特に留意すべき倫理問題 …… 105
第4節　倫理的ジレンマの解決に向けて ……………………………… 111

第3章●スーパーバイジー・スーパーバイザーの関係性

第1節　スーパーバイジー・スーパーバイザー間の関係性を
　　　　めぐる重要性 …………………………………………………… 119
第2節　スーパービジョンにおける関係性の進展に関わる諸段階・
　　　　プロセス ………………………………………………………… 125
第3節　スーパーバイザー・スーパーバイジー関係の
　　　　コミュニケーション …………………………………………… 132
第4節　関係性における力関係と併行関係 …………………………… 141
第5節　関係性の多様な展開 …………………………………………… 151

第4章●個人スーパービジョンの方法

- 第1節　個人スーパービジョンとは ……………………………… 159
- 第2節　個人スーパービジョンの各種モデル …………………… 169
- 第3節　個人スーパービジョンの内容 …………………………… 182
- 第4節　個人スーパービジョンの実践過程と
　　　　使用される技能や方法 ……………………………………… 190
- 第5節　個人スーパービジョンにおける倫理上の課題 ………… 204

第5章●グループ・スーパービジョンの方法

- 第1節　グループ・スーパービジョンの歴史的発展と意義 …… 217
- 第2節　グループ・スーパービジョンの理論 …………………… 221
- 第3節　グループ・スーパービジョンの特長と過程 …………… 227

第6章●ピア・スーパービジョンとメンタリング

- 第1節　ピア・スーパービジョンの意義・方法 ………………… 243
- 第2節　メンタリングの背景・実施 ……………………………… 260

第7章●ソーシャルワーク・スーパービジョンとコンサルテーション

- 第1節　コンサルテーションの定義と方法
　　　　―その特徴・意義・可能性― ……………………………… 279
- 第2節　社会福祉分野におけるコンサルテーションの実際 …… 295

第8章●わが国における専門職養成とスーパービジョン

- 第1節　社会福祉士養成におけるソーシャルワーク・スーパービジョン
　　　　……………………………………………………………… 313
- 第2節　認定社会福祉士・認定上級社会福祉士における
　　　　ソーシャルワーク・スーパービジョン ………………… 329

第9章●ソーシャルワーク・スーパービジョンの歴史

- 第1節　欧米におけるソーシャルワーク・スーパービジョンの歴史 … 347
- 第2節　日本の社会事業における査察指導ソーシャルワーク・
　　　　スーパービジョンの歴史 ………………………………… 367

第10章●ソーシャルワーク・スーパービジョン実践の多様性

第1節	ソーシャルワーク・スーパービジョン実践の多様性と可能性	383
第2節	児童相談所におけるソーシャルワーク・スーパービジョン —児童虐待に対応して—	399
第3節	地域包括支援センターにおけるソーシャルワーク・スーパービジョン	414
第4節	認知症高齢者ケアにおけるソーシャルワーク・スーパービジョン	426
第5節	知的障害者施設におけるスーパービジョン	442
第6節	医療ソーシャルワークにおけるスーパービジョン	459
第7節	社会福祉協議会におけるスーパービジョン	473
第8節	精神障害者支援におけるソーシャルワーク・スーパービジョン	487

第11章●文献からみた諸外国におけるソーシャルワーク・スーパービジョン

第1節	文献検索からみた諸外国のスーパービジョン論文の動向	507
第2節	アダムズのセツルメント活動	516
第3節	リッチモンドのスーパービジョンの先験的取り組み —ソーシャルワーク専門職のトレーニングに関する初期の論文および講演から—	526
第4節	ロビンソンのスーパービジョン —機能主義ケースワークからの展開—	535
第5節	カデューシンのスーパービジョン	543
第6節	マンソンのスーパービジョン	551
第7節	シュルマンのスーパービジョン —相互作用アプローチについて—	561
第8節	ボーゴのフィールド・インストラクション —ITPループモデルを中心に—	570
第9節	モリソンとワナコットのスーパービジョン	577

あとがき	589
索　引	593
監修・編者・執筆者一覧	603

序章

ソーシャルワークにおける
スーパービジョンの文化の醸成

―ソーシャルワーク・スーパービジョンの現状と課題―

# 第1節 ソーシャルワーク・スーパービジョンの定義と概要

1 ソーシャルワーク・スーパービジョンの概念と定義

　スーパービジョン（supervision）の動詞形であるスーパーバイズ（supervise）の語源は，中世ラテン語の supervidere（super + videre：上から＋見る）が初期近代英語に入ったものとされている（英語語義語源辞典，三省堂，2013）。また，スーパーバイズ（supervise）とは，後期ラテン語の supervidiere が，中世ラテン語の supervisus となり，中期英語の supervise へと発展したとされている（英語語源辞典，研究社，2013）。さらに，supervisor からの逆成とする説もあるとされている（英語語源辞典，研究社，2013）。

　スーパービジョンは，対人援助職の成長にとって重要な契機となる。価値観・知識・技術を継続して学び，元からそなわっている資質をさらに発展させていくための機会である。全米ソーシャルワーカー協会による定義では，「ソーシャルワーク・スーパービジョンとは，ソーシャルワーカーがソーシャルワーク実践における責任主体として，技術・知識・態度・倫理的基準の発展を促進していくことを目的とするところの，スーパーバイザーとスーパーバイジーで取り結ばれる関係性である。」とされている

　対人援助におけるスーパービジョンの必然性と重要性については，各種の対人援助職のオリエンテーションをもとにしながらも，共有の理解が蓄積されている。たとえば，キャロル（Carroll 2011）は，スーパービジョンを変換のプロセスとして明記しているが，キャロルの提示はソーシャルワーク・スーパービジョンの内容とも重なる。

スーパービジョンは，アートであると同時に科学であり，存在としてあることと実際に行うことの両者を含む。また，技術であり，戦略であり，関係性でもある。スーパービジョンの内容には，成長と評価という視点が重視され，スーパーバイジーとスーパーバイザーが相互に学び合う関係性でもある。現在という時点からみた過去を将来に備えるために，過去・現在・将来を媒介する。内省・好奇心・想像を働かせて，すでにある捉え方を見直し，新しい意味づけを行う。対人援助を行う人の仕事と同時にその人自身に関わる。スーパービジョンは，個人的領域で，関係性の中で，体系的に，内省的に，かつそれ以上にとらえることを促す。学ぶことに対するためらいやおそれを緩和し軽減する。そして，スーパービジョンは形にとらわれすぎず，柔軟性に富んでいる。

　今から80年前に，ソーシャルワークにおけるスーパービジョンについて最初に体系的著書を表したロビンソン（Robinson）は，スーパービジョンとは，「（十分な）知識と技術を兼ね備えた人があまりそれらの知識や技術を有していない人に対して行う教育的な過程である」としている（Robinson 1936：53）。ロビンソンは現在のスーパービジョンに関する諸理論や実践の展開とは異なる独自の問いかけから論を進めている。すなわち，スーパービジョン過程における多様な限界という問いかけである。多様な限界を予測しながら，その限界から学生の力やソーシャルワーカーの力を見出していくというダイナミックで教育的な過程であるスーパービジョンの意義を強調している。スーパービジョンという営み・行為の本質論をもとにするとともに，その当時のソーシャルワークの課題及び重視する視点が反映されている。COS（Charity Organization Society）の時代からアダムズ（Addams）とリッチモンド（Richmond）に始まるソーシャルワークの歴史の中で，スーパービジョンはとりわけ，専門職としての成立過程においてその概念が重要となり，ソーシャルワーク理論の展開や実践課題の変遷と軌を一にしている。内外を問わず多く引用され，スーパービジョン論の原点となっているカデューシン（Kadushin 1992）についてバーナード（Bernard）とグッドイヤー（Goodyear）は社会的ロールモデルのアプローチとしている（Bernard & Goodyear 2009）。管理的機能・教育的

機能・支持的機能という3つの機能のうち，特にその当時のソーシャルワークの動向に由来して管理的機能面へ力点が置かれている。また，1976年の初版本においてカデューシンはすでにスーパービジョンの効果に関して，ソーシャルワーカーの苦痛や拒否的反応への実践的方法として次のように言及している。

「スーパービジョンは，スーパーバイジーにとって情緒的・心理的苦痛を排除し，拒否的になることを防ぎ，距離を置きすぎたり，強迫的になることを防ぐための方法や戦略となりうる。」(Kadushin 1976)

ソーシャルワーク・スーパービジョンをソーシャルワークの倫理的基盤や，専門性の教育的視点から重視しているマンソン（Munson）は，スーパービジョンを考察する4つの視点について以下のように挙げている（Munson 2002)。

第1は，スーパーバイジーの仕事の内容や，スーパービジョン関係に影響を与えているスーパーバイジー自身の個人的要因や背景に着目している。

第2は，スーパービジョンの過程における多様な状況の中でスーパーバイジーがどのように対応し，問題を解決していくか，その状況に焦点を当てる。

第3は，組織の機能に関して，スーパービジョンが組織の目的を効果的に遂行できるかどうかに着目している。

第4は，関係性に視点を置き，スーパーバイザーとスーパーバイジーの相互交流に焦点を当てている。個々のスーパービジョンの特徴に合わせて，スーパーバイザーとスーパーバイジーがどのようにその相互交流を変化させているかに力点を置く。

マンソン自身は，上記4つの視点の中で第4の視点を重視していると述べている。

さらに，イギリスのソーシャルワーク・スーパービジョンの枠組み構築に貢献したモリソン（Morrison 1993）は，スーパービジョンとは，組織

的要請により一人のソーシャルワーカーが別のソーシャルワーカーに対して組織の，専門職としての，また個人の目的に合わせて，サービス利用者に最良の効果が届けられるように責任を持つことであるとしている。さらに，その目標とスーパービジョンの機能に関して，①専門職としての能力の確保（管理・運営機能），②専門職としての成長の継続（成長促進機能），③個人への支援（支援的機能），④個人を組織に結び付ける調整的役割（媒介機能）という4つを挙げている。加えて，モリソンは実践的にソーシャルケアにおけるスーパービジョン論を展開させ，スーパービジョンと類似する方法として，コンサルテーション，メンタリング，コーチング等との相違を示すことによって，スーパービジョンの独自性を明らかにし，実践場面でのより複合的かつ効果的な活用について言及している（Morrison 2005）。

2 日本におけるスーパービジョン論の展開

　日本においてソーシャルワーク・スーパービジョンは，杉本（1964），荒川（1991），窪田（1997），黒川（1992），前田（1981），川田（2009），福山（2005），渡部（2012），奥川（2007），塩村（2000），新保（2005）らにより，その重要性が指摘されて現在にいたっている。

　杉本（1964）は，スーパービジョンを社会福祉の現場で職務に携わる経験の少ないソーシャルワーカーや大学等の教育機関で学ぶ学生に対する教育的過程であるとするロビンソンの先駆的提示に基づきながら，さらに行政的な意義を加えている。スーパービジョンについて教育的な過程であるばかりでなく，行政的，あるいは管理的な意義を持つとする見解は，アメリカにおけるスーパービジョンの再定義の時期と比べても先んじており，杉本のソーシャルワーク・スーパービジョンに関する理解の深さを物語っている。また，杉本は，中島と共に多様な社会福祉の現場で専門家として働くためのスーパーバイザーが配置されている施設が極めて限られて

いる中で，編著（中島・杉本 1976）を通して，スーパービジョンの本質とその役割を明らかにしている。多様なソーシャルワーカーの援助の詳細な記述に加えて，次のようにスーパービジョンの意義が具体的に提示されている。

「ワーカー自身，スーパービジョンを受けることによって，従来とってきた援助方針をさらに強力におしすすめてよい自信を持ち，徹底的な指示と次の段階への援助体制の準備ができたと感想を述べた。」（中島・杉本 1976：93）

スーパーバイザーとスーパーバイジー間の専門的職業関係を通して行われるスーパービジョンは，教育過程であり，さらに，利用者や地域社会に対しての社会事業自体の達成目標とその基準を一層高く実現するために必要な方法であることが示されている。

荒川（1991）は，スーパービジョンの実際を克明に記述し，スーパービジョン過程とスーパービジョンの具体的な方法，およびスーパービジョンの教育・訓練方法についても言及している。スーパーバイジーである医療ソーシャルワーカーとクライエントとの個別面接場面の録音テープを記述した記録をもとに，スーパーバイジーに寄り添い，スーパーバイジーの振り返るソーシャルワーク実践の具体的な状況やその時々の行動・言葉に焦点を置く。丁寧な面接場面の記述の中に示されている then and there（あのとき，あそこで）の展開に着目する。Here and now（今，ここで）の振り返りにおいて，クライエントとの対話のずれや矛盾に，スーパーバイジー自身が気づき，それらを認識し，適切に言葉を選び言語化する。スーパーバイザーは，スーパーバイジーの過去への振り返りと，今・ここでの表現を受け止め，スーパーバイジーが行った判断や計画の根拠を明確に焦点化してとらえることができるよう，常に歩みを共にする。スーパーバイジーは，自分自身で振り返りの過程において想起する出来事，相互交流，感情等を精査し，本人にとって重要な場面や状況，展開等を選択する。その結果，自らの力で自然に何をすれば最善であるかを理解する。スーパーバイジーは，記述のもとになっているクライエントとの相談面接場面において，援助のために活用している専門知識と技術を越えて，専門

職および人間としての姿勢や態度の基礎になる価値観を習得することへとチャレンジしていく。荒川の示すスーパービジョンの実際には，スーパーバイジーの成長と同時に，スーパーバイザーの変化や気づきも伴うという創造的な相互関係の展開のプロセスが描かれている。ショーヘ（Shohet）やキャロル（Carroll）らの提示する変換というスーパービジョンの本質の一つを，日本において先駆的に実践していた荒川やスーパーバイジーの方たちの功績を今に引き継ぐことが望まれる。

　荒川は，さらに日本の施設や機関におけるスーパービジョンの意義について，現任訓練や研修と共に，職員の資質向上を図ることを目的とした教育・訓練の重要な方法であると指摘し，スーパービジョンの教育的意義を強調している。

　前田（1981）は，相談援助における個別面接場面ではなく，施設や機関でのグループワークの実施に関わるスーパービジョンに関し，その役割を示している。特定の仕事や業務を実施する際に，経験や知識において優れている人，また，上司や先輩や専門家などが，経験の浅いソーシャルワーカー，実習生，ボランティアなどに対して，仕事や業務上必要な指示を与え，指導や助言を行っていく営みをスーパービジョンとしている。個別面接場面ではなく，グループワークの実施に関わるスーパービジョンについて述べている論者は極めて限られている。さらに，前田のグループワークの方法や技術に関する論述の中から，個人スーパービジョンとは異なる，あるいはその内容に加えることが必要なグループ・スーパービジョンの特別な方法を探索できるものと考えられる。

　川田（2009）は，マンソン（Munson 1979）の古典に基づく探索を日本に紹介し，ソーシャルワーク・スーパービジョンを検討する視点の明確化を提示している。

　マンソンの編集によりまとめられたソーシャルワーク・スーパービジョンの領域における古典的な論文，および1970年代当初の最新の議論に関する著作集の一部が，川田の尽力により紹介されたことは，ソーシャルワーク・スーパービジョンの成立時等を理解するうえで画期的である。リッチモンド，全米ミルフォード会議のリポート等の歴史的視点は，スー

パービジョンとソーシャルワークの理論，および実践的展開のありようを明確に示唆している。基本的な知識とスキル，構造的な特徴，組織的な権威と専門職の自律，さらに研究という章別構成は，1970年までのソーシャルワーク・スーパービジョンの到達点とソーシャルワークの原点から探求する意図によって貫かれている。エプシュタイン（Epstein），リッカート（Rickert），ターナー（Turner），カデューシン，レヴィ（Levy），マンデル（Mandell），フェルドマン（Feldman），マンソンらのソーシャルワーク研究・教育・実践に関わる論者が描くスーパービジョンは，挑戦的であり，その当時のソーシャルワーク・スーパービジョンの位置づけを明確に示している。

川田は，スーパービジョンは常にソーシャルワークの歴史とともにあると捉え，ソーシャルワークの歴史的展開という背景のもとでこそ，スーパービジョンをより厳密にとらえていくことが可能になるという視点を示唆している。ソーシャルワーク・スーパービジョンの関心は，スーパービジョンにおける「統制と自律」という問題に一貫して向けられていることを確認している。スーパービジョンの成立時におけるこの課題は，マンソンの編著の刊行時の課題であるばかりではなく，現時点においてもその内容と形をより複雑に変化させながら，重要な課題であり続けていることを問いかけている。さらに，スーパービジョンをミクロから，メゾ・マクロの広がりでとらえていることを指摘している。

黒川（1992）によれば，スーパービジョンにおけるスーパーバイザーは，社会福祉の機関，施設に勤務する中間管理職で，専門職として培ってきた知識，援助技術さらに姿勢や価値観をスーパーバイジーであるソーシャルワーカーに対して，具体的にわかりやすく与え，伝えることができる人である。一方，スーパーバイジーは，職務経験が浅い人や実習生（院生）であり，ソーシャルワーカーとしての能力向上のために自らが進んで受けるサービスがスーパービジョンであると明言している。また，スーパービジョンは面接技術の職人芸的な訓練ではないとしている。もう一度面接技術の訓練を受けるにあたって，立脚している学問基盤である社会福祉学について，再考しなくてはならないと強調している。すなわち，社会

福祉の社会性・現実性・全体性・主体性の再考である。他の対人援助専門職との相違を明確にし，独立性を有する専門職の養成がスーパービジョンの一つの目的であるとしている。スーパービジョンのプロセスは重要であり，ワーカーが現在どの程度学習しているのかを把握し，今立っている時点から始めなければならない。そのプロセスでは，ワーカーにとって比較的学習が容易で基本的な事柄から，次第に複雑かつ困難な課題へと，順を追って学習できるようにしなければならないと指摘している。スーパービジョンの機能に関しては，はじめは行政的スーパービジョン，その後熟練するようになると，教育的スーパービジョン，そして，その期間が終了に近づくと，支持的スーパービジョンを受けると述べている。スーパービジョンは，機関とワーカーの双方にとり利益になるという意味では，相互的，互恵的な関係である。さらに，理論や技術伝達のための知的で理性的な関係であると同時に，スーパーバイザーがワーカーを支持し援助するという点では，情緒的な側面を持つとされる。

　黒川は，他の対人援助領域との相違を念頭に置き，ソーシャルワークがスーパービジョンを展開するうえで，最も先駆的な役割を果たしてきている点を強調している。ソーシャルワーク・スーパービジョンの関係性における，自律と統制に関する深い考察を背景として，決してスーパーバイザーの「権威」を援護する場ではなく，「真実」の権威が最も尊重されなければならないと指摘している。さらに，スーパービジョンは，スーパーバイザーの権威を守る場となってはならないと述べている。

　黒川は，個人スーパービジョンについて示していると同時に，グループ・スーパービジョンの定義と意味について論述している。グループ・スーパービジョンについて集団スーパービジョンという表現を用いており，以下ここでは黒川の示すとおり，集団スーパービジョンの表現を生かすこととする。集団によるスーパービジョンの積極的意味として，それが同一機関や施設内部で行われる場合には，共通の関心のもとで相互理解が特化することに言及している。さらに，異なる機関であっても，相互に集団の中での支援から多くを学ぶことができる点を指摘している。また，集団スーパービジョンには，経済性，多角的な視点，集団の支持力，集団に

よる保護に裏づけをもつ積極性，自己能力の比較検討，依存より独立への段階的ステップという多様な利点があるとしている。そして，ソーシャルワーカーは，集団スーパービジョンに参加することにより，グループ・ダイナミクスを体験的に理解し，別の場面において多くの集団状況に対処する能力の向上を培うことができる点を加えている。黒川の集団スーパービジョンの論述では，その実際の方法を事例検討と区別し，集団スーパービジョンと個人スーパービジョンの応用としての展開という視点から明らかにしている。スーパーバイザー，スーパーバイジー共に留意する視点を根拠をもとに示しており，また，その限界についても言及している。

福山（1985）は，わが国におけるソーシャルワーク・スーパービジョン研究の第一人者であり，理論構築と実践の両面で長年にわたり，探求を蓄積し，実践の方法を提示し，後継者を育成してきた。スーパービジョンは，スーパーバイザーとスーパーバイジーとの間で，はっきりと結ばれた契約関係の中で，スーパーバイジーが学びたいと思うその学習ニードを満たすことを目標とし，スーパーバイザーが温かい援助や指示を伴ってスーパーバイジーを教授・指導していく過程を意味するものであると示されている。過程としての側面をもつソーシャルワーク・スーパービジョンは，管理，支持，教育という三機能を提供することにより，実践家の社会化の過程を含む，専門職育成の過程でもある。その基本構造は，専門的人間関係，すなわちスーパービジョン的援助関係を共有する一人のスーパーバイザーと，単数もしくは複数のスーパーバイジーから成るもので，プロセスでもあり，同時に方法論でもあると捉えられている。

また，具体的には，組織の理念や方針に沿った業務の遂行を促進するために，スタッフの力量を育てるという組織の責任の一部を担い，職員が行う援助や支援活動を確認するという確認作業体制でもあるとしている。組織・機関の理念を遂行することや，組織・機関としての専門性を伝承することに加えて，危機管理─リスクマネージメントの重要性に関しても言及している。

さらに，スーパービジョンの場面は二者間の対話という一つの層から成り立っているのではなく，実体として次の6層から成ることを示している。

①スーパーバイザーから応援してもらえたという心理的な温かみを感じる。
②スーパーバイザーから得た情報や知識は，自分には不足していたという気付きがあり，次のステップの面接計画をたてる物理的な力を得る。
③面接状況に対峙するための準備をして身体的エネルギーを充電する。
④利用者の難しい問題と取り組む上で，自らが抱える精神的な不安を直視する。
⑤利用者と共に歩み，利用者にとって，地域社会のよきパートナーとして取り組む役割を自覚する。
⑥利用者の尊厳を保ちながら，利用者のもてる力を信じて，ソーシャルワーカーである自らが援助・支援に取り組むスピリチュアリティを持つ。

　以上の点は，スーパーバイジーとしての深い学習体験とスーパーバイザーとしての蓄積に基づくものであり，ソーシャルワーク・スーパービジョンの有する基本的な6つの効果としても明記される。

　スーパービジョンの実際に展開される具体的な課題や対象としては，スーパーバイジーの担当事例，スーパーバイジーと事例との相互関係，スーパーバイジー自身の課題，スーパーバイジーと同僚や組織との相互関係，スーパーバイザーとスーパーバイジーとの相互関係を挙げ，システムとして理解する視点を明確に述べている。加えて，スーパービジョンという援助の確認作業を行うための道具開発にも力を注いでいる。欧米のスーパービジョンの開発過程で示されているツールの紹介にとどまらず，その作業の意義を次のように言及している。

　第1に，スーパービジョンの考え方や過程を視覚化する，第2に業務の質と量を視覚化することで，スーパービジョン過程を通じて専門家としての意識を醸成する，第3に，言語化や図式化などの作業を通じて情報を視覚化することで，知識や情報の整理作業を容易にする，そして，第4に道具の使用はそのまま実践記録を残すことにつながり，後の検証に資することができる，という多様な意義である。スーパービジョンの関係性や

スーパーバイジーとスーパーバイザーの意識という証明し難く，また，再現の困難な要素をできる限り記録化し，検証可能なデータの水準に上げていくことにも力点を置いている。スーパービジョンの効果検証は，現時点で最も求められているにもかかわらず，極めて蓄積が限られた領域であり，スーパービジョンの文化をしっかりと根づかせるうえでも，欠かすことはできないと考える。福山のスーパービジョンに関する多岐にわたる論説は，総体としてのスーパービジョンを俯瞰する意味を持つものといえる。

窪田（1997）は，実践家に向けて書かれた論稿の中で，対人援助サービスにおけるスーパービジョンは，次の4つの目的を持つと説いている。

第1に，対人援助サービスにおける援助目標の設定にあたっての客観性の保証，第2に望ましい援助関係の形成と維持，第3に福祉サービスの社会的公平性の担保，および第4に職場全体におけるスタッフ育成計画という目的である。窪田の指摘は，ソーシャルワークのミクロレベルだけでなく，メゾ・マクロレベルの実践におけるスーパービジョンの役割についても展開されている。さらに，スーパービジョンは，仕事そのものというよりは仕事をしている人間に対して向けられるところの，指導監督的，教育的，支援的活動を指しているとし，その方法は広汎に用いられているとスーパービジョンの意義や本質について述べている。スーパーバイザーは，スーパーバイジーが現場で仕事を遂行する様子を丁寧に見守り，スーパーバイジーであるワーカーが現実に業務や仕事の中で示している成果に関し，それらが，所定の水準に達しているかどうかを見極めることであるとしている。そして，具体的には，スーパーバイジーがさまざまな必要とされる課題をこなし，その成果を蓄積できるかどうかについて見届けることであると明示している。

塩村（2000）は，スーパービジョンの歴史的展開，多様な定義の根拠をはじめ，ソーシャルワークのさまざまな実践現場におけるスーパービジョンの展開の様相をわかりやすく示している。スーパービジョンの技法に言及し，スーパービジョンの展開過程を考慮した具体的な技術を指摘している。

クライエントのニーズに明確に応えること，時間管理を徹底することに加えて，クライエント，スーパーバイジー，スーパーバイザー，カウンセラーという各主体やそれぞれの関係性に伴う境界の維持について言及している。このことは実際のスーパービジョンを行う際に極めて有効な示唆となる。また，課題について焦点化をはかり明示することや，スーパーバイジーの学習スタイルの考慮などは，経験の中で培われた実践知でもある。さらに，スーパービジョンは，教育・情緒的サポート・管理という3つの意義や機能が重なり合うもので，それと明瞭に区分することは難しいとしている。加えて塩村は，ソーシャルワーカーの養成教育における実習に重きをおき，そのスーパービジョンの内容について詳細に言及している。

　実習時に学生をサポートし，現場のソーシャルワーカーを支え，福祉現場のスーパービジョンの認識を高めるという目的を設定している。スーパービジョンでは，クライエントシステム・介入方法・クライエントシステムとワーカーの関係・ワーカーと所属組織の関係・社会資源・ワーカーとスーパーバイザーの関係・ワーカー自身の理解等が状況に応じて扱われる。

　ところで，実習教育におけるスーパービジョンに関して，トロント大学のボーゴ（Bogo）は，実践現場におけるスーパービジョンと区別して考察する視点を示唆している。学部での実習教育の充実に加えて，大学院において専門的な知識・技術・価値観を有する専門職養成の立場からの貴重な提言であり，それは，世界各国の実習教育の基盤的理解にもなっている。しかしながら，わが国においてソーシャルワーカーを養成する現状は，制度的な改革と，教育体系の変容を積み重ねながらも，大学院レベルでの実習教育の明示にまでは到底いたっていない。学部教育と大学院レベルでの連動，教育の現場と実践の現場での連携や協力が急務であるからこそ，塩村の重視する実習教育におけるスーパービジョンを，厳密に明確に提示し，その具体化を教育現場・実践現場が相互理解と協力のもとに展開することが望まれている。

　新保（2005）は，生活保護スーパービジョンについて，福祉事務所の査察指導員（生活保護スーパーバイザー）を対象とした入門書を通し，生

活保護実践分野におけるスーパービジョンの意義や特性を明らかにしている。生活保護実践に携わるワーカーをはじめとした生活保護担当職員と査察指導員の理解が促進できるように，具体的な例示と進捗のプロセスを明示している。スーパービジョンは，ソーシャルワーカーが持っている能力を最大限に活かし，よりよい実践ができるために援助する過程であり，援助者を援助することが，その目的であるとされる。生活保護実践では，査察指導員がスーパーバイザーとして位置づけられ，現業員に対して行うものであり，長い歴史をもっているとされる。

　生活上のさまざまな困難状況を抱え，厳しい状況に向かい合い現在を生きている利用者にとって，自分らしい生活を送るための支援がどのように実現できるかを問いかけ，岡部（2003）の示している生活保護における相談援助活動の枠組みに沿い，生活保護実践過程に着目している。岡部の示唆するソーシャルワークの実践過程に関し，スーパービジョンの視点からその過程を再度見直す役割を果たしている。新任の査察指導員の立場と生活保護現業員の双方にとって，スーパービジョン，およびソーシャルワークという2つの過程が可視化されている。

　査察指導員と新人の生活保護現業員ワーカー間のスーパービジョンの要点が以下の構成により描かれている。新任ワーカーの受け入れと新しい職場づくり；インテーク時のスーパービジョン；アセスメント時のスーパービジョン；援助計画策定時とインターベンション開始期のスーパービジョン；訪問調査に関わるスーパービジョン；ケース記録に関するスーパービジョン；会議運営に関わるスーパービジョン；評価と終結時のスーパービジョンと，時間軸に沿いながら，同時にスーパービジョンの実際の状況を丁寧に示している。このような実際の場面の深い検討を蓄積することで，日本におけるスーパービジョンの文化は，諸外国の論者による提示に学ぶとともに，日本独自の歴史的背景のもとに培われた視点やあり方を導入し統合する一歩となると考える。

　奥川（2000）は，スーパービジョンについて，"臨床実践に照らして知識・技術を学習していく過程であり，援助者へのサポート，よりよい援助と失敗の予防，援助者の査定，業務範囲や責任の明確化を助け，クライエ

第1節　ソーシャルワーク・スーパービジョンの定義と概要

ントと援助者の状況を把握"する役割を持つとしている。また，スーパービジョンの実践的な研修に力を注ぎ，臨床実践家として熟成を望む人や，職業生活の生涯にわたり継続的なトレーニングを望む人に対して，多くの貴重な場を提供し続けている。

　ソーシャルワークは「目に見えない動きの世界」であり，またダイナミクスである。スーパービジョンは，この目に見えないダイナミクスや世界をできる限り伝達可能な方法で言語表現していくものであるとしている。奥川は，スーパービジョンについて，現実に展開されているが目には見えないダイナミクスを，読み取り・対応していく「絵解き」作業であると，明確に示している。その絵解きに関わる体験の醍醐味は，スーパービジョンを通して，他者の実践を読める人を育成する。その絵解きには，言葉を超えて人間の本性としてサポーティブであることが望まれ，また，スーパーバイジーの行為に責任を負える職場内の人が適任であるとされている。一方，職場外のスーパーバイザーが適している場合も多くある。援助者の人間性，および私生活に関わる事態が生じる場合には，職場内におけるスーパービジョン関係の中では，向かい合うことや振り返ることが難しいときもある。奥川は，スーパーバイザーの力量とともにスーパーバイジーの力量という視点も示唆し，職場内外のスーパービジョンについて言及している。

　優秀な臨床実践家であるスーパーバイザーを育てることは，クライエントへのサービス向上がもたらされる大きな条件である。訓練を受けたスーパーバイザーは，スーパーバイジーのソーシャルワーカーとしての実践を元に，スーパーバイジー自身が言語化する力量を育てることで，スーパーバイザーの育まれた臨床知を伝達していく。クライエント―ソーシャルワーカー，およびソーシャルワーカー＝スーパーバイジー―スーパーバイザーという併行関係が2つの線上に展開していく。奥川は実践を言語化するプロセスの中で，事例を書き，自己点検するスーパーバイジーの作業を重視する。それは事例検討のための報告ではない。その自己点検の方法・内容・経緯等を他者の前に開示し，自己点検を通して培われた気づきや内省をきっかけとして，他者の力を借りてより一層深い気づきや内省・

省察に変化していく。これは，クライエント，スーパーバイジー，スーパーバイザーそして関わり合う多様な状況，人々，集団，組織等をも見渡す，壮大でダイナミックな絵解きの一歩でもあろう。

渡部（2012）は，ケアマネジメントにおけるスーパービジョンに言及する中で，スーパービジョンの3つの機能に関し，明示している。すなわち，スーパービジョンの管理的機能は，スーパーバイジーが所属する組織の中で，規則や仕事のあり方を守って仕事を遂行し，組織人として適切な行動を取ることを促進する，というマネジャーとしての役割である。

具体的には，次のような方法やスキルが重要となる。
- 権威的にならず，同時に「力」の行使に躊躇しないこと
- 組織のルールや実践方法を体系立てて明確に伝えられること
- スーパーバイジーと組織の生産性のニーズのバランスを図ること
- 押し付けず，スーパーバイザーの存在を認識してもらうこと
- 心理的および物理的に身近にいること
- 複数のスーパーバイジー間でよい人間関係が保てるようにすること
- 管理職者・部下の双方に効果的なコミュニケーションができること
- 組織の安定性を保ちつつ，変化が必要なときにはアドボカシーができる

等を挙げている。

次に，スーパービジョンの教育的機能は，スーパーバイジーの目標達成を可能にするように知識不足を補ってトレーニングする，という教師の役割である。具体的には，次のようなことが欠かせない。
- 行動を通して，ポジティブな姿勢や基本的な職業倫理を伝えること
- スーパーバイジーの成長に真摯な関心を示すこと
- 経験だけで話をするのではなく，ソーシャルワークの理論と実践に関する知識を保持・提供できること
- 問題解決において，民主的な共同関係に基づいた方向性を持つこと
- 柔軟で明確なスーパーバイザー・スーパーバイジー関係の枠組みを提供できること
- 実践内容とスーパーバイジーの知識量の両方の振り返りができること

第1節　ソーシャルワーク・スーパービジョンの定義と概要

- 文化の違いに敏感であること
- 安心できる環境を保持し，支持的に接しながら必要に応じて建設的にフィードバックできること
- 学習効果を最大にできる教育方法を習得し実践できること
- 専門的なスキルを示し，スーパーバイジーの仕事を支援すること
- 失敗を乗り越えられるようにすること

等が示されている。

　スーパービジョンの支持的機能は，仕事関連のストレス適応を助け，不満を軽減・解消することを促す，というカウンセラーの役割である。具体的には，以下の点が望まれる。

- 自立性と自由裁量を最大限に高め，スーパーバイジーに対する信頼を態度で示すこと
- スーパーバイジーの評価すべき仕事に対して，率直な肯定と称賛を与えられること
- ストレスの度合いを感じ取り，それに従って仕事量を変化させる融通性を持っていること
- スーパーバイジーが正直に感情表現をできるような対等なコミュニケーションを図ること
- 逆転移や否定的なフィードバックにも防衛的にならず，気持ちよく受け入れられること
- 支持的でありながらスーパーバイジーの個人的な領域に侵入しない

等が示唆されている。

　さらに，渡部は，スーパービジョンが単なる「監督・指導」の意味で使われてしまわないよう見守っていく必要があると強調している。渡部はとりわけ介護保険制度下における介護支援専門員のスーパービジョンに焦点を当てている。スーパービジョンの実質を明確にしていくこと，今ある現実から，たとえば「気づきの事例検討会」のような創造的なスーパービジョンの内容と形式を現場の実践者と共に構築していくことに留意している。それはケアマネジャーの力量をいかに支援し，高めていくのか，そしてその先におられる地域や施設在住の数限りない利用者と家族への支援の

質をいかにして向上することができるかという目的に合わせて,培われた一つの実践的な方法である。同時に,わが国におけるピア・スーパービジョンの実際を描いているものとも考えられる。

　以上,日本国内のスーパービジョンに関わる論者の提示を検討してきたが,すべての論者に共通することは,スーパービジョンの重要性とその背景にあるソーシャルワークの果たす役割への期待である。また,前述に加えることのできなかったスーパービジョンに関する研究や実践を行っている論者も数多い。スーパービジョンに関わる検討の蓄積を再考し,各論者の示唆する課題を真摯に受け止めるとともに,未開拓の領域に挑戦していくことが,わが国におけるソーシャルワーク・スーパービジョンの文化を醸成していく基盤となると考える。

第1節　ソーシャルワーク・スーパービジョンの定義と概要

日本における社会福祉専門職のスーパービジョンに関する動向・現場の声

1 社会福祉専門職のスーパービジョンに関する動向

　スーパービジョンは，日本における多様な社会福祉専門職により，その重要性が指摘され，定義と独自の概要が示されている。

　たとえば，社会福祉士養成においては，「ソーシャルワークにおけるスーパービジョンは，ソーシャルワークを行う施設や機関において，スーパーバイザーによって行われる専門職としてのソーシャルワーカーを養成する過程である。」と定義されている。日本社会福祉士養成校協会の「我が国の社会福祉教育，特にソーシャルワークにおける基礎用語の統一・普及に関する研究」報告書（2005）では，スーパービジョンについて専門的な対人援助を行う場合に，一人のソーシャルワーカーが他のソーシャルワーカーから受ける，専門職としての資質向上のための専門的援助過程であると定義している。また，その機能について，スーパービジョンには，指導管理的機能，教育的機能，支持的機能があるとし，それらの説明を加えている。さらに，用語の説明では，「査察指導」と訳される場合もあるが，この訳はわが国の福祉六法体制において行政組織内での指導監督や管理的機能を強調して取り入れたものであり，本来のスーパービジョンとは若干異なる独自の概念であると明記している。本書では，福祉六法体制における行政組織内での指導監督を示す査察指導について，スーパービジョンという文脈と重ね合わせることで，むしろ，新保（2005）の指摘にもあるように，現在に持ち越されている課題を明確にすることを試みている。

ところで，平成25（2013）年に制度化された認定社会福祉士・認定上級社会福祉士制度では，スーパービジョンを制度の中核に位置づけている。専門職としての知識と技術への訓練を，ソーシャルワークの視点から促進・支援するために実施するものであるとされている。スーパービジョンの目的としては，①社会福祉士としてのアイデンティティを確立する，②所属組織におけるソーシャルワーク業務を確立し担えるようにする，③専門職として職責と機能が遂行できるようにする，という3つの項が示されている。社会福祉士養成の基本課題からの展開と継続性を明確にしているものであり，具体的なスーパービジョンの課題について，ソーシャルワーカーとして習得すべき基本課題の明確化のうえで設定する方法を採用している。この認定社会福祉士のスーパービジョンにおいては，事前準備，契約・コントラクトから始まる一連のプロセスに力点を置いていることも特徴の一つとして挙げられる。それは，ソーシャルワークの展開過程と有機的に連環しているのがスーパービジョンであるという認識のもとに，ソーシャルワークのプロセスについてより一層明確に理解することを促進するものでもある。さらに，認定社会福祉士のスーパービジョンの準備段階においてスーパーバイジーの課題を探索し，明確化するチェックリストは，社会福祉士養成で学ぶべき知識・技術・価値観を基本に構成されている。社会福祉士養成校で習得するコンピテンシーと連動しているといえるであろう。欧米のスーパービジョン論には，スーパービジョンの理論的枠組みとして，専門職の習得すべきコンピテンシーに焦点を当ててとらえる識者も少なからずある（Falender & Shafranske 2010；Vass 1996）。わが国のソーシャルワーク教育においては，レベル設定も含めたソーシャルワークのコンピテンシーに関する考え方は，普及していない。認定社会福祉士・認定上級社会福祉士制度におけるスーパービジョンが，今後展開し，スーパービジョンの質の向上に寄与することが可能となるときには，翻ってわが国におけるソーシャルワークの独自のコンピテンシーの開発も進むと考えられる。

2 スーパービジョンの6W1Hと実践現場における専門職の声

　スーパービジョンの概要に関しての理解を得るために，**図1**に示すような切り口を6W1Hに沿ってみていく。すなわち，What（スーパービジョンとは何か），Who（誰がスーパービジョンを行うのか），Whom（誰に対してスーパービジョンを行うのか），When（いつスーパービジョンを行うのか），Where（どこでスーパービジョンを行うのか），Why（なぜスーパービジョンを行うのか），How（どのようにスーパービジョンを行うのか）という7つの切り口である。

　Whatはスーパービジョンの目的や定義であり，WhoとWhomは両者が対になり，スーパーバイジーとスーパーバイザーの役割や関係性について問うものである。Whenについては，定期か不定期か，頻度はどれくらいか，また実際の時間はどれくらいか，さらに1回の終了後ごとにフォローアップや課題等さまざまな時間的要素が含まれている。加えて，個人スーパービジョン，グループ・スーパービジョン，ピア・スーパービジョン等のスーパービジョンの形態によって，このWhenの要素は密度の濃い検討が必要となる。

　Whereに関しては，守秘義務の保たれる場所であることはいうまでもないが，所属組織において行うか否かについては，WhoとWhomに含まれる関係性を踏まえて深く考慮することが不可欠である。

What	スーパービジョンとは何か？
Whom	スーパービジョンは誰に行うのか？
Who	スーパービジョンは誰が行うのか？
When	スーパービジョンはいつ行われるのか？
Where	スーパービジョンはどこで行うのか？
Why	スーパービジョンはなぜ行うのか？
How	スーパービジョンはどのように行うのか？

図1　スーパービジョンの6W1H

Whyはスーパービジョンの意義への問いかけであり，また，どのような効果があるかを検討することである。このWhyは，一般にスーパーバイジーにとっての意義が中心的ではあるが，スーパーバイザーや組織・外部の関係者を含めて検討することも近年のスーパービジョン論の中では重要になっている。

　Howはスーパービジョンの技術であり，Whoと重ねて考えると，スーパーバイザーが用いる技術やスキル，価値観，知識等を含むものである。さらに，Howをスーパービジョンの過程という見方で考えると，準備期・開始期・展開期・終結期・フォローアップ等の多様な段階に沿ってみていくことが必要となる。

　このスーパービジョンの過程は，スーパーバイジーとスーパーバイザーの関係性，個人へのスーパービジョン，グループへのスーパービジョン，ピア・スーパービジョンにおいてもその形態の明確化とともに認識することが重要である。スーパービジョンの機能である成長促進や教育的側面では，特に徐々に歩みを進める学習者としてのスーパーバイジーの成長に適合した効果的な方法を開発する必要がある。過程の認識なくして，学習の進展は難しい。多領域のソーシャルワーク・スーパービジョンの実際を描く中で，スーパービジョン過程についての詳細な検討が望まれる。

　現場の福祉実践者は，この6W1Hの要素に関してどのようにとらえているのであろうか。筆者の研修に参加した福祉実践者の方々の捉え方を示す。スーパービジョンとは何かについて，現場の声より次のような理解が示されている。これらはすべて見事に実際のスーパービジョンの目的について自らの体験と期待を含めて示していると考えられる。

　　・スーパーバイジーが意図的に問題に対して気づき，自ら問題解決をし，方向性を見出していけるように共に歩みながら支える。
　　・スーパーバイザーがスーパーバイジーの振り返りを促し，見つめ直す機会をつくる。スーパーバイジーは専門職として，また人間として，自分の得た経験を現在につなげる。
　　・スーパーバイザー，スーパーバイジーともにスーパービジョンを意識することが必要である。

- スーパーバイジーとスーパーバイザーの関係性は，基本的にポジティブなものである。

どこで，いつスーパービジョンを行うかについては，どうであろうか。現場の声においては，スーパービジョンという文化が普及しているとはいえない現状の中で，極めて具体的な指摘がみられ，実際にスーパービジョンを行ううえで，どこの現場においても役に立つ指摘となっている。

- 職場内もしくは職場外。プライバシーが守られる場所で，落ち着いて話ができる場所。利用者や部外者に話がもれないような場所。会議室等の活用。
- 相互に時間的にゆとりがあり，加えて精神的に考えるゆとりがあるときが望ましい。
- スーパーバイジーから相談されたときが開始の機会となる。あらかじめ相互に都合のよいスーパービジョンの設定ができるときである。
- スーパーバイザーのほうから定期的に開催する準備する場合も多い。スーパーバイザーがスーパーバイジーに何か気になることを感じたとき，あるいは，他者から特定の人物に対し何かしら報告があったときがきっかけとなる。
- 利用者の家でライブで行う。事務所で短時間でもありうる。スーパーバイザーがスーパーバイジーの同意を得たときに行う。
- いつでも，どこでも相手が話をしやすいところが望ましい。スーパービジョンを行ったことによる変化の報告が必要であるため，継続的に実施する。

誰が，誰に対してスーパービジョンを行うかに関し，現場の声より次のような理解が示されている。これらはスーパービジョンにおいて，スーパーバイザーとスーパーバイジーとの実際的な関わりの中で生まれてくる体験をもとにしている。

- スーパーバイザーは相手を育て成長を願い，かつ共に成長したいと思う人である。スーパーバイジーは悩みや問題を解決したいと思い，自分自身が成長したい人といえる。

- スーパーバイジーとスーパーバイザーはお互いに信頼関係がないと成り立たない。
- 上司が部下に，主任が経験の浅い新人に，同僚が同僚に行う等の多様な場合が考えられる。
- スーパーバイジーの意識化が大切であり，スーパービジョンは自分で変わりたい成長したいと思い，意識的に学習したいと思う人へ行う。
- 職場内のスーパーバイザーか，もしくは職場外のスーパーバイザーかに関して十分な考慮をふまえる。

何故スーパービジョンを行うかについて，現場の声では以下のような体験に基づく理解が示唆されている。しかしながら，Whyのもう一つの切り口である効果の評価に関しては，現状ではあまり意識されておらず，今後の課題と考えられる。

- 相手が支援を求めてきている場合。
- 最終的には援助技術の向上を目的とする場合。
- 共感しながら自己と相互の成長を促進するため。
- クライエントへの生活の質とその人への支援の質の向上のため。
- スーパーバイジーの悩みを解消し，スーパーバイジーの自信を高めるため。
- 職業人（対人援助職）として成長を期待するため。
- スーパーバイジーのストレスの軽減を目的とする場合。
- 専門職としての成長に限らず，スーパーバイジーとスーパーバイザーの双方が人間的にも成長していくことが目的。さらに，一人ひとりの成長が事業所の成長につながり，社会の成長にもつながることが望まれる。

スーパービジョンはスーパーバイザーの力量に多く依拠していることはいうまでもない。

しかしながら，同時にまたそのこと以上にスーパーバイジーの視点・立場・期待等を重視することが欠かせない。スーパーバイジーとしての意識化なくして，スーパービジョンは成立しない。そのためには，スーパーバ

イザー自身がスーパービジョンに関し，スーパーバイジーの学習や成長の機会であることを熟知し，責任を持つことがあらためて問われている。本節で述べてきた現場実践に携わる専門職が示すところのスーパービジョンの 6W1H の内容は，スーパービジョンを意識化したうえで研鑽を重ね，将来的にスーパーバイジーからスーパーバイザーへと成長する姿を映し出すものとなっている。

第3節 ソーシャルワーク・スーパービジョンに関する課題

1 ソーシャルワーク・スーパービジョンの機能―その再考の必要性―

　スーパービジョンの機能や役割には，カデューシンの指摘に代表されるように，管理的機能，教育的機能，支援的機能が提示されてきている。本書の第1章において，その提示の経緯に加えて，スーパービジョンの機能に関する新しい展開を紹介し，ソーシャルワーク自体の変化を含めて，ダイナミックに理解する視点を提供している。

　管理的スーパービジョンの基本的な役割は，ソーシャルワーク実践が実施されていることの確認であり，機関の機能を社会的な存立意義に対して維持していくことが求められる。ソーシャルワーカーの大多数の人は，自分の所属する組織や機関において，この管理的スーパービジョンをさまざまな機会を通して受けている。管理的スーパービジョンは，厳密にいうと提供するサービスの質（quality）そのものに関することではなく，提供しているサービスが，その機能・役割を果たしているかどうかを確認する点にあると言い換えることもできる。その意味で，管理的というより，運営管理上の機能であると理解したほうがわかりやすいとも考えられる。サービスの質は，むしろ，後述する教育的，あるいは支持的スーパービジョンにおいて，重要な課題となる。

　教育的スーパービジョンにおいては，臨床実践上の課題に欠かせない知識，技術，態度に関し，教育的使命を持ち，丁寧に多様な方法でスーパーバイザーの実践知等を伝えることに関心が払われる。スーパーバイザーと定期的に会うことが基本であり，ソーシャルワークの援助過程における多

様な要素，スーパーバイジーの理解度や課題，援助の視点等について対話やグループ状況を通してふり返りが進められる。スーパーバイジーとスーパーバイザーがラポールを築き，スーパービジョンの目的を設定し，スーパービジョン関係の開始からを終了までの取り決め（契約）をもとに展開する。スーパーバイザーは，ソーシャルワーカーとして実践上培ってきた多様な技術を十分に駆使し，スーパーバイジーに適切な教育的支援を行う。スーパービジョンの具体的な方法は，実践の展開する領域や場面，スーパーバイジーのニーズの個別性，スーパーバイザーの理論的基盤等により多様である。しかしながら一方で，教育的スーパービジョンに基本的に共通する，質問の方法も示されている。たとえば，シュルマン（Shulman 1982）の相互交流アプローチで示されている質問の具体的な例示とその体系は，教育的スーパービジョンにおける質問方法に限られるものではなく，機能を超えて広範にスーパービジョンで用いられるものとなっており，極めて実践的な意味を持っている。

　さらに，トーマス（Thomas 2013）らにより提示され，主に心理領域で展開されているソリューションフォーカス・アプローチや，バニンク（Bannink 2015）が示すピア・スーパービジョンに着目することで開発されてきた肯定的スーパービジョンは，問題解決を一義的にしない枠組みに留意している。ソリューションフォーカス・アプローチや肯定的スーパービジョンでは，それぞれ特徴的な質問方法や形式が用いられている。それらは，ソーシャルワーク・スーパービジョンそのものではないが，両アプローチで活用されている独自の質問形式を含めて，ソーシャルワーク・スーパービジョンにおいても援用可能であろう。例えば，スーパーバイジーの向かい合う状況が極めて複雑であったり，トラウマ状況の錯綜した中でのスーパービジョンでは，とりわけ意義あるものと考える。

　支持的スーパービジョンは，管理的，あるいは教育的スーパービジョンと特に切り離されたものではないが，スーパーバイジーの担う仕事の効果を上げ，専門職としての成長を促すことを支えるものである。加えてストレス耐性を増すことや，バーンアウトを減少させるという機能を持っている。

前述の管理・教育・支持という機能に加えて，近年，重視されている機能に評価機能がある。エビデンスベースド・プラクティスの動向に裏づけされ，ソーシャルワークの質の保証・ワーカーのアカウンタビリティの一層の確保が求められている。本書においても各章の論者が，評価機能についてその動向を含めている。また，評価機能に加えてコミュニケーション機能の意義も論点の一つに挙げられている。

　スーパービジョンの機能が何であるかに関して，カデューシンやマンソンの歴史的意義を踏まえたうえで，新しい方向性も示されている。また，コミュニケーション機能，評価機能，媒介機能も挙げられている。これらの理論的な検討とともに，スーパービジョンの実際では，極めて実践的かつ具体的な方法の提示が求められている。たとえば，プリチャード（Prichard 1995）は，イギリスのケースマネージメントにおけるスーパービジョンの具体的な課題として，スーパービジョンの6つの課題を示している。

　第1に，組織展開を促進する。
　第2に，スタッフの役割と責任を明確化する。
　第3に，良質で創造的な実践環境をつくる。
　第4に，人々がストレスに対処できるよう援助する。
　第5に，創造的な専門職が育つよう支える。
　第6に，組織に対して全体方針や実践に関わるフィードバックを行う。
　さらに，前述の6つの課題について，多様な職場で展開されている具体例を図式化したものが図2〜図7である。

　わが国における具体的なスーパービジョンの展開に関して，福山（1985）は，2層のスーパービジョンについて指摘し，機関内と機関外および職場内か職場外かという切り口を用いて説明をしている。そして，その2層に，同質性か異質性（スーパーバイジーと同じ専門性があるスーパーバイザーのスーパービジョンを同質性，異なる専門性を持つスーパーバイザーによるスーパービジョンを異質性とする）の視点が加わる4軸のスーパービジョン体制を論述している。福山によると4軸のスーパー

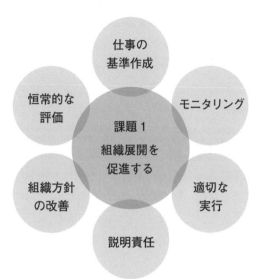

図2　スーパービジョンの6つの課題とその具体例
　　　課題1：組織展開を促進する

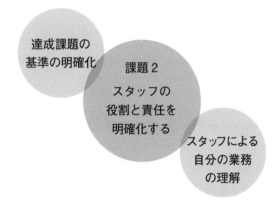

図3　スーパービジョンの6つの課題とその具体例
　　　課題2：スタッフの役割と責任を明確化する

図4　スーパービジョンの6つの課題とその具体例
　　課題3：良質で創造的な実践環境をつくる

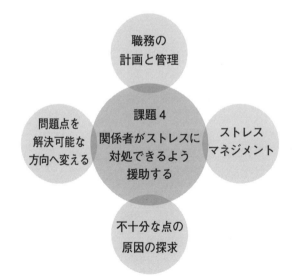

図5　スーパービジョンの6つの課題とその具体例
課題4：関係者がストレスに対処できるよう援助する

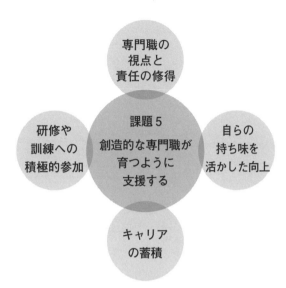

図6 スーパービジョンの6つの課題とその具体例
課題5：創造的な専門職が育つように支援する

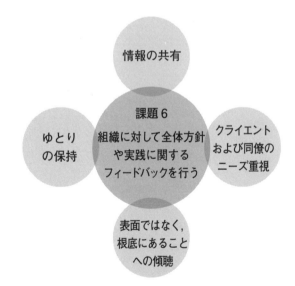

図7 スーパービジョンの6つの課題とその具体例
課題6：組織に対して全体方針や実践に関するフィードバックを行う

ビジョン体制の効果がそれぞれに異なるので、ソーシャルワーカーには職場内外のスーパービジョン研修の効果性や適切さを評価し、選定するための能力と自律性が求められる。田中（2014）は、福山とともに、4軸のスーパービジョン体制の検証とその具体的な方法の多様性の検討を行っている。

　スーパービジョンの機能をはじめ、倫理・価値観を中心に据えるソーシャルワーク・スーパービジョンの独自性、さらには、ソーシャルワークの価値・倫理の基盤の見直しや、グローバル・スタンダードに基づく再考も課題であろう。福山・田中の提示する4軸のスーパービジョン体制のスーパービジョン構想を表面的に連携の実践形態と結びつけるのではなく、このようなソーシャルワークの存立基盤・現実の課題の再考を車の両輪としてとらえることが望まれていると考える。

　加えて、スーパーバイジーとスーパーバイザーの関係性は、本章の冒頭のキャロルやマンソンの指摘にも示されているとおり、極めて古く、同時に新しい課題でもある。どのようなソーシャルワーク・スーパービジョンの枠組みや内容においても基本となる。スーパーバイジーとスーパーバイザーの関係性をめぐる議論は、ソーシャルワーカーという専門職の成立経過や、精神分析・心理との専門分化の歴史とも重なる。それらの経緯もあり、関係性は、ミクロ領域のソーシャルワークの課題として考えられる傾向がある。しかしながら、ミクロ・メゾ・マクロという領域は固定されたものではなく、むしろソーシャルワーカーは、ミクロ・メゾ・マクロというシステム認識に裏づけを持ちながら、行動する主体としてシステム間の、また領域間の垣根を越える力量を持つことが期待されている。スーパーバイザーは、スーパーバイジーの視点を広げ、現実の課題をとらえる視点を明確にし、計画化し、戦略的な対応ができるスーパーバイジー・ソーシャルワーカーの養成を担っている。このシステム間・領域間の垣根を越えることのできる教育の枠組みは、すでにさまざまの分野で始まっており、スーパービジョンに関する教育や研修においても、常に留意する必要があると考える。

2 スーパービジョンの形態の再考と実践の理論化

　スーパービジョンには，個人スーパービジョン，グループ・スーパービジョン，ピア・スーパービジョン，チーム・スーパービジョン，セルフ・スーパービジョン，e-スーパービジョン（Hay 2011）等の異なる形態がある。個人スーパービジョンでは，スーパーバイジーとスーパーバイザーの二者関係のコミュニケーションをもととする。具体的には，職場の上司と部下の関係の場合もあるが，熟練した専門職と経験年数の浅い専門職間で行われる。

　グループ・スーパービジョンでは，グループコミュニケーションをもととしている。一人のスーパーバイザーと個々の専門職メンバー間のコミュニケーション，グループメンバー同士のコミュニケーション，スーパーバイザーとグループ全体のコミュニケーションという3種のコミュニケーションが展開されている。グループの人数は，3～8人と比較的小規模である。一人のスーパーバイザーがグループリーダーとして参加しながらグループの展開過程でメンバー同士が支え，相互交流が進展する。スーパービジョンは，仲のよい仲間関係とは異なり，相互の信頼を基礎に置きながら，深い共感に裏づけされた直面化が行われる。専門職同士のグループであることから，それぞれの成長にとって，内省的考察や気づきが生まれる。

　これらのスーパービジョンの形態は，互いに相違しているが，異なる形態を組み合わせて展開することもある。実践的には，前述の形態は，特定の意義とその形態の本質も含めて，根拠をもとに選択されている。しかしながら，選択の根拠や，それぞれの方法・技術等は明確に示されているとは言い難い。スーパービジョンを文化としてソーシャルワークの質の向上に結び付けていくためには，個人スーパービジョン，グループ・スーパービジョン，セルフ・スーパービジョン，ピア・スーパービジョン等に関して，形態の相違ということにとどまらず，それぞれの内容や展開方法の詳

細が検討されることが望まれる。個人スーパービジョンに関しては，スーパービジョンモデルの提示も複数あるが，グループ・スーパービジョン，ピア・スーパービジョンの領域では，あまり明確に示されているとはいえない。他方，とりわけわが国においては，グループ・スーパービジョンやピア・スーパービジョンへの要請が優っているともみられる。そこでは，事例検討や事例検討会という機会とスーパービジョンの混同も散見される。

　事例検討は，ソーシャルワーカーの「仕事」に対して行われるものであり，スーパーバイザーがいなくても事例の解決策が示されると終結する。ベテランの専門職が解決策を一方的に伝えるだけで事例提供者が置いていかれてしまう場合もありうる。一方スーパービジョンは，スーパーバイジーを人間的に支えるものであり，スーパーバイジーの「仕事」に対してとともに「人間」に対して行われるものである。スーパーバイジーの価値や判断なども含めて，スーパーバイザーとスーパーバイジーが一緒にまな板に載り，スーパービジョンの場が設定される。ソーシャルワーク・スーパービジョンのよって立つ基盤をしっかりしたものにするためには，あらためてグループワークやピアの意味が問われる必要がある。プロクター（Proctor 2011）は，グループ・スーパービジョンの連合モデルについて図8のように概要を示している。

　個人スーパービジョンの豊富な蓄積に比べて，グループ・スーパービジョンは実践場面において主流となっているにもかかわらず，その理論的根拠やエビデンスに基づく具体的な方法の提示は限られている。プロクターのモデルに示されているように，スーパーバイザーの側からみたグループ・スーパービジョンとグループ・マネジメントの相違点と類似点を含め，両者の検討が望まれる。プロクターの連合モデルはソーシャル・グループワークの流れとは異なるものであるが，ソーシャルワークのグループワーク論にとっても示唆的である。さらに，プロクターは，スーパーバイジーからみたグループワークスキルに加えて，スーパーバイジースキルを独自に明示している。このようにスーパーバイジーのスキルについて言及している論者は，極めて限られているが，パートナーシップに基づく

スーパービジョンの展開を考慮するときに，スーパーバイジーの意識化と技術がいかに大事であるかを示していると考えられる。グループ・スーパービジョンでは，スーパービジョンという機会に参加する複数のスーパーバイジーの積極的な意識化と，グループの展開を促進する技術という二方向の技術が必要となる。

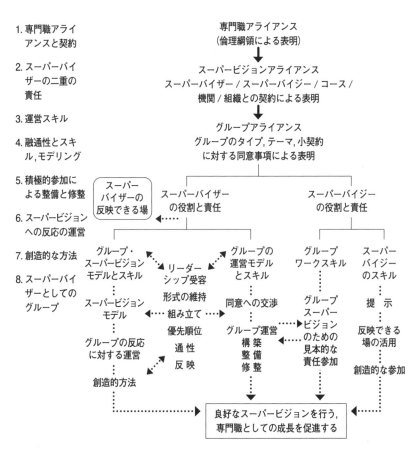

図8　グループ・スーパービジョンの連合モデル

〔Proctor, B.（2011）*Group Supervision*：*A guide to creative practice*, 2nd ed., Sage Publications, 9.〕

3 スーパービジョンの教育・研修体制の充実と効果評価研究の進展

　スーパービジョンの文化の醸成には，ソーシャルワーク教育を担う大学院や専門の研究機関などの広範な教育機関における取り組みと，質の高いスーパービジョンの機会を個々の専門職や関係する専門職団体が豊かに展開する取組の両者を欠かすことができない。さらにそれらを中核にしながら，他領域の専門職が培ってきたスーパービジョンの方法を学ぶ開かれた機会も必要となる。従来から展開されているライブ・スーパービジョンやスーパービジョン研修がより充実した機会となることも期待される。

　また，ソーシャルワーク・スーパービジョンの文化の形成，そして醸成は，その実践の豊かな蓄積とともに進展する。その進展はスーパービジョンの実践モデルや，スーパーバイジーへの効果，スーパーバイザー養成研修の効果等に関し，実践を通して検証されなければならない。ソーシャルワークに限らず，スーパービジョンという実践方法を活用する多様な対人援助職のすべてが，エビデンスベースの実践モデルの構築，諸アプローチの検証の方法，短期・長期を含めた研究方法等，容易ではない課題と向き合い，現在にいたっている。欧米の児童ソーシャルワーク分野におけるスーパービジョンの効果に関して，システマティックな文献レビューをカーペンターら（Carpenter, Webb, & Bostock 2013）は行っている。2000年〜2012年までのスーパービジョンに関わる文献を元にし，**図9**に示す枠組みで検討している。用いたデータベースは以下のとおりである。「The Campbell Collaboration」，「CINAHL」，「Cochrane Library」，「Medline」，「PsycInfo and, Social Work Abstracts」，「EBSCO」，「IngentaConnect」およびスーパービジョンに特化した学術誌をもとにしている。スーパービジョンの内容とサービス利用者，ソーシャルワーカー，組織・機関への効果が示されている研究を対象とし，さらにさまざまのスーパービジョンに関する介入研究を対象に含めている。

　検証の結果，数多くの蓄積がある児童ソーシャルワークの分野でありな

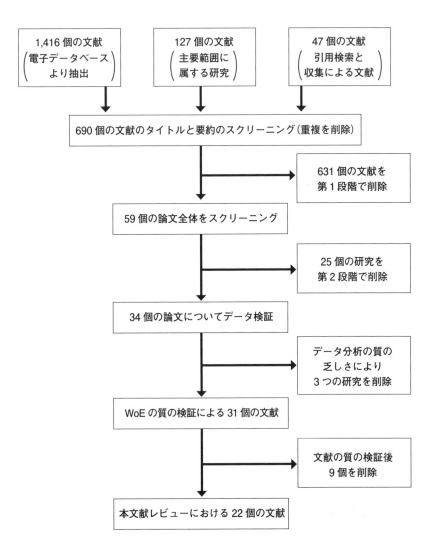

図9 文献検索・抽出の方法

がら，スーパービジョンの効果を明確に示している先行文献は極めて限られていることが明らかになった。カーペンターらの研究と同等の精度に基づく児童ソーシャルワーク分野以外の領域では，このような研究は皆無である。カーペンターらの文献レビューは今後，内外を問わず，効果研究の一つの方向性を示している研究成果といえる。

ソーシャルワーク・スーパービジョンの培ってきた歴史は，浅いものではない。また，スーパーバイジーの寄せる期待，そしてクライエントや家族，地域・社会からの要請も増大している。ソーシャルワーク・スーパービジョンの方法を探求していくことは，わが国におけるソーシャルワークの意義と役割を明確にすることと表裏一体ととらえられる。

(野村 豊子)

引用文献

荒川義子編著（1991）『スーパービジョンの実際：現場におけるその展開のプロセス』川島書店．

Bannink, F.（2015）*Handbook of Positive Supervision*：*For Supervisors, Facilitators, and Peer Groups*, Hogrefe Publishing.

Carpenter, J., Webb, C.M. and Bostock, L.（2013）The surprising weak evidence base for supervision：Findings from a systematic review of research in child welfare practice（2000-2012）, *Children and Youth Services Review*, 35（11），1843-1853.

Carroll, M.（2011）Supervision：a journey of lifelong learning. Robin Shohet ed., *Supervision as Transformation*：*A Passion for Learning*, Jessica Kingsley Publishers, 14-28

Falender , C. A. and Shafranske, E.P.（2010）*Clinical Supervision*：*A Competency-Based Approach*. American Psychological Association.

福山和女（1985）「わが国におけるスーパービジョンの実際と課題」『社会福祉研究』37，12-17.

福山和女編著（2005）『ソーシャルワークのスーパービジョン：人の理解の探求』ミネルヴァ書房．

Hawkins, P., and Shohet, R.（1989）*Supervision in the helping professions*. Open University Press.

Hawkins, P. and Shohet, R.（2012）*Supervision in the Helping Professions*, 4th ed., Open University Press, McGraw-Hill Education.

Hay, J.（2011）E-supervision：application, benefits and considerations. Bachkirova, T., Jackson, P. and Clutterbuck, D. eds. *Coaching & Mentoring Supervision*：*Theory and Practice*, Open University Press, 239-248.

Kadushin, A.（1976）*Supervision in Social Work*, Columbia University Press.

Kadushin, A.（1992）*Supervision in Social Work*, 3rd ed., Columbia University Press.

川田譽音（2009）「翻訳：カールトン・マンソン編"ソーシャルワーク・スーパービジョン：古典的文献とその論点"その1」『龍谷大学社会学部紀要』35，136-148.

窪田暁子（1997）「福祉実践におけるスーパービジョンの課題」『月刊福祉』AUG97.

黒川昭登（1992）『スーパービジョンの理論と実際』岩崎学術出版.
前田ケイ（1981）「グループワーク・サービスにおけるスーパービジョン」『公衆衛生』45(8), 607-611.
Morrison, T.（1993）*Staff Supervision in Social Care：An Action Learning Approach*, Longman, Pavilion Publishing.
Morrison, T.（2005）*Staff Supervision in Social Care：Making a Real Difference for Staff and Service Users*, 3rd ed., Pavilion Publishing and Media Ltd.
Munson, C. E. ed.（1979）*Social Work Supervision：Classic Statements and Critical Issues*. Free Press.
Munson, C. E.（2002）*Handbook of Clinical Social Work Supervision*, 3rd ed., Routledge.
中島さつき・杉本照子編（1996）『ソーシャルワークの臨床的実践』誠信書房.
野村豊子編・井上千津子・澤田信子・白澤政和・本間　昭監（2010）『コミュニケーション技術』（介護福祉士養成テキストブック5）ミネルヴァ書房.
野村豊子編（2013）『人間関係とコミュニケーション』ミネルヴァ書房.
岡部　卓（2003）『改訂　福祉事務所ソーシャルワーカー必携：生活保護における社会福祉実践』全国社会福祉協議会.
奥川幸子（2000）「いま，実践家に必要とされているスーパービジョン～臨床実践の自己検証と絵解き作業ができるように援助すること」『社会福祉研究』77, 44-52.
奥川幸子（2007）『身体知と言語：対人援助技術を鍛える』中央法規出版.
Pritchard, J. ed.（1995）*Good Practice In Supervision：Statutory And Voluntary Organisations*, Jessica Kingsley Publishers.
Proctor, B.（2011）*Group Supervision：A guide to creative practice*, 2nd ed., Sage Publications.
Robinson, V.P.（1936）*Supervision in Social Case Work：A Problem in Professional Education*. University of North Carolina Press.
新保美香（2005）『生活保護スーパービジョン基礎講座：ソーシャルワーカー・利用者とともに歩む社会福祉実践』全国社会福祉協議会.
塩村公子（2000）『ソーシャルワーク・スーパービジョンの諸相：重層的な理解』中央法規出版.
Shulman, L.（1982）*Skills of Supervision and Staff Management*. F.E. Peacock Publishers.
杉本照子（1964）「ソーシャルワークにおけるスーパービジョンの役割に関する一考察」『社会事業局資料』日本生命済生会.
Taibbi, R.（2013）*Clinical Social Work Supervision：Practice and Process*, Pearson Education.
Thomas, F. N.（2013）*Solution-Focused Supervision：A Resource-oriented Approach to Developing Clinical Expertise*. Springer.
Vass, A.A.（1996）*Social Work Competences：Core Knowledge, Values and Skills*. Sage Publications.
渡部律子（2012）『気づきの事例検討会』中央法規出版.
渡部律子（2011）『高齢者援助における相談面接の理論と実際』，第2版，医歯薬出版.
Wonnacott, J.（2014）*Developing and Supporting Effective Staff Supervision：A reader to support the delivery of staff supervision training for those working with vulnerable children, adults and their families*. Pavilion Publishing and Media.

参考文献

浅野正嗣編（2011）『ソーシャルワーク・スーパービジョン実践入門』株式会社みらい.
Bernard, J. M. and Goodyear, R. K.（2009）Fundamentals of Clinical Supervision, Pearson.
Bogo, M. and Vayda, E.（1998）The Practice of Field Instruction in Social Work：Theory and Pro-

cess, 2nd ed., Columbia University Press.
Bogo, M.（2006）Social Work Practice：Concepts, Processes, and Interviewing, Collumbia Univ. Press.
福山和女・田中千枝子編（2008）『新　医療ソーシャルワーク実習：社会福祉士などの養成教育のために』川島書店.
日本社会福祉士養成校協会（2005）『我が国の社会福祉教育，特にソーシャルワークにおける基礎用語の統一・普及に関する研究』.

第1章

ソーシャルワーク・スーパービジョンの機能と役割

スーパービジョンの種類

ここでは,"ソーシャルワーク・スーパービジョン（Social Work Supervision）",つまり,"ソーシャルワーク（Social Work）",あるいは,"ソーシャルワーク実践（Social Work Practice）"における"スーパービジョン（Supervision）"について議論する。"スーパービジョン"一般について議論するわけではない。ソーシャルワーク・スーパービジョンについて,その役割と機能に焦点化して述べる。

1 スーパービジョンの多様性

"スーパービジョン"というとき,その同じ言葉を使っているにもかかわらず,人によって,その意味は千差万別になることがある。同じ言葉を使用し,お互いが共通のことを理解していると思い込んでいることがある。そこで,ソーシャルワーク・スーパービジョンを理解するため,多様なスーパービジョンを概観し,その中での"ソーシャルワーク・スーパービジョン"の位置づけを明確にしておこう。まず,その概観図「スーパービジョンの種類」を示しておこう（図1-1-1）。

2 スーパービジョン一般

ホーキンス（Hawkins）とショヘット（Shohet）は,『援助専門職にお

```
┌─────────────────────────────────────────────────────────────┐
│ スーパービジョン（一般）                                    │
│  ・Supervison（McKitterick 2012）                           │
│ ┌─────────────────────────────────────────────────────────┐ │
│ │ 対人援助の中のスーパービジョン                          │ │
│ │  ・Supervision in the Helping Professions（Hawkins & Shohet 2012）│
│ │ ┌─────────────────────────────────────────────────────┐ │ │
│ │ │ ソーシャルワークの中のスーパービジョン              │ │ │
│ │ │  ・Supervision in Social Work（Pettes 1967；Kadushin 1992）│
│ │ │ ┌─────────────────────────────────────────────────┐ │ │ │
│ │ │ │ ソーシャル・ケースワークの中のスーパービジョン  │ │ │ │
│ │ │ │  ・Supervision in Social Case Work（Hutchison 1935；Robinson 1936）│
│ │ │ └─────────────────────────────────────────────────┘ │ │ │
│ │ │ ┌─────────────────────────────────────────────────┐ │ │ │
│ │ │ │ クリニカル・ソーシャルワークの中のスーパービジョン│ │ │ │
│ │ │ │  ・Clinical Social Work Supervision（Munson 2002）│ │ │ │
│ │ │ └─────────────────────────────────────────────────┘ │ │ │
│ │ │ ┌─────────────────────────────────────────────────┐ │ │ │
│ │ │ │ ソーシャルワーク教育の中のスーパービジョン      │ │ │ │
│ │ │ │  ・Educational Supervision in Social Work（Caspi & Reid 2002）│
│ │ │ └─────────────────────────────────────────────────┘ │ │ │
│ │ └─────────────────────────────────────────────────────┘ │ │
│ └─────────────────────────────────────────────────────────┘ │
└─────────────────────────────────────────────────────────────┘
```

図 1-1-1　スーパービジョンの種類

けるスーパービジョン（*Supervision in the Helping Professions*）』（Hawkins & Shohet 2012）の中で，スーパービジョンを以下のように定義している。

　「スーパービジョンとは，スーパーバイザーの援助を受けて，実践者（practitioner）がクライエントと関わり，クライエント―実践者関係（client practitioner relationships）と広いシステムの枠組み（the wider systemic context）をかたちづくり，そうすることによって，援助の質を高め，クライエント関係を変更し，自分自身を，実践を，そして広い専門性を継続して発展させていく相互努力（a joint endeavour）のことである。」（Hawkins & Shohet 2012：5）

　つまり，実践者のクライエントへの援助の質と，その専門性を高めるために，実践者とスーパーバイザーが相互に努力していく過程として，スーパービジョンを広くとらえている。

3　ソーシャルワークの中のスーパービジョン

　ソーシャルワークの中のスーパービジョンを考えるとき,「ソーシャルワーク実践の中のスーパービジョン」と「ソーシャルワーク教育の中におけるスーパービジョン」を，ここでは区別して考えるほうがよいであろう。しかし，歴史的には，1917年以降の慈善組織内での活動としての実践を体系化しようとしたリッチモンド（Richmond）の時代や，その後のタフト（Taft）やロビンソン（Robinson）によって創始される機能主義ケースワークができあがってくる時代は，大学，あるいは大学院生としての「学生」と現場の「実践者（practitioner）」との区別が，明確にあったわけではなかったといえよう。実践者であり，学生であり，その教育は，現場の実践者への教育であり，訓練であり，スーパービジョンでもあった。実習教育と現場のスーパービジョンが，現場における専門家による専門家の「ソーシャルワーク・スーパービジョン」と，学生に対する実習教育としての学生に対する教員あるいは，現場のソーシャルワーカーによる学生に対する「実習スーパービジョン」が区別されるようになった。北米では学生の実習教育を「フィールド・プラクティカム（Field Practicum）」と呼んでいる。ソーシャルワーク教育の歴史においても，リッチモンドやタフトの時代を経た，その後になってのことである。

　しかし，現代のソーシャルワーク実践においては，この2つを分けて理解しておくことが必要であろう。その2つを概略図として，「ソーシャルワーク実践の中のスーパービジョン」（**図1-1-2**）と「ソーシャルワーク教育の中のスーパービジョン」（**図1-1-3**）を示す。

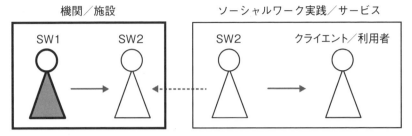

図 1-1-2　ソーシャルワーク実践の中のスーパービジョン
ソーシャルワーク・スーパービジョン（専門職―専門職）
SW：ソーシャルワーカー

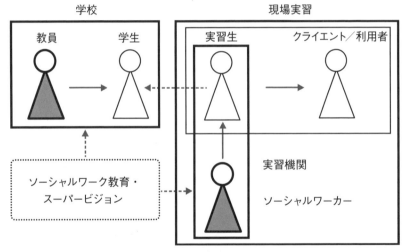

図 1-1-3　ソーシャルワーク教育の中のスーパービジョン
ソーシャルワーク実習・スーパービジョン／フィールド・プラクティカム
（実習学生―実習担当教育者／実習担当専門職）

第2節 「機能と役割」の視点からみたソーシャルワーク・スーパービジョンの発展

1 機能と役割

　まず，ソーシャルワーク・スーパービジョンの発展を鳥瞰図的に概観しておこう。歴史をたどるというより，ここでは議論を進めるため，ソーシャルワーク・スーパービジョンの発展を3つの段階に分けて述べていく。ほかの段階や範疇化の仕方もあるであろう。ソーシャルワーク・スーパービジョンの機能と役割に焦点化し，議論を進めるための暫定的な分けて，その主な文献を示しておく（**表1-2-1**）。

2 ソーシャル・ケースワークの発展：フロイト（Freud）とランク（Rank）の精神分析療法からの影響

　ソーシャルワーク・スーパービジョンを考えようするとき，まず，ソーシャル・ケースワークの発展を考えてみなければならない。スーパービジョンは，ソーシャルワーク，特に，ソーシャル・ケースワークの発展と，その専門性の高まり，そして，その専門家の教育，訓練の進化と切り離して考えられないからである。

　スーパービジョンに関する初期の資料として，ハッチンソン（Hutchinson）の"Supervision in Social Case Work"（Hutchinson 1935）がある。本論文は，もともと *The Family*（Family Service Association of America），1935年4月版に掲

表 1-2-1　ソーシャルワーク・スーパービジョンの発展

Ⅰ．ソーシャル・ケースワークの進展とスーパービジョンの開始：ロビンソン
・ロビンソン(Robinson 1936年)『ソーシャル・ケースワークにおけるスーパービジョン(*Supervision in Social Case Work*)』 ・ロビンソン(Robinson 1949年)『機能的統制のもとにあるスーパービジョンの力動性：ソーシャル・ケースワークの一つの専門過程(*The Dynamics of Supervision under Functional Controls : A Professional Process in Social Casework*)』
Ⅱ．ソーシャルワーク実践の進展とスーパービジョンの成立：マンソンとカデューシン
・マンソン(Munson編集 1979年)『ソーシャルワーク・スーパービジョン(*Social Work Supervision : Classic Statements and Critical Issues*)』 ・マンソン(Munson, 第3版 2002年)『クリニカル・ソーシャルワーク・スーパービジョン・ハンドブック(*Handbook of Clinical Social Work Supervision*)』 ・カデューシン(Kadushin, 第3版 1992年)『ソーシャルワークにおけるスーパービジョン(*Supervision in Social Work*)』 ・カデューシンとハークネス(Kadushin & Harkness, 第5版 2014年)『ソーシャルワークにおけるスーパービジョン(Supervision in Social Work)』
Ⅲ．ソーシャルワーク・スーパービジョンの発展：モリソンとワナコット
・モリソン(Morrison 1993年)『ソーシャル・ケアにおけるスタッフ・スーパービジョン(*Staff Supervision in Social Care : An Action Learning Approach*)』 ・モリソン(Morrison, 第3版 2006年)『ソーシャル・ケアにおけるスタッフ・スーパービジョン(*Staff Supervision in Social Care*)』 ・ワナコット(Wonnacott 2012年)『ソーシャルワーク・スーパービジョンの習得(*Mastering Social Work Supervision*)』

載されたものである。現在，*Families in Society* という名称に変更されているが，以前は，ソーシャル・ケースワークの専門雑誌，*Journal of Social Casework* である。その前の前の雑誌名が，*The Family* であった。その論文の中で，当時のケースワークにおけるスーパービジョン（Supervision Social Case Work）について議論している。特筆すべき点の一つに，論題からもわかるように，CaseとWorkが別々になって書かれている。リッチモンドが，1922年に出版した『ソーシャル・ケース・ワークとは何か（*What is Social Case Work?*)』も，別々の表記になっている。後に，2つの言葉は一つとなり，Caseworkとして一つの体系化された専門の知識・方法・技術として定着していくのであり，後の *Journal of Social Casework* として専門性を発展させていくことになる。

ハッチンソンは最初の部分で「ソーシャル・ケース・ワークにおけるスーパービジョンへの応用としての"technique（テクニック）"という言葉を使うのは，つまらないし，堅い響きがする。その言葉は"art（アート）"のほうがより刺激的である」と述べている。スーパービジョンが専門知識や技術として体系化されてはいないことを示唆している。続いて，「何をもってスーパーバイザーとするか」「どのようにしたらスーパーバイザーになれるか」が問題だといっている。スーパービジョンはソーシャル・ケース・ワークを「教育をしていく一つの過程／方法（a teaching process）としてとらえることができるが，その当時，「いかに適切なスーパーバイザーになるかを教えてくれるソーシャルワークの学校も，行くべき図書館もない」と述べている。

　つまりその後，Case Work から Casework へと発展していく一方で，その発展とともに，スーパービジョンをソーシャル・ケースワークの教育をしていく一つの過程／方法であるととらえていることがわかる。しかし，その当時，ケースワークにおけるスーパービジョンは未知へとつながる目の前に続く道であり，その一歩を一緒に進めていくために，将来の議論を発展させていくために，先駆けていくつかの考え（leading thoughts）を本論文の中で提示したいと書いている。

（1）診断的ソーシャル・ケースワーク（Diagnostic／Freudian Social Casework）

　マンソンが編集した同書（Munson ed. 1979）の中にハッチンソンと共に，後に診断主義ソーシャル・ケースワーク，あるいは，ダイナミック・ケースワーク（Dynamic Casework）と呼ばれる体系の基礎を築いた立役者の一人であるオースティン（Austin）の「7．スーパービジョンの基本原則」（7. Basic Principles of Supervision）という論文がある（Austin 1952：56-69）。オースティンは，ソーシャル・ケースワーク教育理論を発展させていくため，精神分析心理学から多く引き出されてきたことを指摘している。精神生活（mental life）と情緒的発達（emotional development）を理解することは，ソーシャルワーク実践とともに，その教育においても寄与してきたことを述べている。

> 「ソーシャルワークは，その教育理論を発展させていく中で，精神分析的心理学から引用されてきた。精神生活と情緒的発達の理解に寄与する事柄は，ソーシャルワークの実践とともに，ソーシャルワークの学習の中に組み入れられてきた。精神分析を行うグループが公式の教育理論を提示してきたわけではないが，教育原理は，学習に関すること，そして社会的機能に伴う人格的困難の理論と通じるものと考えられている」（Austin 1952：57）

と書いている。

（2）機能的ソーシャル・ケースワーク（Functional／Rankian Social Casework）

ターナー（Turner ed. 1996：319-340）の中で，ダンラップ（Dunlap）が「第13章　機能理論とソーシャルワーク実践（Functional Theory and Social Work Practice）」に，機能的ケースワーク主義と診断主義を比較し，機能理論についてまとめている。その最初に，「機能理論の原理（the principle of functional theory）は，ドイツ精神分析医であり，フロイト（Freud, S.）の公式の弟子であったランク（Rank）によって，最初に発展させられた。機能理論は，タフト（Taft）と，ペンシルベニア大学スクール・オブ・ソーシャルワークの教授陣によって，ソーシャルワーク実践のための実質的な応用が行われた」（Turner ed. 1996：319）と述べている。まず，フロイトとランクの精神分析療法についての考え方の違いをまとめている（**表1-2-2**）。

（3）機能的ケースワークの発展（タフト／ロビンソン）

ソーシャル・ケースワークの発展において，フロイトからの影響を受け

表1-2-2 フロイトとランクの精神分析療法についての考え方の違い

フロイトの考え方	1.	無意識のこころ（unconscious mind）が，行動を決定する
	2.	感情と態度は，両面価値性（アンビバレント，ambivalence）を持っている
	3.	現在の行動は，過去の体験によって決定される
	4.	感情転移（transference）は，すべての援助において対応する要素である
ランクの考え方	1.	人格（personality）において，意志（the will）は統合する力（an organizing force）である
	2.	対抗意志（counter-will）は，個人（the individual）が自分自身を個性化（differentiate himself）するに必要な主張（manifestation）である
	3.	現在の体験（present experience）が，治療的成長（therapeutic development）の糧（source）である
	4.	分離（separation）は，意味のあることである
	5.	人間の創造性（creativity of man）は，生まれ持って（the inherent）のものである

〔Turner, F. J. ed.（1996）*Social Work Treatment*：*Interlocking Theoretical Approaches,* 4th ed., Free Press, 32〕

た診断的ソーシャル・ケースワークが多数であったが，少数ではあったが，ランクからの影響受けた機能的ソーシャル・ケースワークが発展していった。その発展は，タフトと，彼女が所属したペンシルベニア大学スクール・オブ・ソーシャルワーク（the Faculty of the School of Social Work at the University of Pennsylvania）の教授陣によって行われたとダンラップは記している。発展させていったケースワークを"ランク主義者（Rankians）"，あるいは"機能主義者（functionalists）"とタフトが呼んだと書いている。ただし，ここで使用された"機能的（functional）"という言葉は，社会学者が使用する"機能的（functional）"という概念とは関係がないことをダンラップは忠告している。

　ペンシルベニア大学で精神分析療法の講演を行ったランク自身でさえ，"機能的"ソーシャル・ケースワークの発展については，何も知らなかったのである。ソーシャル・ケースワークにおいて，ランク主義理論（Rankian concepts）から機能的ソーシャル・ケースワークへの進化には，ほか

の貢献者を必要とした。その人々が，中軸となる概念である"機関の機能（agency function）"を加えて発展させていったことをダンラップは強調している。その立役者は，「タフトの同僚であったロビンソン，そして，その後継者である，アプテカー（Aptekar），ドウレイ（Dawley），ドウ・シュバイニッツ（de Schweinnitz），ファーツ（Faatz），ギルピン-ウェルズ（Gilpin-Wells），ホフスタイン（Hofstein），ルイス（Lewis），フィリップ（Phillips），プレイ（Pray），スモーレー（Smalley），そしてウェッセル（Wessel）たちであった」と，後に機能主義の『ソーシャルワーク・ケースワーク実践』という本を書いたスモーレーを引用しながら，これらの名前をダンラップは列挙している。

続いて，ダンラップは，精神分析理論（psychoanalytic theory）と比較し，機能的ソーシャルワーク（functional social work）との違いについて，次のように説明している。

「機能的ソーシャルワークは，精神分析理論から導き出された精神療法的アプローチ（a therapeutic approach）の一つである。3つの特徴が，フロイト主義者（Freudian），つまり診断学派（diagnostic school），機能主義（functionalism）が確立された時期，1920年代初頭に明確に確立された現存するその他のアプローチから，機能的ソーシャルワークを区別している（スモーレー，1971）。第1，機能理論は，援助による治療学（the concept of treatment）に置き換えられた成長の心理学（a psychology of growth）に基づくものである。第2，機能理論は，機関の構造（the structure of the agency）がサービスの焦点，方向性，内容，そして期間を決めるということを前提にしている。第3，機能理論は，過程の概念（the concept of process）を強調する。治療的関係（the therapeutic relationship）を通して，クライエントと臨床家は，提供される援助とともに，何をしていくことができるか，一緒に発見していくことを行っていく。」（Turner ed. 1996：319）。

3 機能的ソーシャル・ケースワークの発展：「機関の機能」

　後述するソーシャルワーク・スーパービジョンの多様さを理解するうえで，"機関の機能"を強調した機能的ケースワークの発展の最初の立役者としてのタフトとロビンソン（Robinson）の考えを理解しておくことは重要なことである。タフトとロビンソンは，2人の女性の一生のパートナーであった。ロビンソンは，タフトの死後，その生涯を『ジェシー・タフト―治療家でありソーシャルワーク教育者，1人の専門職の伝記（*Jessie Taft：Therapist and Social Work Educator & A Professional Biography*）』（Robinson ed. 1962）を編纂し，タフトの写真を表紙裏につけ，両者が写っている写真も導入して1962年に，ペンシルベニア大学出版社から刊行している。

　タフトが，機能的ソーシャル・ケースワークとして「機関の機能」を重視した理由を如実に示している一つの論文が，その中にある。タフトが1947年1月8日，ある会議で報告した論文「ソーシャルワークにおける援助についての考え方（フィロソフィ）（A Philosophy of Helping in Social Work）」である。その論文の中で，タフトは，フロイト／ランクの精神分析療法（Freudian psychoanalysis），ロジャース（Carl R. Rogers）の非指示的／クライエント中心的カウンセリング療法（nondirective or client-centered counseling）と機能主義ソーシャル・ケースワーク（functional social casework）の3つを比べ，その相違を述べている。

　それの部分を示す前に，その時代の背景を簡単に示す。タフトは，1936年にランクが精神療法に関する書をドイツ語でまとめ（Rank 1936a；1936b），それらを翻訳し，『意志療法（*Will Therapy*）』と『真実と現実（*Truth and Reality*）』という題名をつけている。特に，前書は，"意志（will）""自己決定（self-determination）"といった英訳語は，機能的ケースワークを発展させていく基本概念でもある。

　また，後にカウンセリングを確立していくロジャースは，『カウンセリングと心理療法（*Counseling and Psychotherapy*）』を1942年に，『クライエン

ト中心療法(*Client-Centered Therapy*)』を1951年に出版している。前書の巻末の文献には,タフトが翻訳したランクの本や,当時のソーシャル・ケースワーク関連の文献がみられる(Rogers 1942;1951)。

その「非指示的・クライエント中心カウンセリング」と「機能的ソーシャル・ケースワーク」との相違点について,タフトは次のように指摘している。

> 「私にとって幸運にも,ロジャース博士の理論と方法は直接に治療(therapy)に方向づけられたものであって,ソーシャル・ケースワーク(social casework)に向けられたものではありません。この観点に基づく私の課題は,治療とは分離することができない援助のこれらの基本原則を,機能的視点によって発展してきたソーシャル・ケースワークと関連づけることです。ここでいう特別の言葉である機能(*function*)とは,一つの指示(a direction)と目標(a goal)を意味します。そこで,その意味することは,非指示的(nondirective)なものであることはありえませんし,完全にクライエント中心(client-centered)であることはできないのです。なぜなら,今日知られているソーシャル・ケースワークは,それ独自の性質を有し,特有の目的を持ち,ある条件と限界を備え,そのコミュニティから制約を受けている社会組織(social organization)であり,機関(agency)として,常に関連しているからです。」(Robinson ed. 1962:280)

続けて,精神医学や精神分析,そして心理療法の専門家とは異なった,ソーシャルワーク本来の専門職アイデンティティ(professional identity)と,その専門職アイデンティティを維持し,発展させるためのスーパービジョンの必要性について,非常に重要なことをタフトは述べている。

> 「機能的ソーシャルワーク(Functional social work)は,ペンシルベニア大学・スクール・オブ・ソーシャルワーク,フィラデルフィア児童ガイダンス・クリニック,そして児童措置機関(child-placement

agencies）の広範囲の活動を通し，フィラデルフィアを起点として発展してきました。そこで行われた援助の心理理論は，ランク理論（Rankian theory）から導き出されたものですが，ソーシャルワーク実践の一つの理論として，精神療法のいずれの派（any school of psycho-therapy）から出てきたものではありません。社会機関のサービスが，それを必要とし，それを利用できる人々のために，真の援助となるよう努力してきた15年間の体験から発展してきたものです。そして，そのサービスを精神医学や精神分析にしてしまおうと努力するのではなく，ソーシャルワークに属する仕事として尊重しようとする学びの15年間でもありました。そしてまた，心理療法家であろうとする自分自身をよりどころとするのではなく，所属している機関とその地域を代表するソーシャルワーカーとして，その行為に責任を取ることができるよう，ソーシャルワーカーを訓練していくことを通して学んできた15年間であったのです。」(Robinson ed. 1962：280-281)

タフトの『家族ケースワークとカウンセリング：機能的アプローチ』(Taft ed. 1948) の「第一部への序章（Introduction to Part I）」の最後にも次のように書いている。

「本巻において，ペンシルベニア大学のケースワーク学部は，過去5年間をかけることになったが，家族分野において機能的アプローチ（functional approach）を応用した事実を集大成することとなった。機関の目的と方針（the agency purpose and policy）がそのサービスに認可を与える（give sanction to the service）という状況のケースワーク援助の調査結果をもとに，"相談（counseling）"の問題の範囲が，その家族機関へ特化した機能にのっとった本来のケースワークであるか，あるいは，ケースワークではないか，あるいはケースワークとして再認されるかを判断するということが正当なことであると，われわれは信じている。」(Taft ed. 1948：17)

ソーシャル・ケースワークの発展において，慈善組織団体といった私的

機関の中で働くケースワーカーから，アメリカの経済恐慌後に，社会保障の創設と社会サービスの導入とともに，私的あるいは公的な社会機関や施設の拡大が起きた。多くのソーシャル・ケースワーカーは社会機関や施設へと働く場を移し，その実践を拡大していった。そういったソーシャルワーク実践発展の中で，タフトとロビンソンは，「機関の機能」と，それを取り入れたケースワークと，そのスーパービジョンの重要さを認識することにより，"機能的ソーシャル・ケースワーク"と"ケースワークにおけるスーパービジョン"として，ペンシルベニア大学ソーシャルワーク学部において，ロビンソンをはじめとするその後継者が発展させていったといえる。

4 ソーシャル・ケースワークにおけるスーパービジョン

　タフトの同僚であり，その後継者でもあるロビンソンは，機能的ソーシャル・ケースワークに基づく，"ソーシャル・ケースワークにおけるスーパービジョン"をまとめ，1936年に『ソーシャル・ケース・ワークにおけるスーパービジョン（*Supervision in Social Case Work*）』，そして，1949年に『機能的コントロールのもとにあるスーパービジョンの働き（*The Dynamics of Supervision under Functional Controls*）』を出版した（Robinson 1936；1949）。

第3節 ソーシャルワーク・スーパービジョンの定義

1 マンソンとカデューシン

　ソーシャルワーク・スーパービジョンについての定義をみてみる。ここでは，マンソン（Munson 2002）とカデューシン（Kadushin 1992；2014）の2つ定義を取り上げ，その比較をすることでソーシャルワーク・スーパービジョンの理解を進めていくこととする。

2 マンソンの「クリニカル・ソーシャルワーク・スーパービジョン」の定義

　マンソンは，『クリニカル・ソーシャルワーク・スーパービジョン・ハンドブック（*Handbook of Clinical Social Work Supervision*）』（Munson 2002：10）の中で，「クリニカル・ソーシャルワーク・スーパービジョン」と「スーパーバイジー」の定義を示している。

（1）スーパービジョンの定義

　理解を進めるために，前者においては，それら定義を4つの語句に分割し，後者においては，3つに分割して，その邦訳を示す。

　「クリニカル・ソーシャルワーク・スパービジョンは，
　　①一つの相互過程であり，

②教育的，管理的，援助的な分野において，
　③スーパーバイジーの（ソーシャルワーク）実践を支援，指導するために
　④スーパーバイザーが任命，あるいは指名される。
スーパーバイジーは，
　①ソーシャルワーク学位〔学士（BSW），修士（MSW），博士（PhD）〕を与えるソーシャルワーク学校の卒業生であり，
　②個人，集団，家族への介入方法を通して，
　③身体的，経済的，社会的，心理的機能上の困難を克服するため，人々を支援する実践に従事している者である。」(Munson 2002)

(2)「クリニカル・ソーシャルワーク・スーパービジョン」の構造

　マンソンのクリニカル・スーパービジョンの構造を**図1-3-1**のように示すことができる。

　本書の中で，マンソンはクリニカル・スーパービジョンの費用について言及している。スーパービジョンの費用について議論することの意義を次のように説明している。

　「スーパービジョンに関連して，時間と支払金額について語られることはほとんどない。そのことにもっと注意が向けられるなら，スーパーバイザーとスーパーバイジーはスーパービジョンの時間を効果的に利用するために重要なことであることに気がつくであろう。スーパーバイザーとスーパーバイジーの給料，訓練，経験によって異なるであろうが，個人スーパービジョンでは，1時間あたり80ドル〜120ドルであろう。毎週1回の1年間の典型的な専門スーパービジョンは，4,000ドル〜6,000ドルとすることができる。その支払い額についてもっと考えていくならば，スーパービジョンの時間はもっと有効に，効果的に使われるようになるであろう。」(Munson 2002：21)

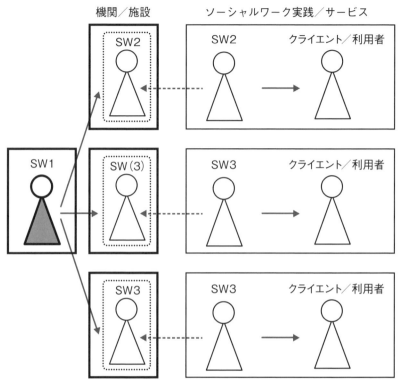

図 1-3-1 スーパーバイザーがスーパーバイジーの所属する機関／施設外からの場合のソーシャルワーク・スーパービジョン
SW：ソーシャルワーカー

マンソンはまた、スーパービジョンを記録することの重要性を指摘し、その「報告書」を本の巻末の付録として記載しているので、それを示す（**表 1-3-1**）。

(3) スーパービジョンの定義の特徴

マンソンのスーパービジョンの定義の特徴として、最初の重要なポイントは、スーパービジョンを「一つの相互過程（an interactional process）」として定義していることである。つまり、スーパーバイジーとスーパーバ

表1-3-1　個人スーパービジョンとグループ・スーパービジョンの報告書

```
              個人スーパービジョンとグループ・スーパービジョンの報告書

  スーパーバイザー：＿＿＿＿＿＿＿＿＿＿＿＿＿＿＿＿
  スーパーバイジー：＿＿＿＿＿＿＿＿＿＿＿＿＿＿＿＿
  実施機関：　　　　＿＿＿＿＿＿＿＿＿＿＿＿＿＿＿＿
  　　住　所：　　　＿＿＿＿＿＿＿＿＿＿＿＿＿＿＿＿
  　　連絡先：　　　＿＿＿＿＿＿＿＿＿＿＿＿＿＿＿＿
  実施日：　　　　　＿＿＿＿＿年＿＿＿月＿＿＿日
  実施時間：　　　　＿＿時＿＿分　～　＿＿時＿＿分
  参加者：
  目　的：

  目標と課題：　　　＿＿＿＿＿＿＿＿＿＿＿＿＿＿＿＿

  話された項目：　　＿＿＿＿＿＿＿＿＿＿＿＿＿＿＿＿

  クライエント関連：＿＿＿＿＿＿＿＿＿＿＿＿＿＿＿＿
  提　案：　　　　　＿＿＿＿＿＿＿＿＿＿＿＿＿＿＿＿
  次回日程：　　　　＿＿＿年＿＿月＿＿日　＿＿時＿＿分　～　＿＿時＿＿分

  　　　　　　　　スーパーバイザーの署名：＿＿＿＿＿＿＿＿＿＿＿＿＿＿＿＿
```

〔Munson, Carlton E.（2002）*Handbook of Clinical Social Work Supervision*, 3rd ed., Haworth Social Work Practice Press, 586-589, 巻末［付録Ⅹ］を参考に筆者作成〕

イザーとの人と人の"相互人間関係／双方向人間関係（interactional）"の"過程（process）"としてとらえているところである。人と人の対人関係（interpersonal relationship）であり，それは始め（開始）があって終わり（終結）のある"過程"であり，個人的関係（personal relationship）ではなく，専門関係（professional relationship）であることを強調している。その"過程"は，ソーシャルワークの伝統として，ソーシャル・ケースワークを『ソーシャル・ケース・ワークとは何か』の中でリッチモンドが定義するときに，この言葉を使って"過程（process）"であると定義している。グループ・ワークも，ソーシャルワークの"一つの過程（a process）"

であり，コミュニティ・ワーク／コミュニティ・オーガニゼーションもその"一つの過程"として定義されることが多い。また，この"過程（process）"とともに，その同義語として"一つの方法（a method）"という言葉もよく用いられてきた。例えば，ケースワーク方法（casework method）といった具合である。マンソンは，この定義を伝統的な意味で用いていて，つまり，ソーシャル・ケースワーク，ソーシャル・グループワーク，コミュニティ・オーガニゼーションと同じように，「ソーシャルワーク・スーパービジョン」も，ソーシャルワークの"一つの過程／方法"であることを強調しているのである。

　第2のポイントは，スーパービジョンの目的が「"スーパーバイジーの（ソーシャルワーク）実践（the practice of supervisees）"を支援，指導すること」であるとしていことである。この"実践（practice）"は，"ソーシャルワーク・プラクティス／実践"を意味している。これもソーシャルワークが体系化され，その専門職同一性が確立してきた，その伝統でもある。過去，"ケースワーク"，あるいは"グループワーク"という場合，その"過程／方法"であるとともに，その過程と方法を抽象的，概念的，例えば，その理論等について議論してきた。個人に対する"ソーシャル・ケース・ワーク"，あるいは，集団に対する"ソーシャル・グループ・ワーク"といったように議論され，そこに，"ソーシャル・ケースワーカー"，"ソーシャル・グループ・ワーカー"といったそれぞれの専門性と，その専門に応じて専門職があたかもそれぞれ存在しているかのような状況が起きてきた。そこで，北米において1960年代から1970年代，その専門性の同一性の"乖離"が起きるようになった。そうではなく，一つの同一性を持った専門職（a professional identity），つまり"ソーシャルワーカー"とし専門職同一性の統合と確立が強調されるようになった。その同一性を持った専門職，"ソーシャルワーカー"が行う"実践"が強調され，その意味を強調する"ソーシャルワーク・プラクティス（social work practice）"という言葉が，特に1970年代の後半〜現在にいたるまで使われるようになったという歴史的経緯がある。その専門職同一性を担保するのが，専門同一を確立しているソーシャルワーカー（スー

パーバイザー）が，今まさに，ソーシャルワーク実践を行い，その専門職同一性を確立しようとしているソーシャルワーカー（スーパーバイジー）に対し，「"スーパーバイジーの（ソーシャルワーク）実践（the practice of supervisees）"を支援，指導すること」を目的として行う，ソーシャルワークの一つの過程を，「ソーシャルワーク・スーパービジョン」とマンソンは定義したといえる。

　第3のポイントとして，ソーシャルワーク・スーパービジョンを受ける「スーパーバイジー」として，「ソーシャルワーク学位〔学士（Bachelor of Social Work；BSW），修士（Master of Social Work；MSW），博士（Doctor of Social Work；DSW，Philosophy of Doctor；PhD）〕を与えるソーシャルワーク学校の卒業生」であると明確に限定していることである。ソーシャルワーク専門教育・訓練を行う学校として，ソーシャルワーク学校連盟から認可された教育機関において，所定の科目の履修と現場での長期の実習経験を得て，ソーシャルワークの学位（BSW, MSW）を取得し，ソーシャルワーカーとしての専門職アイデンティティを専門力量（professional competence）として確立し，現在，現場での実践（practice）を行っている者，つまり，ソーシャルワーク実践者／プラクティショナーであるということを強調している。第4のポイントは，ソーシャルワーク・プラクティス／実践の対象とその使命は，クライエント，あるいは利用者の「身体的，経済的，社会的，心理的機能上の困難を克服するため」であり，その人々を「支援する実践に従事している者」であることを明記していることである。このことは，ソーシャルワーカーの使命や意義を示しているソーシャルワーカー専門職団体が共有する『ソーシャルワーカー倫理綱領（Code of Ethics）』が基盤となる。つまり，「専門価値（professional value）」に対し"誠実（integrity）"であり，"ぶれない"で，クライエントや利用者の「身体的，経済的，社会的，心理的機能上の困難を克服するため」，その人々を「支援する実践に従事している者」であることを明確に示しているマンソンの定義となっている。

　そこで，本書の中には，「第3章，価値と倫理」（Munson 2002：95-114）が設けられ，全米ソーシャルワーカー協会の倫理綱領におけるスー

パービジョンに関連する項目が列挙され説明されている。また，付録Ⅲ（Appendix III）として，「クリニカル・ソーシャルワーク資格（Clinical Social Work Credentialing, Accrediting, and Professional Organizations）」，付録Ⅳに「全米ソーシャルカー協会倫理綱領，クリニカル・ソーシャルワーカーにおけるアメリカ試験委員会，クリニカル・ソーシャルワーカー連盟（Codes of Ethics of the National Association of Social Workers, the American Board of Examiners in Clinical Social Work, and Clinical Social Work Federation）」が本書の巻末につけられていることからも，ソーシャルワーク・スーパービジョンにおいて，ソーシャルワーカーの『倫理綱領』，特にその専門価値の重要性が強調されていることがわかる。また，ソーシャルワーカー専門職同一性（professional identity）を確立していくために，ソーシャルワーカーの『倫理綱領』と，その中でも専門価値，例えば「人の尊厳と価値（dignity and worth of the person）」と「社会正義（social justice）」，そして日本のソーシャルワーカー倫理綱領の5つの専門価値の中にはない「人間関係の重要性（importance of human relationships）」は，ソーシャルワーク・スーパービジョンの重要な基盤であることをマンソンは示している。専門職としてのソーシャルワーカーであるスーパーバイザーと，専門性を確立しようとするソーシャルワーカーであるスーパーバイジーの間における相互過程であり，それはまた"ソーシャルワークの一つの過程"であると，マンソンはスーパービジョンを定義している。

このことは，ソーシャルワーカーが所属する機関や施設の特徴，例えば特定の機関の機能といった個々の違いを超えたソーシャルワーカーとしての普遍的な専門職同一性を確立するためのソーシャルワーカー倫理綱領と，その専門価値を基盤とするスーパービジョンとしてマンソンは定義していることに対し，後述するカデューシンの定義は異なった定義となっている。それぞれの機関内のスタッフ間であるスーパーザー・スパーバイジー関係，時には上司と部下間におけるスーパービジョンにおいて，個々の具体的な「機関の機能」の実現を目的とし，それを基盤とするカデューシンのスーパービジョンの定義を後述に示した。

3 カデューシンの「ソーシャルワークにおけるスーパービジョン」の定義

　カデューシンは1992年に,『ソーシャルワークにおけるスーパービジョン（*Supervision in Social Work*）』の第3版を, そして2014年には第5版を出版している（Kadushin 1992；2014）。スーパービジョンの定義については, 第3版と第5版とほぼ同じものであるが, 前者においては「ソーシャルワーク・スーパーバイザーは機関の管理スタッフ・メンバー（an agency administrative-staff）」としているが, 後者においては「資格を持ったソーシャルワーカー（a licensed social worker）」に変更している。

(1) スーパービジョンの定義

　理解を進めるために, それら定義を6つの語句に分割して, その邦訳を示す。

　　「ソーシャルワーク・スーパーバイザーは,
　　① スーパーバイジーの責任ある業務活動を指導, 協力, 発展, そして評価する権限が与えられているところの
　　② 機関の管理スタッフ・メンバー／資格を持ったソーシャルワーカーである。
　この責任を実現するために,
　　③ スーパーバイザーは, 建設的な関係の枠組みにおいて, スーパーバイジーとの相互関係の中で,
　　④ 管理的, 教育的, そして支持的機能を遂行する。
　スーパーバイザーの最終目的は,
　　⑤ 機関の方針と手続きに基づいて,
　　⑥ 機関のクライエントに, 量的にも質的にも, 最も可能なサービスを提供すること
　である。」（Kadushin 1992）

(2)「ソーシャルワークにおけるスーパービジョン」の構造

カデューシンは第3版(Kadushin 1992)で，スーパーバイザーの定義を「機関の管理スタッフ・メンバー」であるとしている。つまり，一つの機関内の管理スタッフがスーパーバイザーとなり，その機関内のソーシャルワーカーをスーパーバイジーとし，その機関内スーパービジョンとしてとらえていることが，カデューシンの定義の特徴である。そこで，カデューシンの「ソーシャルワークにおけるスーパービジョン」の構造を図1-3-2のように示すことができる。

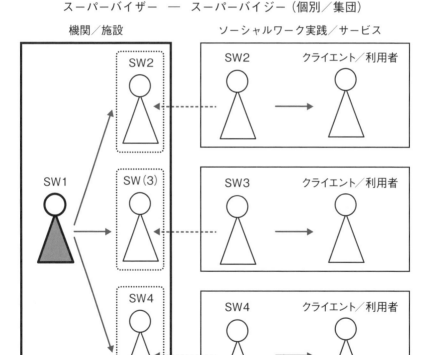

図1-3-2 スーパーバイザーがスーパーバイジーの機関／施設内の上司／主任等である場合のソーシャルワーク・スーパービジョン
SW：ソーシャルワーカー

(3) スーパービジョンの定義の特徴

カデューシンのスーパービジョンの定義の特徴として，最初の重要なポイントは，先に述べたように，スーパーバイザーは，第3版（Kadushin 1992）の定義においては「機関の管理スタッフ・メンバー（an agency administrative-staff member）」であるとしていることである。つまり，繰り返して述べると，一つの機関内の管理スタッフがスーパーバイザーとなり，その機関内のソーシャルワーカーをスーパーバイジーとし，その機関内スーパービジョンとしてとらえていることが，カデューシンの定義の特徴である。先に述べたマンソンの定義においては，スーパーバイバイザーは，スーパーバイジーの所属する機関や施設の中の管理スタッフ・メンバーではなく，その機関外に所属するか，あるいは各機関や施設に所属するソーシャルワーカーを対象として，「ソーシャルワーク・スーパービジョン」を行う独立した機関やクリニックを開業している専門の「"クリニカル"ソーシャルワーク・スーパーバイザー」を基本的に意味している。

そのことと関連するが，第2のポイントとして，これも先に述べたことの繰り返しとなるが，それぞれの機関内のスタッフ間であるスーパーザー・スパーバイジー関係，時には上司と部下間におけるスーパービジョンにおいて，個々の具体的な「機関の機能」の実現を目的とし，それを基盤とするスーパービジョンとしてカデューシンは定義していることである。そのスーパービジョンとスーパーバイザーの重要な目的が，「機関の方針と手続きに基づいて」「機関のクライエントに，量的にも質的にも，最も可能なサービスを提供することである」ことを強調している。それに対して，マンソンはソーシャルワーカー（スーパーバイジー）としての普遍的な専門職同一性（the professional identity）を確立するとした。そのために，ソーシャルワーカーの専門性を表示している「ソーシャルワーカー倫理綱領」が，スーパービジョンの基盤となる。それに対し，カデューシンの定義は，ソーシャルワーカーが所属する個々の機関や施設の方針と手続きに基づいて，その機関や施設の量的，質的に最も可能なサービスを，

ソーシャルワーカー（スーパーバイジー）が提供できるように，スーパービジョンを行うことに重点が置かれている。そこで，個々の具体的「機関の方針と手続き」や「機関の機能」がスーパービジョンの重要な基盤となる。

第3のポイントは，やはり第1と第2のポイントと関連しているが，スーパーバイザーは，その責任を遂行するための3つの機能，「管理的（administrative），教育的（educational），そして支持的（supportive）機能」があり，その中でも「管理的スーパービジョン（administrative supervision）」を重要な機能として本書の中の「2. 管理的スーパービジョン－入門：組織的ビューロクラシーの課題（Administrative Supervision：Introduction-Organizational Bureaucracy）」（Kadushin 1992：44-77），「3. 管理的スーパービジョン：実践上の問題（Administrative Supervision：Problems in Implication）」（Kadushin 1992：78-134）で，その3つの機能の最初に取り上げ，大部を割いて詳細に説明している。以下，3つの機能を概観する。

(4) スーパービジョンの3つの機能

まず，カデューシンのソーシャルワークにおけるスーパービジョンの全体像を同書（Kadushin 1992：27）にある図を参考に作成したものを示す（**図 1-3-3**）。

この図をみると，カデューシンのスーパービジョンの定義の特徴として先に述べたように，ある一つの機関，あるいは施設の中の部門として，スーパーバイザーとスーパーバイジーのスーパービジョンが位置づけられていることがわかる。そして，その機関，あるいは施設が，ソーシャルワーク実践専門領域と，その地域全体の中に位置づけられている。

そのスーパービジョンの機能を，同書の中で，管理的スーパービジョン（Administrative Supervision），教育的スーパービジョン（Educational Supervision），支持的スーパービジョン（Supportive Supervision）の3つとして，本書の大分を占めて説明している。以下，3つのスーパービジョンの機能を概観してみる。

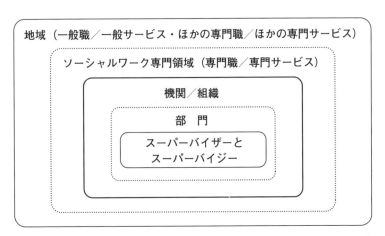

図 1-3-3　カデューシンのソーシャルワークにおけるスーパービジョンの全体像
〔Kadushin, A.（1992）*Supervision in Social Work*, 3rd ed., Columbia University Press, 27 の図を参考に筆者作成〕

(a) 管理的スーパービジョン

　カデューシンのスーパービジョンの機能の中において，特に管理的スーパービジョンが重要な位置を占めている。それは，「機関内スーパービジョン」あるいは，「組織内スーパービジョン」を意味するからであろう。その機関や組織の構造が，スーパーバイザーとスーパーバイジーが置かれている地位や権限のあり方を決めることになる。そこで，カデューシンは組織的ビューロクラシーについて言及している。

・組織的ビューロクラシー

　カデューシンは，"ソーシャルワークにおけるスーパービジョン"を，「スーパービジョンは，組織運営（organizational administration）の一つの特別の側面である」（Kadushin 1992：44）と指摘している。つまり，組織内における，その運営と関連するものとして，スーパービジョンをとらえている。スーパーバイザーもスーパーバイジーも，一つの機関や組織に所属し，その一員であり，時には，上司と部下といった関係があり，その間の権限と権威が異なることがある。そして，両者は，その機関と組織の目

的と機能を共有し，機関と組織の運営に関係することを前提にしている。例えば，マンソンの"クリニカル・ソーシャルワーク・スーパービジョン"（Munson 2002）におけるスーパーバイザーが，スーパーバイジーの所属する機関や組織の中にいるのではなく，その外に位置し，たとえ中にいても，スーパーバイザーとスーパービジョンの独立性を維持していることを前提としていることと対称的である。そこで，カデューシンの"ソーシャルワークにおけるスーパービジョン"は，スーパーバイザーとスーパーバイジーの所属する機関と組織のあり方や，その両者の権限や権威の違い等がスーパービジョンのあり方と関係してくるために重要な議論の対象となる。

・ビューロクラシーの特徴

　機関や組織のあり方として，特に「組織的ビューロクラシー（Organizational Bureaucracy）」の中でのスーパービジョンについてカデューシンは取り上げて議論し，そこで，"ビューロクラシー"の特徴を6つ挙げている（**表1-3-2**）。

・スーパーバイザーの課題

　スーパーバイザーがスーパーバイジーに対するスーパービジョンといった"狭い意味のスーパービジョン"を意味するのではなく，カデューシンは同書の中の「2. 管理的スーパービジョン」（Kadushin 1992：44-77）において，スーパーバイザーの11の「課題（tasks）」を列挙している。第3版の表において，「5. 業務の（work assignment）」が抜けているが，それを加えて示す（**表1-3-3**）。

　同書の章末のまとめの中で，スーパーバイザーによる管理的スーパービジョンの機能として，11の課題を列挙した後，次のように簡略に述べている。

「管理的責任と機能を実行するうえで，スーパーバイザーは，機関の方針（agency policies）と手続き（procedures）にのっとって，機関の管理（運営）目標を，質的，そして量的にも達成するため，職場（the work place），機関の設備（agency facilities），そして職員（human

表1-3-2 ビューロクラシーの特徴

1. それぞれの部門(ユニット, unit)に所属する個々の従業員(employees)の間で, また組織(organization)の各部門(units)の間において, その機能(function)と業務(task)の専門化(specialization)と, 仕事(labor)の分化(division)がある。
2. 階級権威制度(a hierarchical authority structure)があり, それぞれの従業員(people)に, その地位(position)に応じて, より強い, あるいはより弱い責任(responsibility)と権限(power)が与えられる。
3. 階級制度の中の従業員は, その人の地位(position)に基づいた権威(authority)を行使する(exercise)。
4. 従業員は募集(recruited)され, 採用(selected)され, そして, その組織のある地位へ配置(assigned)される。これらは, その人が誰か(who they are), あるいは, 誰を知っているか(whom they know)ではなく, 客観的(objective), 非個人的(impersonal)な業績評価(technical qualifications)に基づいて行われる。
5. 公平(universally)に, 非個人的(impersonally)に適応される規則(rules)と手続き(procedures)からなる一つの体系(a system)がある。その体系は, その機関(the agency)の中のそれぞれの地位にある従業員の権利(rights)と責任(duties)を規定している。
6. すべての組織的活動は, 組織の目的(objectives)の実現に寄与するため, 意識的(deliberately), そして合理的(rationally)に計画される。

〔Kadushin, A.（1992）*Supervision in Social Work*, 3rd ed., Columbia University Press, 45〕

表1-3-3 管理的スーパービジョンとしてのスーパーバイザーの課題

1. スタッフの募集(recruitment)と採用(selection)
2. ワーカーの就任(inducting)と配属(placing)
3. 業務の計画(work planning)
4. 業務の任命(work assignment)
5. 業務の派遣(work delegation)
6. 業務の監視(monitoring), 再検討(review), 評価(evaluating)
7. 業務の調整(coordinating work)
8. 連絡機能(communication function)
9. 擁護(advocate)としてのスーパーバイザー
10. 管理的緩衝(administrative buffer)としてのスーパーバイザー
11. 変革者(change agent)としてのスーパーバイザー

〔Kadushin, A.（1992）*Supervision in Social Work*, 3rd ed., Columbia University Press, 46〕

resources）を組織していくものである。」

(b) 教育的スーパービジョン

カデューシンは「4. 教育的スーパービジョン—定義，相違，内容，そして過程」（Kadushin, 1992：135-181）の最初に次のように述べている。

「教育的スーパービジョンは，スーパーバイザーの第2番目に主要な責任である。教育的スーパービジョンとは，ソーシャルワーカーが仕事を行うために必要なことを教育し，それらをソーシャルワーカーが学ぶことを手助けすることに関わることである。」（Kadushin 1992：135）

そして，スーパーバイザーに関するどこの職務規定（job description）にも，次のような機能が列挙されていることを指摘している。

①ワーカーに対し，容認されているソーシャルワーク技術（techniques）を指導する（instruct）
②個別，あるいはグループを通し，スタッフの力量（competence）を高める（develop）
③スタッフに対し，その業務（job performance）を訓練（train），指導（instruct）する

・**「教育的スーパービジョン」と「所内研修」と「スタッフ養成」との違い**

「スタッフ養成（staff development）と，所内訓練（in-service training）と，教育的スーパービジョンのいくつかの違いを明らかにしておくことが必要である」（Kadushin 1992：136）と述べ，その違いを説明している。ソーシャルワークにおける教育的スーパービジョンの理解を深めるためにも，ほかの養成や研修との違いを区別して理解することが必要であろう。そこで，それらの違いに関するカデューシンの説明（Kadushin 1992：136-137）の概略を表に示す（**表1-3-4**）。

つまりほかの養成や訓練と比較して，教育的スーパービジョンは，より特定（specific）の事柄に対し，個々人のソーシャルワーカーに対し，より個別化（individualizing）して行われることを強調している。そこで，

表1-3-4 「教育的スーパービジョン」「所内訓練」「スタッフ養成」の違いとその関連

教育的 スーパービジョン (educational supervision)	個別のソーシャルワーカー(the individual worker)の特定の行動(the specific performance)に応用するための個別化された総合的学習(individualizing general learning)によって、所内訓練を補完するものである。教育的スーパービジョンは、より特殊な(a more specific)スタッフ養成である。ここでの訓練は、特定(particular)のケースを抱えている、特定の問題に直面している、そして、ある個別化された教育的プログラムを必要としている、ある特定のワーカー(a particular worker)のニーズに向けられたものである。
所内訓練 (in-service training)	スタッフ養成をより特殊化したものである。それは、同じ業務と同じ職責を持つ機関内の不特定数のグループに対して与えられる計画的で公式の訓練を意味する。
スタッフ養成 (staff development)	機関が全スタッフに対し、その業務に関する知識、技術、対応を向上させようとする過程すべてを意味する。訓練会、講義、ワークショップ、研究会、情報パンフレット、ケースワーカー、管理者、事務職員、そしてスーパーバイザーのためのディスカッション・グループはスタッフ養成活動である。

カデューシンのソーシャルワークにおけるスーパービジョンにおいて、先に述べた管理的スーパービジョンと異なり、特に教育的スーパービジョンにおいては、ソーシャルワーカーとの"個別会合(the individual conference)"が必要になることを指摘している。

・個別会合（the individual conference）

　カデューシンは、「個別会合は、スーパービジョンの管理的、教育的、支持的機能を果たすための双方面接（a dyadic interview）が必須である。教育的スーパービジョンでは、個人指導（an individual tutorial）である。」(Kadushin 1992：149) と述べている。続けて、個別会合は、**表1-3-5**に示すようなものでなければならないことを強調している。

　つまり、ソーシャルワークにおけるスーパービジョンが場当たり的で、形式や構造のないあいまいなものであってはならないことを、カデューシン

表1-3-5　ソーシャルワークにおけるスーパービジョン個別会合の特徴

- ほかの面接と同じように，個別会合はある程度の形式(formalities)，構造(structure)，そして，各種の役割課題(differential role assignment)が求められる。
- 互いに都合をつけた時間(mutually convenient time)に応じて定期的に日程を決めた会合(a regularly scheduled meeting)でなければならない。
- 個別会合の場所は，プライバシーが守られ，中断させられることからも守られていて，物理的に心地よく，そして，よく聞き取れる会話が行われるところでなければならない。

〔Kadushin, A.（1992）*Supervision in Social Work*, 3rd ed., Columbia University Press.〕

表1-3-6　ソーシャルワークにおける教育的スーパービジョンの個別会合の過程

①	過程 ─ 開始期：枠組みと日程を確認する Process ─ Beginning：Structure and Scheduling
②	過程 ─ 開始期：準備を行う Process ─ beginning：Preparation
③	（教育的スーパービジョン過程についてのオリエンテーション） (Orientations to the Process of Educational Supervision)
④	過程 ─ 中間期 Process ─ The Middle Phase
⑤	過程 ─ 振り返り（フィードバック） Process ─ Feedback
⑥	終結 ─ 教育的スーパービジョン終了のための最終個別会合 Termination of Educational Supervision Conference

〔Kadushin, A.（1992）*Supervision in Social Work*, 3rd ed., Columbia University Press.〕

は戒めている。カデューシンは，「個別会合」（Kadushin 1992：149-168）の中で，その過程を6段階で示している。**表1-3-6**にそれをまとめて示した。

　カデューシンのいうスーパーバイザーによる組織内スーパービジョンは，以上概略したように，"広い意味のスーパービジョン" を意味していることがわかる。その中の「個別会合（the individual conference）」である，スーパーバイザーとスーパーバイジーによる双方面接（a dyadic interview）が，一般にいわれる "ソーシャルワーク・スーパービジョン" で

表1-3-7　自己覚知を顧慮した教育的スーパービジョンとセラピーとの違い

目的と焦点	スーパーバイザーは，スーパービジョンの目的の限定性（limits）と限界性（restrictions）を認識し尊重する。スーパーバイザーの責任は，スーパーバイジーがよりよいワーカー（a better worker）になるよう援助することであり，よりよい人（a better person）になるために援助するわけではない。合意された関心ごとは，スーパーバイジーの専門活動（professional activities）にあるのであって，スーパーバイジーの個人生活（the personal life）に介入する承認は与えられていない。その関心は，スーパーバイジーのプロフェッショナル・アイデンティティを確立していくことであり，パーソナリティ・アイデンティティの変革にあるわけではない。スーパーバイザーは，「私はどのようにあなたを援助することができますか（How can I help you?）」と質問するのではなく，むしろ「あなたが仕事を行ううえで，私はどのようにあなたを援助することができますか（How can I help you do your work?）」と問うであろう。
役　割	教育的スーパービジョンからセラピーに移行することは，不当で不適切な役割の変更になる。Stiles（1963年）は，「スーパーバイザー関係は，以下の暗黙の契約を含んでいる：ワーカーは，最大の職務（performance）を行い，専門性を高める（professional development）責任がある：スーパーバイザーは，ワーカーがその目標を達成するための責任を負う」と述べている。契約の範囲は，ワーカーの"職務"であり，"専門性を高める"ことである。
過　程	管理的・教育的スーパービジョンに同意されていることは，ソーシャル・ワーカー／スーパーバイザーがワーカー／スーパーバイジーに対しセラピー過程（a psychotherapy process）に入ることを強要する正当性を持つことはできないということである。教育的スーパービジョンにおいては，ワーカーの知識（knowledge）と指導（guidance）に関する契約であり，症状の解消（alleviation of symptoms）にあるのではない。

〔Kadushin, Alfred（1992）*Supervision in Social Work*, 3rd ed., Columbia University Press, 203-211 を参考に筆者作成〕

あり，カデューシンのスーパービジョンにおいての"狭い意味のスーパービジョン"として位置づけられているといえよう。

・教育的スーパービジョン対セラピー

　スーパービジョンとセラピーの違いについてもカデューシンは述べている。ソーシャルワークにおけるスーパービジョンにおいても，スーパーバイジーの自己覚知（self-awareness）を進めることがあるが，セラピーとは

異なっていると指摘している。そして，「自己覚知を考慮した教育的スーパービジョンとセラピーの違いは，①目的（purpose）と焦点（focus），②役割（role），③過程（process）と関係している」（Kadushin 1992：203）と述べている。その概略を**表1-3-7**にまとめる。

(c) 支持的スーパービジョン

カデューシンは，「6. 支持的スーパービジョン（Supportive Supervision）」（Kadushin 1992：225-292）の章末の要約の中で，「支持的スーパービジョンは，仕事に関するストレスや最大の職務を成し遂げるための態度や気持ちを発展していけるようスーパーバイジーを援助することに関することである。一方の管理的，教育的スーパービジョンは手段的（道具的）ニーズ（instrumental needs）に関することであるが，他方の教育的スーパービジョンは表出的ニーズ（expressive needs）に関することである。」（Kadushin 1992：292）と述べている。スーパーバイジーが目標を達成することとしての手段的ニーズに対し，教育的スーパービジョンの表出的ニード，つまり，スーパーバイジーの感情的な事柄，特に"ストレスへの対処"についてカデューシンは言及している。

・仕事と関連したスーパーバイジーのストレスとその対応

先に述べたように，カデューシンは「教育的スーパービジョンは，仕事に関するストレス（に対処するよう）（中略）スーパーバイジーを援助することに関することである」と述べている，"ストレスへの対処"は教育的スーパービジョンにおいて取り上げるべき重要な事柄の一つである。

カデューシンは，仕事と関連したスーパーバイジーのストレスの源（source of stress）になるものを列挙している（Kadushin 1992：236-258）。

- ・ストレスの源としての管理的スーパービジョン
- ・ストレスの源としての教育的スーパービジョン
- ・ストレスの源としてのスーパーバイザー・スーパーバイジー関係
- ・ストレスの源としてのクライエント
- ・ストレスの源としての課題（task）の性質（nature）と文脈（context）
- ・ストレスの源としての組織

・ストレスの源としてのソーシャルワーカーに対する地域の態度

　カデューシン（Kadushin 1992：262-273）は，支持的スーパービジョンを実行するうえで，2つの方法を挙げている。1つ目は，ストレスの予防（prevention）であり，2つ目はストレスを軽減すること（reducing）と改善すること（ameliorating）である。

第4節 新たなソーシャルワーク・スーパービジョン

1 ワナコットとモリソン

　ワナコット（Wonnacott）は，2012年に『ソーシャルワーク・スーパービジョンの習得』を出版している。その中で，多くの文献をもとにスーパービジョンの新たな発展を示している。例えば，スーパービジョンの機能の多様な広がりを表として提示している（Wonnacott 2012：25，原文中の表1.1）。そこでは，カデューシンが挙げた3つの機能である管理的機能，教育的機能，支持的機能を超えた多様なスーパービジョンの機能が示されている。"機能的モデルを超えて（Beyond a Functional Model）"（Wonnacott 2012：24-28）と題して，スーパービジョンの機能を伝統的な3つの機能に限定することはできないとして，3つの理由を挙げている。

①1回のスーパービジョンにおいて，すべての3つの機能を提示することは難しいことである。

②3つの機能の相互関連があるということは，それぞれを別々に切り離してとり扱うことは難しいことを意味している。

③ある限定された時間において，一つの機能が無視され，避けられるならば，スーパービジョンが安心あるものでなくなる。

　以下，モリソン（Morrison）とワナコットのスーパービジョンを概観する。

2 モリソンのスーパービジョン

　モリソン（Morrison, 2005：33）は，4つの機能，アカウンタビリティ（accountability），ディベロップメント（development），サポート（support），メディエーション（mediation）を挙げている。

　モリソンは，多様なスーパービジョンを管理的（management），臨床的／専門的（clinical／professional），個人的（personal）を横軸に，「スーパービジョンを誰が申告するか」，「スーパーバイザーを誰が決めるか」，「スーパービジョンの焦点は何か」，「スーパーバイザーの役割は何か」，「スーパーバイザーは，誰に，あるいはどこに責任を取るか」を縦軸として，多様なスーパービジョンのあり方を「スーパービジョンのモデル」と題して，原文の中の表にして示している（Morrison 2005：35，表1.）。邦訳を示しておく（**表1-4-1**）。

表1-4-1　スーパービジョンのモデル

	管理的スーパービジョン	臨床的／専門的スーパービジョン	個人的スーパービジョン
スーパービジョンを受けること	指示／命令による	自己申告する	自己申告する
スーパーバイザーを誰にするか	機関／施設が決める	スーパーバイジー本人，あるいは機関／施設が決める	スーパーバイジー本人が決める
スーパービジョンの焦点	機関への職務時間，物品利用，管理義務，コミュニケーション等についての責任	利用者への有効な実践	実践に伴う個人的ニーズ
スーパーバイザーの主な役割	機関／施設から委託され，監督する者としての役割	実践のエキスパートであり，実践を発展させていく者としての役割	ファシリテーターであり，リフレクターとしての役割
スーパーバイザーは，どこ／誰に責任を取るか	機関／施設	専門職倫理基準／専門職団体規範と機関／施設	スーパーバイジーが所属する専門職団体

〔Morrison, T.（2005）*Staff Supervision in Social Care：Making a Real Difference for Staff and Service Users*, 3rd ed., Pavilion Publishing and Media，35〕

3 ワナコットのソーシャルワーク・スーパービジョン

ワナコット（Wonnacott 2012）は，4つの機能，マネジメント（management），ディベロップメント（development），サポート（support），メディエーション（mediation）を挙げている。

(1) 公式／計画的スーパービジョンと非公式／臨機応変スーパービジョン

公式／計画的スーパービジョンと非公式／臨機応変スーパービジョンについて「より公式的である／より非公式である」を縦軸とし，「より計画的である／より臨機応変である」を横軸として，一つの表（Wonnacott 2012：65）にしてワナコットは示している。邦訳を示しておく（**表1-4-2**）。

①スーパーバイジーとスーパーバイザーの間の取り決め／契約

ソーシャルワーク・スーパービジョンを明確に区分けし分類できるものでもあるが，モリソンは，公式／計画的とともに，非公式／臨機応変であるといった連続的に多様性のあるものでもあることを述べている。スーパービジョンを実施する場所や時間といった物理的環境やスーパービジョンの機能に多様性を持たせることは可能である。それらは明確に区分できないことも現実場面においてはありえる。しかし，それは，スーパービジョンが"あいまい"，あるいは"ルーズ"であることを容認するものではないことをモリソンは指摘している。

どのような形式のソーシャルワーク・スーパービジョンであれ，すべてのソーシャルワーク・スーパービジョンの基本にあるもの，その一つの原則である「スーパーバイジーとスーパーバイザーによる事前の取り決め（契約）」が行われなければならないということである。この「契約」は，原則的には文章化され，その契約書をお互いがスーパービジョン開始前

表 1-4-2 公式／計画的スーパービジョンと非公式／臨機応変スーパービジョン

（より公式である）

公式の計画された一対一スーパービジョン

- 継続的，計画的，そして定期的に，積極的な関係を発展し，促進させていく。あらたなニーズに焦点化していくとともに，スーパービジョンの記録と関連づけながら，実践の振り返りを行う。
- 公式のスーパービジョンだけに注意を払い，特に，ソーシャルワーカーに感情的な衝撃を与える実践の急な展開や，深い分析を必要とする決断を行うときは，特に公式のスーパービジョンを必要とする。

公式のミーティング：計画されたスーパービジョンの間に行われ，一般的に，特定の事柄についての話し合い

- 急きょ決定を行うため，あるいは，すでに起きてきてしまったことを申し送るためのものになろう。管理的な責任と支持的側面が重要なこととなる。
- スーパービジョンのかたちはとるが，長期に発展してくるニーズに対応することはありえないが，公式のスーパービジョンの長期の合間に行われることがある。

（より計画的）　　　　　　　　　　　　　　　　　　（より臨機応変）

非公式の計画されたスーパービジョンであり，ソーシャルワーカーの机のところで行われたり，会った後の電話での話し合い等

- 公式の話し合いの環境ではできないようなサポートを提供する。
- 公式の話し合いの記録には抜け落ちてしまうようなことへの対応，たとえば，スパービジョンの記録にとどめておく必要のあるスーパーバイジーへのサポートや進展するニーズに関連する事柄等。

臨機応変の話し合いであり，廊下での立ち話し等

- スーパーバイジーが聞いておくことを，再確認する必要があろうと思われるとき。
- 秘密保持の理由からさけられるが，比較的短いやり取りで，スーパービジョンの分析の過程である場合。意志決定にかかわるかもしれないこと等。

（より非公式である）

〔Wonnacott, J.（2012）*Mastering Social Work Supervision*, Jessica Kingsley Publishers, 65 を参考に筆者作成〕

に，その取り決め／契約（書）を取り交わす。その取り決めの中で，前述した多様なスーパービジョンにおいて，事前に，どのようなスーパービジョンにするかを相互に明確に取り決め，契約の中に明記する。

そこで，スーパービジョンは，事前に「構造化」されることが基本であり，取り決めの書式をあらかじめ用意する必要がある。その書式に関し，ワナコット（Wonnacott 2012）の中で，モリソン（Morrison 2005）を参考に，「ソーシャルワーク・スーパービジョン実施に伴う取り決め（案）」を作成し，例示している（Wonnacott 2012：49-51）。邦訳を示しておく（**表1-4-3**）。

②効果的スーパービジョン："4×4×4モデル"

ワナコットは，先述したように，カデューシンが挙げた3つの機能である管理的機能，教育的機能，支持的機能を明確に区分するのではなく，その"機能的モデルを超えて"，新たなものとして「効果的スーパービジョン："4×4×4モデル"（effective supervision-the 4×4×4 model）」を提示している。このモデルを提示するにあたって，ワナコットは次のように述べている。

> 「ソーシャルワーク・スーパービジョンについてのこの考え方は，それぞれの要素（element）が相互依存的（interdependence）であることを認めることであり，そのため，静的（static）で，機能を基盤とするアプローチ（function-based）から去っていくことである。」続けて，
> 「スーパービジョンの機能はこのモデルの一部であるが，4つの機能を遂行する振り返りスーパービジョン・サイクル（the reflective supervisory cycle）を用い，鍵となる関係者（key stakeholders）との建設的な関係（positive relationships）を促進することによって，関係性（relationships）をその過程の中心におくところのスーパービジョンの力動的スタイル（a dynamic style of supervision）を発展させていくことである。」（Wonnacott 2012：53）

つまり，それぞれの機能を静的（スタティック）にとらえるのではなく，それぞれの相互依存的な機能を，その場その場で振り返り，繰り返

表1-4-3 ソーシャルワーク・スーパービジョン実施に伴う取り決め／契約

ソーシャルワーク・スーパービジョン実施に伴う取り決め（案）
　　　　　　　　　　　　　　　　　　　　　_____年_____月_____日
スーパーバイザー：□□□□□□　スーパーバイジー：○○○○○○○

本「取り決め」は，効果的なスーパービジョン関係を発展させるための基本とするものである。スーパーバイザーが変わるごとに，新たな「取り決め」を行わなければならない。

本組織がスーパービジョンに求める要望は，所内スーパービジョン実施要項にのっとったものであり，本「取り決め」の枠組みとして設定される。そこで「取り決め」の主旨は，話し合いの余地のない所内スーパービジョン実施要項に即したものである。しかしながら，多くの様式においては，スーパーバイザーとスーパーバイジーが話し合い，お互いに了承して実施していくべきものである。

1. スーパービジョン実施に関する具体的取り決め
   スーパービジョンの回数：_____回
   スーパービジョンの期間：__年__月__日～__年__月__日
   スーパービジョンの実施場所：_____
   スーパービジョン中止を行う条件の相互の取り決め：_____
   _____
   スーパービジョン実施期間中，臨時のスーパービジョンを希望する場合：_____
   _____

2. スーパービジョンの内容
   スーパービジョンに取り上げられる内容：_____
   _____
   _____

3. スーパービジョン実施上の確認
   スーパーバイジーがスーパービジョン関係をつくるために話しておくことは何か（例として，以前のソーシャルワーク実践経験，スーパービジョンを受けた以前の　経験，好みの学習スタイル）？_____
   _____
   スーパーバイザーがスーパーバイジーに期待するものは何か？_____
   _____
   スーパーバイジーがスーパーバイザーに期待するものは何か？_____
   _____
   スーパービジョン関係に影響を与える要因はあるか（例として，人種，性別，性的指向（sexual orientation），年齢，障がい）？
   容認される事柄（例として，例えば行き詰まっていると，スーパーバイジーがいうとき，スーパーバイザーがそのすべてを知ろうとすることはないことは容認されよう）。_____
   スーパービジョン関係を中断するとき，どのように知らせ合うか？_____
   _____
   スーパービジョン実施中に生じる困難を解消していくためには，どのような方法があるか？_____
   _____

4. 記録
   公式のスーパービジョンは，毎回，記録され，スーパーバイジー・ファイルとして保管される。記録を完成させる責任者は，_____。（以下，省略）

5. その他の取り決め
   _____

6. 署名
   スーパーバイザー：_____　スーパーバイジー：_____
   　　　　　　　　　　　年　月　日　　　　　　　　　　　年　月　日

〔Wonnacott, J.（2012）*Mastering Social Work Supervision*, Jessica Kingsley Publishers, 49-51を参考に筆者作成〕

```
┌─────────────────────────────────────────────────┐
│ Ⅰ ソーシャルワーク・スーパービジョンにおける4つの関係者 │
│    1. サービス利用者（service users）              │
│    2. ソーシャルワーク実践機関・施設のスタッフ（staff）  │
│    3. ソーシャルワーク実践機関・施設の運営組織（organization）│
│    4. 関連する機関・施設の運営組織（partner organization）│
└─────────────────────────────────────────────────┘
                        ×
┌─────────────────────────────────────────────────┐
│ Ⅱ ソーシャルワーク・スーパービジョン／スーパーバイザーの4つの機能 │
│    1. マネジメント（management）                    │
│    2. ディベロップメント（development）              │
│    3. サポート（support）                          │
│    4. メディエーション（mediation）                 │
└─────────────────────────────────────────────────┘
                        ×
┌─────────────────────────────────────────────────┐
│ Ⅲ ソーシャルワーク・スーパービジョン過程におけるサイクルの4つの要素│
│    1. 体験（experience）                          │
│    2. 振り返り（reflection）                       │
│    3. 分析（analysis）                            │
│    4. 行動（action）                              │
└─────────────────────────────────────────────────┘
```

図1-4-1　効果的ソーシャルワーク・スーパービジョン："4×4×4モデル"
〔Wonnacott, J.（2012）*Mastering Social Work Supervision*, Jessica Kingsley Publishers, 53を参考に筆者作成〕

し，循環する力動的（ダイナミック）なスーパービジョンとして，そのモデルを提示している。そこで，ソーシャルワーク・スーパービジョンは，相互に関連し，繰り返され，循環する"一つのまとまった力動的な過程"であることを強調するため，"4×4×4"（「4つの関係者（stakeholders）」×「4つの機能（functions）」×「4つの要素（elements）」）という表現を用いて示した（**図1-4-1**）。

　ワナコットは，原著の15ページにソーシャルワーク・スーパービジョン："4×4×4モデル"として，図式化して示している。邦訳を示す（**図1-4-2**）。

③ソーシャルワーク・スーパービジョン実施の質問例

　ソーシャルワーク・スーパービジョン実施過程において，スーパーバイザーがスーパーバイジーに対し，どのような段階や時期に，何を焦点とす

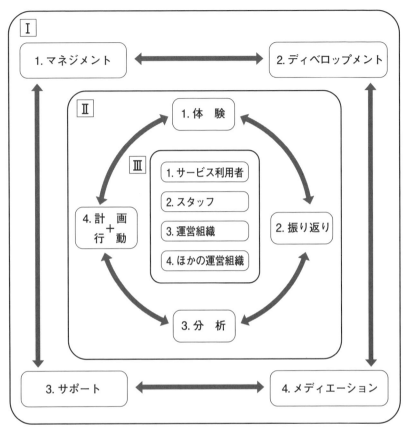

図 1-4-2 効果的ソーシャルワーク・スーパービジョン："4 × 4 × 4 モデル"
〔Wonnacott, J.（2012）*Mastering Social Work Supervision*, Jessica Kingsley Publishers, 54 を参考に筆者作成〕

るか，どのような質問をするか，を具体的に説明しているワナコット（Wonnacott 2012：58-60）の"4 × 4 × 4 モデル"に基づくソーシャルワーク・スーパービジョン実施の質問例を邦訳を示す（**表 1-4-4**）。

（北島 英治）

表1-4-4　ワナコットの"サイクルの4つの要素"を利用したソーシャルワーク・スーパービジョンにおけるスーパーバイザーによるスーパーバイジーに対する質問例

1) ソーシャルワーカーであるアリソンのソーシャルワーク実践例：

> アリソンは，薬物とアルコール依存に関わるチームのソーシャルワーカーであり，地域精神保健チームから3カ月前に転勤してきた。過去2カ月間，サラと関わってきた。サラは25歳，思春期から薬物とお酒の問題を抱えていたが，以前には治療プログラムをすべて拒否していた。現在，彼女はメサドン治療プログラムを受けて安定しているが，薬物使用は少なくなり良好であること以外は，ほかの生活について話すことは躊躇しているようにみえた。しかしながら，支えになってくれる新しいパートナーができて，非常に前向きな気持ちになっていると，アリソンに話した。サラの2歳になる子どもであるエミリーのことを，アリソンは気にかけていた。サラがクリニックに最後に来たとき，以前借りていたアパートが，電気の配線故障によって火災が起きたので，引っ越しをするかもしれないと，サラはアリソンに話していた。

2) ソーシャルワーカーであるアリソン（スーパーバイジー）に対する"4×4×4モデル"に基づくソーシャルワーク・スーパービジョンの「サイクルの4つの要素／段階」における，スーパーバイザーによる各種の焦点化と質問の仕方：

［サイクル要素1］：「体験（experience）」
1. サラについて話してください－このケースにおけるあなたの役割は何ですか？
2. サラに対するあなたのソーシャルワーク実践の目的（目標）は何ですか？
3. 火災のことについて，サラはあなたに何を語ったのか正確に話してください。
4. サラが語ったことで，あなたをおどろかせたことがありましたか？
5. われわれは，起きたことについてほかの専門職から十分な情報を得ていますか？
6. あなたに対するサラの面接中の様子（demeanour）はどのようなものだったですか？
7. サラの成育歴や新しいパートナーとの関係について何がわかっていますか？　そしてサラはどこに移転しようとしているのでしょうか？　彼女が話すことを躊躇していることは私は承知しています。
8. あなたはエミリーに会いましたか？　そうであれば，エミリーの様子とサラとの関係を，あなたはどのように説明しますか？
9. サラとの面接中のあなた自身の気持ちについて，何か気がつきましたか？　計画どおりに，進みましたか？

［サイクル要素2］：「振り返り（reflection）」
1. 火災についてサラが語ったとき，その瞬間のあなたの気持ち（feelings）はどうでしたか？
2. サラとの面接中，体験したあなたの気持ちはどのような程度のものだったですか？
3. 以前にも，同じような状況に遭遇したことがありますか？　どのようなことでしたか？
4. サラは，あなたに誰かを思い出させますか？
5. 薬物使用の両親と生活している子どもたちについて，どのような気持ちになりますか？
6. サラとの今回の面接と，その以前の面接と比較して，何か違いがあれば説明していただけませんか？
7. あなたとの面接において，サラはどのような気持ちを持っているのでしょうか？
8. サラとの前回の面接において，やり残したことは何ですか？
9. 気がかりなことが何かありますか？

［サイクル要素3］:「分析(analysis)」
1. サラとの面接中に何が話されたか, あなたはどのように説明しますか?
2. この事例に対する以前の自分の考えは, 今回の面接において, それを実証するものでしたか, それとも, 新たな挑戦となるものでしたか?
3. サラの新しいパートナーとの関係において, 支持的だといえる事実は何ですか?
4. われわれが現在持っている情報の意味を考えていくうえで助けと薬物とアルコール依存に関する調査から何らかの情報がありますか?
5. 何か足りない情報がありますか? もっと探求する必要があることは何ですか?
6. この状況において, 現在の強み(strengths)とリスクは何ですか?
7. この事例において, あなたの役割はどのようなことであると理解しますか?
8. あなたの役割と関連して, 機関から期待されることは何ですか?
9. あなたは新しくこのチームの一員になったと, 私は理解しています。薬物使用者であり, また親でもあるという人と関わる体験を多く持ってきましたか? このような事例に助けとなる支援／訓練がありますか?

［サイクル要素4］:「計画行動(action planning)」
1. サラとの関わりから, あなたが成し遂げようとしている成果は何ですか?
2. あなたとの関わりを通して, サラが成し遂げようとしていることについてのサラ本人の見方は何なのでしょうか?
3. われわれの現在までの考えに照らして, 次に何をする必要があるかということについてのあなたのまとめは何ですか?
4. 急務で, 必須のことは何ですか?
5. やってみたいことは何ですか?
6. 以上, 述べたことに照らして, あなたの行動をどのように順位づけていきますか?
7. 順位づけて行動するために, どのようなサポートが必要ですか?
8. われわれのチームやほかの組織から新たな専門家を加えることが必要ですか?
9. 本事例に関するフィードバックを実施するために, どのような調整が必要でしょうか?

〔Wonnacott, J.（2012）*Mastering Social Work Supervision*, Jessica Kingsley Publishers, 58-60 を参考に筆者作成〕

引用文献

Caspi, J. and Reid, W. J.（2002）*Educational Supervision in Social Work：A Task-Centered Model for Field Instruction and Staff Development*, Columbia University Press.

Hawkins, P. and Shohet, R.（2012）*Supervision in the Helping Professions*, 4th ed., Open University Press, McGraw-Hill Education.

Hutchinson, D.（1935）Supervision in Social Case Work, Carlton Munson E. ed.（1979）*Social Work Supervision：Classic Statements and Critical Issues*, Free Press.

Kadushin, A.（1992）*Supervision in Social Work*, 3rd ed., Columbia University Press.

Kadushin, A. and Harkness, D.（2014）*Supervision in Social Work*, 5th ed., Columbia University Press.

McKitterick, B.（2012）In association with Community Care, *Supervision：Social Work Pocketbooks*, The McGraw-Hill Company.

Morrison, T.(1993)*Staff Supervision in Social Care：An Action Learning Approach*. Longman, Pavilion Publishing.

Morrison, T.(2005)*Staff Supervision in Social Care：Making a Real Difference for Staff and Service Users*, 3rd ed., Pavilion Publishing and Media.

Munson, C. E. ed.(1979)*Social Work Supervision：Classic Statements and Critical Issues*. Free Press.

Munson, C. E.(2002)*Handbook of Clinical Social Work Supervision*, 3rd ed., Haworth Social Work Practice Press.

Pettes, D. E.(1967)*Supervision in Social Work：A Method of Student Training and Staff Development*（*National Institute Social Services Library*）, George Allen & Unwin.

Rank, O.(1936a)*Truth and Reality*, Authorized Translation from the German, with a Preface and Introduction, by Jessie Taft. W. W. Norton & Company.

Rank, O.(1936b)*Will Therapy：an analysis of the therapeutic process in terms of relationship*, Authorized Translation from the German, with a Preface and Introduction, by Jessie Taft. W. W. Norton & Company, Inc.

Robinson, V. P.(1936)*Supervision in Social Case Work, a problem in professional education*, University of North Carolina Press.

Robinson, V. P.(1949)*The Dynamics of Supervision under Functional Controls：A Professional Process in Social Casework*, University of Pennsylvania Press.

Robinson, V. P. ed.(1962)*Jessie Taft：Therapist and Social Work Educator & A Professional Biography*, University of Pennsylvania Press.

Rogers, C. R.(1942)*Counseling and Psychotherapy：Newer Concepts in Practice*, Houghton Mifflin

Rogers, C. R.(1951)*Client-Centered Therapy：Its Current Practice, Implications, and Theory*, Houghton Mifflin.

Taft, J. ed.(1948)*Family Casework and Counseling：A Functional Approach*, University of Pennsylvania Press.

Taft, J.(1947)"A Philosophy of Helping in Social Work", Paper delivered to a meeting of Counseling Personnel of the Division of Pupil Personnel and Counseling, School District of Philadelphia, January 8, 1947

Turner, F. J. ed.(1996)*Social Work Treatment：Interlocking Theoretical Approaches*, 4th ed., Free Press.

Wonnacott, J.(2012)*Mastering Social Work Supervision*, Jessica Kingsley Publishers.

第2章

ソーシャルワーク・スーパービジョンの倫理

 **「倫理」について考える**

1 倫理とは

　社会福祉士をはじめとする福祉専門職が所属する職能団体はそれぞれ倫理綱領を持ち，構成員はその内容を守ることが求められる。しかし，そもそも「倫理」という言葉は福祉分野に限らず，われわれの日常生活でもよく使われる。その意味では，特別に「ソーシャルワーク」に固有の倫理，さらには「ソーシャルワーク・スーパービジョン」に固有の倫理等というものがあるというよりも，人としての規範をしっかりと守っておけばよいのではないか。

　また，倫理と似た意味を持つと考えられる言葉に「道徳」という語があるし，専門職倫理の分野では「価値」という言葉も「倫理」とあまり区別されずに使われることがある。さらにいえば，一般にわれわれが所属する社会集団（組織・団体とも言い換えてもよい）は，守るべき規則やルールを「会則」「慣習」等の形で持つ。これらと「倫理」の関係もよくわからない。本節では倫理という言葉の持つ意味や関連する語との関係について，まずは整理をしてみたい。

2 「倫理」という言葉の意味

　和辻（1934）は『人間の学としての倫理学』において，日本語（中国語）としての「倫理」について説明している[注1]。そこにおいて，和辻は

「倫」という言葉は「仲間」を意味し「共同態」としての意味を持つと指摘したうえで，そこから発展して，「人間共同態の存在根柢たる秩序あるいは道」という意味を「倫」は持つこととなったとしている。また「理」という語については「ことわり」「すじ道」を意味し，人間生活との関係で用いる場合には，道義の意味を持つとする。そして両語を合わせて「倫理」という言葉は，全体として「人間共同態の存在根柢たる道義を意味する」ことになるとしている。

　つまり「倫理」といえば，人間が守るべきであると社会的に承認されている規範といえる。その意味では倫理に種類はないわけで，ソーシャルワーカーといえども人としての倫理（人を傷つけないとか嘘をつかないといった，人間にとっての普遍的な了解ごと）を守ることが求められることになる。これがそもそも「倫理」という言葉の基本といえるが，同時に「企業倫理」「職業倫理」「専門職倫理」等という用法もある。これをどう考えればいいのか。このことについていえば，和辻のいう「人間共同態」を人間社会全体というレベルでとらえるのではなく，各自が所属する社会集団と考えたときに，倫理という言葉は展開を見せることになる。この場合には，人間が普遍的に共有する倫理を前提としつつも，自らの所属する社会集団ごとに従うべき倫理を持つということになる。

　ただし，「出勤時間を8時とする」「制服を着る」といった具体的な約束事をわれわれは「倫理」とはいわない。例えば企業ならば少しでも利益を上げるという「目標」のために社員は，役割分担し指示を守り全力を尽くすことが求められる。「共同態の存在根柢たる秩序」とは，このような組織が共有する目標とその実現のための約束事ということになるだろう。スポーツ団体ならば試合に勝つという目標に貢献するために，各メンバーは「練習に励む」「裏方としての仕事に徹する」「自らを犠牲にして勝利に貢献する」等といったさまざまな態度を取ることが要求される[注2]。

注1　本来は，英語のethicsについても同様の検討が必要になるがここでは省略する。
注2　試合に勝つ以外に，プロならば観客を増やし収益を上げる，学生団体ならば構成員の人間成長に資するといった目標も併行的に存在することはいうまでもない。

この「試合に勝つ」，「利益を上げる」といった社会集団に共有される目的や信念のことを「価値」と呼び，それを実現・達成していくために必要とされメンバー全員に了解される約束事を「倫理」と整理できる。そしてさらにこの倫理を現実の行動に反映するために定められる具体的なルールが現実の職場や学校等で定められている「規則」ということになる。広く倫理という場合にはこの価値から現実のルールにいたる一連のセットを指すと考えることができる。

　このように考えてきたとき「道徳」との関係もみえてくる。和辻によれば，倫理が共同体に共有されるものであるのに対し，道徳は主観的個人的な意識であるとする。もちろん定義の問題であるから実質に両者を区別しない用法も可能であるが，個人レベルのルールと共同体レベルに共有されるルールを区別するという考え方は理解しやすい。

　本章では，個人として大切にすべきこと，してはならないと信じることを「道徳」として区別したうえで，共同体に所属する構成員として（われわれについていえば，ソーシャルワーカーとして）目指すべきものを「価値」，その価値を実現するために構成員にとって了解された規範を「倫理」としたい。そして「価値」と「倫理」を合わせて広義の「倫理」とし，一般に倫理綱領で記述される範囲と考えたい。そしてこの広義の倫理を実現すべく，さらに各職場等で具体的な規則が定められるという関係と整理することとしたい[注3]。

注3　厳密には，個人のレベルにも自らの生き方，大切にすることについての価値観もあり，本来もっと丁寧な議論が必要である。ただここでは，ソーシャルワーク・スーパービジョンについて論じていくために必要な内容に限定している。

 ## 対人関係における倫理

1 援助専門職の構造

　ソーシャルワークに限らず，教育，医療等の対人援助職は，それぞれの専門職が守るべき倫理的原則についてふれる「倫理綱領」を持っている。本章はソーシャルワーク実践におけるスーパーバイザーにとっての倫理について論じることが課題であるが，それはカウンセリングや教育において論じられる倫理と全く違うものだろうか。このことを明らかにするためには，各専門職の関係を論じる必要がある。本章自体の主たる目的ではないので詳細にはふれられないが，以下に 3 つのタイプに分けて説明することとする。

　第 1 は，各専門職をその「違い」に焦点を当てる説明の仕方である。この考え方によれば，各専門職は当然他の専門職との「違い」が説明できる必要があることになる。例えば，全米ソーシャルワーカー協会の『*The Social Work Dictionary*（5th eds.)』(Robert 2003) では，profession の定義は「特定の社会的ニードに対応するために共通の価値，技能，技術，知識と信念の体系を用いる人々によるグループ」という説明から始まっている。実際弁護士と医師を例に挙げれば，異なった社会的課題に対応するためにそれぞれに固有の技術や知識を持つという説明はわかりやすい。医師と弁護士では扱う課題（法律上のトラブルと健康上のトラブル）が違えば，必要とされる知識や技術（例えば手術に関わる知識や技術と，裁判を遂行するために必要な知識と技術）も全く異なる。そして同様に「倫理」についても医師，教師，弁護士，ソーシャルワーカー等各専門職ごとに違いがあることになる。

しかし，この考え方は突き詰めると無理が出てくる。例えば，ソーシャルワークの中でも個別援助を中心とするケースワークと心理系の専門職であるカウンセリングはその実態において重なる部分があることは確かであり，守られなければならない「倫理」も両者の間で完全に異なると主張することには無理がある。また，看護と介護，幼児教育と保育などもそれぞれ違いはあるが完全に必要とする知識や技術，価値が異なるとは言い切れない。

　そう考えたときに，第2の考え方として各専門職は重なりを持つとする考え方が出てくる。例えば，アプテカーはケースワークとカウンセリングと精神医学の関係について，援助の内容と対象に焦点を当て，重なりを持ちながらも少しずつずれている3つの円で説明している（Aptekar = 1964：122）。各専門職が重複する面を持ちつつも独自性を持つとするこの図はわかりやすく，よく引用される（図2-2-1）。しかしこの図は，近接する（と考えられる）専門職の重なりと違いを示唆するものとしては説得力があるが，諸専門職を含む全体像を説明する図にはならない。例えば，医師と弁護士の関係はこの図ではあくまでも重なり合わないものになるだろう。

　このような問題を解決しようとしたとき，第3の考え方が出てくる。各専門職は共通性をベースに持ちながら，固有性を積み重ねていくという考え方である。詳細はほかに譲るが（小山2012），簡単にいえば以下のようなイメージで説明できるだろうか。

　福祉，医療，教育，司法等およそ対人援助の専門職は共通の「知識」「技術」「価値」を持つ。例えば，コミュニケーションの技術やクライエントに対する公平な態度などがそれにあたる。そして，医療，教育，司法等各専門職レベルで共通の「知識」「技術」「価値」が2階部分に設定される。例えば，医師でも看護師でも医療関連の専門職は，基本的な身体の構造に関する知識は持ち血圧の測定の仕方は知っている。一方，司法専門職はそれらの知識や技術は必要ないが，法律や裁判に関わる知識や技術が必要とされる。そして，さらに3階部分に医療専門職の中でも看護師には必ずしも必要とされない医師固有の知識，技術があり，4階部分では医師

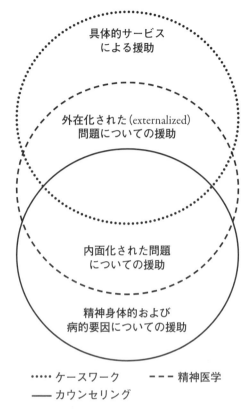

図 2-2-1　ケースワーク，カウンセリングおよび心理療法の重なり

〔Aptekar, H. H.（1955）*The Dynamics of Casework and Counseling*, Houghton Mifflin.
（= 1964，坪上　宏訳『ケースワークとカウンセリング』誠信書房 ,122〕

の中でも外科医と内科医ではそれぞれ必要とされる知識，技術が異なるといった考え方である。

　このように考えたとき，例えば「受容」「自己決定の尊重」等従来ソーシャルワーク（特にケースワーク）の原則とされていたものの多くは，福祉に限らずすべての援助専門職にとって必要な共通原則であることが明らかになる一方で，カウンセリングや看護において重要な原則的態度と教えられていることの多くもソーシャルワークにとって共有されうることがわ

かる。

　倫理についても，人を傷つけてはいけない，嘘をついてはいけないという「人倫」レベルを前提とし，次に医師も弁護士も教師もソーシャルワーカーも含めた「専門職倫理」が守られるべきものとして存在すると考えるべきだろう。そしてそのうえに，ソーシャルワーカーならではの強調されなければならないポイントがあると考えられる。

　以下本節では，各専門職は基盤を共有しつつも独自性を持っているという考え方を前提に，援助専門職として求められる「倫理」とソーシャルワーカーとして求められる「倫理」に整理して簡単に考えてみたい。スーパーバイザーはソーシャルワーカーがここで挙げるような倫理的態度を取るように促すことを通して，よい実践へと導くことがある程度可能になると考えられるのである。

2　援助専門職共通レベルの倫理

　対人援助職にはそれぞれの倫理綱領があり，そこでふれられている倫理原則はソーシャルワーク実践にとって役立つものが多い。中でも，直接の対人援助専門職の倫理ではないが，ビーチャム（Beauchamp）とチルドレス（Childress）が提起した生命倫理の四原理（「善行」「無危害」「自律尊重」「公平」）は，ソーシャルワークも含む，対人援助職共通の普遍的原則としても利用価値が高いと考えられる（Beauchamp & Childress 2013）。なお，「原理」という語と，「原則」という語を違うレベルのものとして厳密に使い分けることもあるが，ここでは同義的に用いる。

(1) 善行原理

　クライエントに対して少しでもためになる行動を取るという原理である。援助にあたって，ソーシャルワーカーが「クライエントにとって利益になる行動」を取るというのはある意味で当たり前すぎて，援助の原則と

もいえないように思える。しかし，ソーシャルワーカーの行動が本当にいつもこの原則に基づいているかといえば必ずしもそうではない。ワーカーが個人的な好悪，私的な価値判断で，クライエントの言動を窘めたり促したりしていることがある。またクライエントのためにならないのを承知で組織の都合で行動をとることもある。

スーパーバイザーとしては，スーパーバイジーの言動が本当にクライエントにとっての利益を考えた行動であるのかどうかを検討しつつスーパービジョンを行っていくことが必要になる。

(2) 無危害原理

前述の善行原理と似ているが少し違う。善行原理が少しでもクライエントのためになる行動を取ろうという積極原則（できる限りすべき原則）であるのに対して，本原理は少なくともクライエントの害になることは少なくともしないという消極原則（少なくとも守るべき原則）である。この両者の違いはある意味で程度問題ともいえるし，両者を必ずしも区別しない考え方もある。ただ，彼にプラスになることは無理でも，せめて害にならないように行動するという判断基準は現実的には役に立つ基準となりうる。

また，時には善行原則と無危害原則が矛盾する場合も出てくる。けがをした患者の手術する場合を例に，両原則の関係をみるとどうなるだろう。手術をすることによって，医師は患者に（例えば腕を失うといった）大きな「危害」を与えることになる。しかしそのことで患者の生命を守るという「善行」原則に沿う行動をしたことになるのである。

スーパービジョンを行うにあたって，善行原則に加えて，無危害原則を視野に入れ，特に両者が対立することもふまえてスーパーバイジーの言動を分析し，介入していくことが必要になってくる。

(3) 自律尊重原理

クライエントが，「自律」している（自分のことを自分で決めることができる）存在であることを認め，その自律性を可能な限り尊重するという

原則である。ソーシャルワーカーが支援にあたってパターナリズムに陥ることを戒め，クライエントの自己決定を尊重することにつながる重要な原則である。スーパーバイザーとしては，スーパーバイジーが自らの個人的価値観に引きずられた言動をすることがないように，また社会的に妥当な結論であったとしても，クライエント本人の思いから離れた選択を強いるようなことがないように絶えず意識しなければならない。

この原則は非常に大切な原則であるが，同時に適応が難しい原則でもある。ソーシャルワーカーがパターナリズムに陥ることをおそれるあまりに，すべてクライエントが自らの望むがままにふるまうことを受け入れることが，自律尊重になるのかといえばそれは違う。最終的に決定するのは本人であるとしても，必要に応じてソーシャルワーカーはクライエントの思いや行動に異論を唱えることも必要になる。ワーカーの反対意見やほかの具体的な提案など，これらも含めて選択肢として持てたときクライエントはよりよい決定を自ら下していくことができるのである。いずれにせよソーシャルワーカーはクライエントの願いや思いをどのような形で尊重していくかで悩むことが多い。スーパーバイザーとしては善行，無危害の原則と連動して本原則を視野に入れ総合的にスーパービジョンに当たる必要がある。

(4) 公平原理

援助はすべての人にとって公平に提供されなければならない。ソーシャルワーカーの恣意的な関わりやえこひいきが許されないことはいうまでもない。その意味ではどのような援助を誰に対して，どの程度提供するかということは実践にあたって重要な判断ポイントになる。

例えば，特別養護老人ホームへの入所の申請をして待機している高齢者が多数いる。そこに1人分の空き部屋ができた。このとき，待機者の中から誰を受け入れることが公平といえるのだろうか。これへの答えは一筋縄にはいかない。早くから登録してずっと待っている人，要介護度が重い人，家族がおらず介護力の弱い人。公平といっても何に注目するかで答えは変わってくる。また全く違う例だが，玩具の取り合いをする子どもに対

してどう接するかなど日常的なシーンでも「公平」に関わるシーンは多い。実践をしているソーシャルワーカー自身は客観的に状況をみることが難しい場合があり，時にこの公平原則についてトラブルが起こりやすい。スーパーバイザーとしては，ケースを客観的にみることができる立場からスーパーバイジーに関わっていくことが望まれる。

3 社会福祉専門職固有レベルの倫理

　すでに述べたように，福祉をはじめとする援助専門職は共通の「知識」「技術」「価値」を持つ。その意味では，スーパーバイザーが気を付けるべき倫理的原則についてはすでにふれたように「善行」「無危害」「自律尊重」「公平」が代表的なものとして挙げられる。ほかにも，ここでは詳述しないが「秘密保持」「個別化」「受容」「自己覚知」など，対人援助のそれぞれの分野で大切にされている原則を挙げることができる。つまり，スーパーバイザーとしては，スーパーバイジーがこれらの原則をしっかり守って援助をしているかどうかを確認しつつ支援していくということになる。

　それでは，ソーシャルワーク等の福祉専門職が特に大切にすべき倫理的原則とはどのようなものなのか。しかし，介護福祉士，保育士，病院ソーシャルワーカー，生活保護担当ワーカー等々，福祉専門職といってもその内容は多様である。ある意味で，介護福祉士と保育士の関係よりも，介護福祉士と看護師，保育士と幼稚園教諭のほうが専門職としては，必要な知識や技術について重なる部分が多いとも考えられる。

　しかし，看護は医療関連職であり，幼稚園教諭は教育専門職であり，介護と保育は福祉専門職である。その違いは，各専門職が目指す目標イコール「価値」の違いの部分で説明できる。医師といっても外科医・内科医と精神科医では，それぞれに必要とされる知識や技術は大きく違う。さらには看護師と理学療法士・作業療法士等も必要とされる知識や技術は相当違

う。しかし，患者の「生命を守る」「けがや病気を治療する」「痛みを取り除く」といった，健康に関わる専門職という点では医療関連職は共通性を持つ。また教育専門職は，幼稚園教諭から高校教諭，数学担当から音楽担当まで，その内容は相当違うが，児童・生徒の「成長・発達を促す」専門職であるという点では共通性を持つ。

　その意味では，福祉専門職も，ケア専門職，ソーシャルワーカーなどその業務内容に相当な幅を持つが，クライエントの「社会生活を守る」「脱孤立・脱疎外を目指す」という人の社会生活を支え，社会的孤立をさせないことを目指す専門職であるという点では共通の固有性を持つと考えられるのである。

　例えば，在宅高齢者のケース宅を訪問したとき，看護師や医師はまず脈拍や血圧等を測り「健康状態」を知ろうとする。そのうえで，必要ならば，その日の外出プログラムを中止させて安静にさせようとする。一方福祉系専門職は，そのクライエントが別居し長年会えていない息子や孫とその日遊園地に行こうとしているならば，また友人に誘われて買い物に行く予定があるならば，まずはそのことを大切にして，何とか実現したいと考える。医療関連職がクライエントの健康を守ることを第一の価値とするのに対し，福祉系専門職はクライエントを（家族や地域，社会から）孤立させないことを重要な目標として考えるのである。

　すでに述べてきているように，ソーシャルワークのスーパービジョンといえども，カウンセリングや教育におけるスーパービジョンとその内容は基本的には共通する。しかし，あえてソーシャルワーク・スーパービジョン倫理に多少なりとも固有性があるとすれば，ここで述べたような福祉専門職が大切にする価値を何とか実現していくという部分にターゲットを当て続けていくということにあると考えられるのである。

　このことに関連してソーシャルワーカー専門職4団体[注4]の「ソーシャ

注4　4団体とは，日本ソーシャルワーカー協会，日本医療社会福祉協会，日本社会福祉士会，日本精神保健福祉士協会であり，「社会福祉専門職団体協議会」を構成する。

ルワーカーの倫理綱領」の,「倫理基準」の中にある「社会に対する倫理責任」にも注目しておきたい。

> ① (ソーシャル・インクルージョン) ソーシャルワーカーは,人々をあらゆる差別,貧困,抑圧,排除,暴力,環境破壊などから守り,包含的な社会を目指すよう努める。
> ② (社会への働きかけ) ソーシャルワーカーは,社会にみられる不正義の改善と利用者の問題解決のため,利用者やほかの専門職等と連帯し,効果的な方法により社会に働きかける。
> ③ (国際社会への働きかけ) ソーシャルワーカーは,人権と社会正義に関する国際的問題を解決するため,全世界のソーシャルワーカーと連帯し,国際社会に働きかける。

　一見,これらの項目は大げさに過ぎ,ソーシャルワーカーの日常レベルの実践には関わりがないようにみえる。しかし,目の前の個々のクライエントの問題解決を真剣に考えたとき,ソーシャルワーカーはその視野を社会の側にも広げなければならない。差別や貧困などという,個人にふりかかってくる困難は,個人の側への働きかけだけでは解決しない。社会の側への働きかけを伴って初めて,真の問題解決に向うといえる。
　この「社会的存在としての人」に関わるという視点はソーシャルワーカーがクライエントを「社会的に孤立させない」という福祉固有の価値とともに連動して大切にされるべきものである。
　この部分は,ソーシャルワーク・スーパーバイザーが固有に意識しておくべきことといえるだろう。

 ## スーパービジョンにあたって特に留意すべき倫理問題

　スーパービジョン関係における倫理といっても，基本的には前節でみてきたソーシャルワーク倫理，さらにいえば，対人援助倫理において守るべき倫理と基本的には変わらない。しかし，スーパービジョン関係においていくつかの力点の置き方，注目すべきポイントに特徴があることも確かである。本節では，前節までに述べたことを前提としつつも，特にスーパービジョン関係において留意すべきと考えられるポイントについて確認しておきたい。

1　ターゲットの二重性

　スーパーバイザーにとって一義的なターゲットはスーパーバイジーである。クライエントと直接関わることは（スーパービジョン関係としては）原則的にない。しかし当然のことながらスーパービジョンはクライエントにとってよりよい援助を提供されることが最終的な目標となる。その意味では目の前のスーパーバイジーを支えながら，それを通してクライエントを支える行為がスーパービジョンであるということをスーパービジョンにあたっては忘れてはならない。そしてこの二重性は時に連動し時に矛盾することになる。
　具体的には，スーパービジョンの機能とされる支持的機能・教育的機能と管理的機能が必ずしも連動せず矛盾するような場合が出てくる。クライエントのことを考えるとソーシャルワーカーの支援のあり方について早い段階での介入が必要と考えられるが，今後の円滑なワーカー－クライエン

ト関係を考えたときに，今少しスーパーバイジーへの介入を控えるといった例である。

スーパーバイザーは，クライエントとスーパーバイジーであるソーシャルワーカーの両者を視野に入れ関わり続けなければいけないのである。

2 関係の多元性

前述の二重性とも似てみえるが，ここでふれたい問題はスーパービジョン関係にある両者が，ほかの関係をも同時併行的に持っている場合があるということである。スーパービジョンのためだけに両者の関係が構築される場合は別だが，現実にはしばしば両者はスーパービジョン関係以前に，「教員と学生」であったり「上司と部下」，「先輩と後輩」といった関係を持つことが多い。スーパービジョン関係としては率直に自らのクライエントに対する「怒り」や関係がうまくいかないことへの「不安」を語るべき（語りたい）としても，「実習の成績」に関わるとか，「職場の勤務評定」に関わると感じたときにスーパーバイジーは自らの本心を語ることが難しくなる。またスーパーバイザー側としてもある意味でスーパービジョンにおける「管理的機能」との関連で混同しやすいテーマになる。いわゆる組織内スーパービジョンの場合に時に注意すべきテーマだろう。

3 スーパーバイジーに対する権力関係

スーパービジョンに限らず，援助関係は好むと好まざるにかかわらず若干の「権力関係」を持つ傾向にある。一般に援助される側は援助する側（正しくは援助を利用する側と援助を提供する側というクライエント主体の関係であるべきだが，実際には「お世話になる」という遠慮の関係にな

る傾向は否めない）を，信頼し指示に従おうとする。このこと自体は，信頼がない反発的な関係では指示や助言が相手に伝わらないことから必ずしも悪いことではない。しかし，それが遠慮になってしまった場合はクライエントは本心や希望を表せないことにもなる。

　スーパービジョン関係も同様であり，スーパーバイジーは自分の本心を出せないことにもなる。特にスーパーバイザーへの批判的思いの表出等は抑えられることが多いため，注意が必要になる。

4　スーパーバイジーとの擬似的治療関係

　スーパーバイザーは，スーパービジョン以外のクライエントに対する支援者としてのキャリアも持つことが一般的である。時に教育者として，またソーシャルワーカーとしてのキャリアを持つものがスーパービジョンを行うとき，油断すると擬似的な治療関係になってしまうことがある。このことはスーパービジョンにおける倫理問題として注意しなければならないことの一つといえる。スーパービジョンはあくまでもケースに対する支援が最終的な目的であり，またケースを通してのスーパーバイジーのソーシャルワーカーとしての成長が目的である。しかし，実際にはスーパーバイジーの抱える私的なトラブル，個人としての悩みなどに直面することが少なくない。そのときにスーパーバイザーは，ついそれらの問題に対してケースを離れてカウンセリング等の関わりをし始めてしまいがちである。しかし，ワーカーが一人の人間として抱える本質的な課題を，ケース支援という目標に寄り添いながら同時併行して行うことはできない。

　スーパービジョンの目的はあくまでもケースの質を担保することと，ワーカーの実践力を支え育てることにあることを意識しなければならない。その意味では，スーパーバイザーがスーパーバイジーに対しての何らかの心理的支援を行う立場や能力を持つ場合でも，それはスーパービジョンとは切り離して別なセッティングで行われるべきなのである。

第3節　スーパービジョンにあたって特に留意すべき倫理問題

5 スーパーバイジーを依存させる可能性

　スーパービジョンは現在ケースを抱え悩んでいるソーシャルワーカーにとってまさになくてはならない有効な支援のツールとなる。自らの実践を応援し，正し，今後のありようについても示してくれるものだからである。しかし，そのことはスーパーバイジーの自立心を失わせ依存心を増加させてしまうことにもなりかねない危険性もはらむ。もちろんスーパービジョンを組織においてキャリアに関わりなく永続的に必要なものととらえるとき（そしてまたその体制を整えることができるとき），このことは大きな問題とならないかもしれない。ソーシャルワークがスーパーバイザーとスーパーバイジーのセットであくまでも行われるものと考えればこれも正しい考え方だからである。しかし，スーパービジョンがない状況で実践を行うことも想定した「自律したソーシャルワーカー像」を目標とする立場からみれば，依存関係はスーパーバイジーの自律を損なう要因になる。

　また，スーパービジョンを不可欠な条件とする場合もワーカーが依存的でよいということにはならない。初任者の場合や実習生の場合は別として，ソーシャルワーカーはあくまでも自律的存在であることが前提である。そのうえでスーパービジョンをスーパーバイジーが利用する関係である分にはよいが，依存する関係にはならないようには注意しなければならない。

　この「依存」問題は，スーパーバイジー側にのみ問題があるわけではない。援助関係において支援者は，誰でも無意識に相談者に対して「頼られたい」という思いを持つ。教師は生徒に対して，医師は患者に対して，ソーシャルワーカーはクライエントに対して役立つ存在でありたい。この思いが，行き過ぎるとクライエント側の依存したい（そのほうが安心できる）という思いを引き出すことにもなるのである。

　一般的な援助においては，この依存関係を意図的に利用する場合がありうる。「先生にお任せします」という関係である。特に，援助関係の初期等の混乱期にあるクライエントに対しては，ソーシャルワーカーとのラ

ポールを利用して一時的に依存関係を生じさせる（結果的に発生する依存を容認する）場合がある。しかし，スーパービジョンにおいてはこの問題は特に注意する必要がある。なぜならば，スーパーバイジーは擬似的にクライエントの立場にはあるが，本質的にはあくまでもスーパーバイザーと同じ支援者であることは忘れてはならないのである。クライエントとしてではなく，同僚・仲間としての立場をはっきりさせるためにも「依存関係」に注意する必要がある。

6 スーパーバイジーの自己評価を低下させる危険性

　前述のようにスーパービジョンが依存関係となったとき，ワーカーは「スーパービジョンがなくてはよい支援ができない」と感じ，自己評価を低下させる危険性が生じる。その結果ワーカーが自信をなくし，援助関係においてクライエントにしっかりと対峙し，また寄り添うということがしきれないという問題が出てくる。これはソーシャルワーク実践の自立性を損なうだけでなく，クライエントに援助に対する不信感・不安感を抱かせる危険性にもつながる（次項で詳しく触れる）。

　そしてこのことは，必ずしも依存関係にまでいたっていないケース（対等なスーパービジョン関係が維持できているケース）でも，「スーパービジョンのおかげ」と自己評価を下げてしまう危険性があるため注意する必要がある。

7 クライエントにワーカーを軽視させる危険性

　特に，組織内スーパービジョンの場合に生じやすいリスクである。一般に組織内の上司や担当者がスーパービジョンを担当する場合，そのこと（ソーシャルワーカーがスーパービジョンを受けていること）がクライエントにも感じられることになる。スーパービジョンという言葉や実態としては理解されていなくても，上司の指導下にあることは感じられる。そしてクライエントや家族にはそれが，ソーシャルワーカーの非自律性として映ることがある。スーパービジョンにおける依存関係が特に発生していない場合でも，クライエントにはスーパーバイジーが単独では援助方針について決定できない「半人前」の状態にあると映ることがありうるのである。「責任者出てこい」という状態である。

　組織内スーパービジョンにおいては，スーパーバイザーもスーパーバイジーも共にワーカー（上司と部下）としてクライエントにとっては映る。そのことと，先に述べたスーパーバイザーといえども無意識に持ちがちな「頼られたい」という思いとが重なったとき，クライエントが担当者を飛ばしスーパーバイザーである上司と話をつけたいという状態が，「ソーシャルワーカー」「クライエント」「スーパーバイザー」の三者にとって正当化されることになりかねない。スーパーバイザーはあくまでもクライエントに直接接するソーシャルワーカーを支える裏方としての立場を意識すべきなのである。

第4節 倫理的ジレンマの解決に向けて

　スーパービジョンにあたって理解しておくべき倫理的原則や注意しておくべき倫理的課題について論じてきた。しかし，現実には守るべき倫理的原則がぶつかり合う「ジレンマ」のシーンでソーシャルワーカーは戸惑うことが多い。スーパーバイザーとしてはこの問題にどう関わっていくべきであろうか。

　ジレンマといってもいくつかのタイプに分けることができる。一つは正解がわかっているがその実現に向かって援助を進めることができない場合と今一つは正解といえるべきものが2つ以上ある場合である。そして，後者には，その対立するジレンマ状況が，直接のクライエントと関係者という複数人の間の利益状況に関わるジレンマと，クライエント本人にとっての矛盾する利益状況が発生する場合がある[注5]。

1　正しい支援に向かうことができない場合

　例えば，ソーシャルワーカーはクライエントと関わる時間をもっと増やしたいが職員の数が足らないためそれができない等といった状況はこの例であろう。また，施設内で不適切な支援が利用者に対して行われているが，正すことができていないといった場合もそうだろう。本来目指すべき（目指したい）方向は決まっているのだが，現実的な事情でそれが実現で

注5　もちろん，ここで挙げた3タイプ以外にもさまざまなジレンマ関係が考えられるがここでは，典型的な三種について論じる。

きていない場合である。

　この場合には，基本的にはスーパーバイザーとしてはスーパーバイジーの目指すべき結論をどのように支え続けることができるかということになる。

　具体的には，ソーシャルワーカー専門職4団体の「ソーシャルワーカーの倫理綱領」の，「倫理基準」の中にある「実践現場における倫理責任」（社会福祉専門職団体協議会代表者会議 2005）が一つのよりどころになる。

---

①（最良の実践を行う責務）　ソーシャルワーカーは，実践現場において，最良の業務を遂行するために，自らの専門的知識・技術を惜しみなく発揮する。

②（ほかの専門職等との連携・協働）　ソーシャルワーカーは，相互の専門性を尊重し，ほかの専門職等と連携・協働する。

③（実践現場と綱領の遵守）　ソーシャルワーカーは，実践現場との間で倫理上のジレンマが生じるような場合，実践現場が本綱領の原則を尊重し，その基本精神を遵守するよう働きかける。

④（業務改善の推進）　ソーシャルワーカーは，常に業務を点検し評価を行い，業務改善を推進する。

　特に，③の「実践現場と綱領の遵守」は重要である。これは，職場の組織決定や雇用主の指示といえども，専門職倫理に抵触する場合には現場の実践を変えていくべきという指摘である。もちろん実際問題としては理想どおりにはいかない現実的理由があるからこそのジレンマではあるが，専門職は組織人である以前に，倫理綱領に対して忠誠を尽くすべきとの指摘はスーパーバイジーを支えるための重要なよりどころになる。

　とはいえ現実にはスーパーバイジーの「頑張りを支える」という支持的なアプローチだけでは事態を解決できないことも多い。ソーシャルワーカーの置かれている環境を変えていく必要や，上司の承認，職場の方針変

更なども時には必要になる。その意味では，スーパーバイジーから得た情報に基づいて，現場をよいものに変えていくこともスーパーバイザーには必要になる。しかし，スーパーバイザーといえども組織内の中間管理職的な位置を持ち，組織に対する大きな役割を果たすことが難しい場合もある。そのような場合には，時に組織外スーパーバイザーを有効に使うことも必要になる。外部の大学教員等を積極的にスーパーバイザーとして活用することで，ある意味で組織のあり方に対するコンサルテーション機能を果たすことも期待できるのである。

2 ある意味で正解が2つ以上考えられる場合

　本来「倫理」とは妥協の余地がないものである。人の倫理レベルでいえば，「嘘をついてはいけない」のだし，専門職倫理のレベルでいえば，「クライエントセンタードは守られなければならない」のである。したがって，前項で挙げたような守るべきことがわかっているが守れないという状態は，ある意味で倫理的ジレンマの状態とはいえない。困難ではあるが，スーパーバイザーとして支えるべき方向は基本的にはっきりしているからである。

　しかし実際にはケースに関わっていると，正解が2つ以上あるケースが出てくる。例えば，クライエント本人の思いと家族の願いが違う場合，入居者同士の利益（求めること）が相反する場合など関係者の間の思いが異なる場合などである。この場合には，どちらかの希望が正しいわけでもなく，両者の利益をある意味で折衷する（最適化する）ことが求められることになる。以上はケースに関わる者（本人や家族，地域住民等）の間で対立が生じる場合であるが，クライエント本人一人に絞ってみても，思いや願いが矛盾することがある。クライエントの自己決定だけをみても，家族との同居を求める気持ちと一人のままで自由に暮らしたい気持ちが同時

に表れることはある。また，本人の希望に従い自由な行動を認めたとき，クライエントの安全や健康が保証しきれない（無危害と自律尊重の対立）といったシーンもしばしば生じる。

　これらの場合は，前項で挙げたような「支え続け，状況を変えていく」といった正解を前提としたアプローチだけではうまくいかない。このような場合には，「正解を探す」アプローチと「折衷する」アプローチの2つが考えられる。前者（正解を探す）は倫理原則に優先順位をつけたり，処理手続きを明確化していく考え方である。例えば，「自律尊重」と「善行」を比較したときに，「自律尊重」を優先するとか，本人や家族の意向が対立する場合には「本人の意向」を「家族の希望」よりも優先するといったルール化である（以上はあくまで例示である）。この考え方は，状況が対立的・選択的である場合には採用しやすい。高齢者施設において，クライエントの安全確保（無危害）を重視したとき，転落防止のベッド柵は必要なものとなるが，クライエントの自由を妨げるという視点からは身体拘束と取られる（自律尊重の侵害）。この場合には，安全確保のうえで不安が残るとしても身体拘束となりうるベッド柵を複数はしないといった判断である。これは各種職能団体や業界が一定のルールを定めている場合にはそれに従うことはいうまでもないが，必要に応じてスーパーバイザーが判断していくことも必要になってくる。

　一方後者（折衷する）は，ジレンマの原因となる状況に優先順位をつけるのでなく，どちらも対等に実現するべきものと考え，最適解を探していこうとする考え方である。これは，選択的というよりも折衷的に解を求めていくことが望ましい場合に用いられる。例えば，医師の指示で食事制限をされているがクライエントが制限されている食品を強く食べることを望む場合などである。この場合に，前述の「優先順位ルール」を採用して，本人の希望よりも医師の指示を優先するのか，本人の希望を優先するのかを決断するといった回答の出し方もあるが，「折衷ルール」を用いれば別な解が出てくる。つまり，健康のために食事制限を続けながらも，本人の好む濃い味の料理を実現するという第三の答えを探す余地があるのである。医師と相談のうえで，当初の指示より少し濃い味にするといったこと

である。もちろん,「健康のために極力塩分を控える」「自分の好みの味つけの料理を存分に味わう」それぞれの目標からすればこの選択は不十分なものとなる。しかし,健康も守りながら（善行）,味の濃い料理を食べる（自律尊重）という選択があることをスーパーバイザーは知っておくことが必要なのである。

（小山　隆）

引用文献

Aptekar, H. H.（1955）The Dynamics of Casework and Counseling, Houghton Mifflin.（＝ 1964, 坪上　宏訳『ケースワークとカウンセリング』誠信書房.）
Barker, Robert L.（2003）*The Social Work Dictionary*, 5th ed., NASW Press.
Beauchamp, T. L and Childress, J. F.（2013）*Principles of Biomedical Ethics*, 7th ed., Oxford Univ Press.
小山　隆（2012）「援助専門職としての社会福祉援助」小寺全世・岩田泰夫・小西加保留・ほか編『ソーシャルワーク論　岡村理論の継承と展開第 4 巻』ミネルヴァ書房.
社会福祉専門職団体協議会代表者会議（2005）『ソーシャルワーカーの倫理綱領』.
　（http://www.japsw.or.jp/syokai/rinri/sw.html, 2015.1.26）
和辻哲郎（1934）『人間の学としての倫理学』岩波書店.

参考文献

Corey, G., Corey, M. S. and Callanan, P.（1993）*Issues and Ethics in the Helping Professions*, 4th ed., Wiley.（＝ 2004, 村本詔司監訳『援助専門職のための倫理問題ワークブック』創元社.）
福山和女編著（2005）『ソーシャルワークのスーパービジョン：人の理解の研究』ミネルヴァ書房.
平木典子（2012）『心理臨床スーパービジョン』金剛出版.
丸山マサ美編（2009）『医療倫理学, 第 2 版』中央法規出版.
村本詔司（1998）『心理臨床と倫理』朱鷺書房.
NASW（2013）*Best Practice Standards in Social Work Supervision*.
　（http://www.naswdc.org/practice/naswstandards/supervisionstandards2013.pdf, 2015.1.26）
鑪　幹八郎（2004）『心理臨床と倫理・スーパービジョン』ナカニシヤ出版.

第3章

スーパーバイジー・
スーパーバイザーの関係性

第1節 スーパーバイジー・スーパーバイザー間の関係性をめぐる重要性

　スーパービジョンをめぐる多様な議論や課題の中で，極めて大切でありながら，理論的な検討があいまいなままに残されているのがスーパーバイジーとスーパーバイザーの関係性をめぐる領域である。

1　多面的な関係性

　スーパーバイジーとスーパーバイザー，両者の関係性の質は，ほかのスーパービジョンに関わる諸要素と比べて，スーパービジョンの質を高めるうえで影響力が大きいものであることはいうまでもない。そのことについて，例えばツイ（Tsui）は，スーパーバイジーからみたスーパービジョン関係とクライエントからみた支援関係の重層性について，その重要性を強調している（Tsui 2005）。しかしながら一方で，その関係が実践の中ではあまり検証されていないことも指摘している。重要であることが強調されながらその検証が進んでいないということは，現在のスーパービジョン論の課題にとどまらず，古くはリッチモンド（Richmond）やロビンソン（Robinson）らの先駆者の叙述でも示されている。
　マンソン（Munson）は，スーパービジョンの理論的系譜をミード（Mead）らにさかのぼり，相互交流関係論や社会学や人類学における人間関係論との共通性からとらえる視点の重要性を指摘している（Munson 1979）。マンソンの指摘は，本章のテーマであるスーパーバイジーとスーパーバイザーの関係性をとらえる視点を個人対個人という関係にとどまらず，システムとしてとらえることを含め，関係性の多面性や一つの事象を

多様な角度からみることを強調している。さらに，その複雑な関係性の中でのスーパーバイジーとスーパーバイザーが，第1章で述べられているような多様な機能の担い手として行動するとき，意識化する主体としてのソーシャルワーカーのあり方を重視している。そのソーシャルワーカーは専門性に裏づけられた行動主体であり，関係性をすでに与えられたもの・規定されたものとして静的にとらえるのではない。むしろ関係性をキーワードとして動的にダイナミックに行動し，クライエントと共に・クライエントのためにソーシャルワークの価値や倫理の具体化を図る中で，現状の関係性そのものを変えていくことも志向する専門職である。

　スーパーバイジーとスーパーバイザーの関係性の領域が，何故その影響力の強さにかかわらず，検証が進んでいないのかについては，いくつかの理由がある。スーパービジョンの展開過程そのものが，特定の段階や要点を規則的に進捗させているものとは限らないこと，また，スーパービジョンそのものがスーパーバイジーとスーパーバイザーの相互関係によって成り立ち，再現性が困難なこと，さらにその関係性は閉じられた中で展開し，実践的にも，理論的にも可視化が妨げられていること等が考えられる。スーパービジョンの重要性が指摘されながらも，その効果検証の蓄積は限られており（Carpenter, Webb & Bostock 2013），とりわけ，関係性に関して，臨床や実践のエビデンスを検証するリサーチは内外を問わず蓄積がされていない。

2 スーパーバイジーのストレス・その背景

　スーパービジョンは，ソーシャルワーカーを含む対人援助職の成長にとって重要な契機となる。価値観・知識・技術を継続して学び，元からそなわっている資質をさらに発展させていくための機会である。実践経験の蓄積が浅いソーシャルワーカーは，さまざまの不安・戸惑い・心配を抱きながら利用者の方や家族への援助を行っている。多様な組織や機関に所属

し，同職種の専門職や他職種の専門職と連携し，利用者や家族の援助・支援に携わっている。ソーシャルワーク・スーパービジョンにおいてスーパーバイジーの体験している重層的なストレスとしては，次のようなものがある（**図3-1-1**）。

　私的なストレスは，スーパーバイジー自身の人生の発達段階において体験する出来事や関わりに由来するものである。例えば，転職・職場内での配置換えなどの仕事に関わるストレス等，また，家族との関わりでは，子どもの出産・伴侶の転勤・子どもの成長に伴う小学校や中学校への入学・親の介護などプライベートな暮らしの領域のストレスもある。ソーシャルワーカーが，利用者やその家族を支援しているとき，無意識のうちに，自分の家族や大切な周囲の人との関係上のストレスに影響を受け，専門職としての判断や，感情・行動に反映させてしまうことも起きる場合がある。臨床実践上のストレスは，例えば，利用者と家族の意向が異なり，利用者のために適切な方法を選ぶことが難しいときなど，ソーシャルワーカーにとって最も蓄積することの多いストレスでもある。チームのストレスは，多職種間の連携は重要であると理解していても，オリエンテーションの異なる多職種間で意見の相違があり，利用者や家族への統一した支援に結びつかない場合などである。組織・機関のストレスは，例えば新しい組織上の展開が，以前から根付いている伝統的な考え方と相違するときに生じる混乱等である。社会的・経済的・政治的・文化的影響要因によるストレスは，制度の変革やシステムの変更，さらには天変地異などの要因が原因となるストレスである。

　スーパーバイジーの体験している上記のストレスは単一のものではない。ソーシャルワーカーの専門職としての職務が極めて多岐にわたることから，ストレス間の複雑な重層化が，時間の経過を加えて蓄積している。ストレスの原因を見つけ出すことや，重みづけをすることが極めて難しい。そのことは，ストレスの原因探索ではなく，あるいは原因解決の方法を求めるだけではなく，スーパーバイジー自身の問題解決能力の探索・気づき・内省・省察等の繰り返しが欠かせないことを示している。何を解決するのかではなく，どのように解決能力を高めていくのか，その選択の方

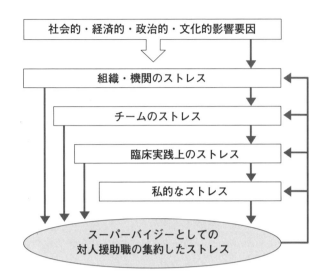

図 3-1-1 対人援助職の重層的なストレス—SW システムをもとに
〔Brown, A. and Boume, I.（1996）*The Social Work Supervisor：Supervision in Community, Day Care, and Residential Settings*, Open University Press. より筆者作成〕

法もスーパーバイジーに本質的には委ねられている。

　スーパービジョンがスーパーバイジーのストレス軽減にどのように効果があるかについて，実証的に検証した研究は限られているが，最近いくつかの研究成果が示されている。例えばメナ（Mena）らはスーパーバイジーとスーパーバイザーの関係性におけるラポールが，ソーシャルワーカーの仕事の満足度にどのように影響を与えるかについて検証し，ラポールが，形成されていない関係性においては，情緒的な疲労感が増すことを指摘している（Mena & Bailey 2007）。一方で，ボヤス（Boyas）らによれば，情緒的な疲労感は，スーパービジョンにおいてより多くの支援や支持を受けているスーパーバイジーに高いという結果を明らかにしている（Boyas & Wind 2010）。ボヤスらの調査対象は，複雑な問題への対処を必要とする，熟練した経験年数の長いソーシャルワーカーである。スーパーバイジーとスーパーバイザー間のラポール形式の重要性に関してはいうま

でもないが，スーパービジョンにおいて形成される関係性とその意味について，スーパーバイジー・スーパーバイザー関係の展開する場や状況の相違を含めた，さらなる探索が必要とされている。加えて，スーパーバイジー・スーパーバイザーの関係性と，その多面的な影響や効果に関するエビデンスをどのように検証していくのかという方法上の課題が示されていると考える。

　スーパービジョンの関係性は，スーパーバイジー自身の選択や決定・責任を背景として成り立つものである。それゆえ，スーパービジョンにおける関係性の前提としてスーパーバイジーがスーパービジョンを意識化していないと成立しない。また，スーパービジョンはスーパーバイジーが自分の問題を見つけて，自分自身で解決できるようにすることであり，スーパーバイザーは，問題に対する答えについてスーパーバイジーの思考過程を超えて即座に提供したりするものではない。さらにスーパービジョンは，知識・技術の裏づけを持つと同時に，価値観・倫理・根拠を伴うものである。

　スーパーバイジーにおけるストレスの検討をさらに深めていくと，スーパーバイジーとスーパーバイザーの関係性そのものがストレスに含まれることを忘れてはならない。また，スーパービジョンの過程を通して，スーパーバイザーはスーパーバイジーの振り返りを促す一方で，スーパーバイザー自身の気づき・変化・成長を必ず伴うものであり，スーパーバイジーとスーパーバイザーの学び・気づきの両者はそれぞれがスーパービジョン過程という車の両輪である。

　上述に示したブラウン（1996）のストレスに関する総合的な捉え方をより実践的なスーパービジョンの一つのツールに展開しているものとして，モリソン（2005）の示すストレスマッピングが挙げられる。スーパーバイジーの体験しているストレスの源のすべてに対し，一つひとつのストレスの影響度を検討しているストレスマッピングの方法は，スーパービジョンの開始の過程で，またその変化を評価する過程で具体的に用いることができるツールであろう。ストレスの源として，組織を超えた政府やメディアによるもの，組織内のシステム展開・文化・役割分担になるも

の，チーム内の要素，双方向の臨床実践のストレス（一つは仕事そのものに伴う複雑さや訓練不足など，もう一つは仕事から生じる個人の反応），仕事に及ぼす個人的生活の中のストレスが挙げられている。ストレスマッピングを行うことは，それらのストレスがどのくらい具体的に影響しているのか，もしそうであれば何をすべきか，また誰がそれらのストレスに対処する方策を実施するのか等を総合的に見直すことを促す。

スーパービジョンにおける関係性の進展に関わる諸段階・プロセス

第2節

　スーパービジョンの関係性は，その進展を段階的に検討することによって明らかになる点も多い。また，実践的にも関係性という見えにくい事象を，スーパーバイジーとスーパーバイザーの双方にとって技能や方法として提示するために段階的に理解することは役に立つ。スーパービジョン関係について漸次的に展開し，行きつ戻りつする段階としてとらえる視点が，個人スーパービジョン，グループ・スーパービジョンという形態の相違を超えて蓄積されている。

　以下に示すデイビス（Davys）らによる研究は，準備段階・開始段階・中間段階・終結段階の4つの区切りで関係性の進展をとらえている（Davys & Beddoe 2010）。

　準備段階では，スーパービジョンの参加者がその関係性に何を提示し，また，何を望んでいるかという個人の特徴が課題となる。次の開始段階は，具体的には，契約の過程と言い換えることもできる。スーパービジョンへの異なる期待がどのように同意され，スーパービジョンの中で焦点を当てるかを参加者の中で決めていくプロセスである。中間段階は，関係性そのものを発達させ，成長させる時期である。スーパービジョンの具体的な作業や関係性の進展が図られる。最後の段階は，終結である。スーパービジョンの関係性そのものをまとめ上げ，終えていく時期といえる。そこでは，今までの振り返りを十分に行い，最後のまとめへと導く。すべての段階を通じ，個人スーパービジョンおよびグループ・スーパービジョンにおいて，それぞれ異なる形式や展開があるが，本質的な内容は変わらない。以下では，各段階における関係性の内容と特質について検討する。

1　準備段階

　スーパーバイジーが何故その特定のスーパービジョンを選ぶかということについて、デイビスらは次のように2通りの選択のタイプを挙げている。

　どれだけスーパービジョンが役に立つかを選ぶか、あるいは、安心感や心地よさを重視するか等という判断が先に立つ。あるスーパーバイジーはあまり困難と考えられない、そして冒険的ではない関係性を選ぶこともできる。また、一方、別のスーパーバイジーはスーパーバイジーの今の状況よりも先の予測に向けて、難しいであろうが、自分自身への問いかけを多くできるスーパーバイザーとの関係性を求めることをする。（Davys & Beddoe 2010）

　そのほかにも、多様な選択肢がスーパーバイジーに開かれているが、本章のはじめの部分で述べたように、スーパーバイジー自身がスーパービジョンを受けるという明確な意識を持つ前提を欠かすことはできない。

　スーパービジョンは、スーパーバイジーにとってそれが困難であるか否かにかかわらず、また、その困難の程度の違いにかかわらず、自分や自分自身の能力を試す学習の機会として位置づけられる。挑戦であるからこそ、そこでは心配や不安や自己防衛が当然表れてくる。そのこと自体もこの準備の段階で理解されている必要がある。一生懸命に挑戦したにもかかわらず、その結果が必ずしも最大限に満たされるとは限らない点もスーパービジョンの一つの側面である。

　しかしながら、そのスーパーバイジーが抱く心配や不安、また自己防衛は、関係性の展開の中でその質を変えていく。スーパービジョンのプロセスに、自分自身の関わりを強くすればするほど、スーパービジョンという学習の機会をより一層意識化し、学習の内容を深めることにつながる。スーパービジョンに向かう意図がはじめにはそれほど明確ではなかったとしても、徐々に自らの学習の機会を開拓し、スーパービジョンを自分の挑戦の契機とする意欲が求められる。

2 開始段階

　スーパービジョンの開始段階の関係性は，ソーシャルワークやほかの対人援助専門職の援助過程において，出会いやエンゲージメントとして想定される内容と変わりがない。そこでは，相互の期待および経過に伴う役割の分担が課題となる。相互の相違を認めて，どのように調整していくかが問われる。このとき，権威関係とパートナーシップ関係が特に重要になってくる。モリソン（Morrison）は，開始期における契約自体は，スーパービジョンの経過全体がよい結果をもたらすことを保証するものではないと示唆している（Morrison 2001）。契約の重要性とともに，契約という概念には2つの意味が含まれていることを理解する必要がある。一つは仕事や作業に対する同意の焦点を定めることであり，もう一つは，心理的なスーパーバイザーとスーパーバイジーの関係性の形成と展開である。

　一般的に，スーパービジョンの開始の段階での契約は次の項目を含んでいる。すなわち，スーパービジョンの目的・頻度・経費・守秘義務・およびその限界・関係する責任組織・予測される妨害・安全性の確保・目標到達への限界・記録の方法・準備課題・テーマ・フィードバックや振り返りの方法・葛藤等への対処方法・約束不履行への対処・スーパーバイジーのスーパーバイザーに対するコンタクトの方法等が書式の相違にかかわらず明記されている必要がある。さらに，以上の項目は，個人スーパービジョンにおいても，また，グループ・スーパービジョンにおいても，形は異なるが含まれている。

　この開始段階で，どこまでスーパービジョンが強制力を持つのか，スーパーバイザーの権威性について十分に，かつ，オープンに，スーパーバイザーとスーパーバイジーの間で話されることは極めて重要である。その後の関係性の進展を促進することに役立つだけではなく，不必要な痛みや否定的な体験を防ぐことにもつながる。後の段階で，修正がきくときもあるが，個人スーパービジョンにおいても，またグループ・スーパービジョンにおいてもはじめの率直な自己の開示が欠かせない。スーパーバイザーの

技術や方法からいえば、スーパーバイジーの課題の明確化をはかる際に、スーパーバイジーが準備している内容よりも一歩先に進めるような展開をすることが望まれる。デイビスら（Davys & Beddoe 2010）は、この段階では、次の3つの核となる質問が欠かせないと述べている。第1にわれわれは誰だろう、第2にわれわれはどこに何を望んでいるのか、第3にどのようにしたら辿り着くことができるか、である。契約は1回限りのものではなく、相互の関係性の進展と状況の変化、達成目標の達成度の振り返りと評価等をふまえ、修正され再び改変されていくものである。

3 中間段階

　関係性の進展の段階として、スーパービジョンの中間期は、発達と成長の時期であるととらえられる。スーパーバイジーとしても、また、ソーシャルワーカーとしても成長や発達を遂げる時期である。スーパーバイジーとしての成長と、ソーシャルワーカーとしての成長が本人の中でどのように形づくられ、統合されていくか、その一つひとつの契機をスーパーバイジー自身がどのようにとらえているかがこの段階に含まれている。スーパーバイザーとして、発達や成長を狭く考えるのではなく、スーパービジョンの場から離れて活躍するスーパーバイジーの姿を描きながら展開することも望まれる。それは単に事例にどのように対処するかではなく、事例の中で動いているソーシャルワーカーとしての自分と、スーパービジョンの中で示している自分との統合のプロセスとなる。スーパーバイザーは先にどのようにしたらよいかを示すのではなく、その答えを探索しているスーパーバイジー自身の歩みに寄り添うことが必要となる。そして、十分に寄り添うとき、スーパーバイジーは、スーパーバイザーが予測するよりも専門職としてまた人間として質の高い答えを生み出していくことに気づく。この中間段階で必要な姿勢や技術として、例えば真正性（オーセンティシティ）、尊厳、肯定的な視点、共同のプロセス等が挙げら

れている。

4 終結段階

　これまで述べてきたスーパービジョンの関係性の各段階と比べると，終結期は明確には検証されていない。スーパービジョン関係が終結する理由として，さまざまな場合が想定され，その多様性に沿って終結の方法を考える必要がある。例えば，スーパーバイジーがスーパービジョン関係の契約を終了するとき，それははじめから予測していた終結でもあり，達成した内容の質だけではなく，その期間を共に終えたという満足感が含まれている。また，やむを得ない事情でスーパーバイジーが離れたり，スーパーバイザーが継続できない場合もある。終結が別離やそれに伴う寂しさを与えるだけではなく，何らかの不全感をもたらすこともある。さらに，はじめの契約とは異なり，継続を中止する場合もある。スーパーバイジーとスーパーバイザーの双方が，明確な表現をすることが許されずに，関係性を終えることもある。力関係や権威関係が影響する場合もある。

　終結段階においては，はじめの契約がそうであったように，スーパーバイジーとスーパーバイザーのパートナーシップに基づく関係性が望まれる。相違点や共通の理解が言語化され，振り返りや評価と同時に，残された課題や今後の学習の方向性および課題に取り組む意向の再確認が行われる。スーパーバイジーとスーパーバイザー両者から相互にみた視点を，交換することが重要となる。

　デイビスは，スーパーバイジーより見た視点について，次のように述べている（Davys & Beddoe 2010）。

- スーパービジョンには，明確なゴールがあったのか，はじめの段階の契約に何を追加してきたのだろうか。
- 今，スーパービジョンを終えるにあたって，自分の現場で何が変わったのだろうか。

- 何をスーパービジョンから学んだのか。
- スーパービジョンの経過の中で何が好ましかったのか，何を変えることができたのか。
- スーパーバイザーに何をフィードバックしたらよいのか。スーパーバイザーからどのような領域に関わるフィードバックを得たいと思っているのか。
- これからどのような仕事を実践で行っていきたいのか，そしてそのことに関してスーパービジョンの経過が影響していくのかどうか。

一方で，デイビスはスーパーバイザーからの振り返りの視点について，次のように述べている（Davys & Beddoe 2010）。

- スーパーバイジーは，十分に聞いてもらえたと感じているかどうか。
- スーパービジョンが支持的であったかどうか。スーパーバイジーが反映できるように促したかどうか。スーパーバイザーと職場の上司を兼ね合わせていたときに，その境界をはっきりさせていたかどうか。
- 契約はこの時点でも，意味を持っているかどうか。スーパーバイジーが望んでいないことをしたのかどうか。
- スーパーバイジーに安心感を与えられたかどうか。
- スーパーバイジーにとって親しみやすかったかどうか。
- スーパーバイジーに対して，自分の文化や価値を押し付けるようなことはしていなかったかどうか。
- 学ぶ機会として十分に展開できたかどうか。
- スーパービジョンの機会を離れるときに，スーパーバイジーはゴールを達成できたと考えているかどうか。
- どのような領域がさらに向上する必要があるだろうか。
- この関係性は十分に働けているかどうか。
- スーパーバイジーにどのようなフィードバックをしたいと思っているのか。

デイビスの挙げているスーパーバイザーとスーパーバイジーの視点に基

づく終結段階の問いは，個人スーパービジョンにおいても，またグループ・スーパービジョンにおいても含まれている重要な要素である。一方，ピア・スーパービジョンにおいては，個人やグループに比べてその終結段階の展開方法は，ほとんど明確にはなっていないといえる。

 # 第3節 スーパーバイザー・スーパーバイジー関係のコミュニケーション

1 スーパービジョンのコミュニケーションの機能・特質

　スーパービジョン関係におけるコミュニケーションはどのような機能と役割を持っているのだろうか。リッチモンドら（Richmond & McCroskey 2003）は，コミュニケーションの役割について「われわれが一生で出会うすべての関係を通じて，われわれを人間にする，つまり現在の姿にするプロセスにある」としている。人間と人間とのヒューマンコミュニケーションとは，ある人が言語，非言語メッセージによって他者の心に意味を生じさせるプロセスであり，スーパーバイジーとスーパーバイザーの関係性も含まれる。

　コミュニケーション概念の類型に関し，深田（1998）は3つのタイプを挙げている。第1のタイプは相互作用過程的概念タイプである。それは，関わり合う当事者が相互に働きかけ応答し合うという相互作用に基づく過程である。コミュニケーションを通して，二者間の相互理解および相互関係が成立するという考え方である。現代のコミュニケーションが一方通行の関係ではなく，双方向の関係をもととすることと共通する。

　第2のタイプは，意味伝達過程的概念タイプである。これは，一方から他方へと意味を伝達する過程である。関わり合う二者は，コミュニケーションを通して意味を共有できるとする考え方である。

　第3のタイプは，影響過程的概念タイプである。相互に関わり合い，意味を共有することに加えて，どちらか一方が他方に対して影響を与えるとする考え方である。コミュニケーションを通して，他者に影響を及ぼす

ことができるとする考え方である。対人援助に含まれるさまざまのコミュニケーションの形、例えば介助、接遇、声かけ、話しかけ、対話、会話、面接、カウンセリング等は、この他者への影響を他者とともに他者のために位置づけていると考えられる。

　深田が示すこの3つの概念タイプは、スーパービジョンの過程においても分かち難く重複しているものであり、どれか一つを取り上げてほかから切り離すことは難しいといえる。すなわち、相互作用する過程であり、意味を伝達する過程であり、さらに影響を他者に及ぼす過程であるという3つの側面を考えることは、スーパービジョンに関わるコミュニケーションのあり方や方法をとらえる一助になる。

2 コミュニケーションエンパワメントモデル

　従来、コミュニケーションは、そのプロセス自体が相互のエンパワーをすることについては、あまり明示されてこなかった。むしろ、エンパワーすることのできる特別のコミュニケーション方法が想定されてきた。介入や援助等のソーシャルワークにおける臨床的な関係の中で、一方が他方に対して技術、価値観等を用い働きかける過程である。しかしながら、何かをするから影響を与えるというのではなく、コミュニケーションの過程そのものにエンパワーの意味が含まれているとする論者の一人として、ライアン（Ryan 1995）は、コミュニケーションエンパワメントモデルを図3-3-1のように示している。

　専門的なアセスメントにより利用者がその暮らしや生活の質を高めるという一方で、関わり合い働きかけている専門職自身も利用者から力を与えられ、自らをエンパワーするという展開である。このように、エンパワメントがコミュニケーションの機能として含まれているとするならば、日常的なコミュニケーションの大切さ、さらには専門職のコミュニケーションについて、より一層の重視が考えられる。コミュニケーションの難しさが

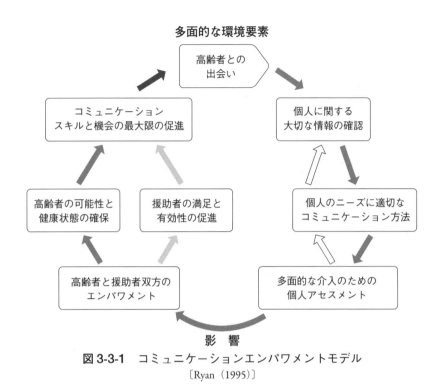

図 3-3-1 コミュニケーションエンパワメントモデル
〔Ryan（1995）〕

問われている現代，そしてコミュニケーションスキルが未熟であるためにさまざまな不利益や困難を体験している人間が多いとされる現在，エンパワーする意義をもつコミュニケーションをもう一度見直してみることも必要であると考える（野村 2010）。

　コミュニケーションにはエンパワーするという機能に加えて，相互の関係の平等性が示されている。ソーシャルワークではこの関係性をパートナーシップと名付けている。システム間のパートナーシップとは別に，個人対個人の二者関係におけるコミュニケーションで利用者と援助者のパートナーシップがコミュニケーション過程に反映しているとするものであり，スーパービジョンのコミュニケーションにおいてもその双方向性の裏づけとなる。

3 スーパービジョン関係における言語的コミュニケーションと非言語的コミュニケーション

　シュルマン（Shulman 2002）は，スーパービジョンにおける相互関係に関する技法を言語・非言語の両者を含めて詳細に提示している。具体的な質問の技法や応答・共感・明確化・直面化等，ソーシャルワークにおける技法と同様でもあり，さらにスーパービジョンに特有な技法も指摘している。

　われわれが日常的に用いている言語は，記号の一種であり，成毛（1993）によれば，人為的記号といえる言語は，どのような言語であっても次の5つの特徴を持つことを指摘している。

　第1に，伝達性であり，すべての言語において，この伝えることのできるという特技は，言語の主要目標となる。第2に，生産性であり，文章は時と場合が許せば，そのとき，その場で，確実に作り出すことができる。第3に，時間的および空間的広がりを有するものであり，言語では，現在・過去・未来の事柄について語ることができる。また，あの場でこの場で起きていることを限定して，伝えることができる。さらに，その時間や空間は，現実世界の領域を超えて，想像上のものについても伝えることができる。もし，何かがあったら，などの過程や想像の領域の事柄や物に関しても伝えることができる。第4に即時性であり，話し言葉と書き言葉は相違する役割を持つ。話し言葉は，言ったときのすぐ直後に消えていく。しかし，記憶にとどめることにより，何度も想起し，そのときの経験や出来事を語り伝えることもできる。それに対して，書き言葉は，保存し，何度も繰り返し，確認することができる。同時に，書き言葉は対人援助職の記録では，この特徴を最大限活かすことによって，ホウレンソウ（報連相）の適当な情報を共有することへと結び付く。第5に恣意性であり，言語は文化的・社会的，また場合によっては地域・集団等の狭い領域内で学習され，伝承される。この成毛の提示はスーパービジョンにおける

コミュニケーションを理解するうえで特に言語によるコミュニケーションの力を最大限活かしたものととらえることもできる。さらに、スーパービジョンは専門職同士が共有する概念定義を活用するという特殊なコミュニケーションの機会でもある。

スーパービジョンの具体的な展開方法の一つとして、スーパーバイジーの援助面接や援助行動の記述による振り返りがある。想起される面接場面や援助場面等についてスーパービジョンの準備過程の前提として逐語録を筆記する。スーパーバイジーの想起過程をスーパーバイザーは体験をしていないが、表現された多様な概念について自らの経験と形成されたラポールの力により、スーパーバイジーの体験を他者として言語化できる。スーパーバイジーは過去の体験の想起から、選択した場面の状況を記述し、書き言葉への転換を行う。その後、スーパーバイザーへの説明や表現、スーパーバイザーとのフィードバック過程等を通して、何度も記憶を繰り返し確認する。以上のような過程を経て、総合的に自分自身を鏡に映すように捉え理解していく。

4 スーパービジョンの中でのコミュニケーションとスーパーバイジーとクライエントの間でのコミュニケーションの相違

「ことば以外のメッセージは、それを送・受信する個々の人間と切り離しては、そのひとかけらさえ、確実な意味を識別することは不可能である。それにも関わらず、どのような人間社会においても、ことばならざることばが、ことば以上に強力に意思や感情を伝達している」(Vargas = 1987)。

この「ことばならざることば」によるコミュニケーションともいえる非言コミュニケーションは、スーパービジョンの展開の中でも感情や意思等を伝えるうえで極めて大きな役割を果たしている。一度身に付いた非言

語コミュニケーション方法は，意識せずに相手に伝わり，結果として，スーパーバイジーとスーパーバイザー間の相互交流の進展の内容を決めることにもなる。すでに十分コミュニケーション能力を開発してきているスーパーバイジーとスーパーバイザーであるがゆえに，一つの意味が伝わるときの言語的コミュニケーションと，非言語的コミュニケーションの組み合わせや力点の置きどころについても注意深く明確に伝えられる。

　しかしながら，ソーシャルワーカーの援助を必要とする領域や分野の中で，近年，クライエント自身が言語と非言語のコミュニケーション機能を十分に持ち合わせていないという課題も示されている。例えば，認知症高齢者や言語機能に課題のあるクライエントやその家族の担当者であるソーシャルワーカーは，現場においてクライエントとの間で，展開する事実の捉え方やクライエントの心理面，情緒面の理解に関し，十分な自信を持ち合わせていない場合も多い。スーパービジョンにおいては，スーパーバイジーの援助方法を深く振り返り，その振り返りの中で，自分の課題をスーパーバイザーに語ることによって明確化していく。クライエントとの間での関係性や展開を言語というメッセージでとらえることの難しい状況の中で，それを言語化していく作業は容易ではない課題である。さらに，クライエントの思い・状況，また，それに関わる家族や地域の動向には，急速な変化が極めて多く示されている。その変化の中では，振り返りをする間もなく，また，内省すると同時に，対応を求められる。スーパービジョンの関係性においては，落ち着いたゆったりとした時間の流れと場の設定が必要であるが，前述のような場合には，その確保さえ難しい。スーパーバイジーにとって，非言語コミュニケーションから得られた多くのメッセージをスーパーバイザーにどのように伝えていくか，たとえスーパーバイザーがそのような課題に習熟していたとしても，理解は容易ではない。

　非言語メッセージの機能として，リッチモンドら（Richmond & McCroskey 2003）は，次に示す6点を挙げている（図3-3-2）。

　　補完：言語メッセージを補完する非言語メッセージは，言語メッセージの意味や意味の理解を補う。結果として，そのメッセージの意味を明瞭化し，詳細化し，精緻化し，説明したりする。

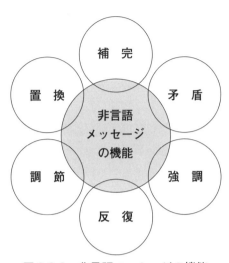

図 3-3-2　非言語メッセージの機能
〔Richmond, V. P. and McCroskey, J. C.（2003）Nonverbal Behavior in Interpersonal Relations, 5th ed., Allyn & Bacon〕

矛盾：言語メッセージを補完するのでなく，場合によっては言語メッセージと矛盾したり，争ったり，対立したりする非言語メッセージもある。

強調：非言語メッセージは，言語メッセージを強調したり，力説したり，目立たせたりするのにも使われる。例えば，発話前の何らかのポーズは，次の発話の重要性を際立たせる。

反復：言語メッセージの繰り返しや言い直しなどの機能に役立つ非言語メッセージは，たとえ，言語メッセージがなくても，単独で存在しうる。

調節：言語的相互作用は，主として非言語メッセージを通して調節される。

置換：置換は非言語メッセージが言語メッセージの代わりに送られる場合に起こる。例えば，相手に手を握ったり，手招きしたりする。また，非言語メッセージや言語メッセージのどちらかを抜くことで，相手に怒っていることを伝える場合もある。

スーパービジョンの機能を多面的にとらえているプリチャード（Pritchard）は，図3-3-3のように管理的・教育的・支持的に加えて評価的・コミュニケーションを重視しその機能に加えている。特にコミュニケーション機能を明記している背景には，コミュニケーション機能そのものに課題を持つクライエントの援助が大きな課題としてあることも理由の一つと考えられる。

　スーパービジョン関係においては，スーパーバイジーの不安・悩み等が，困難な，失敗したと認めざるをえないケースの提示から始まる場合も多い。さらに，スーパーバイザーとの二者関係による個人スーパービジョンやグループ・ダイナミクスを活用するグループ・スーパービジョンにおいて，想起する経験を言語・非言語で明確化できないもどかしさは，その体験を実際以上に否定的に抱えさせてしまう。

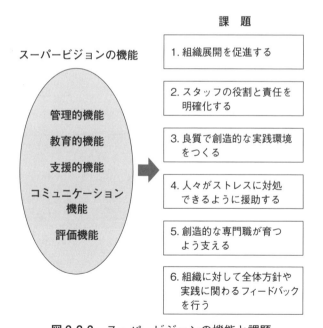

図3-3-3　スーパービジョンの機能と課題
〔Pritchard, J. ed.（1995）Good Practice In Supervision：Statutory And Voluntary Organisations, Jessica Kingsley Publishers. より筆者訳〕

体験の想起時点での自信喪失感が,スーパービジョン場面での不信感や失望感と重なり,スーパービジョンという学習の機会に参加すること自体を避けてしまう場合もある。そのようなときには,クライエントや家族への否定的な逆転移を無意識のうちに引き起こし,問題の帰結をクライエントや家族の状況,さらには行動への批判に終始させてしまうことがないとも限らない。

コミュニケーションの機能に問題を有するクライエントへのソーシャルワーク,およびそのような現場で展開されるソーシャルワーク・スーパービジョンにおいて,コミュニケーションを焦点・媒介とした関係性や,多様な技能・方法への検討については,ほとんど言及されておらず,国内外においても今後の課題であろう。

第4節 関係性における力関係と併行関係

1 スーパーバイザーの傾向・方法の与える影響力

　スーパーバイザーは、ワーカーが利用者のために、また利用者と共に歩むことと同じように、スーパーバイジーと共に歩んでいるものである。すなわち、スーパーバイジーの学習効果が高まるように、そのニーズに合わせて適切な方法を探る。マンソン（Munson）は、スーパーバイザーの傾向と方法を2つのレベルに分け、考察している。マンソンの説を表したものが、**図3-4-1**である（Munson 1981）。

　マンソンによれば、スーパーバイザーの傾向について、能動的な促進者である場合と側面からの支持者である場合が認められる。その両者は、一人のスーパーバイザーがどちらかの傾向を強く持つというのではなく、スーパーバイジーのニーズや関係性の進展に伴って、適切に2つの立場を取り入れていくことである。スーパーバイザーの得意、不得意というような技術面のことではなく、必ず2つの側面を兼ね備えるような能力が必要となる。さらにマンソンは、そのスーパーバイザーが働きかける対象を二次レベルとして位置づけ、図に示すように3つの領域に区分している。

　第1には、価値観・思索への働きかけ、第2には理論化への働きかけ、第3には、有効で適切な援助技術への働きかけである。これらはソーシャルワークの3つの基本的要素である価値観・倫理、知識、技術に対応するものである。具体的な内容として第1は、価値観・思索について、多様な価値観を思索するために、具体的な事象を抽象化する方法である。

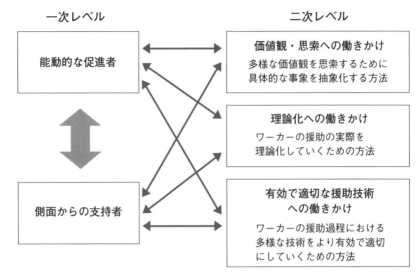

図 3-4-1　スーパーバイザーの傾向と方法
〔Munson, C. E.（1981）Style and structure in supervision, Journal of Education for Social Work, 17（1），65-72. より筆者訳〕

　スーパービジョン関係の中で，相互に異なるオリエンテーションや信条を持つ場合，スーパーバイジーは自分の持つ価値観・信条について，臆することなく，スーパーバイザーに表現することが基本となる。力関係の付随するスーパービジョン関係では，そのこと自体が容易ではない。スーパーバイザーは，スーパーバイジーが戸惑いや防御をすることを軽減し，安全を確保しながら，その話に耳を傾けることが望まれる。

　第2に，ワーカーの援助の実際を理論化していくための方法が対象となる。スーパーバイザーは，長い熟達した経験の中で，どのような理論が意味を持つかをケースによって見分けることができる能力を持っている。しかしながら，その独自の理論や理解は，自らのものであってもスーパーバイジーにとっては必ずしも学びたい対象ではないこともある。スーパーバイジーの理論化の力や基本的な学習が限られていたとしても，スーパーバイジーが望む方向を見つけ出すことが先決である。

　第3に，ワーカーの援助過程における多様な技術をより有効で適切にしていくための方法が対象となる。スーパーバイザーは，ソーシャルワー

クの多様な技術に関して，スーパーバイジーよりも熟達し，高度な方法を習得している。スーパーバイジーが，戸惑い，悩む状況をどのように解決していくかは，スーパーバイジー自身が見つけ出すことであって，技術のアドバイスがいつもスーパーバイジーにとってよいこととは限らない。しかしながら，緊急の対応や危機的な状況の中で課題となっているスーパービジョンにおいては，明確な知識や技術をロールプレイ等を通して伝達することも望まれる。

ホーキンス（Hawkins）らは，関係性のあり方について，4つのレベルを挙げている（Hawkins 1989）。

レベル1は，スーパーバイザーへの依存が特徴的で，スーパーバイジーの心配や懸念にどのように寄り添うかどうかが課題となる。

レベル2は，依存と自律が複雑に絡み合い，スーパーバイジーにとって今まで持っていた自信が揺らぎ，不確かになる場合もある。さらに，一般化したような伝え方ではなく，特定のケースや状況に焦点を当てることがスーパービジョン関係の中で行われていく。スーパーバイジーは，スーパーバイザーとの関係性の支えのもとに，不確かな思いや振り返りを再確認し，その先に専門職としての自信を持ち，歩みを進めていく。

レベル3は，スーパービジョン関係の中で展開される内省や省察によって，専門職としての自信が増し，クライエントやその家族，また，地域の関係者等との関係性における心配や不安を見つめ直す。すべてのことを良しとすべきとは限らないが，自らの選んできた行動や結んできた関係性において，その理由や根拠について自らの傾向を含め認めることができるようになる。スーパービジョンの関係性の進展とその速度は，同一ではない場合もあるが，行きつ戻りつするような緩やかな速度で，自らを見直すことにつながる。

レベル4は，スーパーバイジーがスーパービジョン過程で行ってきたすべての側面が統合され，省察が深まる。自らの英知が生まれてくるときである。スーパービジョンの関係性がその英知を無理に押し出すのではなく，スーパーバイジーの省察の積み重ねが，徐々に，自らの中から新しい力を生み出していく。このとき，スーパービジョン関係は，第1，第2，

第3レベルの関係性を継続するのではなく，関係性を離れることにも深く留意する必要がある。スーパーバイジーが自らの中に，スーパービジョン関係をつくり出しているということもできる。言い換えれば，自らの中に自分と同じ人間がスーパーバイザーとして存在するようなあり方である。

また，ガーディナー（Gardiner）は，関係性の進展に伴うスーパーバイジーとスーパーバイザーの特徴について，3つの段階を設定しているが，それらを以下のように継続する局面として捉え直すこともできる。

第1の局面は，スーパーバイジーによって提示されたテーマや内容の表面的な概要が中心となる。スーパーバイザーが取り結ぶ関係性は，その表面的な概要が十分に伝えられるように図り，伝えているスーパーバイジーの明確化や焦点化が図れるように留意する。

第2の局面は，スーパーバイジーの経験からスーパーバイジーがとらえ直し，再構成していくことである。スーパーバイザーは，その道筋をたどるスーパーバイジーを，マンソンのいうように側面からの支持者として，また，時には積極的で能動的な促進者として，その関係性に影響を及ぼす。

第3の局面は，第1，第2の局面では明確になっていなかった独自の学びの方法をスーパーバイジー自身が総合的に見つけ出す。今までとは異なった見方や捉え方，およびそれを生み出す学び方が，スーパーバイジーの中に培われててくる。

2 ワーカー・クライエント関係とスーパーバイザー・スーパーバイジー関係のパラレルな関係性

ソーシャルワーカーがクライエントを援助するうえで，アセスメント・プランニング・援助の具体的方法等において，不安を抱き，難しさを覚え，自信をなくすような状況があるとき，スーパーバイザーは，そのワー

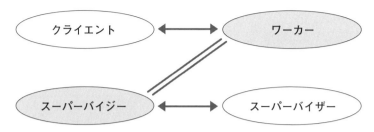

図3-4-2 クライエント・ワーカー関係とスーパーバイジー・スーパーバイザー関係

カーとスーパービジョン関係を結び、スーパーバイジーとしてのワーカーを支える。

その利用者・クライエントとソーシャルワーカーおよびスーパーバイジーとスーパーバイザーの関係は、同時併行的に表れているもので、**図3-4-2**に示すようにパラレルな関係性となっている。

このパラレルな関係には、いろいろな意味がある。スーパーバイジーは、ワーカーとしてクライエントの援助を行うと同時に、少しの時間差はあるが、援助行為の経過や結果を見届けながら、スーパービジョンの機会に自分の現場での実践内容や、困難な点・進めることのできない状況等をスーパーバイザーに相談できる。相談するそのときには過去の経験や出来事、行動等の振り返りが必ず含まれている。スーパーバイザーはスーパービジョンにおけるコミュニケーションを通して、スーパーバイジーに支援や省察の機会を橋渡ししている。場合によっては、具体的なアドバイスや示唆が伝えられる。そのスーパーバイザーとの間で現実に起きている経過や方法を、場と時を変えてクライエントと自分の関係に映し、スーパーバイザーの方法を学び、取り入れて活用することもできる。具体的な行動と少し距離がある場合であっても、学びを深くし、今までの経験の中でスーパーバイジーは見落としている点等を浮かび上がらせることができる。

パラレルな関係性であるからこそ、直接的な指示やアドバイスではなく、いったん課題やテーマをスーパーバイジーがその人自身で手に取り見つめて、全体像を理解する助けとなる。間接性とパラレルな関係の相乗的な効果でもある。しかしながら、その思考過程のあり方は、スーパーバイ

ジーが意識していることが大前提である。スーパービジョンにおいて振り返りや気づきの重要性が極めて多く繰り返され望まれているが，それらと同時に，スーパービジョンを受けることの意識化と準備が必須である。この関係性は，経験的に積み重ねて体得される日常の人間関係とは異なっている。また，一度にすべてを理解することのできるほどたやすいものでもない。さらにいえば，気づきを促すこと自体とも異なっている。即時性の強い，瞬間的な影響が大きい学びを用意してくれている。ということは，一方で，その関係性に気がつかないままに通り過ぎ，記憶にとどめるすべもなかったというような結果となる場合も多い。スーパービジョンの経験をスーパーバイジーとして積み重ねることの意味の一つは，パラレルな関係性の醍醐味と，その実践への影響を限りなくとらえることができることであるともいえる。

スーパーバイザーは，クライエントに直接関わっていない場合にも，その支援や援助の方法の質を高めることに，このパラレルな関係性を媒介として間接的に影響を及ぼす。スーパービジョン関係が職場の上司と部下の関係で行われているとき，このパラレルな関係性自体よりも，目前の課題やテーマ・問題解決に関心が寄せられることが多い。スーパービジョンの場と時を考慮し，問題解決を図る場でもありながら，別の場と時に置いてパラレルな関係性を通して学びうることのできる環境も望まれる。スーパーバイザーの努力に加えて，スーパーバイジーの探求心と組織内のスーパービジョンへの見識の高さおよび組織的取り組みが求められる。さらにスーパーバイザーが，自分の助言・忠告・支えが役に立ったときに，それは自分がスーパーバイズしていたからだとは決して思わないというような心得や環境も必要となる。

3 スーパーバイジー・スーパーバイザーの関係性におけるスーパーバイザーの権威性

　スーパービジョンという用語の語源からもみられるように，スーパーバイジーに対してスーパーバイザーは，力関係において上位にある。スーパービジョン関係のすべてにわたり，この力関係は平等ではなく影響している。スーパービジョンの語源の持つ意味とは別に，スーパービジョン関係に別の力関係が働いている。社会的な位置づけ，地域における立場，集団の中での役割，家族構造の中の権威関係，性差による力関係，年齢差による力関係等，多様な力関係が働いている。

　スーパーバイザーとスーパーバイジーの力関係に関して，マンソンは，さまざまな力関係の影響がスーパーバイザーとスーパーバイジーの関係性に大きく影響していることを詳細に検討している（Munson 1980；1982；1995；1987）。例えば，男性がスーパーバイザーで女性がスーパーバイジーである場合，また，その逆の立場は，アメリカ社会の1980年代における性差による力関係がソーシャルワークの分野にも表れていることを指摘し，とりわけスーパービジョン関係において平等な立場を相互に保つことの難しさを示唆している。そしてスーパービジョン関係において社会的に規定されながらも，その性差による力関係を超えていく志向がスーパーバイジーにとって，クライエントや家族との関係へ反映できることを強調している。スーパーバイジーは，スーパーバイザーが示すあり方をとらえ直し，人間の尊厳を性差により区別しない倫理やふるまいを学び，成長していく。スーパーバイジーは，クライエントとの関係やその家族の関係の中でそれらの力関係が及ぼしている影響を，知らず知らずのうちに示してしまうことがあることに気づいていく。

　現実の社会における力関係の相違は，スーパービジョン関係をもととして，内省を深めていくだけでは，修正や変革はできないが，その明確な立場を再認識することにつながる。イギリスにおけるスーパービジョンの歴

第4節　関係性における力関係と併行関係

史では，性差や階層，民族，言語等の差がある状況を容認し，その結果利用者を抑圧する価値観・行動に対して，明確に反対し，立ち向かうことを幹に据えている。本書の第2章において述べられているスーパービジョンにおける価値観や倫理の遵守は，スーパーバイザーの行動や言動を通して，スーパーバイジーに伝達されていく。そのこと自体がスーパービジョンの中で，テーマとなる場合はもとより，テーマの周辺にある場合においても，常に留意しなければならない。もし，その意識化が全く不可能であった場合，クライエントの尊厳や人権は重きを置かれなくなってしまう。

スーパーバイザーの権威関係について，ハウ（Howe 2013）らは，ラーヴェン（Raven）に沿い，次の6つの項目を挙げている。

第1に，公式に付与された権威である。これは組織の中での公けに示された役割に依拠するもので，その権威性は，組織内の別の人間の業務を監督し，その課題を成し遂げるかどうかを判断する決定権を含んでいる。

第2に，報酬としての力である。人が何かの資源や報酬を与えられることで力を持つものであり，ソーシャルワークでは通常は金銭面に関係していることはあまりない。例えば，評価が必要とされるときや紹介状を書くときに統制する力でもある。また，何かを新しく行うときに，そのサービスや財源を統制するものでもある。

第3のパワーは，強制力である。課題を遂行しない人に対して，場合によっては注意を与えたり，要求を加えるものでもある。

第4に，熟達した力である。これは，熟練した能力や知識をしっかりと持っていることをもとに，その権威が認められている場合である。

第5は，頼りがいがあるというような力である。周囲の他者が，その人に対して，価値が高く，尊敬できると感じ，また好意を抱いているというような関係性における力である。

第6に，情報力である。上述の1〜5の力に含まれている場合も多い。それは，新しい何かへの可能性を認めることのできる力であり，前述のものと重複するものもあれば，特別に分けて考えられることもある。

上記に示される権威性，統制力，強制力，頼りがい，情報力などは，

スーパービジョン関係において多かれ少なかれ内在している。有効なスーパービジョンでは，上述のような各種のパワーが適切に用いられている。スーパーバイザーは，その仕事上，すでに得ている他者からの承認を十分に活用する必要がある。一方で，スーパーバイジーはスーパーバイザーが，自信に満ちているかどうかを理解している必要がある。さらに，スーパーバイザーが，適切にその力を使っているかどうかは評価にも関わる。スーパーバイザーは，権威があるということを十分に自分自身の責任であると認めて活用することが望まれる。

ところで，ソーシャルワーク・スーパービジョンにおいて効果的なスーパービジョン関係の発展を促すためにハウ（Howe 2013）は，以下のような修得目標を提示している。

第1には，ソーシャルワーカーが自らのソーシャルワーク実践を振り返り，自らを成長させることの可能な肯定的環境をつくり出すことである。

第2には，守秘義務も含めて，スーパービジョンへの期待とともに，限界や何らかの適切な制限も見極めることである。

第3には，スーパービジョン関係を取り結ぶことは，より開放的で，また建設的に，スーパーバイジーとスーパーバイザー両者の意識を展開していくことにつながる。

第4には，スーパーバイジーの仕事の妨げとなっている妨害物を取り除き，葛藤やプレッシャーを乗り越える適切な支援を行うことである。

第5には，仕事の負担のバランスも含めて，スーパーバイジーがソーシャルワーカーとして，その身体・精神両面での健康で安全な状態が保証されていることである。

第6には，スーパービジョン関係において，決して他者を抑圧しない多様な方法を組み入れていくことである。

第7には，スーパービジョン関係とスーパービジョンの実践において，相互にフィードバックを行うことのできる状況をつくり出すことである。

第8には，もしスーパーバイジーが必要ならば，仕事が影響して起きている情緒的な反応に対して，スーパーバイジー自身の理解を促すことができるような特別の支援を探すことである。

第9には,スーパービジョンにおいてソーシャルワーク領域の知識やスキル,他の領域の専門職の知識やスキルも含めて,自らの知識やスキルを発展させていくことである。

第5節 関係性の多様な展開

1 ソーシャルワーク実習におけるスーパービジョン関係

　何故学生をスーパーバイズするかについて,実習指導者と学生の双方にとって,スーパービジョンの経過を学ぶことは役に立つと考えられる。実習指導者にとって,学生を指導するということは,新しい技術を習得し,自信を持ち,気づきを促し,自らの仕事を分析する力を得ることもできる。実習指導者は,学生が専門職を理解し,初歩の能力を身に付けていくことを助ける。**図3-5-1**は,スーパービジョンの主要な要素を中心に据えて,専門職へのスーパービジョンと,学生へのスーパービジョンのそれぞれを検討する切り口を示している。

　学生が,実習指導先で得ることのできた体験はスーパービジョン関係の入り口であり,そのときの体験を十分に振り返ることによって,何がスーパービジョンの主要な要素かを学ぶことができる。実習と実践現場は,スーパービジョンという行為を介して,連続してつながっているとみることができる。そのことは,学生が教育面で受けるソーシャルワークの方法の学習とも連動する。ソーシャルワークの実践教育のあり方をコルブ(Kolb)を参照し,示したものが**図3-5-2**である(Kolb 1985)。

　学生は,抽象的な思考の訓練を多様な知識も学ぶことで積み重ね,例えば演習という安全な体験の場において,ソーシャルワークの価値観・知識・技術をロールプレイや多様な学習方法により経験的に体得する。そして,実習現場において実習指導者によるスーパービジョンを体験し,また教育現場において教員によるスーパービジョンを体験する。実習現場での

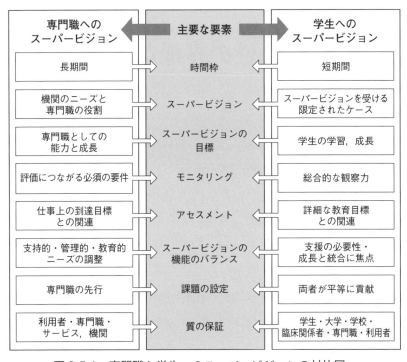

図 3-5-1　専門職と学生へのスーパービジョンの対比図
〔Davys, A. and Beddoe, L.(2010). Best Practice in Professional Supervision：A Guide for Helping Professions. Jessica Kingsley Publishers. より著者訳および改編〕

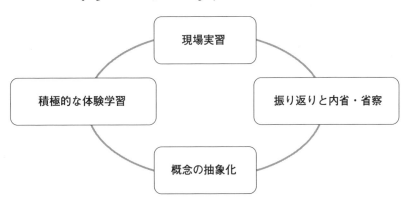

図 3-5-2　社会福祉援助専門職の養成教育モデル
―社会福祉援助技術学習のサイクル―
〔Kolb(1985)より筆者作成〕

実習指導者との関係性は，初歩的な学習でありながらも，利用者・家族・集団・地域・社会というソーシャルワーカーが行動主体として関わり働きかけるさまざまなシステムとの総合的な関係である。学生の視点がスーパーバイザーによって，あるいはその関係性によって視野が広がるわけで，実習指導者は安全にその視野を広げていくことを一つの目標とする。教育現場でのスーパーバイザーである教員は，スーパービジョンの体験の前提を学生の中に培うことが望まれる。実習教育の目標としてのさまざまなソーシャルワークに関わる能力を習得していくときに，何を学ぶかではなく，どのように学ぶかをとらえなければならないだろう。そのときに，2つのスーパービジョン（実習指導先の機関と教育現場）が連動し合うことによって，学生は支えられ，また，教育の目標を自分なりに見つけ出すことができる。

2 コンサルテーションにおける関係性

　コンサルテーションの種類を時間と焦点をあててみた場合に，危機コンサルテーションと定期的コンサルテーションがある。前者は，予期しない出来事，天変地異，状況の多大な変化等が起きた場合に，不定期に行われる。そこでの関係性においては継続性は限られている。それに対し，後者の定期的コンサルテーションは，ある一定の頻度と長さ，参加者の内容等が前もって決められ，展開されるものである。定期的コンサルテーションにおける関係性は，スーパービジョンにおける関係性と類似点も多い。どちらの種類のコンサルテーションであっても，次の4つの点を基本にする。すなわち，「個々人の相違を理解し，受け入れる」「コミュニケーションの基本原則とスキルに習熟する」「グループ力動とグループ発達・経過に関する有効な知識を持つ」「深い理解に基づく技術を重視する」である。
　コンサルテーション関係は，専門職間の関係であり，その意味でスーパービジョンと重なる。しかしながら，コンサルテーション関係では，コ

ンサルタントとコンサルティの職種が異なる場合も多い。コンサルテーション関係の基本的特性として，下記の5点が挙げられる（野村2013）。

第1に，お互いの自由意志に基づく。コンサルタントはコンサルティに招かれた関係でなくてはならない。

第2に，コンサルタントは局外者であること，すなわちコンサルタントとコンサルティは利害関係がないことが望まれる。

第3に，時間制限があることが基本である。問題の責任の主体はコンサルティにあるがゆえに，コンサルタントはコンサルティが依存的になることを防ぎ，一定の距離をもって援助する。

第4に，特にケース・コンサルテーション関係の場合は，課題中心で成り立つ。ケースを客観的に理解することを主眼とし，コンサルティの情緒的問題にはふれない。また，コンサルテーションの展開においては，コンサルティの専門性を尊重する。

第5は，異種の専門家同士の相互作用が基本である。

コンサルタントのあり方は，スーパーバイザーのあり方と区別される（野村2013）。コンサルティの価値観を脅かさないことや，コンサルティの持っているポジティブな面を大切にする点は，スーパーバイザーのあり方と共通するが，異なる点も多い。例えば，コンサルティの個人的な心情や心の内面について焦点となることはなく，また，それらにふれることはしない。関係性の進展が相互の信頼関係を形成していくスーパービジョンとは，その意味で大きく異なる。コンサルテーションは比較的短い回数で終結する。継続的な関係性の中で，依存から自律へと成長していくスーパービジョンとは，展開方法が異なる。コンサルテーションの関係性の中で，コンサルタントは問題の構造についてコンサルティにわかりやすくどちらかというと具体的に提示することが求められる。加えて，コンサルタントは問題に関わる諸機関と連携を保ち，コンサルテーションの対象となるクライエントのケアに必要な資源をいつでも導入できる準備をしておかなければならない。コンサルテーションの終了時には，コンサルティがすぐ実行できる具体的なことを少しでも明確化するよう努力することが求められる。コンサルテーションの関係性では，

具体的な成果が重要であり，提言だけではない。

(野村 豊子)

引用文献

Richmond, V. P. and McCroskey, J. C.（2003）*Nonverbal Behavior in Interpersonal Relations*, 5th ed., Allyn & Bacon（= 2006，山下耕二編訳，『非言語行動の心理学：対人関係とコミュニケーション理解のために』北大路書房．）
Boyas, J. and Wind, L. H.（2010）Employment-based social capital, job stress, and employee burnout：A public child welfare employee structural model, *Children and Youth Services Review*, 32（3），380-388.
Brown, A. and Bourne, I.（1996）*The Social Work Supervisor：Supervision in Community, Day Care, and Residential Settings*, Open University Press.
Carpenter, J., Webb, C. M. and Bostock, L.（2013）The surprising weak evidence base for supervision：Findings from a systematic review of research in child welfare practice (2000-2012), *Children and Youth Services Review*, 35（11），1843-1853.
Davys, A. and Beddoe, L.（2010）*Best Practice in Professional Supervision：A Guide for the Helping Professions*, Jessica Kingsley Publishers.
深田博己（1998）『インターパーソナル・コミュニケーション：対人コミュニケーションの心理学』北大路書房．
Hawkins, P. and Shohet, R.（1989）*Supervision in the helping professions*, Open University Press.
Hawkins, P. and Shohet, R.（2012）*Supervision in the Helping Professions*, 4th ed., Open University Press, McGraw-Hill Education.
Howe, K. and Gray, I.（2013）*Effective Supervision in Social Work*, Sage Publications.
Mena, K. C. and Bailey, J. D.（2007）The effects of the supervisory working alliance on worker outcomes. *Journal of Social Service Research*, 34（1），55-65.
Morrison, T.（1993）*Staff Supervision in Social Care：An Action Learning Approach*, Pavilion Publishing.
Morrison, T.（2005）*Staff Supervision in Social Care：Making a Real Difference for Staff and Service Users*, 3rd ed., Pavilion Publishing and Media
Munson, C. E.（1979）Symbolic interaction and social work supervision, *Journal of Sociology and Social Welfare*, 6（1），8-18.
Munson C. E.（1980）Differential impact of structure and authority in supervision, *Arete*, 6（1），3-15.
Munson, C. E.（1981）Style and structure in supervision, *Journal of Education for Social Work*, 17（1），65-72.
Munson, C. E.（1982）Clinical sociology and social work, *Free Inquiry in Creative Sociology*, 10（2），219-222.
Munson, C. E.（1987）Sex roles and power relationships in supervision, *Professional Psychology：Research and Practice*, 18（3），236-243.
Munson C. E.（1995）The partnership model：A feminist supervision/consultation perspective, *The Clinical Supervisor*, 13（1），23-38.Munson, C. E.（2002）*Handbook of Clinical Social Work Supervision*, 3rd ed., Routledge.

Murdoch, E. and Arnold, J. eds.（2013）*Full Spectrum Supervision：Who You Are Is How You Supervise*, Panoma Press.
成毛信男（1993）「言語コミュニケーションの概念と特徴」橋本満弘・石井　敏編『コミュニケーション論入門』桐原書店.
野村豊子編，井上千津子，澤田信子，白澤政和，本間　昭監（2010）『コミュニケーション技術』（介護福祉士養成テキストブック5）ミネルヴァ書房.
野村豊子編（2013）『人間関係とコミュニケーション』ミネルヴァ書房.
Pritchard, J. ed.（1995）*Good Practice In Supervision：Statutory And Voluntary Organisations*, Jessica Kingsley Publishers.
Robinson, V. P.（1949）*The Dynamics of Supervision under Functional Controls：A Professional Process in Social Casework*, University of Pennsylvania Press.
Ryan, E. B., Meredith, S. D., MacLean, M. J., et al.（1995）Changing the way we talk with elders: Promoting health using the communication enhancement model. International Journal of Aging and Human Development, 41（2）89-107.
Shulman, L.（1982）*Skills of Supervision and Staff Management*, F. E. Peacock Publishers.
Sidell, N. and Smiley, D.（2008）*Professional Communication Skills in Social Work*, Allyn & Bacon/Pearson.
Vargas, M. F.（1986）*Louder than words：an introduction to nonverbal communication*, Iowa State University Press.（＝1987, 石丸　正訳『非言語コミュニケーション』新潮社.）

参考文献

Caspi, J. and Reid, W. J.（2002）*Educational Supervision in Social Work：A Task-Centered Model for Field Instruction and Staff Development*, Columbia University Press.
Gardiner, D.（1989）*The Anatomy of Supervision：Developing Learning and Professional Competence for Social Work Students*：Open University Press.
Kolb, D. A.（1985）The learning style inventory, McBer.
Sawdon, C. and Sawdon, D.（1995）The supervision partnership：A whole greater than the sum of its parts, Pritchard, J. ed., *Good Practice In Supervision：Statutory And Voluntary Organisations*, Jessica Kingsley Publishers, 3-19.
Tsui, M.（2005）*Social Work Supervision：Contents and Concepts*, Thousand Oaks, Sage.
Vass, A. A.（1996）*Social Work Competences：Core Knowledge, Values and Skills*, Sage Publications.
Wilmot, J. W.（2011）'If you want to go faster, go alone. If you want to go further, go together'：Work as transformation through supervision, Shohet, R. ed., *Supervision as Transformation：A Passion for Learning*, Jessica Kingsley Publishers, 66-83.
Wiltshire, K.（1995）Supervision of approved social work practice, Pritchard, J. ed., *Good Practice in Supervision：Statutory And Voluntary Organisations*, Jessica Kingsley Publishers, 124-138.

第 4 章

個人スーパービジョンの方法

個人スーパービジョンとは

1　定　義

　個人スーパービジョンは，対人援助における各種スーパービジョンの中でも，最もよく使用されている，伝統的なスーパービジョンの実施形態であるといわれており（Brown & Bourne 1996：135；Kadushin & Harkness 2014：275；de Haan 2012：97 ほか），スーパーバイジーとスーパーバイザーという二者の面接を媒介とする形態を取る（Brown & Bourne 1996：135；Kadushin & Harkness 2014：102）。その実施の場に限定して，個人カンファレンスともいわれる（Kadushin & Harkness 2014：102）が，必ずしもそのための部屋の中で定期的な面接形式で実施されるものに限定されているわけではなく，必要時の話し合い等の形式にとらわれないものや（Howe & Gray 2013：17），電話やIT技術を利用するものも含まれるとする最近の文献も存在する（Reid & Westergaard 2013：65-66；Dunnett, et al. 2013：147-155）。

　個人スーパービジョンは，ほかの方法の基本と考えられてきたこともあり，スーパービジョン一般についての説明の多くは個人スーパービジョンをイメージしている。そのため，スーパービジョン一般についての定義はしていても，個人スーパービジョンの定義にはふれていないか，グループ・スーパービジョンとの関係でのみ簡単にふれている文献が多い。ここでは，個人スーパービジョンの基本型として，カデューシン（Kadushin）とハークネス（Harkness）の，スーパービジョン一般についての以下の定義を採用し，必要に応じてこれに当てはまらないものもその応用型として理解していく（Kadushin & Harkness 2014：11）。

「スーパーバイザーとは，スーパーバイジーの業務上の遂行について，その質が保持できるように指示，調整，強化し，評価する権限を与えられた，資格あるソーシャルワーカーである。この責任を果たす為にスーパーバイザーは，管理的，教育的，支持的機能をスーパーバイジーとの肯定的な関係における交流の中で発揮する。スーパービジョンの究極の目的は，組織のポリシーと手順に則って，その利用者に質・量ともに最善のサービスを提供することにある。」（＝筆者訳）

個人スーパービジョンは，ソーシャルワークだけではなく，ほかの対人援助職（精神分析，心理療法，カウンセリングなど）においても広く採用されており，その伝統も長い。これらの対人援助職とソーシャルワークはお互いに重なる部分もあり，相互に影響し合っている。したがって，本章で紹介する議論は，筆者がソーシャルワークにおける個人スーパービジョンに関係していると判断したものについては，スーパービジョン一般の内容や，他専門職における個人スーパービジョンの内容も含めることとする。

2 構 造

個人スーパービジョンは，冒頭に述べたようにスーパーバイザーとスーパーバイジーが一対一で向き合うスーパービジョンであるが，そこで提供されるスーパービジョンは，それがどのような構造のもとで行われるかに大きな影響を受ける。ホロウェイ（Holloway）は，それらがどのように関係し合っているかを包括的に図で示している（**図4-1-1**）（Holloway 1999：12）。ここでは特に，スーパーバイザーとスーパーバイジーそれぞれの，職場を中心とした立場と関係が，どのように個人スーパービジョンに影響するかについて焦点を当てて述べていく。

文献の多くは，先に挙げたカデューシンの定義のように，職場内部の上

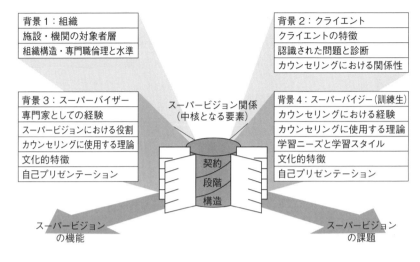

図 4-1-1 SAS (Systems Approach to Supervision) モデル：課題，機能，関係，背景的要素

〔Holloway, E. and Carroll, M. eds. (1999) *Training Counselling Supervisors*, Sage Publications, 12. より筆者翻訳〕

下関係をもとにしたスーパービジョンを基本としてスーパービジョンを論じている（Kadushin & Harkness 2014：11；Brown & Bourne 1996：9；Shulman 1982：1 ほか）[注1]。この場合のスーパービジョンの目的は，組織としてその利用者に質・量共に最善のサービスを提供することにある（Kadushin & Harkness 2014：11；Brown & Bourne 1996：10 ほか）。スーパーバイザーは中間管理職として組織としての課題に沿ってスーパーバイジーの行動をコントロールする権限を持つ。日常的にスーパーバイジーの行動を把握することも容易であり，必要なときにその場で指導を行ったり，

注1　ブラウンとボーンは「スーパービジョンとは，組織が用意したスーパーバイザーがそのスタッフを個人的，あるいは集団として有能にして，その実践の水準を確実にする手段である」（Brown & Bourne 1996：9）と定義している。シュルマンもスタッフへのスーパービジョンを前提に，ワーカー，スーパーバイザー，それらを含むシステムの関係で，スーパービジョンを考察している（Shulman 1982：12-16）。

スーパービジョンの効果や影響もとらえやすい。スーパーバイザーはスーパーバイジーの評価にも関わることが多い。そのため，スーパーバイザーとスーパーバイジーの力関係がスーパーバイザーに偏りすぎるという問題がある。

一方，ボーゴ（Bogo）とマックナイト（McKnight）は，スーパービジョンの基本形は，職場における上下関係を基礎として行われる一対一の，事例を中心としたスーパーバイザーとスーパーバイジーの計画された話し合いであり，利用者に提供するサービスの質を組織として保障するため，スーパーバイザーはスーパーバイジーとの関係性を媒介として，管理的，教育的，支持的な機能を果たすものであるが，必ずしもそれだけではないと指摘する議論を紹介し，学生の実習現場におけるスーパービジョンについて主に論じている（Bogo & McKnight 2005：50-51）。この場合には当然ながら，スーパーバイジーの教育/成長を主たる目的とするとしている（Bogo & McKnight 2005：51）。実習のスーパービジョンは教育機関との二重のスーパービジョンとなり，二者の協力関係のもとで行われる。

職場の上下関係から外れたところで行われるスーパービジョンの実施も多い。すべてがスーパーバイジーの報告をベースに行われるために，スーパーバイザーには，実際にスーパーバイジーが何をしているのか，その報告内容の真偽のほどはわからない。また，スーパーバイザー側にスーパーバイジーの行動をコントロールする権限も小さいか，ほとんどない。スーパービジョンの結果がどのように実践に反映されたかを確認するところまではできない場合も多い。さらに，職場の状況等，把握できないことも多いので，事例に反映している要素の中でも扱える内容はかなり限定される。一方，評価が絡まずに，職場から離れて時間と場が設定されるので，スーパーバイザー，スーパーバイジー共に準備を整え，スーパーバイジー中心に話を聴いていくことがかなり可能な設定である。スーパーバイジー側にも話しやすさがあり，専門家を育てるという目的に集中できる。スーパーバイザーとスーパーバイジーの関係が密になりその関係性を使いながらスーパーバイジーを育てられるという可能性がある一方，スーパーバイザーとスーパーバイジーの距離を適切に保つ困難さがあり，特に個人スー

パービジョンにおいては，カウンセリングとの違いを維持するように留意しなければならない。

特に職場の上下関係を強調しない研究者もいるが[注2]，ハウ（Howe）とグレイ（Gray）はスーパービジョンの定義は一つではないことを，職場内部におけるスーパーバイジーの教育/成長を目的とするものも含めて4例を挙げ，状況に合わせた定義が必要であるとしている（Howe & Gray 2013：3）。

精神分析，心理療法，カウンセリングなどの精神内界を対象とする分野においても，そのスーパービジョンが行われる構造について意識した文献は多い（Carr 1995：233；Holloway 1999：9-13；Dunnett, et al. 2013：78ほか）。これらの分野においては，特にスーパーバイザーとスーパーバイジーの関係性を重視しており，職場の上下関係がそれに大きな影響を及ぼす要素として認識されているからだと思われる。ソーシャルワークにおける個人スーパービジョンにおいても，ほかのスーパービジョンの形態以上にこの二者の関係性が強く影響することから，この立場性の認識は重要である。

日本の現状では，職場内部でのスーパービジョンにおける，スーパーバイジー側からの話にくさや，スーパーバイザーとしての人材不足などの問題を緩和するために，中間的な形態として，研修等と一括して職員からの相談を受け付ける部署や委員会を作っているところも現場には散見される。スーパービジョン実施のあり方は，各職場の事情からそれぞれ工夫するべきものであるが，この工夫にも問題がないわけではない。一つには，業務上の上司と相談部門とのコミュニケーションの課題がある。職員が困難を感じていることを上司が知らないという状況が起こる可能性をどのように扱うか，上下関係の中でスーパーバイザーとスーパーバイジーが向き

注2　マンソンは，スーパービジョンを「スーパーバイザーがスーパーバイジーの実践を補助し指示するように担当させられる交流的なプロセスである」として，必ずしも職場組織との関係のみでは語っていないが，正式にスーパーバイザーに課せられたものであるとして，コンサルテーションとの違いを強調している（Munson 2002：10）。

合うことを避けようとする意識が不問にされたままで，専門家としてのスーパーバイジーの「強さ＝専門性」が醸成できるのかといった問題である。

3 個人スーパービジョンの特徴

　マンソン（Munson）は，スーパービジョン一般に必要なものとして，①構造化されていること，②定期的であること，③一貫性があること，④事例中心であること，⑤評価されるものであること，の5条件を挙げている（Munson 2002：12）。ソーシャルワーク以外の分野においても，ダネット（Dunnett）らは，スーパービジョンを，2人あるいはそれ以上の数の実践家が定期的に心理療法実践について話し合うことと定義し，その特徴は，①プロセスが教育的であること，②効果がほかのシステムに広がるものであること，③場と空間が効果を高めること，④スーパーバイジーとクライエントだけでなく，スーパーバイジーとスーパーバイザーの人間関係と専門的関係が関与していること，⑤カウンセラーが説明責任を果たすための場であること，を挙げている（Dunnett, et al. 2013：3）。カデューシンとハークネスは，スーパービジョンには，フォーマルな構造があり，スーパーバイザーとスーパーバイジーにはそれぞれ異なる役割が割り当てられているという特徴を挙げ，プライバシーが守られ，中断から保護され，身体的にも快適な場で行われるべき定期的に予定されたミーティングであると述べている（Kadushin & Harkness 2014：103）。筆者（2000：87）は，ソーシャルワーク・スーパービジョンを成立させる6つの要素として，

　①スーパーバイザーとスーパーバイジーの関係性がスーパービジョンの目的達成に専門的・意識的に活用されていること
　②スーパーバイジーの個別的な職務上のニーズに着目されていること
　③スーパービジョンのプロセスが計画性・継続性を持ったものであること

④スーパーバイザーが少なくてもある程度はスーパーバイジーの行為をコントロールする力を保有していること

　⑤扱う内容はスーパービジョンの構造，ソーシャルワークの分野，契約，等によって異なるが基本的にはジェネリックな背景を持っていること

　⑥スーパーバイザーとスーパーバイジーがスーパービジョンと認識していること

を挙げている。

　個人スーパービジョンにおいても，これらの要件を満たす必要があるが，始めの5年間は個人スーパービジョンが，その後はグループ・スーパービジョンに移行し，さらにその後，ピア・コンサルテーションやピア・スーパービジョンに移行するという変化や（de Haan 2012：97），最終的にはセルフ・スーパービジョンになる変化について記述した文献（Carroll 1999：51-52）もあり，個人スーパービジョンは，新人やまだ未熟なワーカーが独り立ちするまでに必要とされる，綿密なスーパービジョンであると理解している文献が多い。

　リード（Reid）とウェスターガード（Westergaard）を参考にまとめると，個人スーパービジョンのメリットは以下のとおりである（Reid & Westergaard 2013：72）。

　①スーパーバイジーの専門家としての発達課題を個別に念頭においたスーパービジョンの提供ができる。

　②スーパーバイザー，スーパーバイジーが共にスーパービジョンの準備をかなり周到に行うことができ，スーパービジョン面接の時間をスーパーバイジーの個別ニーズにあわせて有効に使うことができる。

　③スーパービジョンの中で，一人のスーパーバイジーに集中してエネルギーを使用することにより，きめ細かなスーパービジョンができる。

　④スーパービジョンにおけるスーパーバイザー，スーパーバイジー関係で起こっていることがみえやすく，また，その関係性をてこに

第1節　個人スーパービジョンとは

スーパーバイジーの学習や成長を促進することができる。
⑤スーパーバイジーの変化や成長を継続的に評価しやすい。
⑥秘密性の確保が比較的容易である。

一方，デメリットとして取り上げられることとしては，以下のような内容が多い[注3]。

①一番多く語られる問題点は，スーパーバイザーが時間を十分にとれないということであり，個々のスーパーバイジーのためのスーパービジョンの時間を捻出することが困難であり，そのためにほかの業務が優先されがちになる（Kadushin & Harkness 2014：103）。

②職場によっては，スーパービジョンを行えるような個室を確保することが難しい。

③個人スーパービジョンは，ほかと比較すると高額である（職場内部におけるスーパービジョンは，スーパーバイザーが費やすスーパービジョンの時間を金銭換算した場合であり，職場外部のスーパーバイザーを組織として依頼する場合や個人として依頼する場合にも，当然ながら費用がかかる）。

④個人スーパービジョンの面接中に使用できる技法は，参加者がスーパーバイザーとスーパーバイジーのみであるので，グループ・スーパービジョンなどと比較するとかなり制限される。

⑤どのように優秀なスーパーバイザーであっても，その状況と捉え方は一人分のものの見方である。多様な視点での状況理解には限界が

[注3] リードとウェスターガードは，グループ・スーパービジョンとの比較において，個人スーパービジョンのデメリットをスーパーバイジーの視点からまとめている。それによると，スーパーバイジーがいつも①標的になる，②準備しなければならない，③白状させられる感じになる，④結局は似たような内容になる，⑤視点の限界がある，⑥関係性に苦労する，⑦他者からの学びに限界がある，という点を挙げている（Reid & Westergaard 2013：72）。リーとエバレットも，①複数の関係上の豊かさが供給できない，②双方にとって居心地のよい密度の関係性を保つことが難しい，③防衛的な共謀が双方の客観性を奪う危険性がある，④スーパービジョン関係と治療関係の境界があいまいになりがちである，とその留意点を挙げている（Lee & Everett 2004：130-131）。

ある。
　⑥一対一のスーパービジョン面接では，その頻度が多ければ多いほど，スーパーバイザーの影響が大きくなる。パワーのアンバランスが顕著であり，特にそれは職場の上司が行う場合には，大きなものとなる。スーパーバイジーの依存性も助長されやすい。スーパーバイザー自身の内的葛藤の整理や二者関係についての理解およびそれを扱う技術と，スーパーバイジー側のある程度の自我の成熟が求められる。それらが自覚されていない場合には，スーパーバイザーとスーパーバイジーの関係は，成長促進的なものにはならない。
　⑦スーパーバイザーとスーパーバイジーの間で何が起こっているかが外部からはみえにくい。良くも悪くもすべてが密室の中で起こる。
　これらは，形式が整った伝統的な個人スーパービジョンについて述べられていることであり，先に指摘した，予定ない，必要時の「その時」「その場」における話し合い等，形式にとらわれないものについては，正式な計画性のあるスーパービジョンの代替えにはならないという指摘が多い（Howe & Gray 2013：17；Kadushin & Harkness 2014：104；Munson 2002：370 ほか）。職場の上下関係の中におけるスーパービジョンにおいては，日々の業務の中でスーパーバイザーとスーパーバイジーがお互いにみえる関係にあることが多いため，つい個別に時間を取った面接形式の個人スーパービジョンがおろそかになり，この形の「スーパービジョン」で済ませてしまいがちになる。つまり，スーパーバイザー側が何か聞きたいこと／アドバイスを求めたいことがあれば，個人スーパービジョンの場でなくてもスーパーバイザーに話し掛けることができる。スーパーバイザー側も何か気になることがあれば，スーパーバイジーを呼び止めて話をすることが可能である[注4]。この方法のメリットは，即時性がある，やってみせることができる，などであるが，デメリットも多い。
　デメリットは，
　　①管理的な指示に偏りがちである
　　②スーパーバイジーの成長に関する配慮に欠ける場合がある
　　③周りの状況による制約が多くじっくりと時間がかけられない

④プライバシーに配慮できない場合が多い
⑤後で振り返りをしないで済ませてしまいがちである
⑥スーパーバイジーの中で学びが蓄積されない
⑦その場の具体的な課題は解決できてもそれらの積み重なりや抽象度の高い問題には対処できない
⑧対面的な緊張の中で自身の仕事ぶりを検討することに対するスーパーバイジー側の防衛を放置してしまう

などである。

したがって個人スーパービジョンは，このような日常的なスタッフへの指導や教育とは別に，フォーマルなものを用意するべきであるとされている。

注4 日本の文献の中にはライブ・スーパービジョンとして，利用者がいる中でスーパーバイザーが実際にモデルを示し，その場において指導する形態と説明しているものがあり（奈良県社会福祉協議会編 2000：35-36；福山 2000：30-31），この説明のみでは計画性のない即時的な指導のイメージが中心であるようにも読み取れる。しかし，ライブ・スーパービジョンは，家族療法においてワンウエイミラー越しにスーパーバイザーが実際の面接を指導したところから始まったという歴史がある（Edwards 2013：19）。前者と後者のイメージが異なるのは，スーパービジョンの対象が必ずしもソーシャルワーク業務だけではなく，職場によってはケアワーク的なものも含むという，日本のソーシャルワーク現場の特徴を表しているのかもしれない。

 ## 個人スーパービジョンの各種モデル

1 個人スーパービジョンのモデルとは

　個人スーパービジョンを実施するにあたり，スーパーバイザーが依拠してきたモデル[注5]がいくつか存在する。視点によりこれらのモデルの分類の仕方も複数あるが，その主たる分類の視点について解説する。どのモデルを採用するにしても，それを意識して選択することが必要であるといわれている（Corbett 1995：60-62）。

2 スーパービジョンの焦点は，事例にあるか実践家にあるか

（1）事例中心モデル

　フローリー＝オーディ（Frawley-O'Dea）とサーナット（Sarnat）は，「患者中心」という表現で，これを古典的なモデルとし，その伝統はフロイト（Freud, S.）とそれを継承した精神分析のベルリンを中心とした学派のものであると紹介している（Frawley-O'Dea & Sarnat 2001：28-33）。このモデルの特徴の第一は，スーパーバイザーは，スーパーバイジーとクライエン

注5　モデルとは，プロセスと機能を統合する枠組み／地図のこと；理論とは，観察したことの説明を提供しようとするもの。アプローチとは，一つの主題に対する態度を描写する方法を提供するものである（Page & Wosket 1994：29）。

トからは距離をおいた中立的・客観的な存在であり，その権威はスーパーバイザーの知識と技術の専門性に由来すると考える。事例は患者の精神力動とスーパーバイジーの技術的課題や逆転移から説明される。第二の特徴は，クライエントの心理がスーパービジョンの主たる検討内容であり，スーパービジョン関係とスーパーバイジーの心理は背景としてのみ関心を払われる。第三の特徴は，スーパービジョンの方法が，スーパーバイジーに知識を教えていくことを基本としていることである。

事例に焦点が当たることによって，スーパーバイジーへの過度な焦点化が起こらずにスーパーバイジーの不安が低く抑えられるため学習に集中しやすいメリットと，柔軟性に欠け，スーパーバイジーのニーズに対応できないというデメリットもあるとされている（Frawley-O'Dea & Sarnat 2001：31-33）。

(2) スーパーバイジー中心モデル

同じくフローリー＝オーディとサーナットは，「セラピスト中心」モデルという表現で，スーパーバイジーの心理をスーパービジョンの主たる関心事とする考えを紹介している（Frawley-O'Dea & Sarnat 2001：33-41）。スーパーバイジーがスーパーバイザーとの関係で経験する抵抗，不安，自己対象ニーズをスーパーバイザーが理解し扱うことによって，スーパーバイジーが経験的にどのようにクライエントに向き合うかを学んでいくことを基本とする。これには，現在の精神力動的な理解における中心的な学派である，自我心理学（学習課題モデル）[注6]，自己心理学（共感モデル）[注7]，対象関係学派（不安焦点化モデル）[注8]，それぞれの考え方が反映されるとして，それらを紹介している。

スーパーバイジーに焦点を当てたほかのモデルでは，リードとウェスターガードが「成長モデル」として，カウンセラーの成長段階に焦点を当

注6 自我心理学においては，スーパービジョン関係におけるスーパーバイジーの困難は，クライエントとの援助関係理解における「抵抗」という概念に基づいて理解する。スーパーバイザーは，スーパーバイジーの抵抗を解釈する客観的な権威者である（Frawley-O'Dea & Sarnat 2001：34）。

て，スーパーバイザーとスーパーバイジーがスーパービジョン関係内に働く力動を理解することを中心とするモデルを説明している（Reid & Westergaard 2013：43-44）。それによると，スーパーバイジーの成長は4段階となる。

　①レベル1では，スーパーバイジーの不安が強くスーパーバイザーに依存している。
　②レベル2では対象への援助を中心に考えられるようになるが，不安である。
　③レベル3ではスーパーバイジーは安定し，依存症が減少する。援助プロセスを中心にスーパービジョンが展開される。
　④レベル4では援助状況全般を見渡せるプロセスをスーパービジョンの中心とする。

エドワーズ（Edwards）も，スーパーバイジーの成長レベルに焦点を当てている（Edwards 2013：45-47）。

　①レベル1（初期）は，スーパーバイザーへの依存と自身への気づきのなさがあるが，よい仕事をしたいという強い気持ちはあるので，しっかりした構造と肯定的なフィードバックで，スーパーバイジーに焦点をあてるよりも，具体的な事例に焦点を当てる。肯定的な仕

注7　コフート（Kohut）の自己心理学に基づき，スーパービジョン関係におけるスーパーバイジーの困難は，スーパーバイジー側からの視点では，スーパーバイザー側の共感不全であるととらえ，共にその意味を探索するというスタンスを取る。スーパービジョンの主たる焦点は，スーパーバイジーの誇大感を含む自己のあり様であり，スーパーバイザーは，スーパーバイジーの自己対象として，理想化・映し出しを求めるニーズに応えようとするとともに，その失敗についても共に探索する。スーパーバイザーは客観的な権威者ではありえないと考える（Frawley-O'Dea & Sarnat 2001：37-39）。

注8　クライン（Klein）の臨床モデルに基づき，スーパーバイジーの無意識の不安に焦点を当てる。スーパーバイジーの無意識の不安は，①見捨てられ不安，②境界喪失の不安，③対象への憎悪と罪悪感への不安と3つに分類される。スーパーバイジーがクライエントの内的対象関係の世界と同一化する結果として，スーパービジョンにそれが持ち込まれ再現されるため，スーパーバイザーはスーパーバイジーの無意識の不安に注意を払い，「容器」となってそれを受け止め解釈する。（Frawley-O'Dea & Sarnat 2001：39-41）。

事上の関係を作ることを中心にスーパービジョンを行う。

②レベル2（試行の苦しい時期）は，難しい経験を積むことによってやる気が弱まったり，奇跡のような方法を求めたりすることが起こってくるが，一方スーパーバイザーのやり方の真似が少なくなり，独自性を求め，自己主張も強くなる。したがって，スーパービジョンの構造も柔軟にし，さまざまなクライエントのタイプに出会えるようにするとともに，理論にも焦点を当て，スーパーバイザーとの関係性を使って，仲間としてのサポートを行っていく。

③レベル3（挑戦と成長）では，カウンセラーとしての自覚や自信を持って実践できるようにコンサルテーションに移行していく。

ジョーンズ（Jones）も，「成長・支持モデル」Growth & Support Model として，実践的・個人的に，スーパーバイザーとスーパーバイジーの双方にプラスとなる関係の中で，スーパーバイジーの，教育的，人格的な成長を目指す。臨床的な自立が，開放性，意欲，信頼関係の中で発展するのを援助していくというスーパービジョンを挙げている（Jones 2005：153）。

一方，ペイジ（Page）と Wosket は，これらの「成長モデル」developmental models に対する批判を述べている（Page & Wosket 1994：31）。

①スーパーバイジーの成長の段階として述べられている内容が，実際にはそれほど明確ではなく現実とは異なる。

②さらに，次の段階への移行がどのように起こるのか，それをスーパーバイザーがどのように促進するのかについて説明していない。

③スーパーバイジー個々の特性やニーズを考慮していない。

④スーパーバイザー側の成長，スーパービジョンが行われる文化，組織の影響等が考慮されていない。

3 スーパービジョンの展開は何に基づいているか

　多くの文献が，スーパーバイザーが自身の実践が依拠している理論や方法にのっとった方法でスーパービジョンを行うやり方と，スーパービジョンが必ずしも実践そのものと同じ方法ではないとする議論があることを指摘している。スーパーバイザーが実践するモデルに基づいているスーパービジョンについては，「セラピーモデル」(Taibbi 2013：5)，「個別オリエンテーションモデル」(Edwards 2013：11)，「アプローチ重視モデル」(Page & Wosket 1994：30) などと，文献によりその呼び名が異なるが，それらのスーパービジョンは実践と同じような特徴を持っている。スーパービジョンはスーパーバイザーが実践に採用しているアプローチとは異なるとするスーパービジョンモデルとしては，先に述べた成長モデルや，統合モデルなどが当てはまる。ダネットらは，心理療法分野におけるこの議論を歴史的な変遷との関係で整理している。以下はその内容である。

(1) 実践モデルを反映したスーパービジョンモデル[注9]
(same school supervision model)

　20世紀はじめの精神分析家は，スーパービジョンと自身への精神分析の2本立てで訓練された。スーパーバイザーと精神分析家が同一人物であるべきか，別々の人間が担当するべきかについての議論があったが，同一人物が異なる役割を二重に取ることの倫理的な難しさにより，現在ではスーパーバイザーと精神分析を担当する人物は別に用意することになって

注9　精神分析の流れとは異なる，システム論をベースとした課題解決アプローチのスーパービジョンも，実践のあり方とスーパービジョンのあり方は「アイソモーフィズム（異種同型的）」であるとしている。特にシステム論的な視点とポストモダンの視点がスーパービジョンでも活用されることを強調している（Thomas 2013：47-54)。

いる。その後，1950年代にはクライエント中心療法，以降は認知行動療法と精神分析的療法のスーパービジョンがこのモデルにあてはまる。このモデルの長所は，スーパービジョンの二者関係の中で，スーパーバイザーが役割モデルとなることができることにある。しかしながらこのモデルの短所として，スーパーバイザーがほかの視点が必要であるにもかかわらず，それぞれの理論の枠から出られずに，その盲点をそのままスーパービジョンに持ち込むことが挙げられる（Dunnett, et al. 2013：11-13）。

(2) 成長モデル（developmental models）

1970年代から1980年代にかけて，実践モデルを反映したスーパービジョンの限界の認識から，学習理論を基礎に，新人がエキスパートになって行く段階を予測し，その間のスーパーバイジーのニーズや不安の変化に注目し，個別のスーパーバイジーに柔軟に対応しようとするモデルが産まれた。しかし，短所として挙げられるのは，先に述べたペイジとWosketの指摘以外にも，

①実際には成長段階が個人差を考慮することなく過度に決定づけられている
②スーパーバイザーは実践のエキスパートがなるとされているが，スーパービジョンのための訓練や経験なしでは必ずしもそれがよいスーパーバイザーになるとは限らない
③スーパーバイザーの技術や専門性によって制限されることを避けられない
④訓練生と初期の訓練に過度に焦点が当たっている
⑤アプローチの異なるスーパーバイザーとスーパーバイジーの間の協働の余地が制限される
⑥成長段階はスーパーバイザーを権威とする力関係のヒエラルキーを暗示する

などである（Dunnett, et al. 2013：14）。

表 4-2-1　スーパービジョンの統合的アプローチ

プロセスアプローチ	循環的アプローチ	一般統合アプローチ	統合的関係アプローチ
モード1：面接内容の思い起こし モード2：戦略と介入 モード3：援助関係 モード4：スーパーバイジーのプロセス（スーパーバイジーの逆転移） モード5：スーパービジョン関係（併行プロセス） モード6：スーパーバイザーの逆転移 モード6a：スーパーバイザー／クライエント関係 モード7：専門職あるいは組織的コンテクスト 〔Howkins & Shohet 2012 参照〕	契約： 基本的なルール，境界，関係，期待，説明責任 焦点化： 扱う問題，目的，優先度，アプローチ，提示方法 空間： 協同，調査，確認，抱える機能，挑戦 橋渡し： 強化，クライエントの視点，行動計画，目標設定，情報提供 振り返り： フィードバック，振り返りの基礎づくり，再契約，アセスメント，評価 〔Page & Wosket 2011 参照〕	目的： クライエントの福祉 スーパーバイジーの専門家としての成長 機能： 教育的（形成的） 支持的（回復的） 管理的（規範的） 役割りと課題： 管理的側面のモニター 学習関係の形成 教育 評価 専門的・倫理的問題のモニター 助言 相談 プロセスマネジメント 準備段階： 事前アセスメント ステージ1：アセスメント ステージ2：契約 ステージ3：スーパービジョンへの参加 ステージ4：スーパーバイジーとスーパーバイザーの評価 ステージ5：終結 〔Carroll 2004 参照〕	スーパービジョンプロセスに含まれるもの： 関係の複雑性，クライエント・スーパーバイジー・スーパーバイザーの個別的でユニークなコンテクストの認識 異なる視点の探索と関係性におけるスーパーバイジーの「自己」の視点の促進 スーパーバイジー内部におけるスーパーバイザーの成長（内在化） 援助関係およびスーパービジョン関係における関係的力動のより繊細なニュアンスへの注目 意味と洞察を求めるプロセスにおける「共同主観」「共同研究者」としてのスーパーバイザーとスーパーバイジー 〔Gilbert & Evans 2000 参照〕

〔Dunnett, et al. (2013) *Getting the Most from Supervision: A Guide for Counsellors and Psychotherapists*, Palgrave Macmillan, 15. より筆者翻訳〕

(3) 統合モデル (integrative models)

　一番新しいモデルであり，成長段階もセラピーアプローチの違いも乗り越えるものとされている。スーパービジョンは，固有の活動であり，心理学，社会学，セラピーの諸理論を統合したものである。構造，機能，関係，あるいはそれらのコンビネーションが強調される。したがって，スーパーバイザーとスーパーバイジーが同一のアプローチである必要はなく，そのような場合にもスーパーバイザーはスーパーバイジーの成長を促進することができる。しかしながら，これらのモデルにはスーパーバイザーとスーパーバイジー間に単一の基盤がないところから，個人のニーズよりも構造的な要請が勝ってしまう可能性と同様に，妥協や混乱が起こる可能性が否定できないとされている（Dunnett, et al. 2013：14-16）。

　ダネットらは4つの統合的アプローチの特徴を表にまとめている（**表4-2-1**）[注10]。

4　スーパーバイザーはスーパービジョン状況をどのように理解するか

(1) 医学モデル

　歴史的に，特にクリニカルソーシャルワークが依拠し，ほかのソーシャルワーク分野においても強い影響を及ぼした人間理解の視点に，フロイトの精神分析が挙げられる。精神分析の領域においてもその後さまざまな理論が生まれ変化してきているが，人に内在する欲動の葛藤とその表れに注目している一者心理学と呼ばれる主たるアプローチは，自我心理学[注11]と対象関係論[注12]である。

注10　ダネットらはこれらを「モデル」としているが，前後の関係と本章の表現上の統一から，ここでは「アプローチ」とした。

その影響を受けたスーパービジョンの特徴は，スーパーバイザーはそのアプローチのエキスパートであり，クライエントがスーパーバイジーに向ける転移感情やスーパーバイジーが起こす逆転移，2人の関係性について客観的に理解し，それをスーパーバイジーに教えるというものである。その根拠は，スーパーバイザー自身は，自身が受けたスーパービジョンや分析によって自己理解がなされており，よりよく自身をコントロールできるため，状況に巻き込まれずに中立性・客観性が保てるということによる。したがって，スーパーバイザーは，分析家としての知識と権威の持ち主であり，言語的な解釈をその中心的な技術とする（Frawley-O'Dea & Sarnat 2001：14）。

　古典的な自我心理学によれば，クライエントの問題は，クライエントに内在する欲動と超自我の葛藤を調整する自我の問題であるとする。転移という現象は，クライエントの内的葛藤がスーパーバイジー（ソーシャルワーカー）に向けられる無意識の情緒と理解する。このように一者心理学では，転移はそれを起こす側の人間の内的問題であり，逆転移はそれに対するスーパーバイジー（ソーシャルワーカー）の反応であるか，スーパーバイジー（ソーシャルワーカー）自身の内的葛藤が表出されたものである（Buirski & Haglund 2001：168）。それは援助関係を阻害するものとして，特に陰性反応の場合には「抵抗」と呼ばれ，できるだけ早く解消すべきも

注11　自我心理学は，ジークムント・フロイト（Freud, S.）の理論を基礎としながらも，問題解決と社会的現実を扱う，成人の成長と能力を強調する理論である（Baker 1999：149）。特にアンナ・フロイト（Freud, A.）の自我の防衛機能の研究は，ソーシャルワークに多大な影響を与えた。自我の防衛機能（defense mechanism）は，不安・罪悪感・受容しがたい考えなどから人格を守る，否認・置き換え・理想化等，多様な無意識の心の働きとして説明される（Baker 1999：119）。
注12　対象関係論とは，早期の親―子の交流と内在化された自己イメージに基礎を置く，他者との関係についての精神分析的理論のこと。自我心理学における快感を求める欲動や攻撃性は，子どもが他者を求める欲動ほど大切なものだとは見なさない（Baker 1999：333）。ここでいう対象関係は，現実に起こる対人関係とは異なり，心の内界にあるイメージを指している。「人の心の中には三次元的な内的世界がある。ここに自己と対象が交流しているし，この内界の自己と対象の関係が投影されて現実外界での対人関係が形作られている。このような自己と対象が住む内的世界という理論モデル」（松木 1996：iv）である。

のとして考えられている。同様に、スーパーバイジーからスーパーバイザーに対しても同じ現象が起こり、この「抵抗」も、スーパーバイザーによって明確化、対決、解釈がなされ、解決される。

対象関係論に依拠したスーパーバイザーも、クラインの臨床モデルに基づき、人間に内在する根源的な不安がクライエントの問題を起こしていると考える。転移・逆転移も、スーパーバイジーがクライエントの内的対象関係の世界と同一化した結果であるとし、スーパーバイザーは、スーパービジョンにそれが持ち込まれ再現されたスーパーバイジーの感情を受け入れる容器になる[注13]。スーパーバイザーはそれを客観的に理解し解釈する。

スーパービジョンでみられる併行関係[注14]も、一者心理学では、クライエントと似た自身の内的要素をワーカーが刺激され、言語化されずに表現されたクライエントの無意識の抵抗に同一化し、それをスーパーバイザーに向けて表出するものと理解する。そして、スーパーバイザーは観察者としてのスタンスを保ち、この現象がどのように起こっているかを具体的な事例を通じて指摘する。

(2) コンテクストモデル[注15]

1980年代半ば以降、精神分析領域における研究が進み、ポストモダンおよび構造主義の流れとも相まって、精神分析における新たな潮流が起こった（Frawley-O'Dea & Sarnat 2001：23-24）。個人の内部に存在する欲動に焦点をあてるよりも、人は生まれてから死ぬまでその一生を通じて、

注13 バースキ（Buirski）らは、ハイマン（Heimann, P.）が「治療者の逆転移は患者の無意識を探求するための道具である」という考えを導入し、これが逆転移を治療への汚染とする考えから、治療プロセスへの情報源としてとらえる新たなアプローチにつながったとしつつ、それでもこの段階では「デカルト的な隔離された心の思考に根ざした観点である」と批判している（Buirski & Hagland 2001：169）。

注14 フローリー＝オーディとサーナットは、1955年にサールズ（Searles, H.）が最初にこの現象について指摘したと説明している（Frawley-O'Dea & Sarnat 2001：170）。

注15 ソーシャルワークにおいてはエコシステムモデルということになるが、ここではソーシャルワーク以外の分野も包摂する名称として仮に考えてみた。

他者との関係の中で自己を形作っていくと理解するものである。関係性理論ともいわれるが、分析家と患者は治療関係の中で一貫してそれぞれの主観性をやりとりし、より了解可能な理解にたどりつくとその援助関係は理解される（Frawley-O'Dea & Sarnat 2001：59）。ここでは代表的なものとして間主観的アプローチ[注16]を取り上げるが、その特徴は、クライエントとソーシャルワーカー間の相互性、力関係の平等性、理解促進への協働性にある。また、クライエントの変化は、クライエント側に深い洞察をもたらした何らかの印象的な援助者の解釈によるのではなく、少しずつのやりとりの積み重ねによって起こるものとする。このアプローチにおいては、援助関係もスーパービジョン関係もすべてがコンテクスト依存的であるとする[注17]（Buiski & Haglund 2001：156）。

　間主観的アプローチにおけるスーパービジョン関係の理解は、スーパーバイジー側にニーズが存在するところから、対称的ではないが相互的であるとする。スーパーバイザーもスーパーバイジーも互いからの影響を受け、クライエントからの影響も受けるし影響も与えると、スーパービジョン状況を重層的に理解する。スーパーバイザーもスーパーバイジーも同様に状況に巻き込まれており（Buirski & Haglund 2001：157-158）、スーパーバイザーも自身の主観性や自身の精神力動をスーパービジョンの場に持ち込んでいるため（Frawley-O'Dea & Sarnat 2001：178）、スーパーバイザーの客観性は否定される。つまり、スーパーバイザーがクライエントについてスーパーバイジーよりも理解できているという立場を取らず、スー

注16　間主観的アプローチが依拠する仮説として、①「われわれの主観性（自分自身をめぐる、そして世界をめぐる時々刻々の体験）が、相接する主観性の力動的で流動的なコンテクストの中で発現する」、②物事を客観的に観察することなどできない、つまり「自分自身の主観性を完全に括弧で括ることなどできない」の2点が挙げられる（Buiraski & Haglund 2001：xi）。

注17　スーパービジョンにおいて、クライエントへの援助関係と共にコンテクストが影響するポイントは、①スーパーバイザーがスーパーバイジーに対して持つ評価責任、②専門家として社会との関係で考慮すべき事項（インフォームド・コンセントや情報公開など）、③物理的環境、④スーパーバイザーとスーパーバイジー両者に共通する代理性治療ニーズの存在、などである（Buiraski & Haglund 2001：173-175）。

パーバイザーの見解も数ある見解のうちの一つと位置づける。スーパービジョン関係は，主観と主観の出会いの場＝「間主観的な場」であり（Buirski & Haglund 2001：156），スーパーバイザーは，「コンテクスト主義に関する知識を与え，情動表出を見逃さず，体験のオーガニゼーションを同定し言葉化する手助けをする」者としてとらえられる（Buirski & Haglund 2001：164）。

　転移や逆転移の理解も，医学モデルよりも複雑にクライエントの状況，スーパーバイジー（ソーシャルワーカー）の状況，スーパーバイザーの状況，またそれらを取り囲む状況すべてが絡みあって起こるものとして理解する。転移や逆転移の理解は，それがクライエントとスーパーバイジーの関係で起こるものであろうと，スーパーバイジーとスーパーバイザーの関係で起こるものであろうと，そこにいる二者「それぞれにとって持つ意味が異なる可能性を念頭に置いて」，スーパーバイザーは，それらの仮説を立てるときに，「ためらいを失わない」必要があるとされる（Buirski & Haglund 2001：163）。「スーパーバイザーによる主観性の言葉化と解明」（Buirski & Haglund 2001：171）が行われ，「絶え間ない相互影響への気づき」を互いに促進していくスーパービジョンは（Buirski & Haglund 2001：167），スーパーバイジーにとって「治療関係を促進する役割モデル」となる（Buirski & Haglund 2001：165）。

　関係性理論では，併行関係の現象は，クライエント，スーパーバイジー，スーパーバイザーの誰からでも始まる可能性があり，これら三者がこの現象に関与しているものと理解する（Frawley-O'Dea & Sarnat 2001：172-173）。転移・逆転移が第一の二者関係において言語化も象徴化もされずにその二者関係の中で扱われないときに，その扱われなかったものが，第二の二者関係の中で扱われる機会を求める。つまり，併行関係は，継続される同一化，しばしば投影同一化といわれるものを基盤にした，転移・逆転移状況の二者関係が，関連するほかの二者関係に影響するものとして理解する（Frawley-O'Dea & Sarnat 2001：173-174）[注18]。したがって，スーパーバイザーはスーパーバイジーがそれについて気づき，援助関係の中でより効果的にそれまで意識されずに起こっていた関係性を扱えるよう

に，スーパービジョンの中でお互いの経験を話し合い，言語化する（Frawley-O'Dea & Sarnat 2001：176）。さらに，この併行関係は，援助関係以外の日常でも起こっていることであり，肯定的な場合も否定的な場合もあること（Frawley-O'Dea & Sarnat 2001：181），形態も対称形のもの（Frawley-O'Dea & Sarnat 2001：182）と非対称形のもの（Frawley-O'Dea & Sarnat 2001：190）がある，などと広くこの現象をとらえている。

　同じく，コンテクストを重要視するアプローチとしては，システム論に基づくアプローチがある。ここでは解決志向アプローチを取り上げる。このアプローチにおけるスーパービジョンが，実践と共有するシステム論の視点の主たるものは，①相互交流：すべてが関連し合っている，②コンテクスト：すべてが状況依存的である，③出現：小さな変化でも雪だるま式に大きくなっていく，という考え方である（Thomas 2013：34-38）。スーパーバイザーとスーパーバイジーの間にヒエラルキーはあるが，相互的な影響が望ましいと考えられているため，スーパーバイザーはコンテクストの一部としてヒエラルキーに注目し，可能な限りスーパーバイザーとスーパーバイジーの力関係を平準化し協働関係を促進させる（Thomas 2013：48-49）。クライエントの影響も含めてさまざまな情報や影響がスーパーバイジーからスーパービジョンに持ち込まれるという理解のもと，クライエントについてはスーパーバイザーよりもスーパーバイジーのほうがよく知っていると考える（Thomas 2013：49-50）。スーパービジョンにおいては，会話における言語的コンテクストを重視する（Thomas 2013：313）。スーパーバイジーの専門家としての成長には，それぞれの道があるという「等結果性（equifinality）」の認識に基づいて，課題解決アプローチにおける言語やコミュニケーションを教えていく（Thomas 2013：35）。

注18　投影同一化のプロセスでは，①患者が自身に内在化された関係性の世界をセラピストに投げかけ，②セラピストは投げかけられたものに同一化し，さらに投げかけられた内容に沿った行動や態度を取ろうとする（Frawley-O'Dea & Sarnat 2001：174）。さらに，この現象には神経科学的な根拠があるとする研究もある（Frawley-O'Dea & Sarnat 2001：179-180）。

第3節 個人スーパービジョンの内容

1 個人スーパービジョンで扱われる内容

　第1節で述べたように，個人スーパービジョンは一対一のスーパーバイザーとスーパーバイジーの面接形態を基本として実施される。面接形態は一対一であるが，そこで扱う内容は幅広く，ソーシャルワークにおけるミクロレベルの実践についての知識や技術だけで，スーパービジョンが行えるわけではない。スーパービジョンにおいてはまさに，ジェネラリストとしての知識・技術が応用され，「ヘリコプター」のようにある地点を軸に上下してその視野を自在に広くしたり狭くしたりして援助状況を検討する（Hawkins & Shohet 1989：37）。その場その場のスーパーバイザーとスーパーバイジーの判断が面接の焦点を決定する。特にスーパーバイザーはスーパービジョンに持ち込まれる状況を俯瞰してみられる立場にあることから，この機能を効果的に発揮する責任を有する。クライエントの援助実践に使用する理論のほかに必要となるのは，①エコシステム論的視座，②教育・学習に関する知識と技術，③精神保健，精神力動，心理療法に関する知識と技術，④グループや組織の力動についての知識と技術，⑤マネジメントに関する知識と技術，などであろう。以下は，スーパービジョンにおいて扱う内容である。

（1）クライエントシステムについて

　スーパーバイジーがクライエントとクライエントを取り巻く状況についての理解を深化させることを目的とする。情報としての客観的な事実の確認が必要なことはいうまでもないが，アセスメントとしてはそれだけでは

なく，それらの情報の相互関係を分析したり，利用者やその関係者の思いを理解することまでを必要とする。

クライエントとその状況の全体像の理解には，エコシステム論的視点が必要となる。ジェノグラムやエコマップを活用して情報を整理し，そこからシステムの相互関係を読み解くことをスーパーバイジーは事例を通して学ぶ。専門分野の基礎がソーシャルワークではなく近接領域のスーパーバイジーは，ソーシャルワークのスーパーバイザーからみると，ソーシャルワークに要求される幅広い状況把握やクライエントの内面への理解が不足する場合も多く，システム論的な思考方法になじみがないスーパーバイジーも多い。

さらに事例の必要に応じて，あるいは，スーパーバイジーに学んでほしいアプローチに特有である理解の仕方で事例を検討し，仮説を立てることを学ぶ。アプローチの独自性が発揮される。

クライエントに長く関わり信頼関係も築けていると感じていた事例を，スーパービジョンで検討するために図や表の使用も含めて整理してみると，抜け落ちている情報がまだかなりあることに気づかされることがある。スーパーバイジーはスーパービジョンを受け始めると，スーパーバイザーから質問されることを想定して事例の情報収集やその整理を行うようになり，目立たないがこれもスーパービジョンの効果の一部といえる。

(2) 介入方法について

アセスメントした内容をどのように反映させて援助計画を作成したらよいか，また，そのプランを実行するために必要となる知識・技術について共に検討する。スーパーバイジーが実際の援助場面でそれらの技術を活用できるように事前に検討・練習することと，実際に行った介入を振り返ってその後につなげるように事後に検討することの双方を含む。

ソーシャルワークの各種アプローチとの関係で，理論と実践とがスーパーバイジーの中でつながるように，仮説をもとに介入のポイント，システムに影響を与える各種の方法，対象がどのようにそれらを受け取るかを予測・検討し，選択する。事例の必要に応じた，あるいは，スーパーバイ

ジーに学んでほしいアプローチに特有な介入方法を，実践場面で活用できるようにする。

ロールプレイなどで練習をしてみると，そのスーパーバイジーにとって，より自然なやり方とそうではないやり方があることがわかる。スーパーバイザーは，クライエントとスーパーバイジーの状況から，スーパーバイジーの介入方法・技術の拡大を目指すか，現在の力量の維持を目指すか，困難の克服を目指すか等を慎重に判断する。ソーシャルワークのスーパーバイザーとしては，システム論に基づき，介入ポイントは一つではないこと，一つの結果にたどりつく道筋も一つではないこと（equifinality）を理解していると，その選択の幅は広い。

(3) クライエントシステムとワーカーの関係について

スーパーバイジーが困難を抱える事例は「困難事例」などと称されることも多いが，実際の介入時にスーパーバイジーがクライエントやその関係者とうまくコミュニケーションがとれなかったり，信頼関係の構築に失敗している場合も多い。クライエントやその関係者とスーパーバイジーのやりとりがどのようであったか，スーパーバイジーがクライエントやその関係者に共感することができたか，非審判的な態度でそれを相手に伝えられたかなど，お互いの気持ちのやりとりをはじめとする面接技術についての内容が多く含まれる。援助関係の中で何が起こっているかについて，考察をめぐらす領域である。

この関係理解の仕方にも，それぞれのアプローチの独自性が反映される。転移・逆転移の理解も含まれる。スーパーバイザーからみると，何故スーパーバイジーがこの場面でクライエントに対してこのように反応したのか／しなかったのかという疑問が生じる場合がある。自我心理学に基づくアプローチであれば，これをスーパーバイジーに内在する盲点（逆転移）の存在として指摘し，その盲点を克服するように指導するだろう（盲点の由来にまでさかのぼって検討したり，その盲点の克服自体を目指すことは，通常のソーシャルワーク・スーパービジョンでは行わない。心理療法の範囲となるのでスーパービジョンでは扱わず，必要があればその分野

の専門家に任せる)。ほかの,例えば間主観性アプローチでは,この現象を,クライエントが暗に送っているメッセージへのスーパーバイジーの反応だと理解し,スーパービジョンではその意味を検討する。スーパーバイジーはクライエントから送られてくる非言語的なメッセージを受け止めてはいるが,それを意識できず言語化もできないため,スーパーバイザーにそれが伝わらないという可能性は多い。したがって,スーパーバイザーは,スーパーバイジーとクライエントのやりとりについて注意深くスーパーバイジーに質問することによって検討し,スーパーバイジーが今まで意識することも言語化することもできなかったことを表現できるように援助していく。結局のところクライエントについて知っているのはスーパーバイジーであり,スーパーバイザーが正しい答えを持っているわけではないという立場を取る。

面接の録画や録音,逐語記録やプロセスレコードが活用され,スーパーバイジーが何を困難と感じているのか/感じたのか,利用者のやりとりの瞬間瞬間にどのような思いが起こったのかを検討する。スーパーバイジーが自身の感情を振り返ることができること,それについて表現することができることが重要になる。スーパービジョンがオープンにそれらを語り合える場となるかどうかは,スーパーバイザーとスーパーバイジー,そして両者を取り巻く状況が関係するが,少なくともスーパーバイザーはスーパービジョンをそのような場とするべく努力する。

(4) ワーカーと所属組織について

職場内部のスーパービジョンでは,組織の中でどのように仕事を行うべきか,職場の規則,役割分担,コミュニケーションや指揮命令系統の流れの理解と活用,ほかの職員たちとの関係のあり方,チームワークなどについて,スーパーバイザーはスーパーバイジーに伝える必要がある。しかし,それにとどまらず,事例の理解についても,所属組織の事情が深く関係していることをスーパーバイザーは理解し,スーパーバイジーと共有し,事例理解を深める。職場外部のスーパービジョンにおいても,職場の状況が影響している事例は多いので,スーパーバイザーにはそれらとの関

係を考えるシステム思考が必須とされる。職場内部のスーパーバイザーは中間管理職としての立場と，スーパーバイジーを通して，職場自体の改善に直接／間接に影響を与えることができる。組織の外にいるスーパーバイザーには，組織に関する必要な情報が不足している場合が多いので，組織との関係については基本的には注意深く，とりあえずは中立的な立場を取ることになる。

　スーパーバイジーが所属している組織の構成が，専門分野ごとに縦割りの分業になっており，チームでの援助とは名ばかりで，互いの分野の意見交換が不十分であったり，他分野の専門家の援助が，自身のクライエントに与えている影響に無関心である場合もある。逆に，プレッシャーや競争意識により，ほかの専門分野の存在が過度に意識されて影響している場合もある。さらに，職場全体のプレッシャーや人間関係がスーパーバイジーのクライエントへの関わりに直接的に関係している場合も多々見受けられる。ワーカーのバーンアウトの予防においても，ワーカーと所属組織との関係を取り扱うことは必要となってくる。

(5) 社会資源の利用，制度／法律の適用について

　一般論としての社会資源の活用については，ソーシャルワーカーであれば理解していることと思われるが，個別実践現場における社会資源のあり方は多彩であり，それぞれに固有名詞があり，そこで働いている職員それぞれにも固有の名前がある。具体的には，それぞれの状況において，どこの誰それと連携する必要があるということについては，特に新人には伝える必要がある。また，これらの人物と事前に顔合わせをしておく必要についても，スーパーバイザーが伝える必要がある。ソーシャルワークの分野も多様であるので，連携の対象として特に「苦手」領域のある組織も存在し，その場合にはスーパーバイジーだけではなく，スーパーバイザーも連携に消極的であり，それを意識していない場合も多い。職場内部のスーパーバイザーは中間管理職として，地域ネットワークを構造的に向上させる課題があると思われる。

制度／法律の適用については，新人にはそれらの上手な運用方法の指導，新人以外では制度・法律の変更や，それらの改善に向けた取り組みについても，スーパーバイザーの指導の範囲となろう。特に契約で限定していない限りは，ソーシャルワークのスーパービジョンにおいては，たとえ個人スーパービジョンとして，目の前のスーパーバイジーは一人であっても，その扱う範囲はエコシステム論的に広いものと考えるべきである。

(6) ワーカーとスーパーバイザーの関係について

個人スーパービジョンにおいては，その頻度が高く，期間が長く，面接時間も長いほど，スーパーバイジーとスーパーバイザーの関係性が緊密となり，その質はスーパーバイジーにも，クライエントにも影響する。スーパーバイジーは意識的にも無意識的にもスーパーバイザーの目を気にしているものである。スーパーバイジーは，スーパーバイザーのスーパービジョン中の態度を，肯定的にも批判的にも取り入れ，これを専門家としての冷静さ，オープンさ，公平性などの態度のモデル[注19]とする。

スーパービジョン関係が事例自体に影響するという視点をスーパーバイザーは常時持っていなければならない。いわゆる「併行関係」といわれる

注19 実際にある時点でスーパーバイジーの口調や物腰などがスーパーバイザーに似てくることがあるが，スーパーバイジーがスーパーバイザーの態度を取り入れていく過程についてはさまざまに説明されている。
　取り入れ（introjection）：ほかの人や対象から感情を感じ取り，それらを内面に取り込み，ほかの人や対象のイメージを作り上げる心的メカニズム（Baker 1999）。
　同一化（identification）：自身にとって大切な他者のメンタルイメージを形作り，その人のように考え，感じて，その人に似た行動を取ること（Baker 1999）。
　変容性内在化（transmuting internalization）：「自己−自己対象交流がもたらす機能の諸側面が，適量の欲求不満から生じるプレッシャーのもとで内在化されていく，構造形成プロセスのこと」（Wolf 1988：218）。
　投影／投影同一化（projective identification）：乳児が心の中の不安を外へ排出し，母親によって和らげられた不安を自身の中に取り戻すと同時に，母親の受け入れ機能も自分の中に取り入れる。このように母親や対象のよい部分を自分のものとしていくメカニズムを「取り入れ（introjection）」，内在化（internalization）という（松木1996：56-57）。

現象に気づき，スーパーバイザーとスーパーバイジーがどのような関係性を持っているかを精査することから，スーパーバイジーとクライエントの関係性もみえてくるので，この視点を欠くことはできない。

スーパーバイザーは事例についてのスーパービジョンとは別に，スーパービジョン自体についてスーパーバイジーと話し合う機会を設定しておく。この話し合いは必要があれば，スーパーバイザー側，あるいは，スーパーバイジー側からの申し出で随時行われることもある。スーパービジョンでは，事例の検討だけではなく，スーパービジョンそのものについても話題とし，スーパービジョンが双方の期待するように進んでいるかを点検し，改善していくのである。随時のものとは別に機会を設定しておくことが必要なのは，双方共に（特にスーパーバイジー側から），何か不都合があったときにスーパービジョンそのものについての話題を提案することに困難を感じることが多いからである。

スーパーバイザーは，スーパーバイジー側からのフィードバック（批判的な内容も含めて）を歓迎することを特に態度で示していく必要がある。個人スーパービジョンではともすれば上下関係の中で，スーパーバイザーとスーパーバイジーのパワーのアンバランスが顕著になりがちであるので，特に強調される点である。個人スーパービジョンは，外部からそこで何が起こっているかについてわからないことが多い。したがってスーパーバイザーは，常時自身がスーパーバイジーとどのような関係性にあるかについて気を配らなければならない。この二者関係の扱いについて，個人スーパービジョンのスーパーバイザーは訓練されるべきである。

(7) ワーカー自身の理解について

いわゆる自己覚知といわれる内容である。最も扱いが難しく，下手をするとスーパーバイジーの傷つき体験となる可能性が大きいので慎重な扱いを必要とする内容である。ほかの内容を扱う中で，スーパーバイジー自身が自己の傾向について，他者（スーパーバイザー）からの強制ではなく自ら気づいていくことが望ましい。しかし，いずれの場合にも，「気づき」には「痛み」を伴うことが多いと認識するべきである。スーパービジョン

自体は，スーパーバイジーの気づきを促すカウンセリングではなく，仕事に直接影響する範囲でスーパーバイジーの自己覚知を扱うことになる。無意識的な転移・逆転移への気づきだけではなく，さらに広く，自身の偏見や世間一般に常識とされているものの見方の偏りにも気づき，文化的多様性への理解を深める（坪上 1998：304-308）。

　事例や職場の状況について，スーパーバイジーがどのような情緒的反応を持っているかについて，スーパーバイザーは注意深く耳を傾け，理解しようとすることが第一歩になる。スーパーバイジー側の「気づき」が，たとえ自身の仕事上の失敗などの辛いことであっても，スーパーバイザーの支えがあって安心して探索でき，その結果，初めて有効な気づきとなる。スーパーバイザーがどのようにスーパーバイジーの気づきをサポートし促進させるかをスーパーバイジーは体験し，それがスーパーバイジーの態度の中に蓄積され，クライエント援助にも反映される。現在の日本のソーシャルワークにおいては，面接技術や心理面の理解についての訓練が十分とは言い難い。多くの研修において，スーパーバイジーの話を傾聴すること，その感情に気づき（特に言語の裏に隠れたものも含む），それに共感し言語化すること，用意のない相手の内面にみだりに侵入しないこと，などの対人援助の基本ができていない受講者（スーパーバイザー候補者）が多いことは，今後の課題となるだろう。

第4節 個人スーパービジョンの実践過程と使用される技能や方法

1 個人スーパービジョンのプロセス

　シュルマン（Shulman）の実践過程に沿って，個人スーパービジョンがどのような手順で行われるかについて説明を加える。図4-4-1（Shulman 1982：89）はシュルマンの図を参考に筆者が整理し直したものであるが，ソーシャルワークの実践現場における「その時，その場」のアドバイスとは異なる，スーパービジョンの計画性，意図性を表現している。

　シュルマンのプロセスに入る前に，そもそもスーパーバイザーになるときの準備が必要である。個々のスーパーバイジーの担当になる前に，初めてスーパーバイジーを担当する新人スーパーバイザーは，まず自身について振り返りを行うことが前提となる。これまでソーシャルワーカーとして，どのような教育や訓練を受けて来たか，自身が受けたスーパービジョンや，それに類する経験のうち，何が特にプラスであり，何がマイナスであったか，など，スーパーバイジー側であったときの思い起こしが必要である。スーパーバイジー側の経験が，自身がスーパービジョンを提供するときの基準となる。自身がよかったと思う経験では，自身のスーパーバイジーにも同じようにしたいと思い，自身が嫌だと思った経験では，自身のスーパーバイジーには避けたいと考えるのは，ごく自然なことであろう。しかしながら，自身とスーパーバイジーは異なる人間であることを考えれば，その選択が必ずしも正しいという根拠はない。したがって，あまりに偏った思い込みについては，留意しておいたほうがよい。また，学習のパターンも人それぞれに異なっているので，自身についてまず振り返っておくことが必要となる（Kadushin & Harkness 2014：137-138；Taibbi 2013：

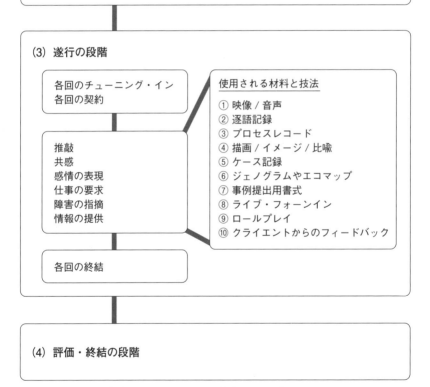

図 4-4-1　スーパービジョンのプロセス

〔Shulman, L.（1982）*Skills of Supervision and Staff Management*, F. E. Peacock Publishers, 89 より筆者が翻案した（Shulman の図は遂行の段階のみを対象とし，遂行の段階における技術の各要素を整理している．そのほかの部分は「使用される材料と技法」を含めて筆者が Shulman の本文の内容等をもとに追加したものである）〕

19-21)。スーパーバイザーに影響する要素としてブラウン（Brown）とボーン（Bourne）は，①家庭や学校での経験，②専門実践家としての経験，③スーパーバイジーとしての経験，④学生へのスーパーバーザーとしての経験，⑤仕事上の成長と学習スタイル，を挙げている（Brown & Bourne 1996：18-31）[注20]。

さらに，スーパーバイザーになることによる変化を自身がどのように受け止めているかを考えることも必要になる（表4-4-1，Munson 2002：494）。スーパービジョンを提供することは，クライエントへの援助を直接提供することとは，大きく異なる。クライエントへの支援はあくまでもスーパーバイジーを介して行うことが前提となることにより，自身がクライエントと直接出会う機会が減ることも多い。さらに，これまでの仲間との関係も変化するので職場における上下関係に居心地の悪さを感じることもあるだろう。中間管理職としての権限が広がる一方で，その責任は重くなる。これらのスーパーバイザーとしての立場を受け入れることなしには，スーパーバイザーとしての機能は果たせない。組織としては，新人スーパーバイザーがこれらの大きな変化に適応するためのサポートを与えなければならない。これらの準備が前提となって，初めて個々のスーパーバイジーを担当できるようになる。有能な実践家が必ずしもよいスーパーバイザーになるとは限らないし，スーパービジョンを受けた経験が多いからといって必ずしもよいスーパーバイザーになるとは限らないと，多くの文献が注意を促している（Taibbi 2013：161-175；Page & Wosket 1994：18-19；Munson 2002：39）。

（1）スーパービジョンの準備段階（チューニング・イン）

新たに担当するスーパーバイジーが決まると，スーパーバイザーはまずわかる範囲の情報で，スーパーバイジーについてアセスメントを行う。内

注20　ラングス（Langs）もスーパーバイザーになる動機には，無意識のさまざまなものがあり，これらには健康なものもあればそうでないものもありうると指摘している（Langs 1994：143-146）。

表 4-4-1　スーパーバイザーとしての自己アセスメント

1　他の人に教えることを楽しめる。	はい	いいえ
2　他の人が理解しないということについて忍耐強い。	はい	いいえ
3　直接的ではなく指示ができる。	はい	いいえ
4　他の人がより良く仕事をするように援助することに熱意が持てる。	はい	いいえ
5　他の人の不満を聞くことについて忍耐強い。	はい	いいえ
6　計画を前もって立てることを楽しめる。	はい	いいえ
7　自身の利用者への直接的関わりを減らしても構わない。	はい	いいえ
8　質問に答えることは楽しい。	はい	いいえ
9　質問が気楽にできる。	はい	いいえ
10　感情的にならないで組織の問題を話し合うことができる。	はい	いいえ
11　他の人が間違いを犯すのを我慢することができる。	はい	いいえ
12　批判を受け入れることができる。	はい	いいえ
13　自分がしたアドバイスを他の人が受け入れないことも許容できる。	はい	いいえ
14　決断することが苦ではない。	はい	いいえ
15　理論上の討議をすることが好きである	はい	いいえ
16　自分が下した決定に支持を必要とする。	いいえ	はい
17　他の人の実践を評価することは嫌いだ。	いいえ	はい
18　一人で仕事をするのを好む。	いいえ	はい
19　ペーパーワークはフラストレーションのもとだ。	いいえ	はい
20　思索よりも行動を好む。	いいえ	はい

（左側に◎がつく方がスーパーバイザーとしての肯定的な評価）

〔Munson, C. E.（2002）*Handbook of Clinical Social Work Supervision*, 3rd ed., Routledge, 494 より筆者翻訳〕

容としては,客観的な情報だけではなく,スーパーバイジーや自身の感情のレベルにも焦点を当てる。

具体的には,先に述べた自身のこれまでの経験と,自分が担当となったスーパーバイジーとの間で起こるであろう情緒的なやりとりに思いをめぐらせる(スーパーバイジーはスーパービジョンをどのように受け取るだろうか,自分自身はスーパーバイジーにどのような感情を持っているだろうか,持つだろうか,等々)。契約の段階はどのように進めるか,このスーパーバイジーとの出会いでは何に留意するべきか,などである。一昔前であれば,スーパーバイザーとスーパーバイジーの関係は,スーパーバイザー側が,年長/男性/労働経験が長い/同職場・同職種の経験年数が長い/などが多かったが,現在では,スーパーバイジーのほうが年長/男性/他業種での職業経験が長い/同法人内の移動などにより同職場・同職種において経験年数が長い,なども多くあり,スーパーバイザーとスーパーバイジーの関係は多様化している。さらに,基礎資格も同種であるか,資格保持年数はどちらが長いかなどで複雑化している。スーパーバイザー側がこれらの要素について注意深くあることが求められる。

その他物理的な面についての準備も必須である。スーパービジョンの時間/場所の確保,スーパービジョンに関わる書類の準備などである。スーパービジョンの時間/場所が確保されなければ,スーパービジョンは「時間がある時/ゆとりがある時」となってしまい,そのような現実はソーシャルワークの実践現場ではほとんどないため,スーパービジョンそのものがうやむやになりほとんど実行されなくなる。また,スーパービジョン関係の書類の準備には,スーパービジョン契約の内容(**表 4-4-2**, Knapman & Morrison 1998:37-40),スーパービジョン面接の毎回の記録,スーパービジョン評価などのための書式類と,それらの保管場所などが含まれる。スーパーバイジーがスーパービジョンを受けるための準備に活用される書式なども用意する。

(2) 契約段階

この段階の目的は,スーパーバイザーとスーパーバイジーがスーパービ

表4-4-2　スーパービジョン契約書（例）

スーパーバイザー氏名：_____　スーパーバイジー氏名：_____　作成日：_____

1. スーパービジョンについて
 スーパーバイジーは少なくとも1年に○○回はスーパービジョンを受けなければならない。
 そのスーパービジョンの役割は以下のとおりである。
 （ア）スーパーバイジーが当組織の基準にみあった利用者サービスを提供することを保障する。
 （イ）スーパーバイジーが自身の役割と責任を理解することを援助する。
 （ウ）スーパーバイジーの専門家としての成長を支持する。
 （エ）スーパーバイジーが困難な仕事を行うときの主たるサポート源となる。
 （オ）スーパーバイジーに日常的に建設的なフィードバックを与え，年度評価とそれらを関連づける。
2. スーパービジョンの構造
 ① 頻度
 ② 時間／回
 ③ 場所
 ④ 記録者
 ⑤ 記録保管者
 ⑥ 記録の使用目的
 ⑦ 記録閲覧者
3. スーパービジョンの内容
 ① スーパーバイジーが扱いたい事柄
 ② 前回のスーパービジョンから導きだされたこと
 ③ 話し合い，記録，観察をとおしての仕事の振り返り
 ④ スーパーバイジーが行った業務の肯定的／否定的フィードバック
 ⑤ 今後の行動計画の確認
 ⑥ スーパーバイジーの技術，知識，価値基盤の育成に関する討論
 ⑦ スーパーバイジーの成長ニーズの認定と専門家としての目標の設定
 ⑧ 仕事や経験の思い起こし
 ⑨ スーパービジョンで経験したことやスーパービジョンから期待することについて
   フィードバックする機会
4. スーパービジョン面接の中断について
5. スーパービジョンに対する期待
 ① スーパーバイザーとしてスーパーバイジーに期待すること
 ② スーパーバイジーとして貢献できること
 ③ スーパーバイジーとしてスーパーバイザーに期待すること
 ④ スーパーバイザーとして貢献できること
 ⑤ スーパーバイザーとして責任をもつこと
 ⑥ スーパーバイジーとして責任をもつこと

スーパーバイジー署名：_____　スーパーバイザー署名：_____　見直し予定日：_____

〔Knapman and Morrison（1998）*Making the Most of Supervision in Health and Social Care：A Self-development Manual for Supervisees,* Pavilion, 37-40 より筆者翻訳一部再構成〕

ジョンについて共通認識を持ち，スーパービジョンを継続していくのに必要なよい関係を築くことにある。スーパーバイザーはスーパーバイジーに対し，スーパービジョンの目的とスーパーバイザーの役割について，まず伝えなければならない。さらに，スーパービジョンがどのような方法で行われるか，スーパーバイザーの責任や権限は何か，スーパーバイジーの責任は何かを説明する。新人研修や職場研修でもスーパービジョンについての知識を伝えることは可能であるが，それに加えて個別にスーパーバイジーのスーパービジョンについての理解を確認し，具体的にスーパービジョンに臨むときにどのような用意が必要かを伝えておく必要がある。

　また，一方的にそれらを伝えるのではなく，これらの説明にスーパーバイジーがどのような理解をしたか，どのような感想を持ったか，どのような意見や希望があるかなどについて，フィードバックを求める。まだ職業経験のないスーパーバイジーの場合には，組織としてスーパーバイジーに求める業務水準について明確に伝えることが必要だが，多少なりとも経験のあるスーパーバイジーについては，本人自身が感じている業務上の目標を契約に反映させる。

　ここで話し合われたことについては契約書として書面化し，スーパーバイザー，スーパーバイジー，組織の長，それぞれが保管することが望ましい。スーパービジョンを後に評価するときの根拠となる。

(3) 実施段階

　契約の内容を前提にしたうえで，スーパービジョン面接を行う。回ごとにスーパーバイザーは準備（チューニング・イン）を行ったうえで，スーパービジョンに臨む。スーパーバイザーが考慮すべき事項を挙げると，①スーパービジョンで扱う事例の選択（スーパーバイザーが選択する場合もスーパーバイジーが選択する場合もある），②提出されるべき／提出された材料・書式，③スーパーバイジーの活動に関して知っていること，④スーパーバイジーの知識レベル，⑤教育上の診断，⑥スーパービジョンで使用する材料，⑦スーパーバイジーの学習上のニーズ，などがあり，事例にどのように対応するかという面と，スーパーバイジーを育てるという面

の双方に焦点を当てていく（Kadushin & Harkness 2014：104-105）。

　実際にスーパービジョン面接が始まると，すぐにこの回には何を行うかについて話し合い，お互いに焦点を了解してから内容に入る。これが各回の契約にあたる。内容としては第3節に述べたように多彩であるが，状況の探索，言語化，感情への共感，仕事への要求，などを行っていく。

　事例が中心となることが多いが，その中でスーパービジョンの3機能が発揮されていく。ケース会議などと異なるのは，必ずしもいつも事例に関する結論を出す必要がないことである。教育的機能を発揮するためには，スーパーバイジー自身が，考え，試行し，それらを振り返り，言語化する取り組みを行うことが必要である。それらの促進役としてのスーパーバイザーの存在がある[注21]。

　回を重ねるうちに，スーパーバイザーとスーパーバイジーの関係の深まりがみられる。スーパーバイザーはスーパーバイジーとの対話で，さまざまな角度からの質問をし，スーパーバイジーと共に，スーパーバイジーの体験に，何らかの秩序／意味／原理を見出していく（Kadushin & Harkness 2014：106）。

　始めの段階では，両者の不安を反映して，表面的な良好な関係が現出することが多い。しかし，この段階は長く続かないのが一般的で，さまざまな障害が起こってくる。これはスーパーバイザーとスーパーバイジーの二者関係における自然な情緒的やりとりが深まったことの現れでもある。また，スーパーバイジーが自身の独自性を維持したり，スーパーバイザーから独立したいという気持ちの表れかもしれない。情緒的交流のうちマイナスに作用するものを「抵抗」と呼ぶこともあるが，これは必然的であったり，プラスの意味も持つ動きとして理解するべきものである（Shulman 1982：90）。スーパーバイザーがどのようにそれを扱うかがモデルとなり，スーパーバイジーにとって直接的な体験学習となる。知識の伝達ではなく，こうした態度の伝達は，スーパーバイザーへの情緒的な同一化を通

注21　実践現場での体験的学びについては，コルブ（Kolb）の学習サイクルが多くの文献に紹介されている（Morrison 1993：46；Kadushin & Harkness 2014：137 ほか）。

して，より効果的に学ばれるといわれている（Kadushin & Harkness 2014：107）。シュルマンは使用される技術として，①推敲する技術，②共感する技術，③自身の感情を共有する技術，④課題に取り組ませる技術，⑤障害を指摘する技術，⑥情報を共有する技術，を挙げている（Shulman 1982：89）。

同時にスーパーバイザーは，スーパービジョンへの関わり方をスーパーバイジーが理解し，より積極的に参加し，スーパーバイザー主導のスーパービジョンから協働作業としてのスーパービジョンに移行するようにスーパーバイジーを援助する。スーパーバイジーが上手にスーパービジョンを活用できるようになるために必要なこととして，スーパービジョンについての知識・理解のほかに，自らの言語化能力や，感情への気づき，オープンさの獲得などがある。

1回のスーパービジョンに要する時間やその頻度は，職場の状況によって異なる。クライエントへのサービス内容が，スーパーバイジーの意識・無意識の情緒的な関わりを基本にする密度が濃い現場ほど，その時間や頻度は長く設定されている。例えば，デ・ハーン（de Haan）は，個人スーパービジョンの1セッションを100分とし，①始めの10分でその回の内容を決め，かつ，支持的な関係を作る，②次の60分間は現在の事例について話し合う，③続く20分間はこの回の話し合いをより広い視野や文脈でとらえる，④最後の10分間は全体のまとめや実践的，日常的な課題について話し合う，とまとめている（de Haan 2012：100）。

各回の最後には，その回のまとめを行う。特にスーパーバイジーが何を得たかについて言語化していくことを促し，スーパービジョンの記録を残す。

(4) 評価・終結段階

契約に基づいて，評価し，終結する。職場内部のスーパービジョンを想定すれば，上司/部下の関係が続く限り，スーパービジョンは続くともいえるが，とりあえず1年ごとに契約を作成し，その年度の終わりにはそれを評価し見直すことが適切であろう。契約の中に，評価や終結の時期，

目標を記載しておく必要があるのは，それが評価の基準となるからである。評価のあり方として，中間時点で一度はフィードバックされたものであること（改善のための努力期間が保証されるべき），スーパービジョン面接の中で扱われたことがありスーパーバイジーも納得のいくものであること，スーパーバイジーもその評価プロセスに参加できるものであること，最終的なスーパーバイザーによる評価にスーパーバイジーが異論を唱えるプロセスが保証されていること（Shulman 1982：295-298；Kadushin & Harkness 2014：249 など），この評価がどのようなところで使用されるかなどが両者に理解されていること，が挙げられる。この評価で課題とされた点は次期の目標となる。さらに，スーパービジョンそのものの評価（Morrioson 1993：119-122；Howe & Gray 2013：133-137；Kadushin & Harkness 2014：267-269）も行われる。

2 個人スーパービジョンにおいて使用される材料と技法

(1) 映像 / 音声

　スーパーバイジーとクライエントのやりとりの実際やその雰囲気，表情等を直接そのまま伝える媒体を使用する。スーパーバイザーは実際の援助場面をみていないことが多いので，この方法は正確に何があったかを伝え，イメージを得るにはよい方法となる。また，クライエントとスーパーバイジー間の言語・非言語のコミュニケーションを細かく分析するために必要な情報をもたらす。しかしながら，時間がかかる（そのとおりに再生すると，最低でも援助にかかった時間と同じ時間は必要となる）ので，特にスーパーバイジーが困ってしまった瞬間や特徴がよく現れた場面のみを再生することが多い。

(2) 逐語記録

スーパーバイジーが記憶に頼るか、(1) の媒体からテープ起こしをし、できる限りその場のやりとりを正確に記録したものを使う。1回のセッションのすべてを逐語記録におこすのは大変な時間を要するので、スーパーバイジーの担当するケースのどれかを選び、その中でもスーパーバイジーが困難を感じた部分のみとすることが多い。(1) と同じくスーパーバイジーとクライエントのやりとりの実際やその雰囲気、表情等をそのままに近い形で伝えることができる。スーパーバイザーは実際の援助場面をみていないことが多いので、そのイメージを得るにはよい方法となる。また、クライエントとスーパーバイジー間の言語・非言語のコミュニケーション/情緒的やりとりを細かく分析するために必要な情報をもたらす。

(3) プロセスレコード

逐語記録をそのまま利用するものと、逐語記録をある程度整理したものを利用する場合があるが、それを分析的に分類する。シュナイダー

表4-4-3　プロセスレコード（例）

会話と非言語的コミュニケーション	スーパーバイジーの心の中の感情・反応	使用した方針・技術	スーパーバイザーのコメント
Cl ①「○○○、○○。」			
Wr ②「○○○、○○。」			
Cl ③「………」無言			
Wr ④「○○○、○○。」			
Cl ⑤「○○○、○○。」笑いながら			
Wr ⑥「○○○、○○。」			

Cl：クライエント、Wr：ソーシャルワーカー
〔Schneider, D. A., Rodriguez-Keyes, E. and Keenan, E. K.(2014) Seeing through the eyes of the other using process recordings, Bean, R. A., Davis, S. D. and Davey, M.P. eds. *Clinical Supervision Activities for Increasing Competence and Self-Awareness*, Wiley, 22 を参考に筆者作成〕

（Schneider）らは，スーパーバイジーのコンピテンシーと自己覚知を促進する方法の一つとしてプロセスレコードのアウトラインを紹介している（**表4-4-3**）(Schneider, Rodriguez-Keyes & Keenan 2014：22)。コロンビア大学（U.S.A.）では，実習生にプロセスレコードの提出を義務づけ，そのフォーマットをインターネットで紹介している。

(4) 描画・イメージ・比喩

言葉のやりとりではなく，非言語的なメッセージを明確化する / 情緒面に焦点を合わせる / スーパーバイジーの感情を表出させる，などの必要があるときに利用できる。特に自身の感情を言語化しにくいときには有効である。クライエントとの関係の中で，スーパーバイジーは自身をどのように感じているだろうか / クライエントや関係者の印象はどうかなどを，とりあえず色，線，形で表す / 頭に浮かんでくる単語で表す，など，言語化への準備として利用できる（Sherman & Fredman 1986：13-20）。

(5) ケース記録（アセスメント，個別支援計画，定期要約，終結記録，など）

業務上必要な書類を使用する方法もある。スーパーバイジーが事例について学ぶだけでなく，職場の業務に必要とされる書類の記述方法についても，スーパービジョンで学ぶことができる。

(6) ジェノグラムやエコマップ

状況の整理と理解に使用する。図で関係を表すことで，個々の要素のつながりの意味を検討することが可能となる（Sherman & Fredman 1986：105-109）。システム論やエコロジカルな視点で考えるとはどういうことかを直接教えることを可能にする。グループ・スーパービジョンとは異なり，参加者はスーパーバイザーとスーパーバイジーの2人となるので，関係性を検討する技法にはかなり制限があるが，例えばコインマッピングは，手軽に使用できる技法であろう（福山2005：152-155）。

(7) 事例提出用書式

その他，事例提出のための書式を各現場の状況やスーパービジョンにおける必要性に沿って用意する。

特に，スーパーバイジーが何に困っているか，クライエントにどのような感情を持っているか，などスーパービジョンに求めるものを言語化しておくことを促す項目があるとよい。スーパービジョンの実施状況によって工夫する必要がある[注22]。

(8) ライブ・フォーンイン

スーパーバイジーが面接を行っているところに，面接室の外部からスーパーバイザーが指導のための電話をかける。そのとき，その場のやりとりでクライエントへのサービスが提供される。クライエントへの面接への侵入となるので，そのタイミングが邪魔にならないような注意が必要である (Edwards 2013：19)。この設備は，家族療法を行うところにはある場合が多いが，そのほかのところには整備されていないことが多い。

(9) スーパーバイジーの自己評価の使用

スーパーバイジーが自身の専門家としての成長ニーズに気づき，学習動機を高め，さらにスーパーバイザーとそれを共有することによって，スーパービジョンの効果を向上させる。マンソンは，自己評価表（Educational Assessment Scale）として，①これまでの経験，②倫理的気づき，③理論についての知識，④アセスメントと診断能力，⑤介入技術，⑥記録，⑦過去のスーパービジョン経験，⑧自身の長所と課題，⑨援助における視点，

注22 例として，FKスーパービジョンアセスメントシート（福山2000）などがある。どのようなスーパービジョンが行われるかにより，簡易なものから，事例概要，経過，詳細な逐語記録を求めるものまでさまざまだが，書式があると，スーパーバイジーがある程度何をスーパービジョンで検討したいかについて整理できる，スーパービジョンの数日前に提出されていると，スーパーバイザーもスーパーバイジーも準備したうえでスーパービジョンに臨むことができるなどのメリットがある。

⑩目標という項目を挙げ，②から⑥までは，はい / いいえ，あるいは，数値で評価するフォーマットを紹介している（Munson 2002：498-502）。

（10）ロールプレイ

　個人スーパービジョンでは，スーパーバイザーとスーパーバイジーのみであるので，ロールプレイの中の役割の選択肢が少ないが，それでも面接技術の練習や，クライエントの側になって援助介入の状況を考えてみるためには有効な方法である。

（11）クライエントからのフィードバックの使用

　クライエントから評価表に従ってフィードバックをもらい，それを使用しながらスーパービジョンを行う（Esmiol & Partridge 2014：41-47）。実際に行っている援助がクライエントからはどのように感じられているか，スーパーバイザーと検討しながらスーパーバイジーが自己の振り返りに役立てる。

第5節 個人スーパービジョンにおける倫理上の課題

1 パワーと密室性

　個人スーパービジョンにおいては，特に職場の上下関係の中で行われるスーパービジョンでは，そのパワーのバランスがどうしてもスーパーバイザー側に偏ってしまうということは，多くの文献に指摘されている（Frawley-O'Dea & Sarnat 2001：74-84；Dunnett, et al. 2013：88-92；Howe & Gray 2013：9ほか）。特に，個人スーパービジョンでは一対一の面接場面が中心となるため，第三者の目が入りにくく，実際にはどのようなことがスーパービジョン場面で起こったのかを確認することも困難である。このことから，とりわけパワーハラスメント，セクシャルハラスメントについての留意が必要とされる（Munson 2002：314-315）。

　職場の上司が自動的にスーパーバイザーになる，組織内スーパービジョンの場合，スーパーバイジー側からすると，上司＝スーパーバイザーを選べることはほとんどない。スーパーバイザーとの関係が不調の場合には，職場を辞めざるを得なくなることに発展する可能性がある。この権力関係のアンバランスを是正し，スーパーバイザーとスーパーバイジー両者を守るためには，スーパービジョンの契約や評価を含めて毎回のスーパービジョン記録を完備し，スーパーバイジーとスーパーバイザー関係が不調の場合の対処の方法を組織として整えておく必要がある。さらに，組織全体，スーパーバイザー，スーパーバイジーそれぞれが，スーパービジョンとは何かを，その限界と共に理解しておくことが求められる。

　では，職場の上下関係以外で，個人的に依頼される個人スーパービジョンに問題が少ないかというと，むしろこちらのほうがより密室性が高く，

誰の目にもふれない可能性が高い。スーパーバイザー個人の倫理性に期待するだけではなく，特に個人開業を制度化した場合には，スーパービジョンの実践を第三者の目を通して客観視する機会をスーパーバイザー自身が用意することを義務づける等の規定が必要となろう。そのために，職場内部であればスーパーバイザーに対するメンターシップ，職場外部であればスーパービジョン事例を検討するためのピア・グループなどを構造的に用意することが望まれる。

2 境界

　個人スーパービジョンにおいて，特にスーパーバイザーが意識するべきことの一つに境界の問題がある。スーパービジョンのモデルによってそれをどう扱うかは異なるが，当然のことながらスーパーバイザーとスーパーバイジーの間には情緒的交流が起こる。スーパーバイザーとスーパーバイジーの適切な距離を保つことが必要となる。

　スーパーバイザーとスーパーバイジーの適切な距離を保つのは，スーパーバイザーの責任である。距離が遠すぎれば，クライエントとスーパーバイジー，スーパーバイジーとスーパーバイザー，それぞれの間の転移・逆転移，さらに併行関係がみえて来ないために，それらを取り扱うことは困難となる。一方近すぎると，クライエントとスーパーバイジーの関係にスーパーバイザーまでもが巻き込まれてしまう。しかも，スーパーバイジーのニーズ（依存や強者との同一化など）とスーパーバイザーのニーズ（依存されたい，強者でいたいなど）が一致したまま不健全な関係性に停滞し，それがスーパーバイジーからクライエントに伝わってしまう。このことがどちらの側からも盲点となり，スーパーバイジーの自己覚知にもつながらない。ハウら（Howe & Gray 2013：85-89）は，スーパービジョン関係で起こりうる成長につながらない関係性を「スーパービジョンゲーム」として紹介している（**図4-5-1**）。

表 4-5-1　スーパービジョンゲーム

スーパーバイザーのゲーム

放棄のゲーム⇒責任の回避	力のゲーム⇒スーパーバイジーをコントロール
①彼らのせい(私はあなたに賛成したいけど,上司が許さないので) ②かわいそうな私(私の欠点について同情し,支持し守ってほしい) ③私はチームの一員に過ぎない(私は組織よりもあなた達の仲間) ④あなたの専門家としての意見は？(あなたの考えでやりなさい：私は自分の意見を教えないし指示もしない) ⑤そんなことを言ったのは何で？(あなたの心理的抵抗かもしれない：意見の相違に向き合わずにスーパーバイジーの問題にすりかえる)	①誰がボス？(決めるのは私：スーパーバイザーが決定について地位的権威を使用する) ②上司への報告(この件は上司に報告しなければならない：スーパーバイザーが上司に報告するといってスーパーバイジーを脅す) ③親が一番よくわかっている(あなたにとって必要なことがわかっているのは私：スーパーバイジーを守っているかのように見えるが,スーパーバイザーが支配している) ④助けになろうとしているだけ(私が助けてあげる：スーパーバイジーを救うことによって支配し,スーパーバイジーの能力を害している)

スーパーバイジーのゲーム

①二対組織(私たちは同士：スーパーバイジーが組織の要求を無視しようとスーパーバイザーを誘惑し,連合する) ②相互賞賛の世界(私たちはすばらしい：スーパーバイザーの権威を下げるために,スーパーバイジーが支持的／同情的な関係をつくる) ③犠牲者(世話して,攻撃しないで：スーパーバイジーが援助を必要とする犠牲者の立場をとり助けを求める) ④評価は友人がすることではない(友達同士でしょ：スーパーバイザーの権威を下げるために個人的な友人関係を築く) ⑤こちらが優位(あなたも私ほどこのことを知っていれば：スーパーバイジーが自身の知識や経験によってスーパーバイザーを支配しようとする) ⑥こちらの話題(ところで…：スーパーバイジーが話題を支配したり,その方向を逸れさせようとする) ⑦先まわりしてじゃまをする(失敗を告白するから許して：スーパーバイザーから指摘される前に自分から失敗や間違いを告白する) ⑧だめな私(私は何もわからないので許して：無知と理解力の限界を自ら述べることでスーパーバイザーに責任を押しつける) ⑨御意(あなたの言う通りにした：決定責任を放棄してスーパーバイザーのせいにする) ⑩混乱(ああでもない、こうでもない。どうにかして：スーパーバイジーが多くの対立する意見や視点を持ち出して,スーパーバイザーにそれらの調停をさせる)

〔Howe, K. and Gray, I.（2013）*Effective Supervision in Social Work*, Sage Publications, 85-89 より筆者翻訳・翻案〕

ソーシャルワークでは無意識の力動についての知識はある程度必要とされつつ，同時にそれを直接は扱わないとされている。したがって，その扱いについての訓練は行っていない[注23]。ジェネラリスト・ソーシャルワーク，ケースマネジメント，社会資源との調整，などが強調されるようになり，とりわけこの領域についての知識と技術は手薄である。あまりに無頓着に境界侵犯を行っている例，スーパーバイザー側のニーズが無自覚に表現されスーパーバイジーがそれに巻き込まれている例，見よう見まねで二者関係を扱おうとして失敗している例などが散見される。スーパーバイジーとの関係が良好にみえる間は問題として浮上しないが，その関係が何らかのきっかけで難しくなった場合には，スーパーバイザーの責任が問われる事態になる。

　クライエントとの適切な距離については，倫理規定などの厳格な規定があるが，スーパービジョン関係では，その関係はより複雑である。スーパーバイザーとスーパーバイジー関係は，同僚や同じ専門職の仲間という側面もあるからである。研究会や，親睦をかねた地域での集まりなどで同席する場合も多く，共通する友人もいるかもしれない。したがって一律の規定を定めることすら難しく，だからこそスーパーバイザー側の判断が重要となる（Frawley-O'Dea & Sarnat 2001：80-84）。

3　守秘義務

　スーパービジョンにおける守秘義務は，かなり複雑である。クライエントの個人情報，スーパーバイジーの個人情報，スーパーバイジーが関係し

注23　アメリカのクリニカルソーシャルワーカーはある程度の訓練を受ける（大学院レベル）。しかし，日本ではクリニカルソーシャルワークの分野は限られており，精神力動的な理解の伝統もない。さらに，現在はソーシャルワークの機能のうち，社会資源の調整部分が強調されており，対人的な援助場面において必要とされる知識・技術は十分に訓練されていないと考える。

ている組織や人々の個別・個人情報などが守秘義務の対象となりうる。一方、スーパービジョンにおける守秘義務は、クライエントに対する守秘義務と比較するとかなり制限される[注24]。スーパービジョンにおいて究極の目標は、クライエントの利益であり、スーパーバイジーのそれではないからである。例えば、スーパーバイジーが専門職の倫理に違反している場合には、スーパーバイザーはそれを放置することができない。特に職場内部のスーパービジョンでは、スーパーバイザーはスーパーバイジーの職務上の行為に責任を持つ立場であり、必要があれば自分の上司に報告する。さらに、スーパーバイジーの評価、人事評価、昇進などに関わることが多い。スーパービジョンがカウンセリングとは異なること／スーパーバイザーはスーパーバイジーのカウンセリングを行わないこととする根拠の一つはここにある。

　職場外部のスーパービジョンにおいても原則は同じだが、契約時の確認が必要とされる。ソーシャルワークの何らかの組織から依頼を受けたスーパーバイザーは、どの程度の報告が必要とされるかについて、雇用者と擦り合わせをしておく。そして、スーパーバイジーもその内容を知らされておく必要がある。

　スーパーバイジーがスーパービジョンについて正しい認識を持ち、守秘義務の限界を知らされ理解していることが、スーパービジョン実施のうえでの公正さである。

注24　スーパービジョンにおける守秘義務については文献によりその守るべき厳密性が異なっている。ラングス（Langs, 1994：99-110）はいくつかの例外はあるものの厳格に守秘義務を守るべきであるとしている。ホーキンス（Hawkins）とショヘット（Shohet）は、スーパービジョンで話し合われる内容のすべてについて守秘義務があるとすることも、すべてが守秘義務に当てはまらないとすることも誤りであり、どのような情報が守秘義務の範囲外であるかをあらかじめスーパーバイジーと共有することが大切であるとしている（Hawkins & Shohet 1989：46）。ペイジとWosketもスーパービジョンにおける守秘義務について、その限界にふれている（Page & Wosket 1994：157）。

4 スーパービジョンの質の維持・向上のシステム

　スーパーバイザーの研修システムや，その資格を維持する規定により，スーパーバイザーの質を保証するシステムが必要となる。前述したように，スーパービジョンにおける最大の問題点はそのパワーのアンバランスである。また，どのように有能なスーパーバイザーも，特に個人スーパービジョンにおいては，その状況理解の視点は，その一人のものであり，そこには必ず偏りがある。グループ・スーパービジョン，職場外部と内部のスーパービジョン，ピアによるスーパービジョンなど複数の型を，スーパーバイジーが併行して受ける可能性が一般的になるまでは，スーパーバイザー自らの振り返りがないことには，危険がつきまとう。

　モリソン（Morrison）はスーパーバイザー自身が以下の内容について自己評価することを勧めている（Morrison 1993：120-121）。また，新たにスーパーバイザーの役割を果たすことになったワーカーへのメンターシップ[注25]を提案している文献もある（Page & Wosket 1994：26；Howe & Gray 2013：125）。
　①スーパービジョンに関する知識について
　②スーパービジョンのマネジメントに関する技術について
　③スーパービジョンの介入技術について
　④スーパービジョンの質に対する取り組みについて
　⑤自身の成長への取り組みについて

注25　メンターシップは，「専門家としての成長段階が異なる二者による，対人的な援助関係」であると定義されている（Jones & Sundet ed. 2007：135）。メンターシップを制度として導入しているところもあるが，日常的には広義にとらえ，専門家としての先輩や師として支えになった／なる人々を意味していることもある。

第5節　個人スーパービジョンにおける倫理上の課題

5 エビデンスベースド・プラクティス

　スーパービジョンの質の向上には，その効果を含めた評価が必要となる。児童保護分野におけるスーパービジョンについて，ジョーンズとサンデットらは，特にソーシャルワークにおけるエビデンスベースド・プラクティスを目指して行ったリサーチを紹介すると同時に，リサーチ自体の今後の課題についてもふれている（Jones & Sundet ed. 2007）。ここに紹介されている経年的なリサーチ（Steppe & Jones 2007：133-143）や，360度評価（Kelly & Sundet 2007：145-161）は今後の課題といえよう。

　ボーゴとマックナイトは，クリニカル・ソーシャルワークのスーパービジョンについて，1994年から10年間のアメリカにおける査読つきの論文を探索し2005年の時点で，現場のワーカーがスーパービジョンの重要性について多くを語っているにもかかわらず，実証的な論文が少ない／近年減少していると指摘した（Bogo & McKnight 2005：49-67）。論文数が低下している背景として，70年代には理論的な基礎を提供する研究が多くあったが，その後の組織文化や政治的要請における変化の影響で，スーパービジョンの性質やスーパーバイザーの満足度が変化し，スーパービジョンについての研究への興味が薄れているからだろうと推測している。検索した論文は，対象が単一分野であったりサンプル数が少ないなど（Bogo & McKnight 2005：61-62）のため，その結論を一般化するには困難で，スーパービジョンの向上に役立つ理論を生成するにはいたっていないことが指摘されている。今後は標準化されたスケールを使用した，スーパービジョンの目的であるクライエントへの効果をはかるべきだと述べている（Bogo & McKnight 2005：63）。

　一方，学生の実習に対するスーパービジョンについては，量的調査も含

注26　医師の養成課程で導入されている「客観的臨床技能試験」のこと。臨床実習前に学生に課される。臨床心理士の養成課程への導入例を坂野が報告している（坂野 2011：179-188）。

めいくつかの詳細な研究があると報告されている（Bogo 2005：185）。学生の能力を具体的に把握するためのコンピテンシー項目やOSCE（Objective Structured Clinical Examination）[注26]の開発などの努力があり，これらの項目やさまざまな標準化されたスケールを使用すると，今後はどのようなスーパービジョンが効果的であるかについて，多くの調査が進むと思われる。

　中でも，個人スーパービジョンの効果については，密室での面接が中心で，かつ，非常に個別性があり，その測定は難しい。しかし，その努力が行われてこなかったというわけではない。ライブでスーパービジョン面接を録画し，ほかのスーパーバイザーがそれを評価する方法，スーパーバイジーとスーパーバイザーによる相互評価などの工夫が行われており，これらを継続し，より洗練された調査としていくべきだろう。

（塩村 公子）

引用文献

Baker, R.L.（1999）*The Social Work Dictionary*, 4th ed., NASW Press.

Bogo, M.（2005）Field instruction in social work：a review of the research literature, Shulman, L. and Safer, A. eds. *Supervision in Counseling：Interdisciplinary Issues and Research*, Routledge, 163-193.

Bogo, M. and McKnight, K.（2005）Clinical supervision in social work：a review of the research literature, Shulman, L. and Safer, A. eds. *Supervision in Counseling：Interdisciplinary Issues and Research*, Routledge, 49-67.

Brown, A. and Bourne, I.（1996）*The Social Work Supervisor：Supervision in Community, Day Care, and Residential Settings*, Open University Press.

Buirski, P. and Haglund, P.（2001）*Making Sense Together：The Intersubjective Approach to Psychotherapy*, Jason Aronson.（=2004，丸田俊彦監訳『間主観的アプローチ臨床入門：意味了解の共同作業』岩崎学術出版.）

Carr, J.（1995）A model of clinical supervision, Kugler, P. ed. *Jungian Perspectives on Clinical Supervision*, Daimon, 233-239.

Carroll, M.（1999）Training in the task of supervision, Holloway, E. and Carroll, M. eds., *Training Counselling Supervisors: Strategies, Methods and Techniques*, Sage, 44-66.

Corbett, L.（1995）Supervision and the mentor archetype, Kugler, P. ed. *Jungian Perspectives on Clinical Supervision*, Daimon, 59-77.

de Haan, E.（2012）*Supervision in Action：A Relational Approach to Coaching and Consulting Supervision*, Open University Press.

Dunnett, A., Jesper, C. and O'donnell, M., et al.（2013）*Getting the Most from Supervision：A Guide for Counsellors and Psychotherapists*, Palgrave Macmillan.

Edwards, J. K.（2013）*Strengths-Based Supervision in Clinical Practice*, Sage.

Esmoil, E. and Partridge, R.（2014）Enhancing self-awareness using feedback reflection, Bean, R. A., Davis S. D. and Davey, M. P. *Clinical Supervision Activities for Increasing Competence and Self-Awareness*, Wiley, 41-47.

Frawley-O'Dea, M. G. and Sarnat, J. E.（2001）*The Supervisory Relationship：A Contemporary Psychodynamic Approach*, The Guilford Press.

福山和女編著・監修（2000）『スーパービジョンとコンサルテーション：理論と実際』改訂版．FK 研究グループ．

福山和女編著（2005）『ソーシャルワークのスーパービジョン：人の理解の研究』ミネルヴァ書房．

Hawkins, P. and Shohet, R.（1989）*Supervision in the Helping Professions,* Open University Press.

Holloway, E.（1999）A framework for supervision training, Holloway, E. and Carroll, M. eds. *Training Counselling Supervisors：Strategies, Methods and Techniques*, Sage, 8-43.

Holloway, E. and Carroll, M. eds.（1999）*Training Counseling Supervisors*, Sage.

Howe, K. and Gray, I.（2013）*Effective Supervision in Social Work*, Sage Publications.

Jones, J. M.（2005）Clinical supervision in Nursing：What's it all about? Shulman, L. and Safyer, A. eds. *Supervision in Counseling：Interdisciplinary Issues and Research*, Routledge, 149-162.

Jones, J. L. and Sundet, P. ed.（2007）*Developing an Empirically Based Practice Initiative：A Case Study in CPS Supervision*, Haworth Press.

Kadushin, A. and Harkness, D.（2014）*Supervision in Social Work*, 5th ed., Columbia University Press.

Kelly, M. and Sundet, P.（2007）Using 360 degree evaluation to improve clinical skill development by first line child protective services supervisors, Jones, J. L. and Sundet, P. eds. *Developing an Empirically Based Practice Initiative：A Case Study in CPS Supervision*, Haworth Press, 145-161.

Knapman, J. and Morrison, T.（1998）*Making the Most of Supervision in Health and Social Care：A Self-development Manual for Supervisees*, Pavilion.

Langs, R.（1994）*Doing Supervision and Being Supervised*, Karnac Books.

Lee, R. E. and Everett, C. A.（2004）*The Integrative Family Therapy Supervisor：A Primer*. Taylor & Francis.（=2011．福山和女・石井千賀子監訳『家族療法のスーパーヴィジョン：統合的モデル』金剛出版．）

松木邦裕（1996）『対象関係論を学ぶ：クライン派精神分析入門』岩崎学術出版．

Morrison, T.（1993）*Staff Supervision in Social Care：An Action Learning Approach*, Pavilion.

Munson, C. E.（2002）*Handbook of Clinical Social Work Supervision*, 3rd ed., Routledge.

奈良県社会福祉協議会編（2000）『ワーカーを育てるスーパービジョン：よい援助関係をめざすワーカートレーニング』中央法規出版．

Page, S. and Wosket, V.（1994）*Supervising the Counsellor：A Cyclical Model,* Routledge.

Reid, H. and Westergaard, J.（2013）*Effective Supervision for Counsellors：An Introduction*, Sage.

坂野雄二（2011）『認知行動療法の基礎』金剛出版．

Schneider, D. A., Rodriguez-Keyes, E. and Keenan, E. K.（2014）Seeing through the eyes of the other using process recordings, Bean, R. A., Davis, S. D. and Davey, M.P. *Clinical Supervision Activities for Increasing Competence and Self-Awareness*, Wiley, 21-26.

Sherman, R. and Fredman, N.（1986）*Handbook of Structured Techniques in Marriage and Family Therapy*, Psychology Press.（=1990，岡堂哲雄，国谷誠朗，平木典子訳『家族療法技法ハンドブック』星和書店．）

塩村公子（2000）『ソーシャルワーク・スーパービジョンの諸相：重層的な理解』中央法規出版．

Shulman, L.（1982）*Skills of Supervision and Staff Management*, F. E. Peacock Publishers.
Steppe, S.C. and Jones, J. L.（2007）Longitudinal research design and the realities of changing practice environments：The difficulty in testing models for evidence based practice, Jones, J.L. and Sundet, P. eds. *Developing an Empirically Based Practice Initiative*：*A Case Study in CPS Supervision*, Haworth Press,133-143.
Taibbi, R.（2013）*Clinical Social Work Supervision*：*Practice and Process*, Pearson.
Thomas, F. N.（2013）*Solution-Focused Supervision*：*A Resource-Oriented Approach to Developing Clinical Expertise*, Springer.
坪上　宏・谷中輝雄・大野和男編，坪上　宏著（1998）『援助関係論を目指して：坪上宏の世界』（精神医学ソーシャルワーク叢書2）やどかり出版．
Wolf, E. S.（1988）*Treating the Self*：*Elements of Clinical Self Psychology*, The Guilford Press.（=2001，安村直己，角田豊訳『自己心理学入門：コフート理論の実践』金剛出版．）

参考文献

相澤譲治・津田耕一編（2000）『事例を通して学ぶスーパービジョン』相川書房．
Anderson, R. ed.（1991）*Clinical Lectures on Klein and Bion*, Routledge.（=1996，小此木啓吾監訳『クラインとビオンの臨床講義』岩崎学術出版．）
荒川義子（1991）『スーパービジョンの実際：現場におけるその展開のプロセス』川島書店．
浅野正嗣編（2011）『ソーシャルワーク・スーパービジョン実践入門：職場外スーパービジョンの取り組みから』みらい．
Atwood, G. and Stolorow, R.（1993）*Faces in a Cloud*：*Intersubjectivity in Personality Theory*, Jason Aronson.
The Boston Process Change Study Group（2010）*Change in Psychotherapy*：*A Unifying Paradigm*, W. W. Norton & Company.（=2011，丸田俊彦訳『解釈を超えて：サイコセラピーにおける治療的変化プロセス』岩崎学術出版．
Freud, S. and Strachey, J. eds.（1960）*The Ego and the Id*, W.W. Norton and Company（original work published 1923 by J. Riviere Trans）．
伊藤淑子（1996）『社会福祉発達史研究：米英日三カ国比較による検討』ドメス出版．
黒川昭登（1992）『スーパービジョンの理論と実際』岩崎学術出版．
丸田俊彦（1992）『コフート理論とその周辺：自己心理学をめぐって』岩崎学術出版．
丸田俊彦（1994）『理論により技法はどう変わるか：自己心理学的治療の実際』岩崎学術出版．
丸田俊彦（2002）『間主観的感性：現代精神分析の最先端』岩崎学術出版．
丸田俊彦・森さち子（2006）『間主観性の軌跡：治療プロセス理論と症例のアーティキュレーション』岩崎学術出版．
Murdoch, E. and Arnold, J. eds.（2013）*Full Spectrum Supervision*："*Who You Are*，*Is How You Supervise*", Panoma Press.
Orange, D. M., Stolorow, R. D. and Atwood, G.E.（1997）*Working Intersubjectively*：*Contextualism in Psychoanalytic Practice*, Analytic Press.（=1999，丸田俊彦訳『間主観的な治療の進め方：サイコセラピーとコンテクスト理論』岩崎学術出版．）
Rogers, C. R.（1951）*Client-Centered Therapy*, Constable & Robinson.
Stolorow, R. D., Brandchaft, B. and Atwood, G. E.（1987）*Psychoanalytic Treatment*：*an intersubjective approach*, Analytic Press.（=1995，丸田俊彦訳『間主観的アプローチ：コフートの自己心理学を超えて』岩崎学術出版．）
鑪幹八郎・滝口俊子編著（2001）『スーパービジョンを考える』誠信書房．
対馬節子（2000）「社会福祉実践におけるスーパービジョン」『現代のエスプリ』395, 73-82．

植田寿之（2005）『対人援助のスーパービジョン：よりよい援助関係を築くために』中央法規出版.
植田寿之（2007）「スーパービジョンとコンサルテーション」仲村優一・一番ケ瀬康子・右田紀久恵監，『エンサイクルペデイア社会福祉学』，中央法規出版，650-653.
牛島定信（1996）『対象関係論的精神療法』金剛出版.
Vass, A. A. ed.（1996）*Social Work Competences*：*Core Knowledge, Values and Skills*, Sage Publications.

第5章

グループ・スーパービジョンの方法

 グループ・スーパービジョンの歴史的発展と意義

1 アメリカでの歴史的発展と意義

　アメリカでのソーシャルワーク実践，とりわけケースワークの変遷そのものにスーパービジョンの歴史的発展を見出すことができる。ケースワークの変遷には，その時代の社会的背景や文化，価値観，あるいは精神医学や心理学，社会学などの諸科学から大きな影響を受けてきた。ケースワークにおけるスーパービジョンの歴史的発展については前章にて述べられていることから，ここではグループ・スーパービジョンに関連する動向に限定して紹介する。

　ところで，グループ・スーパービジョンがいつ頃，どこで，誰によって始められたのかについては明らかではない。マンソン（Munson）はスーパービジョン概念や方法は19世紀後半から現在までほとんど変化をしていないと指摘している（Munson 2002）。この時期のスーパーバイザーは何人かのスーパーバイジーを指導する責任と役割があった。そのスーパービジョンのために定期的に個人対象の指導会を開いていた。おそらくこの過程の中で，個人スーパービジョンだけでなく，グループを活用した方式を導入していたと思われる。しかしながら，グループ・スーパービジョンはごく限られたところでしか試みられていない。その理由としてはグループ・スーパービジョンとチームアプローチとの違いが明確になっていなかったという，いわば概念的混乱があったからだと記している。（Munson 2002）

　1900年代前半，フロイト（Freud）の精神分析療法がケースワークに多大な影響を与えたことはよく知られている。ヨーロッパに出向いてフロイ

ドの下で学んだアメリカのソーシャルワーカーたちは,帰国後には精神力学を導入した個人スーパービジョン方式を実践的に紹介していった。同様に,グループ・スーパービジョンの先駆的取り組みとなったディスカッション・グループの方法を紹介した。1929年4月の雑誌「*The Family*」にはスーパービジョンをテーマにした論文が掲載されているが,ディスカッション・グループの方法も紹介されている（Munsen 2002）。

また,この時期にはスーパービジョンの方法としての「スタッフ会議」（staff conference）が有効な方式として取り組まれていた。スタッフ会議ではスーパーバイザーや精神医学や家政学等のほかの領域の専門家が出席して,ケースワーカーが問題ケースを発表し,発表内容についてディスカッションした。担当ケースとの関わりから報告されるケースに取り組むために適用できる治療方法を議論して結論を出していた。このスーパービジョンの方法が,その後にはソーシャルワークにおけるグループ・スーパービジョンやチームアプローチのモデルになったと考えられている。しかしながら,1940年代後半まで文献に登場するスーパービジョンは個人の教育面のみを強調していた。

1950年代にはソーシャルワーカーを養成する大学院（Schools of Social Work）での実習教育が本格的に取り組まれた。この実習教育におけるスーパーバイザーが専任者として採用された。彼らが教室と実習現場とを連携できる必要不可欠でかつ重要な役割を担っているという認識が次第に浸透していった。複数者による実習指導の過程でスーパーバイザーがグループを用いたことは想像できる。そうしてグループを活用した教育現場となっていく。

1960年代,ソーシャルワークでは実証的研究が取り組まれるようになり,調査で裏づけられた報告が次々に発表され始めた。スーパービジョンにおいてもその効果をめぐる研究が発表された。この中で,スーパービジョンにおいてはグループ・スーパービジョンよりも個人スーパービジョンにより時間をかけるべきであるとの研究結果が発表されている。学生たちの目標達成度は,同じ内容のスーパービジョンであれば,個人,グループのいずれにおいても同じ結果であった。グループ・スーパーバイザーは

個人スーパーバイザーよりもスーパービジョン内容を事前に準備していることがわかった。学生たちは個人スーパービジョンでの助言を求め，またその助言を受け入れていた。しかし，スーパーバイザーにとっては個人もグループも同じ満足が得られていた，というような研究が発表されている。

　このように1960年代は社会学理論のシステム論，社会役割論等がソーシャルワーク理論に取り入れられた。これを受けて新しいスーパービジョン・モデル構築のため実験的な取り組みが行われている。これまでとは異なり，個人スーパービジョンとグループ・スーパービジョンの両方を取り入れた方法が効果的であるとされてきた。新しい実習指導方法として取り組まれたのは，実は実習教員によるスーパービジョンを基本としながらも，1930年代のような現場と大学の共同によるスーパービジョン体制であった。実習現場は専任のスーパーバイザーを雇用し，個人とグループと両方のスーパービジョン方法を用いた学生の実習指導を担当した。このスーパーバイザーは機関の職員として働き，機関の責任を担う役割があった。

2 日本での歴史的発展と意義

　日本でもアメリカと同様にソーシャルワークはケースワーク中心に導入されてきた。スーパービジョン体制も第二次世界大戦後に児童相談所，福祉事務所で導入されているが，多くの社会福祉実践現場ではいまだに定着していない現状がある。その導入過程で，グループ・スーパービジョンがいつ，どこで，誰によって紹介され，取り組まれるようになったのかについての定説は明確ではない。しかし以下の文献や紹介から，導入の過程としての歴史的発展が推察される。

　1950年以降の福祉事務所でのスーパービジョン導入の過程で，仲村による雑誌連載の中の「集団協議については，グループワークの技術を使用

した」との紹介がなされている（塩村 2000）。これは査察指導員導入時からグループでの協議をスーパービジョンに活用したことがわかる。また医療ソーシャルワーク領域でも 1964 年から東京都医療社会事業協会で個人スーパービジョンとともにグループ・スーパービジョンが導入されている（塩村 2000）。

　さらにデッソー（Dessau）は戦後すぐに大学で教えながら自宅にファミリークリニックを設立し，相談事業とともにスーパービジョンに取り組んだ。毎週1回，福祉事務所のワーカー等を対象にしたグループでの事例研究会を開いていた。またケースワークを学ぶ大学院生の実習教育担当者，スーパーバイザーとして実際にケースを担当させ，スーパービジョンをしていた。

　日本でのスーパービジョンに関する文献では，筆者自身のスーパービジョンに関わってきた経験をまとめて紹介をしている。これらの出版物でグループ・スーパービジョンの導入について紹介しているのが黒川昭登の著書である。時間的制約からメンバーのケースを1～2例選び，グループで継続的にケースを追っていく方法が紹介されている。

　以上のことから，日本においても機関や団体等でケースワーク導入の過程でスーパービジョンが併行して紹介されていることがわかる。また多くの対象者がいることから，グループを活用したケース研究会方式によるスーパービジョンが実施されていた。

第2節 グループ・スーパービジョンの理論

1　グループダイナミクス（集団力学）

　効果的なグループ・スーパービジョンにするためには、スーパーバイザーはスーパーバイジーであるメンバーが構成するグループで起こるさまざまなグループの現象について理解しておくことが重要である。特にスーパーバイジー同士が相互に依存し合いながら、目標を追求するために協働し合う「相互援助システム」を持つグループにしていくためにはどうしたらよいかの知識と技術が必要である。

　グループダイナミクスの創始者であるレヴィン（Lewin, 1890～1947）は、食習慣の態度変容やリーダーシップ等に関する実験的研究を行い、人間の集団内行動や集団現象を支配する法則を発見し、基礎理論を構築した。レヴィンは集団生活の中ではどんな性質の「力」が働いているのか、そのどんな力が集団の変化をもたらすのか、どんな力が変化に抵抗するのかなどの実験的研究をしている。

　例えば、レヴィンの初期の研究にリーダーシップに関するものがある。リーダーシップが異なった集団的雰囲気をつくり出し、メンバーの態度、行動に影響を与えることを明らかにしている。さらに集団の構造、士気、生産性等にもさまざまな効果を与えていくことも指摘している。また実験的研究からはグループの観察、分析の技術も生み出されていった。すなわち、その後のグループダイナミクスの研究成果等からも、グループ・スーパービジョンにおけるスーパーバイザーはリーダー的存在としてメンバーとグループに影響する力を持っていることからグループの発達に伴うさまざまなグループの動きを自覚し、観察してスーパービジョンに臨むことに

なる。

(1) コミュニケーションと相互交流パターン

　グループにおいてメンバーは言語的，非言語的コミュニケーションを活用し，あるメッセージを伝えながらグループ・スーパービジョンの目標達成を目指し，人間関係を構築していくことになる。特にメンバー相互に円滑なコミュニケーションが成立し，相互に満足できるやり取りになるための知識を身に付けておかなければならない。

　まずグループ・スーパービジョンを実施しているときに，スーパーバイザーはその場で展開されているメンバー個人とグループ全体のコミュニケーションを観察し，メンバーとグループ理解に役立てさせる。スーパーバイザーは発言されたメッセージの裏の意味やその発言が，誰かにあるいはグループ全体にどのような影響を与えたのか，誤解や歪曲されることなくフィードバックされているかに気づくことが必要である。メッセージの意味を十分に理解しながら，メンバーへのスーパービジョンを進行していく。またメンバーは自分の考えを明確に発言できているか，相互に聞き合っているかをチェックすることになる。

　スーパーバイザーは相互交流パターンにも理解を深める必要がある。グループ形成の初期段階では，スーパーバイザーがグループの中心人物であり，コミュニケーションはリーダーからメンバー，メンバーからスーパーバイザーというパターンとなる。いつまでもスーパーバイザーが中心人物ではないように，メンバー同士の相互交流コミュニケーション成立のためには，メンバー同士のコミュニケーションのやり取りを促進するようにスーパーバイザーは意識的にメンバーに働きかける。さらにはスーパービジョンであるメンバーの援助内容などを検討するときには，深い理解と共感とともにそのメンバーに焦点を当てての相互交流コミュニケーションをする。またグループ・スーパービジョンの理想的な形のコミュニケーションは，お互いを受け入れ，支えかつ支えられる協力関係が成立し展開していく相互交流パターンである。いわゆるスーパーバイザー中心のコミュニケーションからメンバーは自由にコミュニケーションができるグループと

なり，グループ意識が育ってくる。このように，スーパーバイザーはスーパービジョンの課題達成とともに，メンバー間の人間関係，情緒的きずなを促進するための相互交流パターンになるように取り組んでいく。

・規模と配列

　コミュニケーションや相互交流パターンに影響を及ぼす要因にグループ規模，すなわち人数がある。人数が多くなればスーパーバイザーとメンバー，メンバー同士のコミュニケーションを取る機会や時間が少なくなる。そのことはメンバーのグループへの参加度にも影響してくることを考えておかなければならない。またメンバーが何列かに坐る講義形式，長方形あるいは，円形に坐るかという配列はコミュニケーションと相互交流パターンに影響を及ぼしてくる。この中では円形が顔と顔を合わせることができるため，ほかよりも相互交流を促進し，コミュニケーションが取りやすくなる。円形は日本人が気にするどこに坐るかという気兼ねも少なくなり，講義形式や長方形よりも気楽に席に坐ることができる。スーパーバイザーもグループメンバーの一人として一緒に意見交換するために参加するという雰囲気が伝わる。

　さらに円形は，スーパーバイザーがグループ人間関係を理解するのに役立つ。お互いが好ましい，気が合うという場合には隣同士で坐るし，お互いによくない人間関係にあるメンバーはできるだけ離れて坐りたいといわれている。このことは，同じ職場での会議などでも親しいメンバーの隣や近くに同じように坐る傾向がある。親しい人の近くにいれば安全であると感じるからである。

・グループ凝集性

　凝集性とはメンバーをグループにとどまらせるように働く力の成果のことである。凝集性の高いグループほど団結力が高く，まとまりが強くなる。お互いが協力し合い，相互援助をし合うといわれている。グループの目標達成に向けてプラスに働く要因である。具体的要因としては，グループ内の人間がお互いに好意を持つことからグループに魅力を感じる対人的凝集性がある。そのグループに所属することで自分の目標を達成できる課題達成的凝集性がある。グループ・スーパービジョンに出席することで高

い期待を裏切らない成果と，ほかでは得られないような満足感がある場合には，仲間意識が高まり，自分はグループの一員であると感じることになる。

しかし，グループが強い凝集性を持つことによる副作用も理解しておかなければならない。例えばグループとの一体化，同一視が強くなることから，ほかのグループを比較して所属グループのみを優位に考えることがある。

・社会的抑制メカニズム

グループ・スーパービジョンのグループ全体を相互交流させていくためには，効果的に機能するための社会的抑制が必要となる。例えば「規範」，メンバーの「役割」「地位」である。

規範はメンバー間の相互交流を通して発展してくる。グループ内でメンバーに同調することが共有して期待される行動や判断の基準である。まず，グループメンバーには行動や判断の基準が文書化されて明確になっている規範がある。職場では業務指針や勤務日，行事開催などは文書化され，全員が理解している。休暇日希望の提出方法や手続きについても誰もが理解している。グループが秩序をもって展開しているといえよう。

しかしながら，規範には暗黙のうちにメンバーが受け入れている場合もある。とりわけ暗黙の規範，潜在化した規範の取り扱いにスーパーバイザーは取り組む必要がある。例えば，職場の会議では自分の意見，正直な見解を明確に発言することはできるだけ避けるとか，上司の意見に疑問があっても自らは指摘しないとか，あるいは同僚との異なる意見の対立があった場合でも，人間関係のしこりを残さないためにも"なあなあ"の結論にしておくなどである。

グループ・スーパービジョンにおいて，職場と同様に，自分の意見，感想，そして見解の相違を明確にしない方がよいという規範が暗黙に存在していたらどうであろうか。スーパービジョンのねらいを達成することは難しくなることが予想される。

スーパーバイザーはグループに存在する規範がグループにとって有益であるかどうかを知る努力をしなければならない。グループ・スーパービ

ジョンを開始するときにメンバーとどのような規範，約束事でグループを展開していくかを議論し，意思決定し，メンバーと契約をしたほうがよい。途中でグループに存在する暗黙の規範がグループ・スーパービジョンには副作用を起こしていると判断した場合には，規範を変化させるための介入し，メンバーと相談することが必要となる。

「役割」とは，グループのある個人の機能にほかのメンバーが共通して期待する行動のことである。先に挙げた規範はグループメンバーにある程度広範囲に共有された期待される行動である。それに対して役割はそのメンバーがするように期待される個別的な課題についての行動とされる。役割はあるグループの状況で，このメンバーがどのように行動すべきかを規定されることから社会的抑制になるのである。

グループ・スーパービジョンにおいてもスーパーバイザーはグループ運営のためにいろいろな役割を挙げ，話し合いによって決定したり，あるいは適任者にその役割を依頼することも可能である。またグループ過程の中でメンバー間に暗黙の役割も生まれてくる。いつも口火を切って意見を発表するメンバー，最初に質問するメンバー，意見や疑問を誰よりもたくさん発言するメンバー，発言は少ないが発言するときには的確な内容になっているメンバー等がある。スーパーバイザーは個人がどのような役割を果たしているかを個人とグループ全体を観察しながら理解していく。

「地位」とはグループの中でのメンバーが占めている位置である。例えばグループ内には，高い専門知識を身に付けていて日頃から尊敬されている地位や，責任感が強く何でもすぐに頼りにされる地位などがあるので，スーパーバイザーはそれぞれのメンバーがどのような地位にいるかを把握しておく必要がある。

このようにスーパーバイザーは，グループ内で生じる規範，役割，地位などで個人やグループの目標を達成していくことから，常にメンバーの満足する経験をするようにグループを活用していくことになる。

・グループ文化

グループ文化とはメンバーが共通して守る価値，信念，慣習，伝統などのことである。メンバーがグループに持ち込んでくる価値等の混合から生

まれてくる。もちろんメンバーが社会福祉施設や機関で働いている場合，その環境に影響された価値になりやすい。多様な意見を受容すること，自己決定を尊重していること，公平性に心がけていくこと等，そのグループにふさわしいグループ文化をスーパーバイザーはつくり上げていくことになる。

第3節 グループ・スーパービジョンの特長と過程

　グループ・スーパービジョンの目標は，ワーカーへの効果的援助を目指している個人スーパービジョンの目標と同じである。スーパーバイザーは，スーパービジョンの目標達成を目指して，例えば施設・機関の運営指導の立場からグループを活用し，ワーカーを指導していくことになる。援助活動に携わるワーカーのより質の高い効果的援助を生み出していくのである。

　ワーカーの職務中に直面した共通の問題・課題の解決法や軽減について，グループメンバー間で意見を出し合い，交換し，検討していく。いわばグループ・スーパービジョン過程に起こるメンバー間の相互作用を通して，お互いが検討し学ぶことを目的としている。このことからスーパービジョンのためのグループは，課題と協議事項を持つものとなる。

1　グループ・スーパービジョンの特長

　スーパービジョンの目的を達成するために，スーパーバイザーはグループを活用してワーカーや実習生を指導・助言していく。個人スーパービジョンとの比較において，グループ・スーパービジョンでは，次のような特長がある。

　第1に，一対一ではないことからスーパーバイザーとの上下関係が弱くなること，第2には，そのことからスーパーバイザーのメンバーに対する統制や監督の権威も弱くなるといわれている。第3には，グループで討議されるケースに関しては全員に積極的な発言が要求され，自発性を

尊重されることになる。討議結果は参加している一人ひとりの責任であり，グループ全体の責任となる。第4には，ワーカー自身の自立を早めに生み出していくことに効果的である。さらに，第5にはグループによる学習を通じて，ワーカーの質的向上とモラルを高め，グループが情緒的な支持の源となり，そこからワーカー同士の信頼関係を築くことに役立つといわれている。第6には，時間と経費の面で個人スーパービジョンに比べて安価であるといわれている。

しかしながら，これらのグループ・スーパービジョンの特長とともに，次のような短所も指摘されている。

第1に，考え方，処遇方法をめぐってワーカー同士の対立が起こりやすくなる。第2には，この方法では積極的な態度で臨むワーカーと消極的なワーカーとに分かれてくる。頻繁な発言をするワーカーとあまり発言をしないワーカーに極端に分かれることがある。また，第3にグループ・スーパービジョンはスーパーバイザーにとっては時間の節約になるという利点もあるが，反面一人ひとりのワーカーとの対人関係が希薄化しがちになり，逆に信頼関係を築くのに時間がかかる。

これらの特長から，ワーカーの教育水準，経験とニーズに応じて，個人とグループの両方の方法を適切に組み合わせることが効果的であるといえよう。

2　グループ・スーパービジョンの過程

グループ・スーパービジョンの過程は多くの文献ですでに紹介されている。例えばエイベルズ（Abels）は，スーパービジョン過程を「出会い」，「契約」，「踏査」，「自立学習」という4段階に分けて説明している（Abels 1970）。また機能主義派のタフト（Taft）とロビンソン（Robinson）はソーシャルワークの処遇過程を開始期，中期，終結期の3段階に分けて説明している。これらの過程段階をシュルマン（Shulman）はグループ

ワークに導入し、さらにグループ・スーパービジョンに発展させ使用している（Shulman 1982）。本項ではシュルマンに従いながら過程段階を説明していくことにする。すなわち、グループ・スーパービジョン過程を準備期、開始期、作業期、終結期に区分して過程を説明する。

なお、本グループ・スーパービジョンにおいては1回限りのグループ・スーパービジョン場合もあるし、グループワークのようにメンバーを限定して一定期間に継続して行う場合もある。

（1）準備期：出会い段階

グループ・スーパービジョンの準備段階である。グループ・スーパービジョンを担当するスーパーバイザーはグループ・メンバーとなるワーカーたちに最初の「出会い」を前にした準備段階である。スーパーバイザーがワーカーたちに接触する以前に、いわばワーカーたちへの波長合わせの段階となる。

例えばワーカーが職員として社会福祉機関・施設に採用・配置されている。ワーカーは所属機関・施設の理念、処遇目標、方針などの説明を受け、業務内容の理解を深めていくことになる。その機関・施設でのスーパービジョン体制についても説明を受けている。また実習生も実習先機関・施設に配置され、オリエンテーション時に実習中のスーパービジョンについての説明を受けることになる。

スーパーバイザーは、例えば採用されたばかりの新人ワーカーあるいは実習生に出会う前に、機関・施設についての情報を収集し、あるいは情報の整理をしておくことになる。また彼らの欲求や問題あるいは疑問を理解しておくことになる。これから始まる業務や実習に際しての彼らの不安、緊張あるいはアンビバレントな感情を理解しておかなければならない。いわばこれからのグループ・スーパービジョンで表面化されてくるかもしれないワーカーからの「合図」や「表現」をあらかじめ理解をしておくことが必要である。

スーパーバイザーはこれまでのスーパービジョン経験から、あるいはこれまでに実践経験についての文献や資料、記録を読むことで、このワー

カーたちへの「波長合わせ」を可能とすることができる。

　またグループ・スーパービジョンで取り扱う問題や事例について、スーパーバイザーが明確な理解を持つことが重要である。ワーカーが直面している問題・課題があれば、誰が何をしたことから発生したか等を明確にしておく。また機関・施設側としてもどんな問題・課題に直面しているか、どのような援助ができるか援助すべきなのかについて明確にして、所属機関・施設側の理解と支持を取り付けておくことも大切である。

　スーパーバイザーはグループメンバーとなるワーカーや実習生についての情報収集とともに理解をしておくことも必要である。これはあくまでも収集した事前情報からの「静止的存在」としてのグループメンバーに対する理解であり、この理解が先入観にならないようにしなければならない。グループ・スーパービジョンの過程において一人ひとりがダイナミックな変化が起こることも十分に考えられるからである。ともあれグループメンバー一人ひとりの意識、能力、関心などを考え、これから始まるグループの予備的目標を設定していくことになる。メンバーとなるワーカーがどのような援助がしたいのか、どんな課題や問題に取り組み、解決・軽減の仕方を望んでいるのかも明確にしておく必要がある。

①個人スーパービジョンとグループ・スーパービジョンの調和
　さらにこの準備段階ではメンバー一人ひとりの把握、あるいは課題・問題の把握から、個人スーパービジョンとグループ・スーパービジョンを調和させ、対応していくことも考えておかなければならない。

②グループ計画
　グループ形成の計画をしなければならない。問題と目的の明確化、そしてどのようなグループメンバーで構成するのか、グループ回数と期間、さらにはグループで集まれる場所設定・時間などを決定していく。落ち着いて話し合える部屋、お互いのプライバシーを確保できる部屋、騒音もなく適当な明るさの照明、さらにはメンバーがリラックスでき、明るい雰囲気づくりができる部屋、場面設定などが望ましい。そしてグループ・スー

パービジョン記録をどのような方法，様式で残していくかも計画しておくことが必要である。グループワークでも用いているように，参加メンバー一人ひとりに関する個人のフェイスシートと記録とともにグループについての記録が作成されていく工夫が必要である。

　このような準備を経て，機関・施設でのワーカーとスーパーバイザーとの出会いが始まる。

（2）開始期：契約段階

　スーパーバイザーとグループ・メンバー，つまり指導する者と学ぶ者との職務上の関係が「契約」で始まる段階である。またグループとして動き始める段階までをいう。ここでの「契約」は書面に署名する一般的契約ではなく，スーパーバイザーとグループメンバーとの約束のことである。開始期では，スーパーバイザーはまず施設・機関側からのスーパービジョンの目標を明らかにすることから始まる。

①スーパーバイザーの役割

　開始期には，スーパーバイザーは，グループのリーダーとして中心的な位置にいる。スーパービジョン内容もスーパーバーザーが検討，設定した内容で進められることになる。設定した内容を説明しながら，メンバーを交えて彼らのニーズに基づくグループ・スーパービジョンの目標を設定することになる。さらには，スーパーバイザーが準備期で検討したグループ指導の方法，グループ会合時間，回数，開始日などを提案し，メンバーが確認する契約内容となる。またグループ・スーパービジョン内容は，扱う問題によっては出席メンバー以外には秘密保持をすることなどの「契約」もある。

②援助関係の樹立

　第1には，スーパーバイザーはグループメンバーを迎える準備として，快適な会場になっているかどうかを点検する。また初めてメンバーとなるワーカーや実習生の名前を正しく覚えること，開始時間の前には会場に入

り，メンバーを迎える対応ができることも援助関係を樹立することに役立つ。つまり，メンバーである「個人」がグループ過程にスムーズに入っていけるように援助していく。

またスーパーバイザーとグループメンバーである「個人」が基本的信頼関係がすばやく築けるような援助をしていく。例えば「個人」がリラックスできる雰囲気づくりをしていく。グループメンバーとして初めて出席することになった新人ワーカーや実習生などが持ちやすい不安や緊張を取り除き，堅苦しい雰囲気を早くやわらげ，安心して自由に発言や行動ができる援助的文化を発展させることが必要である。準備期のグループ計画で検討してきた場面設定として，明るい雰囲気になるように花を飾るとか，お茶やお菓子を準備することなども場合によっては効果的である。いわば準備期の波長合わせにより「個人」の感情・欲求などをありのままに，親しく受容しながらのスーパーバイザーとグループメンバーとの援助関係を樹立していく。

③ グループ形成への援助

グループ・スーパービジョンに出席するメンバー間にグループ感情が芽生えてくるような働きかけをしていく。この段階はグループの構造化が開始されていく。そこでスーパーバイザーは初めて出会うメンバーが多いときなどは自己紹介などを通じて，一人ひとりの事情や立場などをお互いに知り，共通点を見つけられるような働きかけをしていく。ほかのメンバーへの警戒心も薄れ，グループへの関心が強まっていくことになる。相互作用を活発化することで人間関係の結び付きが始まり，グループとしての動きが徐々にできるようになる。メンバーはこのグループでの自分の役割を探すようになってくる。また誰がグループの中で影響力を持ち，誰が皆に好かれ，嫌われているかなどの序列化が始まってくる。また一番親しい人間関係であるサブ・グループがグループの中にできるようになる。グループメンバー内に対立や葛藤，争いが起こったり，スケープゴートとして犠牲者が出てくるのも開始期にみられてくる。

④スーパーバイザーの介入技術

　開始期におけるスーパーバイザーの介入技術としては，第1にグループ全体の動きやグループに起こる現象を敏感に察知することがある。グループの構造化によりグループの役割，規範，相互関係，リーダーシップ，同質性，凝集性，発達段階，解放・閉鎖グループ概念などが出てくる。

　第2には，開始期にスーパーバイザーがメンバーに話をするときには一人ひとりのメンバーを見回しながら話す技術が必要である。これは1人か2人のメンバーに視点を合わせて話すのではなく，全メンバーを一人ひとり見つめながら話をするのである。この理由は2つある。まず話しながら出席メンバーの顔の表情，非言語的動作を察知することができる。いわばスーパーバイザーの話している内容，ほかのメンバーの発言内容に対するそのメンバーの反応を非言語的に伝達しているからである。次には一人ひとりを見つめながら話すことは，スーパーバイザーはメンバー全員分け隔てなく関心を持っていることをメンバーに伝えることになるからである。このことはスーパーバイザーとメンバーとの信頼関係構築に役立つことになる。

　なおメンバーの複数者がスーパーバイザーによく質問をするときなど，スーパーバイザーはそれらのメンバーだけに向かって答えがちになる。回答する場合には常に一人ひとりのメンバーを見渡しながら全体に話すように心がけなければならない。

⑤グループの凝集性の促進

　開始期においてはグループの凝集性を促進する技術が必要である。凝集性とは先に述べたようにまとまる力を指している。グループが同一化し，一致団結することを意味する。グループの凝集性が高ければ高いほど，メンバーに与える影響力が大きくなるといわれている。凝集性が高いグループほどグループの雰囲気は友好的かつ協力的である。メンバーは積極的にグループに関わり，積極的に規範を受け入れやすくなる。すなわちグループの目標を達成しやすい。凝集性が高いとメンバーに安定感を与え，自尊

心を与えることにもつながる。

　ではどのようにしてグループの凝集性を高めていくことができるのだろうか。それにはまずスーパーバーザーはメンバーに話しかけるときの言葉や表現を工夫することが有効である。「私は」「あなたたちは」という表現ではなく、「私たちは」「私たちの」「私たちに」というような表現を用いることである。このことによって「われわれ意識」(we-feeling) を芽生えさせ、自分がグループの一員であること、ほかのメンバーと一緒にグループ過程にいることを意識づけることが可能となる。

　次に、スーパーバイザーはグループ・スーパービジョンの目的からもメンバー全員が共通した関心事を持ち、メンバーが経験を分かち合うこと、そして相互援助することの重要性を強調することである。これによってメンバー同士をつないでいく強い効力が生まれてくる。

　なお、あまりにも凝集性が高いグループが出現すると、個人の自由な発言や行動に副作用を起こす場合があることをスーパーバーザーは理解しておく必要がある。凝集性によって強い規範が生まれ、メンバーは同じ考え、行動をしなければならないということから、規範に従わないメンバーを一方的に排除する現象が出てくるからである。

　なお、1回限り、数回のグループ・スーパービジョンなど、短時間の場合は凝集性が育ちにくい。しかし、これらの介入技術によって、メンバーが同じ目標に向かって共通した関心を持ち、時間を共有したという意識を持たせることができるであろう。

⑥メンバーに模範を示す

　この段階ではスーパーバイザーがグループのリーダーとして中心的な位置にいることを先に述べた。このことからスーパーバイザーの一挙一動はメンバーが注目している。スーパーバイザーのメンバーに対する対応、態度、行動がいわばモデルとなってくるといえよう。例えば、スーパーバイザーが新人ワーカーに対して親切に受け入れること、メンバーに対して率直に、かつわかりやすく質問していくこと、質問に対しても平等に簡潔に回答することなどが、メンバーにとっての模範的対応になっていく。

(3) 作業期：深化と修正段階

　作業期は，グループ・スーパービジョンを取り入れているグループが目標達成に向かって進展し，メンバーたちがスーパーバイザーの支援を受けながら課題に取り組んでいく段階である。グループへの信頼感や凝集性が深化するとともに，一方ではグループとしての問題が表面化したり，危機的状況を迎える段階でもある。しかし，スーパーバイザーの支援により，相互援助のグループとして修正していく段階となる。グループが成熟していく過程ともいえよう。深化と修正の段階を経て，メンバーはグループに信頼度を安心感を深めるようになる。メンバーは他者をおそれずに意見を述べられるようになり，自立した知識，技術を身につけていくことが可能となる。

　まずメンバーはスーパーバイザーやほかのメンバーと親しくなると同時に，お互いを内密に評価し判断していく。メンバーは知識や経験を共有化することによって，視野をより拡大していくことができる。メンバーはグループに信頼度を深め，かつ安心感を持つことができるようになる。つまりほかのメンバーをおそれずに意見を述べることができるようになり，自立した知識や技術の把握が可能になってくる。

　しかし，一方ではスーパーバイザーやほかのメンバーへの不信感，抵抗，敵対心を持つメンバーが現れる。スーパービジョンの過程でメンバー同士の異なる意見，見解が起こり，メンバー間に争いなどの否定的感情が出てくる場合もある。ほかのメンバーから支持される場合もあれば，ほかのメンバーから厳しい指摘を受けることがあるかもしれない。

　メンバーとして困難なケースに直面しているほかのメンバーの苦悩や問題の解決の場面に共に参加し，同じ経験をすることができる。仲間となったメンバーが苦悩し，それをお互いが助け合い，支え・支えられる関係が成立していくのである。いつしかグループとメンバーのアイデンティティがしっかりと獲得できることになる。

　メンバーはグループの許容的雰囲気の中で，自由な発言ができるようになり，そのことから専門職者としての態度や判断力を発達させ，かつ自立

した知識や技術を身に付けていくことができる。

①スーパーバイザーの役割
　この作業期のスーパーバーザーの役割は一定していない。開始期においてスーパーバーザーはグループのリーダーとして中心的な位置にいる。しかし，作業期において，スーパーバイザーはその立場をグループ状況に合わせて可変的に位置させることが可能となる。例えば，メンバーたちに責任を持たせるという教育的ねらいから，メンバーたちによる発言や指摘が活発にできる機会を与えたいということであれば，メンバーの中からリーダー役を引き出し，一歩引き下がった相談役的役割として進行していくのである。グループに必要な助言をするだけの役割である。しかしながら，メンバー間の対立が起こったり，一人のメンバーを排除しようとする動きが現れたりしたとき，あるいはグループの活気がなくなっていると判断したときなどは，必要に応じて以前のような中心的位置に戻ることになる。そしてグループ・スーパービジョンでの契約内容や目的を再確認したりする。
　場合によっては契約内容の見直しが必要な場合もある。その場合にはメンバーとの話し合いをして，再契約をすることもできる。これによってメンバーの相互援助等が復活してくれば，また相談役的役割に戻るのである。
　あるいはこの作業期までにメンバーたちが自分の感情を蓄積してしまう場合がある。スーパーバイザーの励ましや支援でメンバーが内に秘めた感情を表現すれば，そのメンバーはエネルギーを放出し，治癒的な効果が得られることになってくる。このような感情表現を促進することはメンバー間の信頼と凝集性を高めることにつながっていく。

②スーパーバイザーの介入技術
　この段階においてスーパーバイザーに要求される技術としては，メンバーを支持し，グループを目標達成へと導きながら，グループを維持していく技術である。グループを統制し管理することではなく，メンバーへの

助言，相談等を通じてグループの動きを察知することになる。スーパービジョンが目的を達成することに向けて活用されているかどうかを常に点検しておかなければならない。例えばグループでのディスカッションが一部のメンバーだけで進められていると判断したら，グループ全員によるディスカッションになるように導くことになる。スーパーバイザーはグループメンバーがお互い同士の励ましや支えによって，おのずと自立した学習が可能な段階となっていくことになる。

　シュルマンは，メンバーとの波長合わせ技術とともに，焦点を合わせた傾聴法，質問技術，無言の意味を理解するなどの面接技術，あるいは感情移入技術，感情を分かち合う技術，障害を指摘する技術，情報を分かち合う技術などがスーパーバイザーには要求されるとしている（Shulman 1982）。

(4) 終結期

　グループ・スーパービジョンでは，終結期はスーパービジョン内容の終結を迎える段階である。いわばグループ・スーパービジョンの目標が達成できたことから，この段階を迎えることになる。例えば，メンバーはスーパーバイザーからの支持を受けながら，新しい問題対処方法を学び，ワーカーとして視野を広くし，自信をつけ，さらに専門職者として受け入れられる技術を身に付けたことになる。さらには問題に関連した新しい知識を学ぶこともできたことになる。

　このような指導内容の終結期とともに，グループ・スーパービジョンの目的が変更になったことから終結期となる場合もある。

　ともあれ，スーパーバイザーと一人ひとりのメンバーとの人間関係の終結，指導者と実習生としての関係の終結，同じメンバーとして同僚関係の終結がある。グループ・スーパービジョン期間を通じて親しくなったメンバーで構成したグループがなくなることはいろいろな感情をもたらすことにもなるためそれらの感情表現を奨励することが必要となる。

①スーパーバイザーの役割

　終結期のスーパーバイザーは開始期と同じく中心的な位置に戻り，主要な役割を果たすことになる。メンバーに対しては親切にいたわりを持って接することになる。一人ひとりのメンバーには，グループを終えるにあたり，このグループで何を学んだか，今後はどのように活かしていこうと思っているかなど考えさせる。とりわけ，一人ひとりの感情を認め合い，グループ経験が肯定的か否定的かの正直な感情を分かち合うことが重要である。スーパーバイザーもメンバーも経験したことを大切にしながら終わらせることになる。最後にメンバーがグループ・スーパービジョンで学んだことを総合的に評価する役割となる。楽しかったこと・辛かったこと，自分のためになったこと，これからも続けなければならないことなどを明らかにしておく。

②スーパーバイザーの介入技術

　ここでの介入技術としては，まずグループ・スーパービジョンで学んだ主なことをメンバーに明らかにさせるために，メンバーが詳細に具体的に考えるように援助すること，また今後も続けて努力が必要な諸点を明らかにすることである。

　終結期ではあるが，グループ・スーパービジョンに参加したワーカーや実習生は，次の新しい経験への移行になることから，この援助をする技術が必要である。

3　グループ・スーパービジョンの方法

　グループ・スーパービジョンでは，個人スーパービジョンと同様に，ワーカーの援助過程記録，いわゆるケース記録を討論の主たる資料に使用する。参加するワーカーが交代でケースや課題を提出する場合，ほかのワーカーに意見を求めたいワーカーが毎回ケースや課題を提出する場合，

あるいは一人の援助者が一定の期間にわたって継続してケースや課題を提出するなどの方法がある。いずれの場合でもスーパービジョンの効果を上げるためには，グループのメンバーに前もってケース記録などを提出してもらっておいたほうが望ましい。

グループ・スーパービジョンの場合，個人スーパービジョンと比べて，そのほかのいろいろな方法も可能になる。例えば，実際のケースを材料にして，即興劇によってロールプレイ（役割演技）ができる。これを討論の教材にしながらに教育的目標や支持援助的目標，あるいは運営管理的目標を達成することができる。

これをビデオに録画したり，テープレコーダーで録音したりして面接法技術やグループ援助の技術の学習や評価検討の材料とすることも可能である。また，共通する特定のテーマについての研究会や専門家を招いての講演会なども可能である。さらに，自分たち自身が企画運営するグループとして，自発的な現任訓練なども可能であろう。

しかしながら，ワーカーの専門的知識や経験の程度によっては，あるいはスーパーバイザーが要請したり，ワーカー自身が要請をした場合などは個人スーパービジョンとの効果的な組み合わせをする必要があるといえよう。

日本ではまだ有能なスーパーバイザーが得られない現状がある。また，施設や機関の状況からは個人スーパービジョンを行うには時間的な制約もある。したがって一人のスーパーバイザーによるグループ・スーパービジョンが極めて効果的に目的を達成できると思われる。

（黒木 保博）

引用文献

平山佳須美（1986）「スーパービジョンとワーカー・トレーニング」大塚達雄・黒木保博・硯川真旬編著『グループワーク論：ソーシャルワーク実践のために』（社会福祉基本図書）ミネルヴァ書房．

平山佳須美（1998）「グループ介入」平山　尚・黒木保博・平山佳須美ほか『社会福祉実践の新潮流：エコロジカル・システム・アプローチ』（MINERVA福祉専門職セミナー）ミネルヴァ書房．

黒川昭登（1992）『スーパービジョンの理論と実際』岩崎学術出版．

ドロシー・デッソー著,上野久子訳(1970)『スーパービジョン:ケースワーク』(社会福祉選書 2) ミネルヴァ書房.

Munson, C. E. (2002) *Handbook of Clinical Social Work Supervision*, 3rd ed., Routledge.

塩村公子(2000)『ソーシャルワーク・スーパービジョンの諸相:重層的な理解』中央法規出版.

Shulman, L.(1982) *Skills of Supervision and Staff Management*, F. E. Peacock Publishers.

第6章

ピア・スーパービジョンとメンタリング

ピア・スーパービジョンの意義・方法

1 ピア・グループ・スーパービジョンの定義

　ピア・スーパービジョンの意義について，ピア・グループ・スーパービジョンの定義を手がかりに述べる。

(1) ピア・グループ・スーパービジョンを代表する2つの定義

　まず，ピア・グループ・スーパービジョンを代表する2つの定義を紹介する。両定義から本節に特に関連する部分を述べる。黒川の定義は，「同僚の目」（peer review）を通してさまざまなケースを検討する活動を特徴とする。また，カデューシン（Kadushin）の定義は，専門職としての発展を機関・サービスの水準の維持と関連づけたところを特徴とする。このことから，ピア・グループ・スーパービジョンは，「ピア関係」の中に完結するものではなく，むしろ積極的に質の評価を発信していく意味を含んでいる。

①黒川の定義

　黒川の定義では，「スーパーバイザー，あるいは熟練したワーカーのための自主性と自発性を根拠とした，集団による学習と訓練の機会であり，参加者は，この支持的なグループの中で，「同僚の目」peer review を通し，さまざまなケースの検討をすることなどの活動を通して，その専門職業上の独立性と責任性を強化することを目的とした自主学習の方法」（黒川1992：293）としている。

②カデューシンの定義

　カデューシンとハークネス（Harkness）の定義では，ハレ（Hare）とフランケナ（Frankena）の論文を引用（Hare & Frankena 1972：527）し，次のように述べている。その定義は，「ピア・グループ・スーパービジョンとは，同じ機関の専門職のグループが，リーダーの存在なくケースを定期的に評価し，支援方法を検討し，専門技術を共有し，自分自身や互いの専門職としての発展のため，あるいは機関・サービスの水準を維持するために責任を取る過程である」（Kadushin & Harkness 2014：329）としている。

(2) ピア・スーパービジョンとピア・グループ・スーパービジョン

　あらためてピア・スーパービジョンとピア・グループ・スーパービジョンの関係について整理する。ピア（peer）には，（地位，年齢，能力などが）同等の人，同僚，同じ専門分野の人といった意味がある。また，ピア（peer）という単語は，単数ではなく複数のメンバーの存在を想起させる。このことから，スーパービジョンでは，ピア・グループが自明のものと理解されている。

　一方，両定義に共通するのが，「ケース」を取り扱う点である。すなわち，ピア・グループ・スーパービジョンは，ケースを提供する者（以下，ケース提供者）とケースを検討するメンバー（以下，ケース検討者）で構成され，その相互作用が鍵といえる。日本でもケース検討という言葉は，事例検討など類似の用語を含めて臨床場面でごく当たり前に使われている。ピア・スーパービジョンに関わるケース提供者とケース検討者は，共に一定の実践経験を有することを前提とし，スーパーバイザーの介在なく，リーダーの存在もない条件の中で，互いの専門職性の発展，ソーシャルワーク・サービス機関の水準の維持を目指す。ただ，先に述べたメンバーの前提，または専門職文化が当たり前の取り組みとして定着しているか，と問われればどうであろう。おそらく，成熟過程の途上にあると答えるのではないか。では，このためらいの要因は何か。

　それは，定義にある「同僚の目」（peer review）に耐えうる知識・技術

の不確かさ，サービス機関の水準の基盤となる専門職アイデンティティの揺らぎにある。さらに懸念もある。それは，「ピア」という形態のみを取り入れ，個人へのスーパービジョン機能が発揮されないことである。言い換えれば，「ピア関係」におけるケース検討に耐えうる個々のソーシャルワーカーの価値，知識，技能（スキル）の成熟なくしてピア・スーパービジョンは成り立たないのである。

本節では，スーパーバイザーの介在なく，ソーシャルワーク・スーパービジョンを成立させる鍵は，「ピア関係」にあると考え，あえてピア・スーパービジョンと称する。それは，多様なソーシャルワーク・スーパービジョンの一つの形態でありながら，スーパーバイザーを介在したソーシャルワーク・スーパービジョンよりも難易度の高い位置にあると考える。

2 ピア・スーパービジョンの目的

ピア・スーパービジョンの目的とは何か。端的にいえば，ソーシャルワーカーが，ケースを選定する内発的動機に基づき，「ピア関係」を活用して実践を内省することである。

では，あらためてピア・スーパービジョンは何を目指しているのか。以下，(1) ケース選定と内発的動機，(2)「ピア関係」と内省的思考，に分けて述べる。

(1) ケース選定と内発的動機

既述のように，ピア・スーパービジョンは，ケースの検討を通じて行われる。では，ソーシャルワーカーは，数あるケースの中から，何を理由にケースを選んでいるのだろうか。社会科学と事例研究に関する論考を参考に考える。

ソーシャルワーカーは，ケースに生じている出来事や事柄を事象として

認識し，価値，知識，スキル（技能）を統合し行為化する。一方，ピア・スーパービジョンに関わるソーシャルワーカーは，豊富な実践経験とともに，ケースを事象群として自己の身の内に蓄積している。つまり，選定されたケースは，経験された唯一の事象ではなく，蓄積された事象群の一つととらえられる。

蓄積された事象群から選ばれたケースには，ピア・スーパービジョンで検討したい何らかの理由がある。この理由には，ソーシャルワークという個別性の高い実践において，よりよい支援に向けて心の中の満足感を得たいという内発的動機がある。そして，この内発的動機にピア・スーパービジョンの目的が内包されている。それは，類似や相違の事象に関する理論の構築，困難とされる事象群に提供する技術の再考（または開発），そして専門職として目指すべき価値や倫理の検討を指し，難易度の高さを物語っている。

(2)「ピア関係」と内省的思考

ピア・スーパービジョンでは，ケース提供者だけでなく，ケース検討者にもソーシャルワーカーとして価値，知識，スキル（技能）を統合し，行為化できる一定の経験が求められる。また，一定の経験に加えて，「ピア関係」で重要な支持的機能，およびソーシャルワークにおける内省的思考の意義の理解を要する。

まず，支持的機能の理解とは，スーパービジョンの支持的機能を相互に理解していることをいう。一定の実践経験とスーパービジョンに関する知識を有することで，対等な立場で議論でき，安心感が醸成される。背景には，ケースを検討することへの不安や緊張がある。例えば，ケース検討の場が，ケース提供者の意図に反して，一方的に批判される展開，結論を急ぐような深まりのない議論になったとする。そうなると，ケース提供者は，「ピア関係」に萎縮または失望し，再びケースを提供することをためらってしまう。これは，「ワーカー—クライエント関係」に加えて，「ピア関係」にも不安やストレスを感じることにつながる。こういった事態を回避するためにも，スーパービジョンにおける支持的機能の理解が必要であ

る。なお，実際の検討場面では，気づきを促す配慮された発言が，具体的に求められることはいうまでもない。このように支持的機能を内包した「ピア関係」を活かすことで，内発的動機は強化され，自己の学習課題の明確化が期待される。

　次に，内省的思考の意義について述べる。まず，内省とは「自分の思想，言動などを深くかえりみること。反省。」（国語大辞典 1981）を意味する。このことから，内省的思考（reflective thinking）だけでなく，反省的思考と称する場合もある。

　内省的思考は，教育学，看護学，そしてソーシャルワークなど専門職教育に取り入れられている。ソーシャルワークでは，北川らによる脱構築分析と再構築および内省的思考をベースとする「クリティカル・ソーシャルワーク」の基本的視座を取り入れた成果がある。その中では，内省的思考がワーカーのアイデンティティの構築，専門性に裏付けられた実践力の向上に結び付くことを示唆している（北川・松岡・村田 2007：112）。

　一方，内省的学習の提唱者といわれるショーンは，専門家の職業生活は暗黙の「行為の中の知」に依存しているとし，「日々の実践において，有能な実践家は，適切な基準を言葉では述べることができない質の判断を無数に行い，ルールや手順として述べることのできない技能を実演している」（Schön ＝ 2001：77）と述べている。

　ソーシャルワーカーもまたほかの専門家同様，行為化の過程で無数の質の判断を行っている。そこで，ソーシャルワーク実践に関わる質の判断を，ソーシャルワークの枠組みとスキルの一体化の観点から思考過程に即してまとめた（平塚 2004：96）。

　ソーシャルワーク実践は，記録や引き継ぎ，観察や面接によって得られた事実（情報）を知識と結び付け，対象として認識することから始まる。同時に，こういった対象の認識は，価値との整合性の検討を経て解釈・判断され，支援の方向性を形づくる。さらに，支援の方向性は，最適なタイミング（時間），適切な場の設定（空間），とるべき方法（技術）の選択を経て，果たすべき役割・機能の行為化によって具体化される。

　このような実践の方向性の形成と行為の具体化は，内省を伴う無数の質

の判断を経ている。「ピア関係」は，こういった質の判断に関する思考の検討に正の影響を及ぼす。例えば，現場の最前線にいる仲間の存在が，より共感的に現実を受けとめることにつながる。仲間の存在は，ケースの事後的な内省だけでなく，行為しながら内省している現実に，ケース検討を一層近づける。

一方，「ピア関係」は，実践の評価においても正に作用する。実践の判断や解釈の評価には，さまざまなストレスが生じる。このストレスは，実践の正確さ，矛盾の有無，論理的整合性，そして偏見の有無等を他者から評価されることで生じる。「ピア関係」では，ケース提供者の選定理由をガイドに，ケース提供者の思考過程の一つひとつを丁寧に検討し，ストレスの低減と実践の評価の両立を目指す。

3 ピア・スーパービジョンの課題

ピア・スーパービジョンの課題は，「ピア関係」で生じる相互作用の課題から日本人の文化特性までさまざまである。本節では「ピア関係」を構成するケース提供者とケース検討者に着目し，各々の立場から課題を整理する。なお，全体的にいえば，ピア・スーパービジョンの場の設定が広がらないことが最大の課題である。

(1) ケース提供者の課題

ケース提供者の課題は，以下の4つの点に含まれる。

①ピア・スーパービジョンに関する基本的な知識があること

ケース提供者には，支持的機能や教育的機能などソーシャルワーク・スーパービジョンの基本的知識が求められる。また，ピア・スーパービジョンの意義や目的の理解が必要である。

②ピア・スーパービジョンに内発的動機を持って参加すること

　内発的動機は，ケース提供者に内在しているため，ケース選定の理由の記述や説明による可視化・言語化が課題になる。一方，内発的動機は，よりよい支援を目指そうとする価値，困難な問題に向き合おうとする主体性を含んだもので，「ピア関係」の結束を強める。さらに，実際の検討場面では，多岐にわたる情報を絞り込む手がかりになり，行き詰まったときに立ち返る起点，さらに質問や意見の拡散を抑制するなど議論を形づくる。

③記録のスキルとコミュニケーションスキルがあること

　記録のスキルは，ケースに関する基本情報のまとめに活かされる。また，コミュニケーションスキルは，事実と解釈・判断・イメージを分けて述べることで，論理的な説明に活かされる。こういったスキルを駆使して提供された情報は，ケースに関する情報を持たないケース検討者の判断に大きく影響する。

　ただ，こういった情報は，スキルの問題だけでなく，経験や知識の影響も受ける。例えば，情報の量は，当該ケースと関わった時間に比例する。一方，情報の質は，目の前の事象から何を情報として選び取り，支援に関わる分析を行ったか解釈等に関わる知識を必要とする。

④内省的思考に必要な基本的な知識があること

　ケース提供者には，言葉にしてこなかった無数の質の判断がある。言葉にしていない質の判断が，「ピア関係」の中で気づきとともに言語化される。そこで問われるのが，経験あるソーシャルワーカーでありながら，その経験を絶対的なものとせず，捉え方の再構築を試みる内省的思考に必要な基本的な知識の理解である。

(2) ケース検討者の課題

　ケース検討者の課題は，以下の4つの点に含まれる。

①ピア・スーパービジョンに関する基本的な知識があること

ケース検討者には，ケース提供者同様，支持的機能や教育的機能などソーシャルワーク・スーパービジョンの基本的知識が求められる。また，ピア・スーパービジョンの意義や目的の理解が一層求められる。例えば，支持的機能を知識として理解するだけでなく，ケース検討の場面で発話の一言一言に反映されることが求められる。

②ピア・スーパービジョンにおける内発的動機の重要性を理解していること

内発的動機は，ケース選定の理由の記述や説明によって可視化・言語化される。ケース検討者には，内発的動機を記録や説明から読み取り，質疑応答に反映する力量が求められる。また，実際の検討場面では，ケース提供者が有する情報と内発的動機の関連を議論の柱に，質問を積み上げ，場を構成することも重要となる。

③情報処理のスキルと気づきを促すコミュニケーションスキルがあること

情報処理のスキルが働かない場合，ケースの検討が単発的な質問の応酬に終始し，感想や意見を繰り返すだけになり，思考の積み上げにいたらない。

また，実際の検討場面では，「あのー」,「うーん」,「えーと」,「でも」,「だけど」といったメタ認知的発話がみられる。メタ認知的発話には，①発話と発話をつなぎ合わせながら談話の流れをつくっていく（秩序を生み出す）談話連結詞としての（手続き的）機能。②自分自身や他者の瞬時瞬時の発話の中に秘められた"内なる声や心の葛藤"の表明，話し手の考えや意図に対する聞き手の疑問や反論の表明といった思考の明確化を図る機能がある（丸野 2008：11）。こういった知識を活かし，自己に向かう発話と他者に向かう発話をとらえ，検討の場を構成していくコミュニケーションスキルが問われる。

④内省的思考に必要な基本的な知識があること

　ケース検討者には，ケース提供者同様，経験あるソーシャルワーカーでありながら，その経験を絶対的なものとせず，捉え方の再構築を試みるといった内省的思考に必要な基本的知識の理解が求められる。

　実際の検討場面では，言葉にしてこなかった無数の質の判断に注視し，言語化を気づきとともに促していくコミュニケーションスキルが求められる。

　また，ケース検討者は，反福祉的な価値や偏った価値を含む言葉に注視し，非難や批判，支援の押しつけ，社会関係上のキーパーソンの見誤りといった評価を行う。ただ，評価したことをどのようにケース提供者に伝えるか，ケース検討者には気づきを促す表現の工夫が求められる。

4　ピア・スーパービジョンの方法とスキル

　ピア・スーパービジョンは，ケース提供者とケース検討者のそれぞれのよりよい支援に向けた努力のうえに成り立っている。ただ，日本では，「ピア関係」を有効にした取り組みは必ずしも多くない。そこで本節では，先駆的な取り組みを参考に，基本姿勢，方法とスキルを述べる。

(1) ピア・スーパービジョンの基本姿勢

　基本姿勢に関して，参考になる先駆的な取り組みがある。それは，渡部の「気づきの事例検討会」（渡部 2011-2012）である。渡部の取り組みは，スーパービジョン機能を取り入れ，かつショーンの内省的学習を重視する。しかも，「スーパーバイザーはいなくても実践力は高められる」という副題が示すように，ピア・スーパービジョンを念頭に置いた数少ない取り組みといえる。

　まずは，ピア・スーパービジョンの方法の手がかりをえるために，渡部の「気づきの事例検討会の基本姿勢」を紹介する。この基本姿勢は，ピ

ア・スーパービジョンで留意すべき全体を網羅し，実績を積み上げている点で参考になる。

①この事例検討会の目的は，利用者に対してより良い支援ができるように，どのよう理由で支援が困難になっているかを明らかにしていくことである。

②事例検討会では，事例提出者が課題だと考えていることを明確にし，それについて検討する（もちろんそれのみが検討の課題となるわけではないが，事例提出者の思考・感情・行動を尊重すること）。

③情報が十分でない段階で解決法は出てこない，ということを認識し，情報をしっかりと収集する。時期尚早なアドバイス，非難・批判，問題解決法探しに走らない。

④実践家にとって有効な学習方法である「内省的学習」，スーパービジョンの支持的・教育的要素の意味を認識し，事例提出者が十分理解，あるいは納得してやりとりを進めていく。事例提出者が納得できないこと，わからないことがあって当然だと認識し，それを表現できる雰囲気をつくる。さまざまな角度からの検討を経て，自分自身が「概念化」できたことは，次の実践での応用可能性が高まることを理解する。

⑤事例検討会では，あくまでも事例提出者に対する支持的な姿勢を一貫して保つ。しかし，「支持的」と「受身」は意味が異なることも理解しておく。事例提出者も検討メンバーも双方がお互いの実践を向上させるべく，必要なポイントは押さえてそれに関して検討を深める勇気を持つ。

⑥対人援助職者に要求される職業倫理や価値（利用者の福利の優先，自己決定尊重，秘密保持）を念頭におく。

⑦事例検討に必要な知識・技術の習得の重要性を認識して，自主的に継続学習する。

（渡部2007：14-15）

なお，特にお勧めしたいのは，DVDなど視聴覚資料である。ピア・スーパービジョンの全体をイメージし，留意すべき点も含めた事前学習と

して役立つと考える。

(2) ピア・スーパービジョンの実際

ピア・スーパービジョンの実際について，①事前準備，②ピア・スーパービジョンの展開に分けて述べる。

①ピア・スーパービジョンの事前準備

ケース提供者は，ピア・スーパービジョンで取り上げるケースを選定し，ケースに関する基本情報を記録にまとめる。なお，ピア・スーパービジョンに馴染みのないメンバーには，事前準備の一環として，スーパービジョンの支持的機能の理解やピア・スーパービジョンの目的など事前学習も必要である。

i) ケースの選定

ケース提供者は，実践を振り返り，経験を整理しながら数ある事象群の中から特定のケースを選定する。ここで重要なのが，ケース選定理由の明確化とケースのテーマ化である。明確化されたケース選定理由は，ピア・スーパービジョンで検討すべき論点になる。ケースのテーマ化は，ケースの概要説明で傾聴すべき情報の焦点化に結びつく。

ii) ケースに関する基本情報を記録にまとめる

ケース提供者は，記録のスキルを発揮し，ケースに関する基本情報を書面にまとめることで情報を可視化する。ここで重要なのが，情報の入手方法を明記することである。具体的には，ケース検討者が，自ら観察・確認した情報とほかから伝聞・転記した情報を区別して認識できるように配慮する。また，記録のスキルとして，事実を伝える叙述体や要約体，解釈や判断を伝える説明体など文体の使い分けが，情報の理解を助ける。

②ピア・スーパービジョンの展開

ピア・スーパービジョンの展開では，ケース選定理由等の説明を通じてケース提供者の内発的動機を共有する前半，ケースの基本情報の紹介やケースの検討など内省的思考に関わる後半に分けられる。

【前半】
i) ピア・スーパービジョンの目的やルールを互いに確認する
　ピア・スーパービジョンのメンバーは，開催に先立ち，「ピア関係」を活かしたスーパービジョンの目的やルールの確認を行う。特に，ピア・スーパービジョンの目的に関連し，2つの点が重要である。①ケース提供者が「ピア関係」の中で何を明らかにしたいのか，内発的動機を検討の柱にすること。②ピア・スーパービジョンの支持的機能が，「ピア関係」を通じて一層の内省を促すとともに，今後の支援，専門職性の開発に活かされること。

ii) ケース選定の理由とテーマについて説明する
　ケース提供者は，コミュニケーションスキルを発揮し，ケース選定の理由とテーマについて説明する。ケース検討者は，ケース選定理由に含まれる内発的動機に関わる論点，テーマに含まれる重要な情報の焦点化を図る。その際，必要に応じて質疑応答を繰り返し，メンバー全員の理解度を互いに確認する。
　なお，ケース検討者は，ケース提供者のコミュニケーションスキルの評価を行い，ケース提供者とケース検討者の波長合わせを行う。

【後半】
iii) ケースに関する基本情報を記録に基づき説明する
　ケース提供者は，ケース検討者に対してケースに関する基本情報を説明する。その際，記録項目を読み上げるだけでなく，情報の入手方法，補足的なエピソード，会話場面の紹介など自身が持ち合わせている関連情報を提供し，より効果的なスーパービジョンになるよう協力する。
　ケース検討者は，情報の理解のほか，エピソードや会話場面の紹介に含まれるケース提供者の非言語的な反応に注視する。

iv) ケースの説明に基づき質問を重ねる
　ケース検討者は，コミュニケーションスキルを発揮し，ケース提供者から提供された資料や説明に基づき質問を重ねる。その際，ケース提供者を含むメンバー全員は，ケース選定理由やテーマに含まれる論点を常に意識し，説明された資料および補足的な説明等との関連に留意して質問を組み

立てる。特に，クライエントとクライエントを取り巻く環境との関係では，面接場面を具体的に語ってもらうなど情報と解釈・判断・イメージとの整合性を点検する。その際，プロセス・レコードを用いて会話場面を再構成するなど可視化が効果的である。

なお，渡部は，可視化に加えて，ケース提供者とケース検討者によるロールプレイを取り入れている。ロールプレイを取り入れることで，ケース提供者がとらえている事実とクライエントの感情や考えを，立場を変えて考えることができる。

v）ケース検討の展開とまとめ
・ケース提供者の思いに共感しつつ，新たな視点の気づきを促す

例えば，ケース提供者が，クライエントの支援への思いの強さを表明する。ところが，思いの強さは，支援の押しつけや重要なキーパーソンの見落としに発展する場合がある。この場合，ケース検討者は，クライエントを尊重するという価値が，思いの強さに表れていることを共感的に受け止め，そのことを言葉で伝える。そのうえで，思いの強さが視点を狭くしている可能性を，クライエントの立場から振り返り，重要な他者の存在ないし関係の再確認を促す。このような働きかけによって，対象認識への気づきが促され，新たな視点でクライエントおよびクライエント・システムをとらえ直すことにつながる。

・ケース提供者の語りと表情を注視し，再考を促すタイミングを見極める

ケース提供者の語りや表情は，内省を自身で行おうとしているのか，他者に内省の糸口を求めているのかの手がかりになる。内省を自身で行おうとしている場合，自分の考えを深め，整理する時間（間合い）が必要になる。一方，他者に内省の手がかりを求めている場合，メンバーとの質疑のやりとりが必要になる。

特に，メタ認知的発話に着目した場合，質疑応答の積み上げが「考えの明確化，前提の問い直し，新たな根拠や理由の探求，考える範囲の見直しなど」（丸野 2008：12）につながることから，ケース提

供者の十分な観察が重要になる。

　また，ピア・スーパービジョンでは，結論を急がず，ケース提供者が納得しながら進めていくことも重要である。そのためには，ケース選定の理由に立ち返り，情報の質・量に関して一定の議論を積み上げ，行きつ戻りつの展開も必要である。最終的には，ケース提供者自身が自分の考えを表明できるタイミングを見極め，まとめに入る。

・内省したことを分かち合い，ピア・スーパービジョンの重要性を確認する

　ケース検討者は，時間的制約を意識し，ケース提供者にまとめを促す問いかけを行う。ケース提供者は，ケースを通じて内省したことを振り返り，今後の学習課題を表明する。ケース検討者は，ケース提供者の準備を労い，内発的動機を正に評価するとともに，内省的実践に向けて前進していることを伝える。そのうえで，ケース提供者とケース検討者は，ピア・スーパービジョンにおける「ピア関係」を評価し，継続的な取り組みの重要性を確認し，閉会する。

5　ピア・スーパービジョンの過程
―内省的実践者を目指して―

　本節のまとめに際して，図6-1-1にピア・スーパービジョンの過程を示している。まず，一定の実践経験を有するソーシャルワーカーは，自身が支援したN個の事象群からケースAを選定する。この選定には，報酬や利害を超え，よりよい支援を目指すソーシャルワーカーの価値・倫理から湧き上がる内発的動機が含まれる。それは，第三者評価機関や所属機関の長，スーパーバイザーの評価を得ることを第一義的な目的にしていない。あくまでも，ソーシャルワーク実践の透明性と公正さの追求であり，クライエントの問題解決を志向するソーシャルワーク・アイデンティティの共

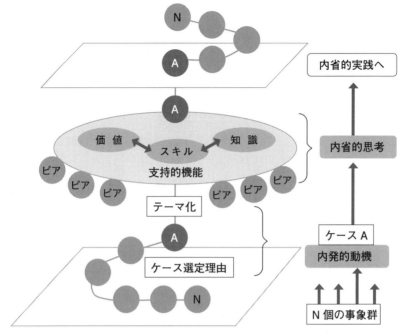

図6-1-1　ピア・スーパービジョン実践構造

有を目指している。

　次に、ケース選定理由が、テーマとともに、「ピア関係」を基盤にしたピア・スーパービジョンの場で説明される。ソーシャルワーカーが「ピア関係」に期待するのは、選定したケースから大きく離れ、慰め合いやできない理由探しを共有する仲良しグループではない。ケースに生じているミクロの問題にとどまらず、メゾ・マクロの視点を含めた多角的な分析を行う仲間（ピア）である。「ピア関係」では、内発的動機をガイドに、ケースに関わる事実と解釈・判断・イメージの関係が検討され、内省的思考を促す。その際、内省的思考を分析する枠組みになるのが、価値、知識、スキル（技能）である。例えば、価値に関していえば、①社会福祉およびソーシャルワーク専門職が固有に有する価値、②所属機関、制度、文化などソーシャルワーク実践に影響を及ぼす価値、そして③クライエントおよびクライエント・システムが有する価値が分析の対象になる。「ピア関係」

には，価値葛藤や反福祉的価値への対抗も含めて，専門職としての自己の内省が求められる。なお，「ピア関係」を基盤にしたピア・スーパービジョンでは，ソーシャルワークの理論およびソーシャルワーク・スーパービジョンの基礎知識が求められることはいうまでもない。

　内省的思考では，実践経験を絶対的なものとせず，捉え方の再構築を試みる真摯な姿勢が求められる。また，ソーシャルワーク実践の評価では，実践後だけでなく，実践中の言葉によらない無数の質の判断にまでさかのぼることを理解しておく必要がある。「ピア関係」の利点は，こういった質の判断に関して，実践に極めて近い位置にいる者の集まりということである。ただ，ピア・スーパービジョンは，グループを自明なものにしながら，あくまでも個の内省を深める場である。言い換えれば，個の実践を高く引き上げるために，互いが責任を分かち合う専門職の集まりといえる。

　N個の事象群から選ばれたケースAは，ピア・スーパービジョンを経て新たなN個の事象群の内省的実践へと引き継がれていく。以上，ピア・スーパービジョンの過程とは，ケースAの支援に関する内発的動機が，「ピア関係」を基盤にした内省的思考を経ることで，ソーシャルワークアイデンティティの共有，互いの専門職性の開発，責任を分かち合う専門職としての自己の形成にいたる過程をいう。

　　　　　　　　　　　　　　　　　　　　　　　（黒木　邦弘）

引用文献

Hare, R. T. and Frankena, S. T.（1972）Peer Group Supervision, *American Journal of Orthopsychiatry*, 42（3），527–529.

Kadushin, A. and Harkness, D.（2014）*Supervision in Social Work*, 5th ed., Columbia Unversity Press, 329.

北川清一・村田典子・松岡敦子（2005）「脱構築（deconstruction）分析による事例研究－ソーシャルワーカー・アイデンティティの形成を目指して」『ソーシャルワーク研究』31（2），61-69.

北川清一・松岡敦子・村田典子（2005）「脱構築（deconstruction）分析による事例研究－ソーシャルワーカー・アイデンティティの形成を目指して」『ソーシャルワーク研究』31（3），55-65.

北川　清一・松岡敦子・村田典子（2007）『演習形式によるクリティカル・ソーシャルワークの学び：内省的思考と脱構築分析の方法』中央法規出版，112.

黒川昭登（1993）『スーパービジョンの理論と実際』岩崎学術出版社，293.

丸野俊一編（2008）「"内なる目"としてのメタ認知自分を自分で振り返る」『現代のエスプリ』497，11-12.

岡本民夫・平塚良子（2004）『ソーシャルワークの技能』ミネルヴァ書房，95-100.

Schön, D. A.（1983）*The Reflective Practitioner*：*How Professionals Think in Action*, Basic Books.（＝ 2001，佐藤　学・秋田喜代美訳『専門家の知恵：反省的実践家は行為しながら考える』ゆるみ出版，77.）

渡部律子（2011-2012）「全 12 回　臨床力・実践力を身につける：気づきの事例検討会から」『ケアマネジャー』13（5）-14（5）.

渡部律子編著（2007）『基礎から学ぶ気づきの事例検討会 – スーパーバイザーがいなくても実践力は高められる』中央法規出版，14-15.

参考文献・資料

Gambrill, E.（2006）*Social Work Practice*：*A Critical Thinker's Guide*, 2nd ed., Oxford University Press, 101.

George, A. L. and Bennett, A.（2005）*Case Studies and Theory Development in the Social Sciences*, MIT Press.（＝ 2013，泉川泰博訳『社会科学のケース・スタディ：理論形成のための定性的手法』勁草書房．）

Hawkins, P. and Shohet, R.（2007）*Supervision in the Helping Professions*, 3th ed., Open University Press.（＝ 2012，国重浩一・バーナード柴・奥村朱矢訳『心理援助職のためのスーパービジョン：効果的なスーパービジョンの受け方から，良きスーパーバイザーになるまで』北大路書房，202-204.）

平塚良子；研究代表（2008）『ソーシャルワーク実践事例の多角的分析による固有性の可視化と存在価値の実証研究』（平成 17 年度〜平成 19 年度日本学術振興会科学研究費補助金基盤研究（C）研究成果報告書）

塩田祥子・植田寿之（2010）「ピア・グループ・スーパービジョンの意義と課題に関する考察」『花園大学社会福祉学部研究紀要』18，173-182.

渡部律子監（2007）『気づきの事例検討会：スーパービジョンの要素を取り入れて実践力を磨く』ビデオ全 2 巻，中央法規出版．

第2節 メンタリングの背景・実施

1 メンタリングが求められる背景

　企業や組織を取り巻く環境が急激に変化している。経済競争は国境を越え，人材も国境を越えて移動する。わが国の伝統的な終身雇用制度，年功序列による昇給や昇格，企業，組織内での相互扶助はもはや幻想になりつつある。個人は自らキャリアを切り開かなければならない。

　経済が右肩上がりで成長してきた過去の日本社会では，男性を中心とした企業社会に先輩と後輩のアフターファイブ（終業後）の関係や，会社の運動会，社員旅行などで上司，部下といった業務上の関係とは異なる関係を構築するゆとりがあり，仕事や生活のストレスをある程度発散してきた。しかしながら，バブル経済の崩壊やリーマン・ショックによる経済の長期的な停滞，ICT（Information and Communications Technology）による企業内におけるコミュニケーション方法の変化は，企業社会からそのようなゆとりや人間関係の幅を奪い去ったようである。

　さらに，職業に関する価値が多様化し，仕事を中心に生活を考える人たちだけではなく，仕事と生活を完全に切り分けたり，仕事以外の関係に価値の軸を置く人びとが増えたりすることで，企業内の人間関係は業務遂行の切り取られた関係のみに限定され，複層的な関係の構築がしにくくなっている。またICTの発展によるコミュニケーションの利便性の向上は，メールやメッセージ機能にコミュニケーションを集中させ，組織内のコミュニケーションに偏りを生じさせた。

　ところで雇用における男女の機会均等から，より積極的な女性の活躍を促進する動きが活性化している。企業の制度としては男女間で差別的な取

扱いがないはずであるのにもかかわらず，リーダーシップを発揮するポジションに女性が登用されていなかったり，本人の希望する部署でのキャリアが限定されたりする現実に直面する。これは男性が働き，女性が家庭を守るといった日本における伝統的，固定的な男女の役割分担の意識が根強く残り，現実の企業活動において男女間に差が生じていることの表れであろう。

厚生労働省は，このような状況に対して企業がより積極的に取り組むことをポジティブ・アクションと呼び，その取り組みは企業経営にもプラスの効果があるとして推奨している。ポジティブ・アクションの進展にはメンター制度やロールモデルを意識的に作っていくことが有効であるとされており，メンタリングは女性の活躍が期待される時代にも求められるシステムである。

平成19（2007）年に策定された「仕事と生活の調和（ワーク・ライフ・バランス）憲章」では，「国民一人ひとりがやりがいや充実感を感じながら働き，仕事上の責任を果たすとともに，家庭や地域生活などにおいても，子育て期，中高年期といった人生の各段階に応じて多様な生き方が選択・実現できる社会」を仕事と生活の調和が実現した社会としている。この憲章が策定された背景には，現実の社会において，派遣や非正規雇用といった不安定な就労形態，サービス残業の常態化といった厳しい就労状況によって，生活を維持するために働くことが，過労死のような悲惨な結果につながるケースもあり，仕事と生活のバランスに苦しむ人たちの存在がある。企業内の職務遂行や人間関係などの悩みごとの解消，社会人としてのアドバイスなど，上司と部下といった上下関係のみではない，斜めの関係性が求められている。

ソーシャルワーカーの人材育成として，スーパービジョンの方法が用いられてきた。メンタリングは既存のソーシャルワーカーのスーパービジョンや，研修システム，生涯教育の制度とどのように関係しているのだろうか。本節ではソーシャルワーカーを現場で育成する諸方法との関連をふまえ考察してみたい。

第2節 メンタリングの背景・実施

2 メンタリングの歴史

　メンタリングがわが国に導入されたのは1990年代であるとされる。メンタリングが求められる背景を鑑みれば，時代がメンタリングを求めたともいえよう。本稿はギリシャ神話が史実に基づくものかを明らかにするものではないが，メンタリングはギリシャ神話を起源としている。長くなるが引用したい。

　「メンターという言葉は，ギリシャ神話に登場する人物（メントル）の名前を語源としています。メントルは，トロイの戦争で有名なオデッセウス王の親友であり，オデッセウスが戦場に出かけるにあたり，留守中に，将来王位を継ぐ息子のテレマコスの教育を託された人です。
　メントルに託された役割とは，政治学，帝王学などの習得のほかに人格的成長を促すことで，テレマコスを次の王にふさわしい人間に育てることでした。ホメロスの叙事詩では，メントルは，よき教育者，理解者，ロールモデル，後見人として歌われています」（渡辺・平田 2006：18）。

　中世に入って技術職人のギルドにもメンタリングが適用され，若者がメンターの役割を担った師匠（マスター，マイスター）に弟子入りし，住み込みで技術を学び，自らがマスター，マイスターになるまでガイドされていた（Owen 2011）。商人，金細工職人，弁護士により発展されたこの過程は，組織化された社会の一部となっていった。また黎明期における大学では，学生を個人的に指導する教員をメンターと呼び，研究や学問上の指導を担当していた。メンターは学問を通じて，学生たちが一人前の知識人として成長していくことを支援する役割を担っていたのである。メンタリングのコンセプトは比較的早い時期から職業や学問における人材育成の方法として，英語圏において浸透しており1750年のオックスフォード英語

辞典に名詞として掲載されていた（Owen 2011）。

　医学における系列的なメンタリングは1890年代～1900年代にハーバードと関連する病院で存在していたとされる（Barondess 1995）。医学教育におけるメンタリングの継続的な重要性と威力は広く認識されている。同時代に開始されたビッグブラザーズ・ビッグシスターズ運動（Big Brothers Big Sisters；BBBS）は，100年以上にわたってボランティアによるメンタリングを青少年の育成で実践している。BBBSでは現在，一対一のメンタリングのみではなく，グループを活用したメンタリングやICTを用いたメンタリングなど，多彩なメンタリングが展開されている。ところで，BBBSの起源は，慈善組織協会の行っていた友愛訪問であることが知られている。ソーシャルワークは萌芽期から実践においてメンタリングを実践していたともいえよう。

　メンタリングはその後1980年代に入り，アメリカ，イギリスにおけるビジネス，教育，看護などの文献で再び取り扱われるようになった。特に看護学では1970年代から看護実践での患者からの要求の変化に伴い，看護教育の改革が迫られ，看護教育におけるメンターの役割の重要性が指摘された。看護のみではなく，ヘルスケアに関わる学生たちにとっては，特に実習現場でのメンターの役割に高い関心が集まった（Kinnell & Hughes 2010）。

3 メンタリングとは何か

　メンタリング（mentoring）は動詞としてのメンター（mentor）の動名詞であり，メンター（mentor）は，名詞でもある。コーチ（coach）と同じように考えれば，コーチング（coaching）は動詞としてのコーチ（coach）の動名詞であり，コーチ（coach）は，名詞でもあることに重なる。コーチはコーチングをするのであり，メンターはメンタリングをする。

企業や組織内で制度化されたメンターによるメンタリングは，メンター制度と呼ばれる。厚生労働省（2013）によれば「メンター制度とは，豊富な知識と職業経験を有した社内の先輩社員（メンター）が，後輩社員（メンティ）に対して行う個別支援活動です。キャリア形成上の課題解決を援助して個人の成長を支えるとともに，職場内での悩みや問題解決をサポートする役割を果たします」としている。

　メンターにあたる日本語訳として，厚生労働省は前述のように「豊富な知識と職業経験を有した社内の先輩社員」としているが，メンターの役割や機能を含めた包括的な日本語訳を探すのは不可能であろう。英和辞典では信頼のおける相談相手，よき指導者，師，師匠，よき指導者，有力な援助（庇護）者などがその訳として記されているが，メンタリングの歴史をふまえての意味を考えるなら，専門職のキャリアとの関連を含めなければならないだろう。また前述の定義ではメンタリングの受け手を「後輩社員（メンティ）」としているが，メンタリングの対象は後輩社員にとどまらず，学生であったり，見習いの技術者であったり，また専門職上のキャリア形成支援を受ける人全般となり，一般にメンティと呼ばれる。またメンティをフランス語のプロテジェ（protégé）と表記する場合もある。

　藤井ら（1996）はメンターとメンタリングについて「メンターとは，一般的に"シニアクラスの経験豊かな人であり，若い世代に人びとが組織の中で，あるいは専門家としてのキャリアを伸ばすことを助ける人"のことをいい，また，メンターが目をかけている若手に対して行う様々な支援行動（特にキャリア形成上の支援）のことをメンタリングという」とした。渡辺と平田（2006）は藤井らの調査を参考にしつつ，彼らの定義を修正しメンターを「職業という世界において，仕事上の秘訣を教え，コーチし，役割（ロール）モデルとなり，重要な人物への紹介役を果たすなどによって，メンタリングの受け手（メンティ）のキャリア発達を援助する存在」と定義を紹介している。

　このようないくつかの定義を吟味したうえで，本稿ではソーシャルワークにおけるメンタリングは，メンターがソーシャルワーク実践における秘訣を伝授し，スーパービジョンを展開しながらロールモデルとしてふるま

い，重要な社会資源や人物を紹介し，メンティのソーシャルワークのキャリア発達を支援するアプローチとプロセスであると定義しておく。メンターがメンティの直接の上司である必要性はなく，専門職団体の関係者，施設などの外部のスーパーバイザー，大学，大学院の教員などもメンターとして包括することができる。また，ソーシャルワーク全体からソーシャルワークの機能や支援の一部に特化したメンタリングもカバーできるだろう。

4 メンタリングの機能

(1) メンタリングの効果

メンタリングが広範囲で展開されているように，メンタリングの効果についても多角的に検討されてきた。ロシュ（Roche）は1,250名のビジネス・エグゼクティブに対して質問紙法による調査を実施し，メンターのいる人たちは，そうでない人たちと比較して高い報酬と満足を得ていることを明らかにした（Roche 1979）。榊原（関）ら（2013）は欧米の研究では「メンターからの支援が多いほど，メンティはキャリアにより成功し，精神健康が良好で，仕事と仕事以外の生活間での葛藤が少ないことが報告されている」と報告している。

わが国においても厚生労働省が平成24（2012）年に実施したロールモデル育成およびメンター制度に関するアンケート調査では，「メンター制度は，メンティのモチベーション向上はもちろん，メンター自身もメンティへの支援を通じて，人材育成意識が向上することなど，メンター，メンティ双方のメリットがあります。このほか，人材育成を重視するという会社のメッセージとなることや，部門・部署を超えたメンター，メンティのマッチングにより，組織横断的な連携・ネットワークが可能となり，組織風土の活性化に繋がることなど」が効果として挙げられた（厚生労働省 2013）。また，榊原（関）ら（2013）は，日本での研究から「メンターか

らのキャリア的支援量および心理社会的支援量が多いほど，抑うつ傾向および神経症傾向が低いこと，メンターからの支援の全体量が多いほど神経症傾向が低いこと，また，ライフイベントにより引き起こされるメンティの神経症傾向に対し，心理社会的支援量が緩衝効果を有すること」を報告している。

(2) メンタリングの機能

前述したようなメンタリングの効果を期待するためにはその機能について理解しておく必要があるが，メンタリングには一般に2つの機能があるとされる。藤井ら（1996）はメンタリング行動を「(a) 若い人に助言を与え，成長を促す仕事の機会をつくる，不適性な仕事に対する防波堤となる，などのキャリア形成を直接的に支援するような側面と，(b) 共感を示し，励ましを与え，若手にとっての役割モデルとなる，などの心理・社会的な支援を与えるという側面がある」として，クラム（Kram）による (a) キャリア的機能と (b) 心理・社会的機能であるとした[注1]。藤井らの調査（1996）では，クラムの機能を次元とし，さらに機能，意義を表にまとめたが，文章化して紹介したい（藤井らはメンティをプロテジェーと表記しているが，ここではメンティとした）。

(a) キャリア的機能

キャリア的機能は，メンティに組織適応に必要な知識や情報を提供し，組織社会化（socialization）を促進し，メンティがよい仕事やよい人間関係を構築するための適切な助言を与える支援機能である。また，メンティのキャリア形成に必要な仕事や役割の機会を創出し，適切な挑戦の機会を提供し，コーチとして知識やスキルを伸ばすための教育や指導を行う。さらにメンティ自身や，メンティの才能，業績を人びとの目にみえるように

注1 藤井らはクラムの文献を1985年に出版された以下の文献としているが，本節では日本語に訳されている1988年の文献を参考，引用した。
Kram, K. E.（1985）*Mentoring at Work：Developmental Relationship in Organizational Life*, Scott Foresman.

引き立て，スポンサーとして活動をさまざまな側面からバックアップする。このようなプロセスにおいてメンティが行き詰まっている際には必要な支援を提供し，キャリア形成にとってリスキーな状況ではメンティを保護する。

(b) 心理・社会的機能

「"心理・社会的機能"とは，専門家としてのコンピテンス，アイデンティティの明確さ，有効性を高めるような関係性の一面を指す」(Kram = 2003) 支援機能である。メンターはメンティにとって親しみやすく接し，メンティを尊重する姿勢を示す。またメンティのよき理解者として支持・受容し，共感を示し，必要に応じてメンティを勇気づけ，励ますことでメンティの有能感を育む。メンター自身の社会的な地位や信頼を活用し，メンティの保証人の役割を果たし，メンティの社会的信頼を付与する。メンター自身も共に学ぶ者として関わり，メンティの知識獲得を促進し，仕事や役割上のモデルとなる。

このようなメンタリングの主要な機能とスーパービジョンの機能を比較すると，スーパービジョンにおける教育的機能がキャリア支援機能と重複し，支持的機能が心理・社会的支援機能と重複する。スーパービジョンのもう一つの機能である管理的機能が，メンタリングの機能としては存在していないところがメンタリングの特徴でもある。すなわち，メンタリングは斜めの関係性を重視し，企業や組織の内外にオルタナティブな関係性を構築することが可能となり，ソーシャルワークのキャリアを発達させる重層的な支援システムとなりうる。

5 メンタリングの実施

(1) メンタリングの様相

メンタリングは，かつて組織の中で自然発生的に存在していたイン

表6-2-1　メンタリングの4つのケース

	フォーマルなメンタリング	インフォーマルなメンタリング
メンターが組織内の人材	①組織内にメンター制度として位置づけられるメンタリングのケース	②制度があるわけではないがメンタリングを意識した関係性のあるケース
メンターが組織外の人材	③特定のスキルやコンサルティングにおけるメンタリングのケース	④異業種交流会や勉強会などでの出会いを通じたメンタリングのケース

フォーマルな教育システム，サポートシステムを，意図的に作り出すものである。そのため既存のフォーマルな人材育成システムと併存させることができるとともに，併存することによって無理，無駄が発生しないようなシステムの構築が必要となる。一般にメンタリングのシステムを組織の内部に構築することが想定されるが，メンターを組織の外部に求めことも可能であり，さらにインフォーマルに存在し続けることも可能であるため，実際には**表6-2-1**に示す4つのケースが想定できる。

①メンターが組織内部に存在するフォーマルなメンタリング

企業や組織の内部にメンター制度を構築し，メンター制度を教育，サポートシステムとして位置づけるケースである。メンターは直接の上司ではないが，同組織内の人物であり，メンティは職場や組織の後進の者となる。組織内の人材育成の一環としてメンター制度が制度化され運用される。組織内の既存の研修，教育制度との併存が可能であり，組織内の人材育成の役割の一部を担う。

②メンターが組織内部に存在するインフォーマルなメンタリング

組織内にメンター制度といったものは存在しない。かつての先輩，後輩のような関係でもあるが，単に面倒見がよい先輩というだけではなく，異なるセクションを横断したプロジェクトなどで出会った組織内の人物の双方が，メンタリングを意識し関係性を継続させるケースである。本人たちがメンタリングを意識していなかったとしても，明らかにメンタリングと

して機能している場合もある。

③メンターが組織外部に存在するフォーマルなメンタリング

　新しい知識や特定の技術の習得やその実践，業務全般のコンサルティングや組織改革のガイドとしてメンターを組織の外に求めるものである。メンターはその分野の専門家であるが，組織のことを熟知しているわけではない。ソーシャルワークの現場において，第三者委員やオンブズマンとして組織とソーシャルワーカーと面識を持った者が，ワーカーのメンターとなる場合や，大学の教員がメンターとして実践現場に関わること，研究や調査方法など，特定の知識やスキルについてメンタリングを実施することなどもこのケースに含まれる。

④メンターが組織外部に存在するインフォーマルなメンタリング

　異業種交流会や勉強会，セミナーなどで出会った人物がメンターとなり，メンティのキャリア発達を支援する。共通の興味や関心を持ち，メンターはそのトピックについて熟知，熟達した人物である。②と同様に本人たちがメンタリングを意識していないが，明らかにメンタリングとして機能している場合もある。

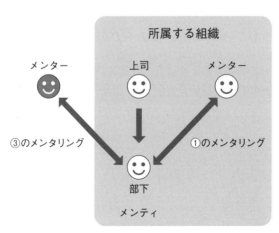

図 6-2-1　フォーマルなメンタリングの簡略図

インフォーマルなメンタリングではシステムの構築は必要がないため，メンタリングのためのシステムの構築が必要とされるのは①と③のフォーマルなメンタリングのケースとなる。メンターが組織の内部にいるにしろ外部にいるにしろ，フォーマルなメンタリングを実施するならば，組織としてメンタリングを位置づけなければならない。最も簡略化して図解化すると図6-2-1のように表すことができる。

　本稿では組織における人材育成としてもメンタリングを中心に論じているため，前述のような4つのケースのうち，特に①と③のメンタリングに着目し，そのプロセスを取り上げるが，実際には制度化されないインフォーマルなメンタリングも世間では幅広く存在し，機能していることを覚えておきたい。例えば日本で活躍したプロ野球の選手がメジャーリーグを目指し，先にメジャーで活躍している選手をメンターとして意識する場合もあるだろうし，貧困低所得家庭の子どもたちに対する勉強会にボランティアとして参加している大学生が，子どもたちのメンターとなる場合もあるだろう。また企業内の同窓会がメンタリングの機能をインフォーマルに果たしている場合もある。一組織内での人数が多くないソーシャルワークの場合は，専門職団体の活動を通じてインフォーマルなメンタリングが発展している場合，大学などで行われる研修会や座談会がメンタリングの機能を果たす場合などもありうるだろう。

(2) メンタリングの実施とシステムの構築

　メンタリングは図6-2-2に示すプロセスによって実施されるが，ビネットを通じて理解の深化を試みたい。

　　Sさんは30歳の男性のソーシャルワーカーで，総合病院の地域連携室で入院患者の退院支援を担当している。地域連携室はSさんの上司であるJさん（35歳女性），保健師2名，看護師2名と，新採用のソーシャルワーカーの計7名（Sさん以外は全員が女性の職場である）で構成され，退院支援だけでなく，地域の医療機関からの紹介の受け付け，病院が企画するイベントの広報や，ボランティアの受け入

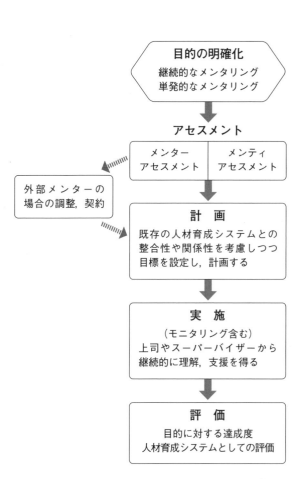

図6-2-2　メンタリングのプロセス

れなども担当している。Jさんは地域連携室長でもあり，連携室の誰からも尊敬される人材で医師からの信頼を得ているが，間もなく産休に入ることが予定されており，その後1年間の育児休暇をとることになっている。Jさんは病院の人事部と相談し，その間の室長の役割をSさんが担うことになった。Sさんは兄弟も男性兄弟のみで，学生時代もラグビー部で男性ばかり，自ら女性のみの連携室のリーダーシップをとることに戸惑いを隠せず，病院の人事部に相談に向かった。

①メンタリングの目的の明確化

　組織内にはさまざまな教育，研修制度が存在し展開されている。また人材育成の責任はその多くを直接の上司が担っている。このような既存のフォーマルな教育，研修制度，人材育成全体を点検し，メンタリングによって開発しようとしている人材育成について検討しなければならない。既存のシステムによってなし得ていること，なし得ていないこと，効果が上がっていること，効果が見いだせないことを精査し，メンタリングによって担える人材育成の分野を明確化し，メンタリングによる人材育成の目的を明確化することが必要である。目的の明確化においては，メンタリングを組織の継続的な人材育成のシステムとして構築するのか，または単発的なニーズベースのシステムとして実施するものなのかについて考慮しておきたい。

　　Sさんのケースでも病院内ではJさんが適切なスーパービジョンを展開しており，病院内外からの信頼を得るソーシャルワーカーであった。院内で開催される研修会で疾病に関する知識を得ることもでき，新人研修を始め係長研修や課長研修など，院内の既存の人材育成のシステムも機能している。しかしながら今回Sさんが初めて女性のみの地域連携室のリーダーとなるにあたって，Sさんの不安を解消するシステムはなかった。院内にリーダーシップ，特に異性のグループにおけるリーダーシップを涵養するための新しい仕組みが必要となっている。本ケースではこのニーズを解消することが明確な目的となった。

②メンタリングのアセスメント

　メンタリングはメンターとメンティの関係性によって成立する。メンタリングの目的を達成するためのメンターとメンティを同時並行的にアセスメントしなければならない。メンティが直面している課題を確認し，本人がメンタリングを通じて成長できる人材か，メンターとの関係を築くことのできる人材か等を見極める必要がある。それと同時にメンタリングに

よって解消させようとする課題を担えるメンター候補者のリストアップと選択をすることが必要である。メンターとしての機能を担える人材か，メンティとの関係性を築くことのできる人材かなどを見極める必要がある。また，メンターが組織内に見つからない，積極的に組織の外にメンターを求める場合もある。その場合はメンターとの連絡調整，契約，メンターの所属する組織との関係についても考慮しなければならない。

さらに，組織内でのメンタリングについてもアセスメントする必要もある。それによってメンタリングが組織内に十分に理解されていない場合は，候補者を含む組織全体にメンタリングに関する情報提供も必要となる。組織内でのメンタリングの実施や理解について情報を収集し，メンタリング実施のための情報提供の範囲や対象を考慮しなければならない。

> Sさんの勤務する総合病院の薬剤部では，男性，女性の薬剤師が入院患者，外来患者への調剤・製剤，医薬品の管理や情報の提供，臨床治験業務にあたっている。偶然であるが，調剤・製剤科は勤務している薬剤師のほとんどが女性であって，男性のK係長のみが男性であった。調剤・製剤科は窓口で外来患者に対する薬剤の情報提供なども担っているため，病院内でも忙しいところであったが，K係長はその様な状況を適切に把握し運営していた。そこで人事部はK係長に地域連携室のSさんの事情を説明したところで，快くメンターを引き受けることを快諾してくれた。

③メンタリングの計画

メンタリングを組織全体で展開する場合は，メンター候補者のリストとメンティ候補者のリストを擦り合わせてメンターとメンティのマッチングをする。メンティのニーズや希望を確認しながら双方の参画によるメンタリングを計画する。計画の策定にあたっては目標の設定と目標を達成するための方法やアプローチについて考察し，フォーマルな研修制度との齟齬や無駄な重複，双方に無理がないよう計画されることが求められる。さらにフォーマルな人材の育成を担っている直接の上司からもその実施につい

てサポートが得られるように配慮する。特にソーシャルワークの場合はスーパービジョンとの関係も意識しながら計画することが求められよう。

　SさんとK係長さんは人事部の仲介によって今回のメンタリングについて説明を受けながら，Sさんの不安を解消し地域連携室のリーダーとしてリーダーシップが発揮できるようK係長とのメンタリングの関係を計画した。2人は以前から面識はあったものの，あいさつ程度の会話くらいしか話をしたこともなかったので，まずは昼休みの休憩時間を合わせ，院内の社員食堂で一緒に食事をすることや，薬局の見学，調剤・製剤科のミーティングでの同席などが計画された。このような計画についてSさんの上司であるJさんも快く承認し，Sさんのソーシャルワーカーとしてのリーダーシップの成長を期待してくれた。

④**メンタリングの実施**
　計画されたメンタリングを実施する段階である。双方に無理がないよう，また既存の研修などを考慮しながら計画を動かす。上司からも継続的にサポートを受ける。メンタリングの担当者は計画どおりにメンタリングが実施されているか，適切な，モニタリングを実施し，フィードバックする。

　Sさんは計画通りにK係長と昼食を共にしたり職場の見学，会議の同席などをさせてもらった。当初女性のみの地域連携室をうまくマネージできるか不安であったが，K係長が同様の状況でもうまくマネージしている様子を垣間見て，またK係長が調剤・製剤科メンバーに対して常に傾聴の姿勢を保持していることなどを学び，Sさんにとっては未経験のリーダーとしての役割を担うかまえが整ったように感じることができた。K係長はSさんのスーパーバイザーではないので，Sさんの職務を管理する必要はない。そのためK係長自身もSさんとの対話をリラックスして進め，自らの職務を振り返ることにつながった。

⑤メンタリングの評価

　メンタリングの実施にあたって継続的にモニタリングが実施されるが，予定されていたメンタリングは目標を達成して，または計画された期限が満了し終了する。目標に対する達成度，メンター，メンティの双方に対する評価が実施される。さらに評価をふまえた既存の研修制度との併存などを検討し，記録を蓄積する。

　　Sさんのケースでは，病院内に存在していなかったメンタリングの方法について振り返りが実施された。Sさんの不安が解消されたか，双方の負担やベネフィットについて評価された。当初から昼休みを利用したり，K係長の通常業務をメンタリングの場として利用したことが，無理のないメンタリングとなり，継続的なインフォーマルな関係がSさんとKさんの間に出来上がったことが評価された。

　本稿ではメンタリングが求められる背景を考慮しながら，メンタリングの歴史を振り返った。歴史的にもメンタリングがソーシャルワークと関係していることは興味深い。またメンタリングの機能を言及するプロセスにおいてはスーパービジョンとの相違が明らかになった。
　ソーシャルワーカーは常に自らを振り返りながら実践を展開する。スーパービジョンにおける教育的機能，支持的機能はこの振り返りを支援する機能でもある。メンタリングはソーシャルワークのスーパービジョンにおける教育的機能，支持的機能を外側から支援することの理論的なバックアップともなる。また，メンタリングはソーシャルワーカーの人材育成のシステムだけにとどまらず，ソーシャルサポート・システムの一つとして位置づけることによってソーシャルワーク実践においても一つのアプローチとなるだろう。ソーシャルワーカーとしてメンタリングの理解を深め，人材育成の方法として，また実践の方法としてメンタリングを適用，実施することが期待される。

　　　　　　　　　　　　　　　　　　　　　　　　　（志村 健一）

引用文献

Barondess, J. A.（1995）A Brief History of Mentoring. *Transactions of the American Clinical and Climatological Association*, 106, 1-24.
藤井　博・金井壽宏・開本浩矢（1996）「ミドル・マネージャーにとってのメンタリング：メンタリングが心的活力とリーダーシップ行動に及ぼす効果」『ビジネスレビュー』44（2），50-78.
Kinnell, D. and Hughes, P.（2010）*Mentoring Nursing and Healthcare Students*. Sage.
厚生労働省（2013）『女性社員の活躍を推進するためのメンター制度導入・ロールモデル普及マニュアル―ポジティブ・アクション展開事業』平成24年度厚生労働省委託事業，公益財団法人日本生産性本部.
Kram, K. E.（1988）*Mentoring at Work：Developmental Relationships in Organizational Life.*, University Press of America.（= 2003，渡辺直登・伊藤知子訳『メンタリング―会社の中の発達支援関係』白桃書房.）
Owen, H.（2011）*The Complete Guide to Mentoring：How to Design, Implement and Evaluate Effective Mentoring Programmes*. Kogan Page.
Roche, G. R.（1979）Much ado about mentors. *Harvard Business Review*. 57，14-28.
榊原（関）圭子・石川ひろの・木内貴弘（2013）「日本語版 Mentoring Functions Questionnaire 9項目版（MFQ-9）の信頼性・妥当性の検討」『産業衛生学雑誌』55（4），125-134.
渡辺三枝子・平田史昭（2006）『メンタリング入門』日本経済新聞社.

参考文献

メンター研究会編（2011）『会社を元気にするメンタリングハンドブック―導入から実践』日本生産性本部生産性労働情報センター．

第7章

ソーシャルワーク・スーパービジョンとコンサルテーション

コンサルテーションの定義と方法
―その特徴・意義・可能性―

　本節では、ソーシャルワーク・スーパービジョンと類似したアプローチ法であり、実践家であるソーシャルワーカーを支援する機能や支援構造において類似する「コンサルテーション」を総論的に取り上げる。まず、コンサルテーションの定義を明確に提示して、スーパービジョンとの異同を明らかにする。そのうえで、スーパービジョンと同様に、ソーシャルワーカーたる実践家を支援し、実践現場の支援の質やサービスの質を向上させるアプローチ法であるコンサルテーションの種類と方法を整理し、その意義と可能性を示す。

1 コンサルテーションの定義

(1) 定 義

　対人サービス領域におけるコンサルテーションの方法を確立したのは、アメリカの地域精神保健福祉の発展に大きな貢献をしたカプラン（Caplan, G.）であることが知られている（Caplan 1970）。彼のコンサルテーションの定義は、保健福祉領域における「2人以上の専門職の相互作用を活用し、領域の異なる専門職に教育や指導をする過程」（Caplan = 2010）である。このアプローチ法は、「コミュニティの人々が、共にクライエントを支えようという理念を、方法論的に具体化させ、技術的に発展させる」地域援助の「基本的介入方法であり、実践上の重要な戦略の一つである」と位置づけられている（箕口・上手 2007）。クライエントの心理社会的問題の解決は、心理や精神保健の専門家一人によって行われる（専門家

中心主義）のではなく，クライエントを取り巻くコミュニティの人々と専門家の連携や協働によって行われる（コミュニティ中心主義）という発想がある（箕口・上手 2007），とする。

コンサルテーションはその後さまざまに定義され，その概念が発展した（Brown, Pryzwansky & Schulte 2011；国立特別支援教育総合研究所 2007；Kurpius ら 1993；箕口・上手 2007）。これらを総合するとコンサルテーションとは，(a) **異なる専門性を持つ複数の者**（コンサルタントとコンサルティ）が，(b) **自由意思に基づく任意の契約関係の中で**，(c) **支援対象となる特定の問題状況を検討し，よりよい援助のあり方を共に話し合い，解決する**，(d) **有期限の協働プロセス**のことである。自らの専門性に基づいてほかの専門職を支援する者（コンサルタント）が，その支援を受ける者（コンサルティ）の抱えるクライエントの問題状況（個人，集団，組織の場合を含む）を，より効果的に解決することを支援する目的で行われる。そのプロセスが目指すこと（**支援ゴール**）は 2 つある。一つは**クライエントに関わる問題状況の解決に用いられるサービスを向上させる**ことであり，もう一つは**問題解決に向けてコンサルティの力量を向上させる**ことである（Brown, Pryzwansky & Schulte 2011；国立特別支援教育総合研究所 2007）。

(2) 特 徴

この定義のように，コンサルテーションにはいくつかの特徴がある。

まず，①コンサルタント，コンサルティ，クライエントという三者が関わる構造を持つ（a；上記定義 a に対応。以下同様に a ～ d と表記）。また，②特定の専門的知識を持つコンサルタント（一般的には他職種；精神科医師や弁護士，経営コンサルタントなど）から，特別な知識や技術を提供する活動が行われる（a）。

一方で，③コンサルタントとコンサルティの関係は，自由意思を基盤とする契約に基づいて行われる（b）。コンサルタントとコンサルティは専門職とする任意で対等な関係にある。特別な階層的権力構造はない。このことも反映して，④コンサルタントには，組織としての特別な管理責任は

ない（b）。このためコンサルティは，コンサルタントの助言を必ずしもすべて取り入れる必要はない。利用できる部分を取り入れればよい。また「自発的に相談する」ことが中心であり（b），⑤コンサルタントが，クライエントへの援助活動に直接的に関与することは原則的にはない。間接的な援助形態を取るのが一般的である。

⑥目標志向型の支援プロセスである（c, d）。クライエントが関連したゴールの達成（サービスの向上など）と，コンサルティのゴール達成（コンサルティの力量向上など）が同時並行的に目指される。以上に関連して，⑦コンサルタントの役割は一定ではなく，コンサルティのニーズによって変わりうる（c, d）。

⑧有期限の協働プロセス（d）に関連して，危機介入時に用いられる危機コンサルテーションと，継続的に中長期的な問題解決を目指す定期的・継続的コンサルテーションに分けることができる。

なお，定義には明記されていないが，⑨コンサルタントの所属は，組織内部のこともあれば，組織外部のこともある。また⑩コンサルティは，家族など支援に関わる非専門職（インフォーマル支援者）である場合もある。

コンサルテーションは，分野的には，特別支援教育やスクールカウンセリングを中心とした学校コンサルテーション，精神保健コンサルテーションや，医療機関における精神医学的リエゾン・コンサルテーション，組織運営に関わる経営コンサルテーションの領域において，その取り組みが進んで来た。特に対人サービスに関わる学校コンサルテーション，精神保健コンサルテーションにおいては，前述定義がほぼ適用される。

2 ソーシャルワーク・スーパービジョンとの異同

コンサルテーションとスーパービジョンは，類似する支援機能と支援構

造を持つために，その区別があいまいになりやすく，混同して用いられることがある。そのため，以下にその異同を整理しておきたい。

(1) 共通する支援機能，支援構造

まずコンサルテーションとスーパービジョンに共通する支援機能，支援構造を整理する。そのためにソーシャルワーク・スーパービジョンの基本機能である「教育的機能」「支持的機能」「管理的機能」に注目して，それぞれの機能の特徴をまとめる。またその他の内容についても整理する（Kadushin & Harkness 2014；福山・照井 2010；植田 2010）。

①まず両者は共通して，「コンサルタント・スーパーバイザー」「コンサルティ・スーパーバイジー（以下「実践家」）」，「クライエントおよびその支援に関わる問題状況（個人，集団，組織の場合を含む）」という三者が関わる基本的な支援構造を持つ。両者には福祉サービスのクライエントの問題解決や利益が求められる点に留意が必要である。他方で法人の利益向上などを純粋に目指す経営コンサルテーション等は対象外となる。

②両者は共通して，実践家（コンサルティ，スーパーバイジー）の業務に焦点を当てて，サービスの質の向上，支援の質の向上のために，実践家の資質と力量の向上を目指す機能を持つ。

③【教育的機能】そのため両者は共通して，実践家に対して問題解決に有効な知識や技術を提供し，専門職としての資質と力量の向上をはかるという「教育的機能」を持つ。

④さらに両者は共通して，実践家を支援しつつ実践家と協働してクライエントに関わる問題状況の解決・改善を目指す支援構造を持つ。

⑤【支持的機能】このため両者は実践家に対する「支持的機能」を持つ。ただしコンサルテーションは，特定問題状況に関わる「支持的機能」に限定される。さらに，特に職種アイデンティティに関連した情緒的な「支持的機能」は基本的には提供されない。

⑥【管理的機能】クライエントの支援に関わる問題状況の解決・改善のために，両者は共通して「管理的機能」を提供する場合がある。

一般的には「管理的機能」はスーパービジョンによって提供される（植田 2010；菱沼 2011）。しかしクライエントの支援に関わる特定の問題状況が，集団的，組織的に生み出されていると考えられる場合には（提供するプログラムの改善が必要な場合等），運営・管理に関わるコンサルテーションが提供される。

　もちろんこのような場合には，運営・管理に関わるスーパービジョンも提供される可能性がある。ただし「管理的機能」とは別途に，「管理責任」をも考慮する必要がある（次項⑦参照）。

⑦【管理的機能】「コンサルタント・スーパーバイザー」が外部組織に所属する場合は，「コンサルタント・スーパーバイザー」と実践家との関係は基本的には任意の自由意思による契約に基づいて行われる。この場合「コンサルタント・スーパーバイザー」には，一般的には組織としての「管理責任」は生じない。一方で組織内部のスーパービジョンにおいては，スーパーバイザーには「管理責任」が生じうる。

⑧「コンサルタント・スーパーバイザー」は，クライエントへの援助活動に直接的に関与することは原則的にない。

⑨「コンサルタント・スーパーバイザー」の役割は一定ではなく，実践家のニーズによって変わりうる。

（2）異なる支援機能，支援構造

次にソーシャルワーク・スーパービジョンとは異なる支援機能，支援構造は，以下のとおりである。

①コンサルタントには組織的な「管理責任」は生じない。これに対して，スーパーバイザーが組織内部に所属する場合には，運営・管理スーパービジョンは組織上のラインの関係の中で行われる（「管理的機能」）。組織の管理責任に関わる支援が行われる。

②コンサルタントと実践家との関係は，専門職としては対等な関係にある。一方スーパーバイザーと実践家の関係は，上司と部下，先輩と後輩などという階層的関係，ある意味で「指導（支配）」と「応

諾」の関係（植田 2010，用語に筆者加筆）にある。
③スーパービジョンでは，ソーシャルワーカーの倫理綱領等に基づき，職種の専門性向上が継続的に目指される。これに対して，コンサルテーションでは，特定問題状況に関わる支援に限定した支援が提供される。職種における専門性向上に関する支援機能は，原則的には位置づかない（結果的にそのような効果があったとしても）。
④前項に関連して，実践家に対する「教育的機能」「支持的機能」の内容が異なる。コンサルテーションは特定問題状況に関わる「教育的支援」「支持的機能」に限定される。特に情緒的な「支持的機能」は限定的である。これに対してスーパービジョンは，主に職種の専門性に関わる「教育的機能」「支持的機能」が継続的に提供される。情緒的な「支持的機能」も，職種の専門性，アイデンティティの観点から提供される。
⑤以上とは全く異なる視点として，スーパービジョンが（同一職種の）専門職間の関係性であるのに対して，コンサルテーションでは，コンサルティが非専門職の場合がある（「1．コンサルテーションの定義」の（2）特徴⑩参照）。コンサルテーションでは，クライエントの問題解決の協働プロセスの中で，コミュニティの多様な支援の関係性を活用した取り組みが行われる。このため前述のとおり，コンサルティは家族など支援に関わる非専門職の場合が少なからずある。

　本節では，スーパービジョンとの対比を明らかにする観点から，コンサルテーションにおける実践家支援の側面に焦点を当てている。そのため，これまでの記述ではスーパーバイジーと同様に，「コンサルティ」＝「実践家」に限定して議論してきた。しかしすでに述べたように，コンサルテーションは「コミュニティの人々が，共にクライエントを支えようという理念を，方法論的に具体化させ，技術的に発展させる地域援助」の方法である（箕口・上手 2007）。ソーシャルワークの方法論としても，ソーシャルワーカーが地域におけるコンサルタントとして有効な役割を果たすことがで

きるよう，より幅広くコンサルテーションを位置づける必要がある。

（3）異同の位置づけに検討が必要な場合

　特に地域において多職種，多機関協働アプローチが行われている場合には，スーパービジョンとコンサルテーションの境界が不明瞭になり，それぞれの定義に検討が必要な状況が生じる。

　①多職種チームアプローチでは，他職種からの助言や協働的支援は日常的に行われ，他職種によるコンサルテーションの「教育的機能」と類似の機能を持つ。しかし，支援チーム内部の責任でそれらが日常的に行われている場合には，コンサルテーションとはいえない。

　②多職種チームにおける他職種の上司から提供されるスーパービジョンは，運営・管理スーパービジョンの機能を持つ。しかしそのスーパービジョンは，職種の専門性向上や職種アイデンティティ形成に関わるソーシャルワーク・スーパービジョンとはいえない。もちろんコンサルテーションでもない。

　③地域における多機関チームアプローチの場合には（ケアマネジメントチーム，地域連携チームなど），多機関の支援チーム内部の機関相互間において，経験豊富な実践家（ソーシャルワーカー等）から，他機関の実践家（ソーシャルワーカー等）に対して，サービスの質向上のために，組織運営やプログラム開発と評価，イノベーションなどに関するコンサルテーション的な支援が提供されることがある。そのような支援が，支援チーム自体が関与するサービスの発展に関わる場合には，それをスーパービジョン（同一職種間の支援の場合）と見なすのか，コンサルテーションとするのか，あるいはいずれにも位置づけないのか，検討が必要である。それらの支援行為を，契約上どのように位置づけるかに依拠する側面もあるであろう。

第1節　コンサルテーションの定義と方法—その特徴・意義・可能性—

3 コンサルテーションの種類と方法

(1) コンサルテーションの機能別にみた類型Ⅰ

　カプランは，コンサルテーションの機能別・目的別の類型を，次のようにまとめた（Caplan 1970）。すなわち，①クライエント中心のケースコンサルテーション，②コンサルティ中心のケースコンサルテーション（コンサルティ自身の課題解決を中心に，クライエントに関するコンサルテーションを行う），③コンサルティ中心の管理的コンサルテーション（コンサルティ自身の組織運営上の課題解決に対して，コンサルテーションを行う），④プログラム中心の管理的コンサルテーション（プログラム自体の改善に関わるコンサルテーション）である。

　すでに述べたように，コンサルテーションの目的・支援ゴールには2側面ある。一つに，クライエントの問題状況解決のためサービスを向上させること（「サービスの向上」）と，いま一つに問題解決に向けてコンサルティの力量を向上させること（「コンサルティの力量向上」）である。「サービスの向上」の支援ゴールに対しては，臨床的には，①クライエント中心のケースコンサルテーションが対応し，組織的には，④プログラム中心の管理的コンサルテーションが関与する。一方「コンサルティの力量向上」に対しては，臨床的には，②コンサルティ中心のケースコンサルテーションが，組織的には，③コンサルティ中心の管理的コンサルテーションが対応する。

(2) コンサルテーションの機能別にみた類型Ⅱ

　コンサルテーションは，契約に基づく有期限の協働プロセスである。その期間は大きく2つに分類できる。すなわち短期のものとして，①危機介入時に用いられる危機コンサルテーションがある。長期のものとしては，②定期的・継続的コンサルテーションがある。

(3) コンサルテーション形態別の類型

コンサルテーションを提供する形態としては，①個別コンサルテーションと，②集団コンサルテーションがある。このうち，①個別コンサルテーションは，コンサルタントが個別コンサルティの相談に応じるものである。面接のほか，電話やメールで支援を提供する場合がある。

また，施設や機関がコンサルテーション契約を結び，複数の所属スタッフを対象に行うコンサルテーションが，②集団コンサルテーションである。集団コンサルテーションでは，スタッフの研修会の機会を活用したり，ケース会議・事例検討会の場，部門の会議・委員会の場をコンサルテーションに用いることがある。

さて，個別コンサルテーションでは，クライエント中心のケースコンサルテーションが，コンサルタントの専門性（薬物依存，司法，緩和ケアなど）に基づいて行われることが一般的である。これはソーシャルワークの相談援助・ケースワークを進めるうえで行われるミクロレベルのコンサルテーションでもある。

他方でコンサルテーションは，「サービスの向上」も同時に目指している。このため，特に「コンサルティ中心の管理的コンサルテーション」や「プログラム中心の管理的コンサルテーション」では，法人・団体（施設や機関）における組織的な対応が求められる。さらには，ケースコンサルテーションの場合であっても，施設や機関がコンサルテーションを組織的に位置づける必要のある場合が少なからずある（クライエントへの対応が組織に及ぶ場合など）。このように，ケースコンサルテーションをも組織対応と位置づけた場合には，担当者への個別コンサルテーションと共に，組織としての集団コンサルテーションが連動して行われることになる。

(4) コンサルテーションの導入・実施プロセス

コンサルテーションの導入・実施プロセスを，ブラウン（Brown, D.）らに基づいて整理する（Brown, Pryzwansky & Schulte 2011）。その際，コンサルタントが，参入する組織においてどのような立場にあるのかを十分

に考慮しておく必要がある（箕口・上手 2007）。コンサルタントが外部組織にいるのか，あるいは内部組織の人材か。そのほか依頼主やコンサルティとの関係性，依頼主やコンサルティの組織における位置などである。

　ブラウンらは，コンサルテーションの導入・実施プロセスを 8 段階に整理した。それは，①組織への参入（entry into the organization），②コンサルテーション関係の開始（initiation of a consulting relationship），③アセスメント（assessment），④問題の定義づけと目標設定（problem definition and goal setting），⑤関わり方の方針選択（strategy selection），⑥実施（implementation），⑦評価（evaluation），⑧終結（termination）である（Brown, Pryzwansky & Schulte 2011）。

　まず①組織への参入では，まず組織の責任者の承認を得て公式の参入が行われる。続いて組織の現場スタッフから心理的な受け入れがなされ，コンサルテーションの協働作業がスタートラインに立つ。そのうえで良好な仕事上の関係性を構築し，②コンサルテーション関係が開始する。

　③アセスメントでは，コンサルティがコンサルテーションを必要とした問題とそれに関わる要因を評価する。同時にコンサルタントとコンサルティ相互関係に対するアセスメントをこの時期に適切に行っておく。

　そのうえで，④問題の定義づけと目標設定を行う。目標が設定されれば，それに対してコンサルテーションの⑤関わり方に関する方針選択を，コンサルタント・コンサルティ双方が行う。最終的にコンサルタントは，コンサルティ自身が代替策を考えることができるように支援する。

　コンサルテーションの方針が立ったら，それを⑥実施し，⑦評価によって見直し，コンサルテーションの方法を改善する。そのうえで，問題の解決がはかられたとコンサルタント・コンサルティ共に同意したときに，コンサルテーションは⑧終結する。

4 福祉コンサルテーションが必要なソーシャルワーク領域の課題・ニーズ

　ソーシャルワーク領域のコンサルテーションにおいて，必要とされるコンサルテーションの課題・ニーズは何であろうか。

　まずミクロレベルのケースコンサルテーションでは，複雑・困難な課題を持つクライエントの問題解決に必要な，特定の専門的知識・技術を提供できるコンサルタントの支援が求められる。分野・領域的には，薬物（物質）依存，司法福祉，性的マイノリティ，国際福祉，緩和ケア，その他医学一般・精神医学一般，心理，法学，その他の課題である。

　また，メゾまたはマクロレベルの実践領域として，「プログラム中心の管理的コンサルテーション」〔3（1）参照〕では，福祉プログラム開発と評価や，福祉プログラムのイノベーションに関わるプログラム評価の専門家，福祉経営マネジメントの専門家からのコンサルテーションが求められる。福祉プログラム開発と評価には，福祉実践研究方法論に通じた研究者によるコンサルテーションが必要とされる。

　さらに，福祉団体・組織や地域の福祉計画においては，福祉経営に関わる経営専門家，福祉計画の専門家からのコンサルテーションが求められる。同時に，管理的コンサルテーションでは，ICT技術・方法論の導入も必要とされることもある。

　メゾまたはマクロレベルの実践領域におけるこれらの課題・ニーズの解決は，他領域の専門職が提供するというよりは，マクロ実践のソーシャルワークや，特定分野のソーシャルワークに通暁した福祉専門職から提供することが望ましい。また資質と力量の高いソーシャルワーカーが，場合によっては部下や後輩たちに対するスーパービジョンを提供する一環として行うこともできる。コンサルテーション自体がソーシャルワークの援助方法論（マクロ実践ソーシャルワークの方法論）でもあり，その方法論をスーパービジョンで教育的にあるいは支持的に提示することも可能である。

5 ソーシャルワーク領域における コンサルテーションの実例

　前項をふまえて,ソーシャルワーク・スーパービジョンとの関係から,ソーシャルワーク領域における,実践家の人材育成に関わるコンサルテーションの実例を提示する。「プログラム中心の管理的コンサルテーション」として「実践家参画型評価におけるコンサルテーション」を,「コンサルティ中心の管理的コンサルテーション」として「組織の運営管理課題に関わるコンサルテーション」を取り上げる〔3(1) 参照〕。

　この両者は,マクロ実践ソーシャルワーク領域におけるコンサルテーションの中核的な実例である。コンサルテーションが「異なる専門性を持つ複数の者(コンサルタントとコンサルティ)」の支援関係にあるとすれば,同じソーシャルワークの専門職間の関係をも想定しなければならない。このため,典型的なコンサルテーションとは異なる。その一方で自由意思に基づく任意の契約関係に基づく関わりを維持しつつ,組織としての管理責任や特別な階層的権力構造を想定しない支援関係として,ソーシャルワーク領域において,今後重視すべきコンサルテーションと位置づけることができる。

(1) 実践家参画型評価におけるコンサルテーション

　近年社会福祉等の実践プログラム領域では,科学的根拠に基づく実践(Evidence-Based Practices；EBP)を中心に,有効性の科学的根拠が蓄積された効果的プログラムモデル(効果モデル；効果的実践のイノベーション)を開発し,それをより効果的なものへと改善・形成することへの関心が高まっている(大島 2010；2014)。また EBP など効果的福祉プログラムモデル(EBP 等効果モデル,または単に EBP 等)は,有効性が証明されても実施・普及が進まず,ニーズのあるごくわずかな人たちにしか行き届かない不適切な状況(サービスギャップ)が生じている(Brownson, et al. 2012)。これを改善するために,EBP 等の実施・普及を進める研究・実

践（実施・普及研究, translational 研究等）が世界的に発展を続けている（大島 2010；2015；Palinkas & Soydan 2012）。

　EBP 等は，元来，福祉サービスの利用者が望む問題解決を最も確実に行い，支援ゴールの達成を目指すゴール志向アプローチ，問題解決アプローチである（大島 2010；2014；2015）。これは同時に，ニーズに根ざした利用者中心アプローチでもある（Poertner & Rapp 2007；大島 2014；2015）。利用者にとっての有用な支援環境の開発は，ソーシャルワーカーの重要な責務であることは，平成 26（2014）年 7 月に改正された「ソーシャルワークのグローバル定義」でも明示された。そのためにソーシャルワーカーは，EBP 等を適切に開発し，より効果的なプログラムモデルへと形成・改善評価し，実施・普及するためのマクロ実践ソーシャルワークの確かな専門的方法論を身に付けることが求められている（大島 2014；2015）。

　このアプローチ法を福祉実践現場により体系的に位置づけ，地域や組織の実情に合わせて適合させ，効果的に機能させる社会的仕組みとして，実践家参画型福祉プログラム評価の方法論を，実践現場に導入することは不可欠な取り組みといえる（大島 2015）。このような取り組みを実践現場に定着させるために，実践家参画型評価におけるコンサルテーションを行うことができる福祉プログラム評価の専門性を有するコンサルタントによるコンサルテーションは，マクロ実践ソーシャルワークを実践するうえで重要である。

（2）組織の運営・管理課題に関わるコンサルテーション

　福祉実践を行う実践現場において，組織の運営・管理を行うマネジメントの方法論は不可欠である。クライエントのニーズを最も効果的に対応し，効果的に問題解決を行う支援プログラムの実施体制を整え，効果的なプログラムの実施・普及を進め，福祉サービス領域のイノベーションを促進するうえで，あるいは，福祉情報の共有化を進めるための ICT 技術・方法論の導入を進めるうえでも，これらの運営管理に関わる専門的知識と技術を豊富に持つコンサルタントの支援は必要である。

これらコンサルテーション業務は，一般企業におけるコンサルティング活動と共通する要素が数多く存在する。しかし，福祉サービス領域のコンサルテーションで重要なことは，その目的があくまでもクライエントの福祉の増進に資することである（Poertner & Rapp 2007）。運営・管理に関わるコンサルテーションは，福祉施設や機関など組織の経済的利益を追求することに貢献するものだけでは決してない。福祉領域のコンサルテーションが，前述したように，あくまでもコンサルタント，コンサルティ，クライエントという三者関係に関わる構造を持つことからわかるように，福祉サービスのクライエントを抜きにした組織運営のあり方を提示することはできない。あくまでも福祉サービスのクライエントの利益を最大化する運営・管理のあり方（Poertner & Rapp 2007）を追求するコンサルテーションを提供する必要がある。

6　コンサルテーションの意義と可能性

　力量があり資質の高いソーシャルワーカーがコンサルタントとして役割を果たすことが，よりよいマクロ実践ソーシャルワークを実践するうえでも，さらにはソーシャルワーク実践の質を高めるうえでも重要である。
　第5項で示した福祉コンサルテーションへの課題・ニーズのうち，マクロ実践ソーシャルワークに関わる課題への対応は，資質と力量の高いソーシャルワーカーが，コンサルタントとして，あるいはスーパーバイザーとしてその役割を果たすことが期待されていると考える。
　このコンサルテーションの機能は，メゾ・マクロレベルで提供されるスーパービジョンとは境界があいまいになる可能性がある。スーパービジョンとの最も大きな違いは，①上下関係ではなく，可能な限り水平な関係で支援を提供すること，横からの関係でサービスの質向上をはかることがある。また，②組織や地域というマクロ実践に寄与する程度が大きく，より組織へのインパクトが大きいことであろう。コンサルテーションの方

法を用いるか，スーパービジョンの方法を用いるか，選択と判断が必要となろう。

また冒頭に述べたように，コンサルテーションは，元来，クライエントの心理社会的問題の解決は専門職中心に行うのではなく（専門家中心主義）のではなく，クライエントを取り巻くコミュニティの人々と専門家の連携や協働によって行われる（コミュニティ中心主義）という考え方があった。その観点に立つと，前述の場合と同様に，個々のソーシャルワーカーがコミュニティにおけるコンサルタントとして，地域の問題解決をはかるという視点は，ソーシャルワークの援助技術として特に重要であろう。

最後にミクロレベルのコンサルテーションでは，複雑・困難な課題への有効な対応を進めるうえで，コンサルテーションの活用を今後体系的に進める必要がある。

スーパービジョンと類似の機能を持つコンサルテーションが，スーパービジョンと相伴って，ソーシャルワーカーの資質と力量の向上に貢献する体制を構築することが今後，ますます求められると考える。

（大島 巌）

引用文献

Brown, D., Pryzwansky, W. B. and Schulte, A. C.（2011）*Psychological Consultation and Collaboration: Introduction to Theory and Practice*, 7th ed., Pearson.

Brownson, R. C., Ross C. Brownson, R. C., Colditz, G. A., et al.（2012）*Dissemination and Implementation Research in Health: Translating Science to Practice*, Oxford Univ. Press.

Caplan, G.（1970）*The Theory and Practice of Mental Health Consultation*, Basic Books.

福山和女・照井秀子（2010）「第6章 コンサルテーション」岩間伸之・白澤政和・福山和女編『ソーシャルワークの理論と方法Ⅱ』ミネルヴァ書房，175-187.

菱沼幹男（2011）「CSWにおけるコンサルテーション」『コミュニティソーシャルワーク』（7），20-29.

Kadushin, A. and Harkness, D.（2014）*Supervision in Social Work*, 5th ed., Columbia University Press.

国立特別支援教育総合研究所（2007）『学校コンサルテーションを進めるためのガイドブック』ジアース教育新社.

Kurpius, D. J., Fuqua, D. R.（1993）Fundamental issues in defining consultation, *Journal of Couseling & Development* 71（6），598-600.

箕口雅博・上手幸治（2007）「コンサルテーション」日本コミュニティ心理学会編『コミュ

ニティ心理学ハンドブック（所収）』東京大学出版会，150-172.
大島　巌（2010）「精神保健福祉領域における科学的根拠にもとづく実践（EBP）の発展からみたプログラム評価方法論への貢献」『日本評価研究』10（1），31-41.
大島　巌（2012a）『CD-TEP：円環的対話型評価アプローチ法実施ガイド』（「プログラム評価理論・方法論を用いた効果的な福祉実践モデル構築へのアプローチ法開発」研究班，文部科学省・科学研究費補助金基盤研究，平成22年度科研報告書）（http://cd-tep.com/）
大島　巌（2012b）「制度・施策評価（プログラム評価）の課題と展望」『社会福祉学』53（3），92-95.
大島　巌（2014）「プログラム評価研究法の発展：到達点と課題」日本社会福祉学会事典編集委員会編『社会福祉学事典』丸善出版.
大島　巌（2015）「ソーシャルワークにおける"プログラム開発と評価"の意義・可能性，その方法：科学的根拠に基づく支援環境開発と実践現場変革のためのマクロ実践ソーシャルワーク」『ソーシャルワーク研究』40（4），267-277.
Palinkas, L. A. and Soydan, H.（2012）*Translation and Implementation of Evidence-Based Practice*, Oxford Univ Press.
Poertner, J. and Rapp, C. A.（2007）*Textbook of Social Administration：The Consumer- Centered Approach*, Haworth Press.
植田寿之（2010）「スーパービジョンとコンサルテーションの技術」社会福祉士養成講座編集委員会編『相談援助の理論と方法Ⅱ，第2版』中央法規出版，183-204.

第2節 社会福祉分野におけるコンサルテーションの実際

1 コンサルテーションとは

(1) コンサルテーションの必要性

　近年，地域包括ケアが打ち出され，医療モデルから生活モデル，社会モデルへの支援が求められる流れの中で，ミクロレベルにおいては全人的な包括ケア，メゾレベルにおいては多職種連携・協働，マクロレベルにおいてはソーシャルアクションを志向するソーシャルワークが求められている。また複雑な問題に対応することが多くなってきた支援者に対するソーシャルワークの価値や倫理の共有や研修，キャリア支援，メンタルヘルスへの支援など支援の質を向上させる取り組みが必要不可欠となっている。

　これらの支援の質の担保やさらなる質の向上のためには，スーパービジョンやコンサルテーションが重要な位置を占める。しかしこの両者は，わが国においては，必要とされていながらも，いまだ体系化されていない現状がある。特に社会福祉施設においては，その成り立ちや構造的な諸側面から，本来のスーパービジョンやコンサルタント機能が変質してしまう危険もある。

　本節では，社会福祉の分野におけるコンサルテーションに焦点を当て，その意義について整理していく。

(2) コンサルテーションの目的

　自らの専門性に基づいて他の専門家を援助する者を「コンサルタント」，そして援助を受けるものを「コンサルティ」と呼んでいる。カプラン（Caplan）は，コンサルテーションを「精神保健分野における2人以上の

専門職の相互作用を活用し，領域の異なる専門職に教育や指導をする過程である」と定義している（Caplan=2010）。この2人の専門家とは，コンサルタントとコンサルティをさすことになる。基本的には，コンサルティの抱えている利用者に関係した特定の問題を，コンサルティの仕事の中でより効果的に解決できるように援助する取り組みのことである。したがってコンサルテーションとは，異なる専門性を持つ複数の者が，援助対象である問題状況について検討し，よりよい援助のあり方について対話する過程をいう。

リエゾン精神看護のモデルを構築した野末（2004）は，コンサルテーションを「ある特定の事柄についての専門家であるコンサルタントが，その事柄についての非専門家であるコンサルティから，実際的な問題についての相談を受け，その状況を改善するために，コンサルティの知識や技術を助長するよう側面的援助を行うこと」と定義をしている。また，リピット（Lippit）らは，「コンサルテーションの過程の目的は，発生した問題に対処するために，内部や外部の資源を動員，活用し，変革のための努力である」とコンサルテーションの目的を明確にしている（Lippit & Lippit 1994）。つまり，問題解決の方向性と同時に，将来，コンサルティが同様の問題に直面したときに，それに対処できる能力を発揮できるようにしていくことは，カプランの定義の側面的援助となる大切な視点である。

(3) コンサルテーションの成立要素

前述のコンサルテーションの定義や目的からみえてきた重要なことは，コンサルテーションが成立するためには，前提条件が不可欠であるという点である。金子（1991）は，その前提として，
　①任意の相互関係で，2者が存在するということ
　②何とかしたい，解決したいという思いがあること
　③どんな組織にも弱点があること
　④コンサルティとコンサルタントがいっしょに問題の解決にあたること
　⑤コンサルティは意思決定および解決策の実行の責任を持つこと
と規定している。

つまりコンサルティが専門性を持つコンサルタントから，自らの業務の問題や課題の解決のためにコンサルテーションを活用するという姿勢が求められ，その所属する組織の方針としてコンサルテーションを導入していくことが合意形成され，組織決定していくことが必要である。また，コンサルティにその意味を浸透させていかなければならないということにつながる。

　ブラウン（Brown）らのコンサルテーションの定義は，コンサルテーションが成立する要素を含めて以下のように整理している（Brown, Pryzwansky & Schulte 1995）。

①コンサルタントとコンサルティとの間で問題や課題を解決する過程のこと
②コンサルタントとコンサルティとの間においてさまざまなレベルを用いたコンサルテーションによって進められる協働作業のこと
③コンサルタントとコンサルティには，双方においてさまざまな領域における専門家や非専門家が含まれていること
④コンサルタントは，コンサルティ自身がコンサルテーションの技能を習得できるように直接的な支援を行うこと
⑤コンサルタントは，コンサルティを通じて，クライエントへ間接的な援助やサービスを提供することから「コンサルタント，コンサルティ，クライエント」との間に三者関係が存在すること

（4）コンサルタントに必要な資質

①コンサルタントの位置

　コンサルタントとは，自らの専門性である知識・技術を外部のソーシャルワーカー等に提供し，問題解決に向けての相談を受けることのできるスペシャリストのことである。実践現場を鋭く観察，洞察できる感受性を備えていることが必要とされ，その専門的技術を該当する問題に適用できなければならない。以下に組織におけるコンサルタントの位置についての特徴を整理する。

　ⅰ）コンサルタントは，コンサルティと異なる専門性や能力を持つ

ii) コンサルタントは，コンサルティとは対等な関係である
iii) コンサルタントは，助言，教育，支援を行うことはできるが，組織内での権限は付与されていない
iv) コンサルタントの助言等をどのように取り入れていくかは，組織側に任されている

　このように，コンサルタントを活かす主体は，組織側にあるということと，コンサルタントとコンサルティの関係は，上下関係でなく，また権威にも左右されない，専門職同士としての対等な関係にあることにその位置づけの特徴がある。以下，コンサルタントに必要な資質や能力について整理していく。

②専門職としての自己覚知と実践能力の客観的理解

　コンサルタントに必要な能力は，自分自身の専門性に対するアイデンティティの確立が求められる。自らの専門分野のジェネラルとスペシャルな専門領域の内容について客観的理解が重要となる。

　前述の理解を基盤に，自らの現有能力では，コンサルティの問題に対応することが困難であると判断することも大切となり，その場合は率直に，コンサルティに伝え，ほかのコンサルタントや社会資源を活用していくことを進めていくことが誠実な対応となる。

③コンサルティと対等な関係を構築する能力

　コンサルタントは，コンサルティとの関係において，助言を行うという立場から，そこに権威性や従属性などの関係が生まれやすい。このことにより，コンサルタントが当該組織の運営管理者として変質してしまうことがある。またそのような意識に巻き込まれやすい環境がある。しかしながらこの関係性では，コンサルティの主体性を奪うことになり，むしろコンサルタントに依存してしまう危険性を含んでいる関係性であることを自覚しておく必要がある。

　したがって，互いの専門性を尊重し，支援の質を高めていく協働関係者，パートナーであるという対等な関係を構築していくコミュニケーショ

ンの積み重ねが求められる。またコンサルタントはコンサルティに対して，問題解決の方法や変化を起こすための具体的な助言者であるが，変化を強要するものではなく，側面的援助者として，コンサルティの自己決定を尊重することが必要となる。

④コンサルティの問題や課題の本質を見極める能力

コンサルタントとコンサルティの関係は，契約等によりすでに信頼関係が成立していることになる。したがってコンサルテーションの開始期には，コンサルティが直面している利用者の問題，チームとの問題，組織との問題等の困り感を，「いつ（When），どこで（Where），誰が（Who），何を（What），なぜ（Why），どのように（How），どのくらい（How many），いくら（How much）」という5W3Hから確認していくことが必要となる。重要なことは，問題の本質を包括的視点でとらえていき，コンサルティに気づきを促しつつ，自らの直面している問題を客観視していくことができるようにしていくことである。

⑤コンサルティの問題解決に向けてのアセスメントの能力

前述③のコンサルティとの協働関係の構築を図りつつ，コンサルタントは，問題解決に向けての情報を収集していくことが求められる。コンサルティからの聴き取りはもちろん，利用者の状況や記録類のデータを集めていくことも必要となる。

組織には，さまざまな情報がいたるところに存在する。利用者を取り巻く物理的，人間関係的，プログラム的，地域的な環境を把握しながら，コンサルティの問題とすり合わせていくことが大切となる。

このアセスメントにおいては，利用者や組織の関係者の個人情報を収集することになる場合もあるが，それらの収集に関しては，コンサルタント契約の中で，問題解決に向けての必要な情報開示に関しての取り決めを相互に交わしていくことが求められる。コンサルタントは個人情報の保護に関する規定も契約に規定していくことが必要となる。

⑥コンサルティの側面的援助者としての教育的能力

コンサルティが問題を解決するために必要な知識や技術の習得のためには，コンサルタントの教育機能が重要な位置を占める。

教育に関しては，前述のコンサルタントとコンサルティの対等な関係を堅持しつつ，アセスメントに基づき，コンサルティの状況や力量に合わせて，計画を立てていく必要がある。

したがって，ⅰ) 問題解決のために，どのような学びがコンサルティに必要なのか，ⅱ) 組織の研修計画と本質的な相違はないか，ⅲ) コンサルティ自身が現状をいかに把握し，問題解決に向けてどのような方向性が見いだせる可能性があるのか等の視点から，計画の立案をしていくことが重要となる。

また社会福祉分野の組織の構造としては，硬直的，縦割りな状況であることも少なくないことから，コンサルタントの介入により，社会一般の中での組織の位置づけや専門職としての客観的位置づけの気づきを促すことも教育の視点の中に取り入れておく必要がある。

さらに異なる専門性という立場からの教育となることから，当該専門職の専門用語や略語に関してはわかりやすく，具体的に伝えることを意識しなければならない。特に専門用語には，その専門職の風土的な意味合いが付加されていることが多く，正確な意味を丁寧に伝えていくことも求められる。

⑦コンサルタントのぶれない立ち位置を堅持する能力

コンサルタントは，組織の中では，個として活動することになり，また介入によりその過程は，様々な問題に直面することになる。そこでコンサルタントは，自らの無力感や孤独感，ジレンマを感じることは少なくない。

それはコンサルタントの助言や教育は，コンサルティが必ず実行，実施する義務というものがなく，簡単に問題解決に結びつく問題はほとんどないからである。

そのような状況の中においては，どうしても権威的，支配的，教条的な

コンサルテーションに陥ってしまう危険性がある。その意味では，コンサルタントは，自らがスーパービジョンを求めていくことも重要となる。さらには他のコンサルタントや社会資源が問題解決に有効な場合もあり，自己の位置を客観視していくことも重要となる。

⑧コンサルティに必要な能力や姿勢

前述①〜⑦において，コンサルタントに必要な能力を整理したが，コンサルテーションは，コンサルタントとコンサルティとは対等な立場であり，互いに専門職であることから，双方に責任が付与されているといってもよい。

以下にコンサルティに必要な資質や姿勢を整理しておく。

ⅰ）問題に気づく力
ⅱ）問題を解決していこうとする力
ⅲ）コンサルタントを活用していこうとする力
ⅳ）コンサルティの抱えている苦悩を表現する力
ⅴ）コンサルタントの助言等を咀嚼する力
ⅵ）コンサルタントの助言等を実践する力
ⅶ）実践を評価し，表現する力

このように前述の力を獲得していくためには，スーパービジョンとの有機的な関係が求められる。

2 社会福祉分野におけるコンサルタントの実際

（1）福祉サービス第三者評価

コンサルティングが成立する要素として重要なことは，コンサルティングを受ける組織とコンサルティが自らの問題や課題を主体的に解決していきたいという意識が前提となる。その意味では，自らの組織の問題点に気

づいておかなければならない。換言すると、組織や自らの資質等の「強み」「弱み」等を把握することが求められる。

その把握のためには、客観的な指標が必要であり、例えば福祉サービス第三者評価事業を活用することが考えられる。この事業は、平成9(1997)年に当時の厚生省で検討が始まった社会福祉基礎構造改革の基本的方向の「信頼と納得が得られるサービスの質と効率性の向上」を具現化する仕組みの一つとして位置づけられており、平成10(1998)年の中間まとめでは、以下のように整理されている。

「サービス内容の評価は、サービス提供者が自らの問題点を具体的に把握し、改善を図るための重要な手段となる。こうした評価は利用者の意見を採り入れた形で客観的に行われることが重要であり、このため、専門的な第三者評価機関において行われることを推進する必要がある。」とされており、専門的な第三者機関によって客観的な評価が行われていくことは、コンサルテーションの出発点となりうる。

次項にて、筆者が関わった横浜市の福祉サービス第三者評価の特徴と評価の内容を整理し、コンサルテーションとつなげていく。

(2) 横浜市福祉サービス第三者評価―評価票(障害)

横浜市(2009)は、高齢、障害、児童の3つの分野の部会の中で、独自の評価項目を作成し、実施してきた。その特徴は、本来あるべき姿、将来あるべき事業所の姿を想定し、期待基準を項目の中に盛りこんでいる(**表7-2-1**)。

評価の枠組みは、6つの評価領域(Ⅰ～Ⅵ)からなり、領域ごとにミクロ・メゾ・マクロレベルの評価分類となっている。また領域がそれぞれ独立しているのではなく、相互に関連させて、総合評価していく視点に特徴がある。特にⅣ～Ⅵ領域に関しては、事業所の経営、運営の領域であり、3つの分野には共通の領域となっている。

評価基準としては、最高評価のA～C評価まであるが、単なるミシュランのような3つ星というようなものではなく、各評価項目において、工夫事例があるかということに重点を置いている。たとえ現時点ではC

表 7-2-1　横浜市福祉サービス第三者評価—評価票（障害）

	評価領域Ⅰ　利用者本人の尊重
評価分類	Ⅰ－1　利用者本位の理念 Ⅰ－2　利用契約時の対応 Ⅰ－3　利用者のニーズを正しく把握した個別支援計画の作成 Ⅰ－4　利用者の状況の変化に応じた適切なサービス提供の実施 Ⅰ－5　快適な施設空間の確保 Ⅰ－6　苦情解決体制 Ⅰ－7　プライバシーの保護・人権の擁護 Ⅰ－8　自立生活・地域生活への移行 Ⅰ－9　特に配慮を要する利用者への取り組み
	評価領域Ⅱ　サービスの実施内容
評価分類	Ⅱ－1　利用者本位のサービス提供（食事，入浴，排泄等） Ⅱ－2　コミュニケーションの支援 Ⅱ－3　日中活動の支援 Ⅱ－4　余暇・生活内容の充実 Ⅱ－5　健康管理 Ⅱ－6　金銭管理 Ⅱ－7　施設と利用者家族との交流・連携 Ⅱ－8　就労の機会の提供と就労に向けての支援 Ⅱ－9　利用契約時の確認と開始時の対応 Ⅱ－10　就労に向けての支援
	評価領域Ⅲ　地域支援機能
評価分類	Ⅲ－1　施設の専門性を活かした地域住民に対する相談・サービスの提供
	評価領域Ⅳ　開かれた運営
評価分類	Ⅳ－1　施設の地域開放・地域コミュニティへの働きかけ Ⅳ－2　サービス内容等に関する情報提供 Ⅳ－3　福祉に関する普及・啓発・ボランティア活動等の促進
	評価領域Ⅴ　人材育成・援助技術の向上
評価分類	Ⅴ－1　職員の人材育成 Ⅴ－2　職員の援助技術の向上・一貫性 Ⅴ－3　職員のモチベーション維持
	評価領域Ⅵ　経営管理
評価分類	Ⅳ－1　経営における社会的責任 Ⅳ－2　施設長のリーダーシップ・主任の役割等 Ⅳ－3　効率的な運営 Ⅳ－4　危機管理

〔横浜市（2009）『横浜市福祉サービス第三者評価：評価票（障害）』（福祉サービス第三者評価）. (http://cgi.city.yokohama.lg.jp/kenkou/fukushi/uploaded/life/119227_7615817_misc.pdf, 2015.3.3)〕

評価であったとしても，そのことを組織においていかに自覚しているのかが重要であり，改善，工夫をしていく具体的実践が求められている。

さらには，この第三者評価は，第三者評価機関による一方的なものではなく，自己評価，利用者・家族等のアンケートや聴き取り，職員からの聴き取りなども実施し，総合的な評価が行われる。したがってこの評価は，事業者に気づきを促進させていく効果があり，コンサルテーションを導入していくにあたって，事業所の現状を自らが，整理していく意味で重要な位置を占める。

この第三者評価を受けるにはコストがかかることからも事業所の主体性が求められているのはうまでもないが，評価結果をどのようにとらえ，サービスの質に向上させていくかという次の段階が重要であり，前述した事業所の強みをより強化していき，弱みを強みに変えていくためにも，スーパービジョンやコンサルテーションが不可欠になってくる。この一連の流れは，まさに組織のマネジメントの中にしっかりと位置づけられていかなければならない。

(3) コンサルテーションのモデル

コンサルテーションは，組織等において解決すべき問題のどの要素に焦点化するかによって，そのアプローチは変わってくるが，以下のようなモデルが考えられる。

①コンサルティの資質向上に焦点を当てたコンサルテーション

コンサルティ個人に対する資質の向上を目指すものである。スーパービジョンも同様であるが，コンサルティがコンサルテーションを必要とする背景には，自らの支援に対して，以下のような不安の状況がある。これらの状況をスーパービジョン等で，意識化，客観化する前提条件が必要である。

ⅰ) 知識不足による不安, ⅱ) 技術不足による不安, ⅲ) 利用者との信頼関係不足による不安, ⅳ) 組織での自らの位置の不明瞭の不安, ⅴ) 制度や事業所の風土との葛藤の不安である。

前述の不安の解消と軽減を含め，コンサルティの資質の向上を図るため

に，コンサルタントは，専門的な助言，教育，研修などを行うことである。このコンサルタントにより，コンサルティの価値観が確認でき，知識や技術の習得を伴いながらコンサルティのエンパワメントにつながることを目指すものである。

②利用者の支援やケアに焦点を当てたコンサルテーション

コンサルティは，個別支援および自立支援計画を立てて，利用者に支援を行っているが，計画どおりに支援が展開されていくのではなく，さまざまな課題や問題が発生することも少なくない。また特定の利用者の個別の問題は，複雑な課題が絡み合っていることが多く，さらには重層的な問題が存在すればするほど，チームやネットワーク支援が不可欠となる。

したがってこの重層的な問題に合わせて，専門的なコンサルタント，例えば医師，看護師，弁護士，臨床心理士，作業療法士などがコンサルティに対して，知識や技術などの助言や指導，教育を行うことになる。このコンサルタントを通して，モニタリングや再アセスメントに活用することを促していく。またケースカンファレンスやケア会議等においての助言も含まれる。このモデルは，事業所内のスーパービジョンとの連動も重要となり，利用者支援の質的向上を目指すものである。

③組織の運営管理のプログラムに焦点を当てたコンサルテーション

利用者とその家族から信頼され，支援される事業所になるためには，ソーシャルワークの価値と倫理に基づいた専門的な支援を高いレベルかつ個人差がない状態で行わなければならない。組織全体が，質の高い支援を目指し，自らの属する組織の存在意義が明確であるなら，利用者の満足度は高くなるといえるからである。

したがってこのモデルは，中間管理者や運営管理者がコンサルティとなり，組織を運営するにあたってのプログラムの評価やその管理に対して助言等を行っていくことになる。具体的には，職員に関するプログラムとして，職員採用，職員研修，キャリアパスなどの支援，メンタルヘルスなどが挙げられる。また利用者支援に関するプログラムとしては，リスクマネ

ジメントやヒヤリハット，苦情解決制度，虐待防止などの取り組みの諸システムに関して焦点を当てるものである。

④**組織の運営管理に焦点を当てたコンサルテーション**
　営利，非営利組織に限らず，組織力は，ヒト，モノ，カネ，情報，技術といった経営資源をマネジメントする力に大きく左右される。したがって管理者のマネジメントは，大きく「仕事の管理」と「人の管理」に分けられるが，仕事の管理では，経営計画づくりから，業績や生産性の向上，業務改善などが含まれ，人の管理では，顧客満足度の向上から人材育成，組織コミュニケーションの円滑などが該当する。それは社会福祉法人を主とする組織は，法人格を持っており，その人格がどのような理念と価値を持ち，それを具現化していこうとする職場風土をいかに堅持していくことができるのかということが求められている。具体的には，管理者が組織と人を動かしていくには，「リーダーシップ」「マネジメント」「ファシリテーション」「コラボレーション」の4つの機能を循環させていくマネジメントが不可欠であり，ここに焦点を当てるものである。筆者が関わっているK社会福祉法人の4つの機能の具体的目標は図に示したとおりである（**図7-2-1**）。

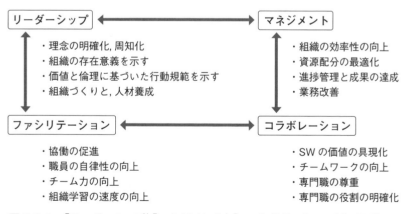

図7-2-1　「リーダーシップ」「マネジメント」「ファシリテーション」「コラボレーション」の循環
SW：ソーシャルワーク
〔筆者作成〕

したがってコンサルティは，管理職となる。リーダーシップの欠乏，権威的，官僚的問題，職務分掌の不明瞭，報告・連絡・相談の不足，コミュニケーションの不足などをコンサルタントが評価・助言，指導等を実施しながら，コンサルテーションの過程において，コンサルティが自ら，効果的なプログラムや計画を開発していくことを目指している。

(4) 社会福祉分野における組織のコンサルタントの課題

以下の項は，筆者が社会福祉分野の組織のコンサルテーションに関わっていることから課題を抽出したものである。

①社会福祉分野の組織の構造

組織というものはその組織が目指す目的がある。その目的を効率よく達成するための組織の体系は極めて重要な位置を占める。特に社会福祉分野の組織は必ずそこにはユーザーである利用者が存在し，その利用者は何らかの問題に直面している。また利用者の抱えている問題は，個々によって異なり，また複雑な問題が絡み合っていることが少なくない。

しかしながら，わが国の社会福祉は，いまだ入所施設を中心に展開してきている。そこでは高齢，障がい，子どもというような特定の属性の利用者を集められ，保護的，管理的な処遇がなされ，その制度的範囲の中での実践がいまだに展開されている。この管理・構造化された組織の中にコンサルテーションを導入することになると，その構造自体の問題を改善せざるをえない場面に遭遇することが少なくない。

スーパービジョンも同様であるが，ややもするとコンサルテーションが組織に対して，既存の保護的な管理構造を強化してしまう危険性を孕んでいるということをコンサルタントとコンサルティである組織の双方が意識している必要がある。

また社会福祉法人のあり方が議論されているように，運営，経営主体そのものに，理念や価値があるのにもかかわらず，形骸化している面がある。さらに経営的側面のみに運営を展開している法人も散見する。

したがって社会福祉分野の組織としては，あらためて理念具現化として

の経営を再構築していく必要がある。

　その中心にあるのが「理念」である。それは，法人や組織は何のために存在するのか，どういう目的で，どのような形で行うのか，ということを内外に宣言したものである。組織で働く職員の立ちかえるところであり，事業や業務を行っていくうえでの基本姿勢とる。「理念」は制定することではなく，その理念としての価値が組織に浸透させていくことが最も重要になる。

②組織の構造と組織文化

　組織には，ハードの構造とソフトの構造があり，それは組織の歴史の中で，人為的に設計されたものである。ハードとは，その組織の種別，規模，権限や意思決定機関，人事，給与，職務の規定などが挙げられる。具体的には，組織の部署と職務の縦の関係性であり，それはその組織が目指す理念を具現化するためのものである。したがって理念がぶれてないかをチェックする必要が出てくる。

　その理念をぶれやすくするのが，ソフトの構造であり，それは組織の構成員の暗黙の了解事項であったり，組織文化と呼ばれるものも含まれる。これらは組織の中で明文化されているものでなく，組織に属していく中でその組織文化に染まっていくものであるといわれている。

　この組織文化のマイナスの面が強く出ると，経験主義がはびこり，組織の変革を行っていく姿勢が希薄になりがちとなる。コンサルタントは，この組織文化に巻き込まれ，組織文化に関する客観的なデータの入手が困難なために，評価の中立が保てなくなったり，コンサルティがその組織文化に懐疑的になり，近視眼的になってしまう可能性もある。したがってこの組織文化をアセスメントし，新しい方向性を再構築していくことにコンサルティングがどのように寄与できるのかが問われている。

③組織内コンサルタントの限界

　組織文化に巻き込まれ，組織への評価が近視眼的になってしまうことに加え，コンサルタントが関わる時間が長くなると，組織の文化にふれるこ

とになる。それはコンサルティや組織の関係者の情報や風評を耳にするようになることも少なくない。

　また組織には，さまざまな部署や多職種が存在するが，その多くが縦割り構造の中で，セクショナリズムによる対立を生じさせていることが少なくない。特に所属長，中間管理職，主任，リーダーといった縦のラインの階層性があるものの，職務分掌が統合されていないことも多い。さらに職種や部署の価値観の違いや目標の不一致などの状況が積み重なり，そのことにあきらめてしまったりする感情がコンサルタントに生じることもある。

④社会福祉分野におけるコンサルテーション課題

　社会福祉分野での専門職，組織は今後ますます複雑な問題を扱うことになり，地域包括ケアの流れの中で，これまでの事後的福祉から予防的福祉に大きく舵を取り，またソーシャルアクションを志向していくソーシャルワークが求められている。

　その流れの中では，スーパービジョンとコンサルテーションは不可欠である。したがって組織においては，ソーシャルワーカーの養成・訓練はスーパービジョンによって行い，その後または同時並行で，コンサルタントの活用を導入していくことが求められる。スーパービジョンからコンサルテーションへと切り替える時期の見極めが重要とされ，スーパービジョンとコンサルテーションを併用していく組織運営が求められる。またよいスーパーバイザーとは，自らがスーパーバイズを受け，成長した経験がある者といわれるように，コンサルタントもコンサルテーションを通して専門性が向上した経験があることが必要である。そしてコンサルテーションの成功事例を理論化していくソーシャルワーク研究も求められている。

　わが国の社会福祉分野におけるコンサルテーションやスーパービジョンの実践方法は，属人的な域を出ていない面がみられることからも，社会福祉系の職能団体や教育機関・団体の協働・連携のなかでの養成や研修は喫緊の課題といえる。

（髙山 直樹）

引用文献

Brown, D., Pryzwansky, W. B. and Schulte, A. C.（1995）*Psychological Consultation and Collaboration*：*Introduction to Theory and Practice*, 3rd ed., Pearson.

Caplan, G.（1970）The Theory and Practice of Mental Health Consultation, Basic Books.（= 2010，福山和女・照井秀子「第6章　コンサルテーション」岩間伸之・白澤政和・福山和女編『ソーシャルワークの理論と方法Ⅱ』ミネルヴァ書房，176.）

金子仁郎（1991）「コンサルテーション・リエゾン精神医学と組織上の諸問題」島園安雄，保崎秀夫，岩崎徹也編，『精神科MOOKコンサルテーション・リエゾン精神医学』金原出版．

厚生省（1998）『「信頼と納得が得られるサービスの質と効率性の向上」のあり方に関する「社会福祉基礎構造改革について（中間まとめ）」』（平成10年6月）．

Lippitt, G. L. and Lippitt, R.（1994）*The Consulting Process in Action*, 2nd ed., John Wiley & Sons.

野末聖香編（2004）『リエゾン精神看護：患者ケアとナース支援のために』医歯薬出版．

横浜市（2009）『横浜市福祉サービス第三者評価：評価票（障害）』（福祉サービス第三者評価）．

（http://cgi.city.yokohama.lg.jp/kenkou/fukushi/uploaded/life/119227_7615817_misc.pdf, 2015.3.3.）

http://cgi.city.yokohama.lg.jp/kenkou/fukushi/uploaded/life/119227_7615818_misc.pdf, 2015.3.3.）

第8章

わが国における専門職養成とスーパービジョン

第1節 社会福祉士養成におけるソーシャルワーク・スーパービジョン

1 社会福祉士制度におけるスーパービジョン

(1) ソーシャルワーク専門職養成課程におけるスーパービジョンの位置づけ

　専門職養成課程はソーシャルワーク実践のスキルを修得するとともに専門職としての基盤を形成する時期であるといえる。ハミルトン（Hamilton, G.）は1950年代に，ソーシャルワーク専門職教育として，①ソーシャルワークを特徴づける事柄としての「第一義的な学び」，②ほかの領域から導入した事柄としての「関連する学び」，③専門的自己の開発を示し，第3の専門的自己の開発に不可欠なものとして「態度に関する学び」があるとした（Hamilton 1954：371-372）。第1，第2の課題は講義科目における課題であり，第3の課題は，ソーシャルワーク実践主体としての能力の修得をねらいとする実習における課題である。社会福祉士養成課程においては，「相談援助実習」および「相談援助実習指導」（以下「実習指導」とする）がこの部分に該当しており，専門職養成課程におけるスーパービジョンはこの科目において求められるものであるといえる[注1]。

(2) 社会福祉士制度の動向とスーパービジョン[注2]

　昭和62（1987）年に『社会福祉士及び介護福祉士法』が成立した時期

注1　本節では，厚生労働省より社会福祉士養成施設としての指定を受けたものを「養成校」と総称する。養成校の主なものとしては，4年制大学（『社会福祉士及び介護福祉士法第7条第1号』）と，4年制大学の卒業者を対象とした一般養成施設（『同第3号』）がある。

に，日本社会事業学校連盟（現・日本社会福祉教育学校連盟）と全国社会福祉協議会（以下，全社協）福祉施設協議会連絡会が協働して全社協「社会福祉実習あり方研究会」を発足させ，平成元（1989）年に『社会福祉施設〔現場実習〕指導マニュアル』を出版した。ここでは実習の伴奏者としてのスーパーバイザーに関する言及はみられるが，実習におけるスーパービジョンの性格が明確にされたのは平成 8（1996）年の同改訂版においてである。ここでは，スーパービジョンは「実習生の実習課題を直接的に意図した教育・訓練であるというわけではない。」とし，さらに，スーパービジョンの直接的対象となっているのは，実習生のそのような実践能力・行為を基礎づけ方向付けている価値・知識・技術であると位置づけた（田中 1996：217）。

　さらに，平成 11（1999）年 3 月に厚生労働省より「福祉専門職の教育課程等に関する検討会報告書」が出されたが，同報告書で「期待される社会福祉士像」の 4 項目のうちの 1 項目として，「資質の向上を図るために自己研鑽とともに後進の育成に努めること」が示された。このことを受け，社会福祉士の職能団体である日本社会福祉士会は，平成 12（2000）年度より 3 カ年事業として，実習指導者養成研修研究会を立ち上げ，実習指導者養成研修プログラム策定にあたった。

　同研究会においては，スーパービジョンを，社会福祉実習指導者に求められる能力の一つとして，社会福祉士実践（社会福祉士像を伝達できること），実習プログラミング，実習マネジメントと共に提示し，さらにスーパービジョンに必要な能力として，

　①実習生の見立てができる（能力・タイプ・学んできたことをつかむ，指導の方向性を見出す）
　②実習課題への対応ができる
　③実習スーパービジョンができる（その範囲を理解し，スーパービ

注2　わが国においてソーシャルワーク専門職としては，実践分野が特化されない，いわゆるジェネラルな資格としての社会福祉士，精神保健分野に特化された精神保健福祉士の 2 つの国家資格が規定されているが，本節ではこのうち社会福祉士を取り上げる。

ジョンスキルを活用できる）

④実習を評価できる（実習課題の達成，ソーシャルワークの理解，社会福祉士の理解，経験を通した理解）

を挙げた（熊坂 2002）。

スーパービジョンは，プログラムにのっとり実習を行う中で，実習生の個別性に焦点を当て，アセスメント，実習課題に即した実習経験の振り返り支援，実習後の評価を行い，ソーシャルワーク，社会福祉士の理解を促すものと見なしているといえる。

平成 19（2007）年に改正された『社会福祉士及び介護福祉士法』では，社会福祉士養成課程において 19 科目の講義科目，150 時間の演習科目，180 時間の実習および 90 時間の実習指導が規定され，同時に実習指導体制の充実が図られた。養成校の実習担当教員は基本的に社会福祉士資格取得後 3 年の業務従事経験を持つものとされ，実習においては週 1 回の実習巡回指導または帰校指導を行うこととされた。一方，実習施設の実習指導者は従来の社会福祉士資格取得後 3 年の業務従事経験に加えて「社会福祉士実習指導者講習会」を受講することとされた（厚生労働省 2008）。そして，この社会福祉士実習指導者講習会の標準カリキュラムの科目として，実習指導概論，実習プログラム論，実習マネジメント論とともに，実習スーパービジョン論が設定された。

ソーシャルワーク専門職としての社会福祉士制度の展開過程においては，制度が成立した当初より養成課程におけるスーパービジョンについて言及されているが，その後の検討過程において，スーパービジョンの目標が技能の修得にとどまらない，価値・知識・技術といったソーシャルワークの基盤形成に関与していることが明示されるとともに，スーパービジョンの方法の確立が図られ，さらに実習指導者研修の受講により，実習におけるスーパービジョンの標準化が進みつつあるといえる。

2 わが国の社会福祉士養成課程における到達課題とスーパービジョン

(1) 相談援助実習および実習指導の教育内容

　厚生労働省による指針において，社会福祉士養成課程において，**表8-1-1**のとおり，「実習指導」および「相談援助実習」のねらいと教育に含むべき事項が定められている。ここでは，両者に共通している項目として，「相談援助にかかる知識と技術について具体的かつ実際的に理解し実践的な技術等の体得」，「社会福祉士として求められる資質，技能，倫理，自己に求められる課題把握等，総合的に対応できる能力の修得」，「具体的な体験や援助活動を，専門的援助技術として概念化し理論化し体系立てていくことができる能力の涵養」が示されている。実際的な技術の修得とともに，社会福祉士としての資質，技能，倫理，自己に求められる課題把握が挙げられ，「総合的に対応できる能力」が示されているといえるが，これが実習におけるスキルの指導にとどまらない，専門職ソーシャルワーカーとしての基盤の修得に関わる部分であるといえる。さらに，援助活動等を「概念化し理論化，体系立てる能力」が示されているが，これは内省を含む思考のプロセスの確立に関わる部分であるといえる。実習指導において，特にスーパービジョンが不可欠な要素とされる理由はここにあるといえる。

(2) 実習指導者と実習担当教員の役割

①社会福祉士養成におけるスーパービジョンの二重の構造

　社会福祉士養成課程におけるスーパービジョンが現任者に対するスーパービジョンと異なる点の一つは構造にある。実習生は教育機関に在籍しながら，福祉施設で実習を行うため，所属する機関とは別の場で実習を行うこととなる。それに伴い，実習におけるスーパービジョンは教育機関に所属する実習担当教員と実習施設に所属する実習指導者によって行われるという二重の構造となる（**図8-1-1**）。

表 8-1-1　社会福祉実習のねらいと教育に含むべき事項

科目名	教育内容	
	ねらい	教育に含むべき事項
相談援助実習指導	①相談援助実習の意義について理解する。 ②相談援助実習にかかる個別指導並びに集団指導を通して、相談援助にかかる知識と技術について具体的かつ実際的に理解し実践的な技術等を体得する。 ③社会福祉士として求められる資質、技能、倫理、自己に求められる課題把握等、総合的に対応できる能力を修得する。 ④具体的な体験や援助活動を、専門的援助技術として概念化し理論化し体系立てていくことができる能力を涵養する。	次に掲げる事項について個別指導及び集団指導を行うものとする。 ①相談援助実習と相談援助実習指導における個別指導及び集団指導の意義 ②実際に実習を行う実習分野（利用者理解含む）と施設・事業者・機関・団体・地域社会等の関する基本的な理解 ③実習先で行われる介護や保育等の関連業務に関する基本的な理解 ④現場体験学習及び見学実習（実際の介護サービスの理解や各種サービスの利用体験等を含む） ⑤実習先で必要とされる相談援助に係る知識と技術に関する理解 ⑥実習における個人のプライバシーの保護と守秘義務等の理解（個人情報保護法の理解を含む） ⑦「実習記録ノート」への記録内容及び記録方法に関する理解 ⑧実習生、実習担当教員、実習先の実習指導者との三者協議を踏まえた実習計画の作成 ⑨巡回指導 ⑩実習記録や実習体験を踏まえた課題の整理と実習総括レポートの作成 ⑪実習の評価全体総括
相談援助実習	①相談援助実習を通して、相談援助にかかる知識と技術について具体的かつ実際的に理解し実践的な技術等を体得する。 ②社会福祉士として求められる資質、技能、倫理、自己に求められる課題把握等、総合的に対応できる能力を修得する。 ③関連分野の専門職との連携のあり方及びその	①生徒は次に掲げる事項について実習指導者による指導を受けるものとする。 ②相談援助実習指導担当教員は巡回指導等を通して、次に掲げる事項について生徒及び実習指導者との連絡調整を密に行い、生徒の実習状況についての把握と共に実習中の個別指導を十分に行うものとする。 ア 利用者やその関係者、施設・事業者・機関・団体等の職員、地域住民やボランティア等との基本的なコミュニケーションや人との付き合い方等の円滑な人間関係の形成 イ 利用者理解とその需要の把握及び支援計画の作成

相談援助実習	具体的内容を実践的に理解する。	ウ 利用者やその関係者（家族・親族・友人等）との援助関係の形成 エ 利用者やその関係者（家族・親族・友人等）への権利擁護及び支援（エンパワメントを含む。）とその評価 オ 多職種連携をはじめとする支援におけるチームアプローチの実際 カ 社会福祉士としての職業倫理，施設・事業者・機関・団体等の経営やサービスの管理運営の実際 ク 当該実習先が地域社会の中の施設・事業者・機関・団体等であることへの理解と具体的な地域社会への働きかけとしてのアウトリーチ，ネットワーキング，社会資源の活用・調整・開発に関する理解

〔厚生労働省（2008）「社会福祉士養成施設及び介護福祉士養成施設の設置及び運営に係る指針について」（社援発第0328001号）〕

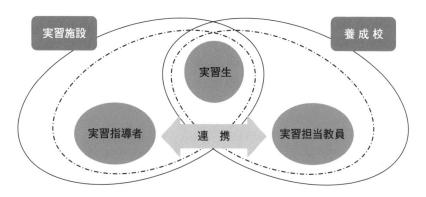

図8-1-1 社会福祉士実習における実習指導者，担当教員，実習生の関係

〔筆者作成〕

平成19（2007）年に改正された『社会福祉士及び介護福祉士法』における社会福祉士養成課程では，先述のとおり，実習中には実習施設において実習指導者による指導を受けること，そして，1週間に一度の養成校の実習担当教員による指導を受けるとされている（厚生労働省2008）。

したがって，実習指導者と実習担当教員は，効果的な実習スーパービジョンを行うにあたって，相互の役割に対して共通した認識を持ち，連携

をとることが求められる。必要に応じて協議を行うのみではなく、実習指導に関する基本的な方針を共有し、実習計画策定、スーパーバイザー会議、実習施設巡回訪問、実習報告会等、構造化された協議の場を持つことが不可欠であるといえる。

3 実習指導者と実習担当教員によるスーパービジョン

（1）実習指導者と実習担当教員の役割

　先述のとおり、社会福祉士養成課程の科目には、相談援助実習と実習指導（以下、「実習指導」とする）の2つがあるが、基本的に、実習指導は実習担当教員が主となって実施し、実習は実習指導者が主となって実施するものとなっている。両科目のねらいより、実習指導者と実習担当教員の役割について整理すると、共通している項目として、「知識と技術について具体的かつ実際的に理解し実践的な技術等の体得」および「社会福祉士として求められる資質、技能、倫理、自己に求められる課題把握等、総合的に対応できる能力」の修得が示されている。さらに、実習指導のみに掲げられた項目として「相談援助実習の意義について理解する」「具体的な体験や援助活動を、専門的援助技術として概念化し理論化し体系立てていくことができる能力の涵養」が示されている。一方、相談援助実習においては、「関連分野の専門職との連携のあり方及びその具体的内容を実践的に理解する」ことが示されている。実習担当教員が担当する実習指導の課題としては、実習開始前、実習中、実習終了後の各時期におけるものが示されているのに対し、実習指導者が担当する課題は実習中のものに特化されており、スーパーバイザーとして関与する時期に相違があることが理解できる（図8-1-2）。

　これらの厚生労働省による規定と呼応し、日本社会福祉士会、日本医療社会福祉協会等の職能団体、および日本社会福祉士養成校協会等の関連団

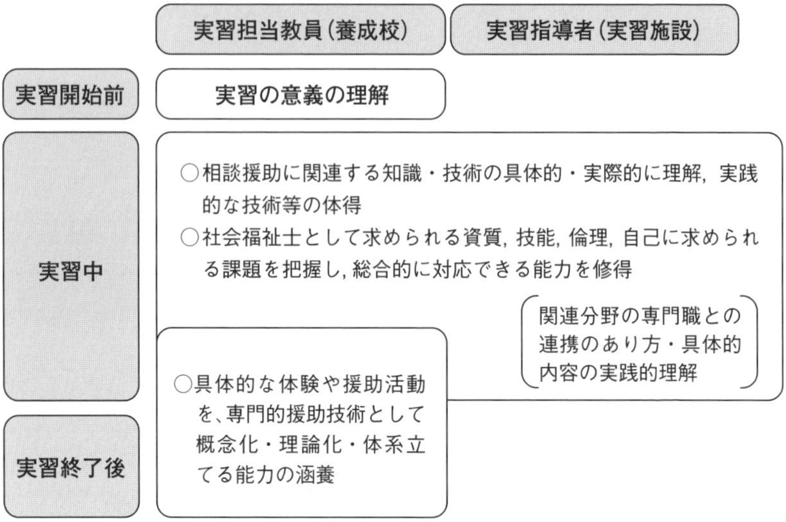

```
                    ┌─実習担当教員(養成校)─┐  ┌─実習指導者(実習施設)─┐
  ┌実習開始前┐  ┌─ 実習の意義の理解 ─────────────────────┐
  
  ┌─────┐  ┌────────────────────────────────────────┐
  │     │  │○相談援助に関連する知識・技術の具体的・実際的に理解, 実践
  │     │  │  的な技術等の体得
  │ 実習中│  │○社会福祉士として求められる資質, 技能, 倫理, 自己に求められ
  │     │  │  る課題を把握し, 総合的に対応できる能力を修得
  │     │  │              ┌─関連分野の専門職との─┐
  │     │  │              │連携のあり方・具体的  │
  │     │  │              │内容の実践的理解     │
  │     │  │○具体的な体験や援助活動
  │実習終了後│  │ を, 専門的援助技術として
  │     │  │ 概念化・理論化・体系立
  │     │  │ てる能力の涵養
```

図8-1-2 社会福祉実習における実習担当教員と実習指導者の役割
〔厚生労働省（2008）「社会福祉士養成施設及び介護福祉士養成施設の設置及び運営に係る指針について」（社援発第0328001号）をもとに筆者が作成〕

体では，各々の立場におけるスーパービジョンのあり方について，議論を深めている。

(2) 実習施設の実習指導者によるスーパービジョン

　日本社会福祉士会，日本医療社会事業協会（現 日本医療社会福祉協会）等の職能団体は，実習指導者についてそれぞれ養成プログラムを策定し，テキストを作成している（日本社会福祉士会 2008；2014；日本医療社会事業協会 2008）。実習施設におけるスーパービジョンの特徴は，主に取り扱う範囲が，実習期間中に生じる実習課題の修得に関わる事柄に限られる点であるが，さらに実習期間中であっても，特に実習生が抱える個人的な問題が実習課題に影響を及ぼす場合は，養成校の実習スーパービジョンに委ねるものとしている（村井2008；田中2008）。

　田中は，実習におけるスーパービジョンを「対人援助専門職の成熟化過程において，管理・教育・支持的各機能を発揮しながら行われる指導」とし，特に実習中のスーパービジョンについては，「実習生はスーパービ

ジョンをとおして，実習での体験からの気づきを深め，成長し，知識を深め，技術を磨く方向性を探るきっかけとする」ものとする（田中 2008：96）。また，村井は，実習におけるスーパービジョンを「それによって，スーパーバイジーが専門家として成長，自立していく過程」であるとする。さらに「"指導"の目的が課題の達成に主眼を置くとしたら，"スーパービジョン"は，課題の達成を通してその職員がどのように成長していくのかということを主眼とするもの」であるとし，指導との違いを「それによって職員がどのように成長を得られたか，それは今後の成長にどのような影響を与えるかということまでも通した」ものとして，スーパービジョンの観点を明らかにしている（村井 2014：241-242）。

実習施設おける実習指導者によるスーパービジョンの課題は，個々のソーシャルワーク・スキルの向上にとどまらず，統合されたソーシャルワークの観点から日々の実習体験を振り返り，ソーシャルワーク専門職として成長を促すことによって，ひいては専門的自己の形成を目指すものであるということができる。

（3）実習担当教員によるスーパービジョン[注3]

日本社会福祉士養成校協会は，実習担当教員としての相談援助実習・実習指導への関与について検討している。実習担当教員は，実習開始前，実習中，実習終了後と実習の全局面に関与するが，特に，実習開始前，実習終了後のスーパービジョンにおいては，中心的な役割を果たす。また，実習全般を通して，実習指導者によるスーパービジョンと実習担当教員によ

注3　（社）日本社会福祉士養成校協会では，実習施設が実施するスーパービジョンを実習スーパービジョンとし，実習担当教員が実施するスーパービジョンを実習教育スーパービジョンとして，区別しているが，ここでは実習担当教員によるスーパービジョンについても，スーパービジョンとした。
　　また，日本社会福祉士養成校協会においては，マクレランド（McClelland）等のコンピテンシーモデルに基づき，スーパービジョンの議論がなされている。すなわち高業績を生み出すもとは，目にみえる部分としての知識，技能，経験の下にある目にみえない部分である，自己概念，性格，動機，価値観，特性，使命感等であるとした。（日本社会福祉士養成校協会 2003：7）

るスーパービジョンの整合性を保つための取り組み，特に連携体制の構造化は，実習担当教員が中心的に役割を担うものであるといえる。

①実習前・中・後のそれぞれの時期のスーパービジョン課題

　実習前・中・後のそれぞれの時期のスーパービジョン課題には以下のことが挙げられる。

i) 実習開始前における実習担当教員によるスーパービジョンの課題

　村井は，実習担当教員の実習前スーパービジョンの課題として，①スーパービジョンの知識と経験の確認，②スーパーバイジーとして果たすべき責任と態度の涵養を挙げる（村井 2009：217-218）。これらの課題は，知識として理解されているスーパービジョンを，スーパービジョンを受ける主体としての態度への移行させることを意味しているといえる。このような観点から，実習担当教員はソーシャルワーク専門職になることに関する動機づけ，実習指導者との関係構築の力量等に関する実習生のアセスメントを行い，必要に応じた支援を実施することが必要であるといえる。

　実習中は，二重のスーパービジョンに伴う課題が最も大きくなる場面であるといえる。実習施設の実習指導者が日常的に実習生に関与するのに比較すると，実習担当教員は週1回程度の関与となる。このような実習担当教員によるスーパービジョンの構造上の特徴としては，教育機関に所属するものによるスーパービジョンである点，関与の頻度が低い点が挙げられる。その結果，実習体験から一歩離れた場におけるスーパービジョンを展開できることが強みとなる。「具体的な体験や援助活動を，専門的援助技術として概念化・理論化・体系立てる能力の涵養する」という実習指導における課題は，ボーゴ（Bogo, M.）らによる ITP ループモデル（第11章8節参照）における「内省」および「連結」であるといえるが（Bogo & Vayda 1998），実習担当教員によるスーパービジョンは，体験を俯瞰的に振り返ることが可能であり，「内省」「連結」が，効果的に行える立ち位置にあるといえる。

　さらに，実習の構造自体をゆるがす課題への対応は，実習担当教員によるスーパービジョンの課題となる。例えば，実習生が抱える個人的な問題

が実習課題の達成および実習の継続自体に影響を及ぼす場合や実習生と実習施設との関係に関わる課題については，実習担当教員によるスーパービジョンで取り上げることが必要となる。

ii）**実習終了後における実習担当教員によるスーパービジョンの課題**

実習終了後の養成校によるスーパービジョンは実習の全体総括となるものである。実習から時間を置いた時期に振り返りの経験を持つことによって，実習の意義について再考することが実習終了後の課題となる。この点について，村井は実習終了後のスーパービジョンの課題を「体験を意味づけし直し」し，さらに，今後の課題を明確化することとしている。（村井2014：218-221）

実習終了後のスーパービジョンの課題は，第1に，ソーシャルワーク専門職としての基盤形成の観点から実習体験の振り返り，ソーシャルワーカー像，ソーシャルワーカーとしての専門的自己を確認すること，第2に，実践と理論の関連づけを行うことであるといえる。

②**スーパービジョンの方法**

具体的なスーパービジョンの方法として，実習記録の記載や支援過程のプロセスレコードの作成と振り返りが挙げられる。また，グリッド等のツールを活用した方法等が提案されている。

i）**実習記録の活用**

実習記録を活用した振り返りは，実習記録には実習生の認識が反映されるものであることを前提としてなされているといえる。村井は，実習記録をチェックする際の観点として，

①事実とそれについての理解の書き分けができているか

②記録が一方的となっていないか

③記録者の理解力はどの程度か

④「書かなかったこと」，「書けなかったこと」についての問いかけ

の4点を挙げる。（村井2014：267-273）。

ii）**ツールの活用**

ツール活用の効果は，スーパービジョンを標準化し，スーパービジョン

関心の焦点 \ 能力養成の段階	観察	理解	分析と評価	応用(企画, 計画)	理論化(開発)
ミクロ 1. 実習生					
ミクロ 2. 対象者（利用者と家族）					
ミクロ 3. 専門家（ソーシャルワーカー）					
メゾ 4. 実習指導者（教育現場）					
メゾ 5. 職員間（同僚など）					
メゾ 6. 組織（施設・機関・職場など）					
マクロ 7. 専門性（知識, 情報, 概念, 理論, 方法, 技術, 理念, 倫理など）					
マクロ 8. 社会資源及び制度					
マクロ 9. 地域社会（文化を含む）					
マクロ 10. 専門家集団（協会, 学会など）					

（福山和女作成）

図8-1-3　FKグリッドによる実習生指導の枠組み

〔日本医療社会事業協会監, 福山和女・田中千枝子編（2008）『新　医療ソーシャルワーク実習』川島書店, 巻末折り込みの内容を削除して引用〕

の目標と内容をスーパーバイザー・実習生の両者に対して可視化する点で大きいといえる。

また，田中は，ツールとして，FKグリッドの活用を提示している。（田中 2008：96-97）FKグリッドは，ソーシャルワーク実習に関連する10に分類したシステムにおけるソーシャルワークに必要な能力を，観察，理解，分析と評価，応用（企画・計画），理論化（開発）の5段階にしたものであり，実習生のアセスメント，フィードバック，評価に活用するとされる（図8-1-3）。

4 ソーシャルワーク専門職養成期における教育課題とわが国の実習スーパービジョンの課題

（1）専門職養成期における教育課題とスーパービジョン

ソーシャルワーク専門職養成期における課題は，この後に続くソーシャルワーカーとしての人生において発展させていくことができる専門職としての基盤を形成することであるといえる。具体的には，ソーシャルワークの価値と倫理にのっとり実践を行うソーシャルワーカー像，ソーシャルワーカーとしての専門的自己を育てること，ソーシャルワーク実践の発展に寄与する実践と理論の統合の過程を内面化することである。専門職養成期にこのような基盤が形成されることで，与えられた課題をすでに明らかとなっている方法で事務的に対処するのではなく，ソーシャルワーカーとしての価値と倫理に照らして利用者が直面している問題を察知し，ソーシャルワーカーとしての使命を認識してそれらの問題に関与する動機を明確にし，さらに，ソーシャルワーカーとしての実践スキルを高めることができるようになる。これらの課題は，知識として伝達されるのみでは十分ではなく，実際に態度として身に付くことが必要となるため，スーパービジョンが不可欠となる。

この課題に深く関与する理論として，専門的自己を形成するプロセスにおける課題としての自己覚知と，理論と実践を統合する思考のプロセスとしてのITPループモデルがある。

　自己覚知は，ハミルトンが専門職教育が専門職として自身を最大限活用できるようになることを含んでいるため不可欠なものであるとした。ソーシャルワーク専門職養成に必要な自己覚知には，①ただ他者を助けたいというナイーブな人から，専門職ソーシャルワーカーとしてのアイデンティティの獲得への自己像の変化に関わるもの，②特定の問題が不安を引き起こす場合に必要性が生じるものという2つのレベルがあるとした（Hamilton 1954：374-377）。専門職養成期に，実践の基盤としてソーシャルワーカーとしての自己像を育む際に，自己覚知は重要であるといえる。さらに，生活モデルのソーシャルワークにおいては，利用者とパートナーシップに基づく協働関係を形成して支援を展開する。利用者もソーシャルワーカーも共に文化的・社会的背景を持つ存在であることを認識して対話によって支援の方向性を決定できることが必要となるが，この点でも自己覚知の必要性は高い（高山 2014）。

　ITPループモデルは，ボーゴとベイダ（Vayda, E.）による，理論と実践を統合するループ状のプロセスを示したモデルである。専門家としての根拠に基づいた実践に関わるものであるといえる。ここでは，実践状況において気になる事実を想起し，人間行動と実践モデルの特定の理論に導かれて情報を収集する「回収（retrieval）」，面接・実践場面やソーシャルワーカーの個人的な関心から，実践状況の多様な側面理解へと対象との距離をつけていく「内省（reflection）」，そして，知識・理論との「連結（linkage）」から専門家としての計画策定としての「専門的な対応（professional response）」へ続く4つの局面により説明される（Bogo & Vayda 1998：4，詳細は，第11章8節を参照のこと）専門職としての養成期に，講義において学んだ知識・理論と実習現場での出来事を結び付けて考察することを経験し，その意義と重要性について理解することは，専門家としての根拠に基づいた実践につながるものであるといえる。

(2) わが国における社会福祉士養成におけるスーパービジョンの課題

　最後に，このような専門職養成期の教育課題に照らして，社会福祉士養成課程におけるスーパービジョンの課題として2点を示す。

①スーパービジョンによって達成されるべき課題をシラバスに含める

　社会福祉士養成のシラバスにおいてスーパービジョンによって達成されるべき課題は，「ねらい」では「総合的に対応できる能力」および「援助活動等を概念化し理論化，体系立てる能力」として言及されている。しかし，「教育に含むべき事項」に目を向けると，この「ねらい」の上記2項目を反映した項目が，必ずしも明示されていない。8項目のうちの第6項「カ．社会福祉士としての職業倫理，施設・事業者・機関・団体等の経営やサービスの管理運営の実際」において職業倫理として挙げられるにとどまっている。今後，具体的な内容を「教育に含むべき事項」として，明示していくことが求められる。

②職能団体間でのスーパービジョンに関する認識の共有

　スーパービジョンの議論は，ソーシャルワーカー職能団体および養成校団体において各々なされている。スーパービジョンへの言及では，各団体とも専門職としての成熟化，成長の観点を重視している点，実習指導者（インストラクター）の要素の一つとして位置づけられている点で，認識は一致しているといえる。一方，例えば，実習指導担当教員が主にする実習前・実習後の時期のスーパービジョンのあり方を始めとして役割分担や方法等については，相互の認識を交換することが必要であると考えられる。実習担当教員と実習指導者のスーパービジョンの連携方法について，認識の共有および，共有された認識についての各団体合同での明示がなされることが課題であるといえるだろう。

　　　　　　　　　　　　　　　　　　　　　　　　（高山 恵理子）

引用文献

Bogo, M. and Vayda, E.(1998)*The Practice of Field Instruction in Social Work:Theory and Process*, 2nd ed., Univ. of Toronto Press.
Hamilton, G.(1954)Self-Awareness in Professional Education, *Social Casework* 35(9),371-379.
熊坂 聡(2002)「実習指導者の力量とは」日本社会福祉士会実習指導者養成研究会『2002年度現場実習指導者養成講座』.
厚生労働省(2008)「社会福祉士養成施設及び介護福祉士養成施設の設置及び運営に係る指針について」(社援発第 0328001 号).
村井美紀(2008)「第 4 章 実習スーパービジョン論」日本社会福祉士会編『社会福祉士実習指導者テキスト』中央法規出版,249-277.
村井美紀(2009)「第 7 章 実習指導方法論Ⅲ:実習教育スーパービジョン」日本社会福祉士養成校協会編『相談援助実習指導・現場実習:教員テキスト』中央法規出版,205-234.
村井美紀(2014)「第 4 章 実習スーパービジョン論」日本社会福祉士会編『社会福祉士実習指導者テキスト』第 2 版,中央法規出版,239-275.
日本医療社会事業協会監,福山和女・田中千枝子編(2008)『新 医療ソーシャルワーク実習:社会福祉士などの養成教育のために』川島書店.
日本社会事業学校連盟・全国社会福祉協議会編(1989)『社会福祉施設〔現場実習〕指導マニュアル』全国社会福祉協議会.
日本社会事業学校連盟・全国社会福祉協議会編(1996)『新・社会福祉施設〔現場実習〕指導マニュアル』全国社会福祉協議会.
日本社会福祉士会編(2008)『社会福祉士実習指導者テキスト』中央法規出版.
日本社会福祉士会編(2014)『社会福祉士実習指導者テキスト』第 2 版,中央法規出版.
日本社会福祉士養成校協会編(2009)『相談援助実習指導・現場実習:教員テキスト』中央法規出版社.
日本社会福祉士養成校協会(2003)『社会福祉士専門職教育における現場実習教育に関する研究:平成 14 年度総括・分担研究報告書』(平成 14 年度厚生労働科学研究費補助金政策科学推進研究事業).
高山恵理子(2014)「社会福祉専門職の自己覚知:自己・他者理解とスーパービジョン」『社会福祉研究』121(10):68-75.
田中千枝子(2008)「第 4 章 実習スーパービジョン」日本医療社会事業協会監,福山和女・田中千枝子編『新 医療ソーシャルワーク実習:社会福祉士などの養成教育のために』川島書店,96-161.
田中耕一郎(1996)「現場実習におけるスーパービジョン」日本社会事業学校連盟・全国社会福祉協議会編『新・社会福祉施設現場実習指導マニュアル』全国社会福祉協議会,217-220.

参考文献

Bogo, M.(2006)*Social Work Practice:Concepts, Processes, and Interviewing*, Collumbia Univ. Press.
日本社会福祉教育学校連盟(2011)『福祉系大学における人材養成機能向上に関する調査研究報告書』(平成 22 年度先導的大学改革推進委託事業).
日本社会福祉士会実習指導者養成研究会(2003)『実習指導者養成研修プログラム基盤構築事業:2002 年度研究事業報告書』.

認定社会福祉士・認定上級社会福祉士におけるソーシャルワーク・スーパービジョン

第2節

1 認定社会福祉士，認定上級社会福祉士創設の背景と経緯

（1）『社会福祉士及び介護福祉士法』改正における付帯決議から認定社会福祉士認証・認定機構の設立

　『社会福祉士及び介護福祉士法』は，昭和63（1988）年から施行された。その当時の背景をみてみると，昭和55（1980）年から老人保健医療対策本部が厚生省（当時）に設置され，昭和57（1982）年には老人保健法が制定されている。同法は翌年から施行され，来るべき高齢社会への布陣の第一歩が敷かれた。そして，平成元（1989）年には「高齢者保健福祉推進十カ年戦略」（ゴールドプラン）が策定され，新ゴールドプラン，ゴールドプラン21と次々と発表されていった。その後，老人保健法の施行，社会福祉基礎構造改革，精神保健福祉士法の制定，介護保険法の施行等社会福祉を取り巻く環境は大きく変動していった。『社会福祉士及び介護福祉士法』の施行前後から今日までの社会の変化は，ある意味では社会福祉士に求められる役割の変化でもあるといえる。

　社会福祉士制度発足から20年を迎える前年の平成18（2006）年12月に，厚生労働省社会保障審議会福祉部会は「介護福祉士制度及び社会福祉士制度の在り方に関する意見」を発表した。意見の中では，社会福祉士の活躍が期待される分野として，①地域を基盤とした相談援助，②障害者の地域生活支援，③生活保護制度における就労支援の推進，④権利擁護等の新しいサービスの利用支援，⑤新しい行政ニーズへの対応などが挙げられている。そして，社会福祉士に求められる役割として，①福祉課題を抱え

た者からの相談に応じ，必要に応じてサービス利用を支援するなど，その解決を自ら支援する役割，②利用者がその有する能力に応じて，尊厳を持った自立生活を営むことができるよう，関係するさまざまな専門職や事業者，ボランティア等との連携を図り，自ら解決することのできない課題については当該担当者への橋渡しを行い，総合的かつ包括的に援助していく役割，③地域の福祉課題の把握や社会資源の調整・開発，ネットワークの形成を図るなど，地域福祉の増進に働きかける役割の3点が挙げられ，教育内容や資格取得ルート等の見直しを図るとしている。そして，「社会福祉士の生涯を通じた能力開発とキャリアアップを支援していくため，資格取得後の体系的な研修制度の一層の充実を図るとともに，より専門的な知識および技能を有する社会福祉士を専門社会福祉士（仮称）として認定する仕組みの検討を行う」とされた。

その後，平成19（2007）年4月26日の参議院厚生労働委員で，同法改正の附帯決議として，「重度の認知症や障害を持つ者等への対応，サービス管理等の分野において，より専門的対応ができる人材を育成するため，専門社会福祉士及び専門介護福祉士の仕組みについて，早急に検討を行うこと。」が求められ，改正された。

社会福祉士の職能団体である日本社会福祉士会では，平成20（2008）年から専門社会福祉士研究委員会を設置し検討を始めた。この検討の過程の中で，平成23（2011）年3月に「専門社会福祉士認定システム構築事業報告書」が提出され，その中で「専門社会福祉士は，"認定社会福祉士"と"認定専門社会福祉士"の2種類」で，今後の検討によって変更の可能性があると述べられた。結果的に，平成23（2011）年10月30日に認定社会福祉士認証・認定機構設立総会が開催され，認定社会福祉士認証・認定機構（以下，機構と略）が設立された。認定社会福祉士制度として，「認定社会福祉士」と「認定上級社会福祉士」の2種類が位置づけられたのである。

本節では，『認定社会福祉士・認定上級社会福祉士制度』（以下，認定社会福祉士等制度と略）において示されたスーパービジョンについてその概要と今後の方向性等について整理することを目的とする。

2 認定社会福祉士等制度におけるスーパービジョンの意義と体制

（1）認定社会福祉士等制度におけるスーパービジョンの位置づけ

　専門職としての質の向上を企図して創設された認定社会福祉士と認定上級社会福祉士になるには，要件が設定されている。
　　認定社会福祉士を取得するには，以下の要件が必要である。
① 『社会福祉士及び介護福祉士法』に定める社会福祉士資格を有すること。
② 日本におけるソーシャルワーカーの職能団体で倫理綱領と懲戒の権能を持っている団体の正会員であること。
③ 相談援助実務経験が社会福祉士を取得してから5年以上あり，かつこの間，原則として社会福祉士制度における指定施設および職種に準ずる業務等に従事していること。このうち，社会福祉士を取得してからの実務経験が複数の分野にまたがる場合，認定を受ける分野での経験は2年以上あること。
④ 上記，実務経験の期間において，別に示す「必要な経験」があること。
⑤ 認められた機関での研修（スーパーバイジーとしてのスーパービジョン実績を含む）を受講していること。
　また認定上級社会福祉士を取得するためには，認定社会福祉士であることに加えて，以下の要件が必要である。
① 相談援助実務経験が認定社会福祉士を取得してから5年以上あり，かつこの間，原則として社会福祉士制度における指定施設および職種に準ずる業務等に従事していること。
② 上記，実務経験の期間において，別に示す「必要な経験」があること。
③ 認められた機関での研修（スーパーバイザーおよびスーパーバイジーとしてのスーパービジョン実績を含む）を受講していること。

④ 定められた実績があること。
⑤ 基準を満たした論文発表または認められた学会における学会発表をしていること。
⑥ 試験に合格すること。

　つまり，認定社会福祉士になるには社会福祉士としての実務経験＋研修＋社会福祉士としてのスーパーバイジー経験が必要である。そして，認定上級社会福祉士になるには，認定社会福祉士としての実務経験＋研修＋認定社会福祉士取得後のスーパーバイザー実績とスーパーバイジー実績＋論文発表，学会発表＋試験合格が必要であるということである。看護分野では認定看護師と専門看護師があり，それぞれ筆記試験があるのに対し，筆記試験は認定上級社会福祉士のみとなっているのが一つの特徴である。

　認定社会福祉士等になる要件のスーパービジョン実績は，研修要件単位30単位のうち10単位を占めている。橋本正明認定社会福祉士認証・認定機構長は「わが国におけるソーシャルワーカーの育成として，スーパービジョンをシステムとして取り入れたことは特筆されることであり，本認定制度の大きな意味である」としている。つまり，ソーシャルワークの専門職としての認定社会福祉士等制度では，スーパービジョンが重視されているということである。

　日本社会福祉士会では，平成25（2013）年度と平成26（2014）年度にわたって厚生労働省セーフティネット支援対策等事業補助金（社会福祉推進事業分）を受けて，「スーパービジョン体制の確立に関する調査研究事業」を行った。この事業において，スーパービジョン体制確立に関する調査研究委員会（太田義弘委員長）が行った調査を基盤として，認定社会福祉士等に関するスーパービジョン体制を確立していった。

　機構では，認定社会福祉士等の認定におけるスーパービジョンを「認定社会福祉士制度スーパービジョン実施要項」において，「定める要件を満たしたスーパーバイザーが，スーパーバイジーの実践学習と専門職としての知識と技術への訓練を促進・支援するためにソーシャルワークの視点から実施するもの」と規定し，その目的を「(1) 社会福祉士としてのアイデンティティを確立する，(2) 所属組織におけるソーシャルワーク業務

を確立し担えるようにする，(3) 専門職として職責と機能が遂行できるようにする」としている．

そして，機構のスーパービジョンの特徴を以下のように述べている．

① スーパービジョンの手順や使用する様式を指定し，一定の枠組みの中で実施
② 事例検討とは異なり，事例を評価・検証するのではなく，事例に取り組むスーパーバイジーの価値，知識，技術に焦点を当てる
③ スーパービジョンを1年間に6回行うことが基準，
④ スーパーバイザーとスーパーバイジーはスーパービジョンを行う前に1年間の契約をする，
⑤ 個人スーパービジョンが原則
⑥ スーパーバイザーとスーパーバイジーの関係は，職場内／職場外，同じ専門分野／異なる専門分野を問わない
⑦ スーパーバイザーは機構への登録制であり，スーパービジョンを受けたい社会福祉士が，登録されたスーパーバイザーに依頼して契約したうえでスーパービジョンを行う
⑧ 1年間に6回受けることでスーパービジョン実績2単位，5年間行うことで認定社会福祉士申請に必要な10単位になる．なお，5年の間，スーパーバイザーは同じ者である必要はない．

ここで，認定社会福祉士等制度におけるスーパービジョンは，あくまでも認定社会福祉士等制度におけるスーパービジョンであり，イコール"わが国のソーシャルワークにおけるスーパービジョン"のすべてではないことに留意をしたい．

図で表すと図8-2-1のようになる．

（2）認定社会福祉士等制度におけるスーパーバイザーの位置づけ

将来的には認定上級社会福祉士がこの制度におけるスーパーバイザーとなることが期待されている．しかしまだ認定上級社会福祉士が出ていない現状では，暫定的なスーパーバイザーを決める必要がある．

そこで機構では，「経過措置期間におけるスーパーバイザー登録規定」

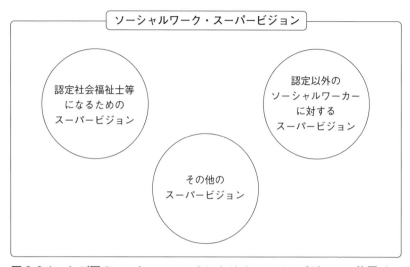

図 8-2-1　わが国のソーシャルワークにおけるスーパービジョンの位置づけ
その他のスーパービジョンについては，どこまでを「ソーシャルワーク・スーパービジョン」に含めるかの定義によって異なるが，例えば社会福祉士資格取得のための実習を行う学生へのスーパービジョンが考えられる。

を設け，3つの区分を設定している。なお暫定期間の登録は，平成30（2018）年度までの経過措置期間のうち，平成29（2017）年度まで有効となる登録である。その区分は以下のとおりである。

区分1：社会福祉士有資格者

区分2：施設や機関等において職員のスーパービジョンを担当している者：同一施設および機関等の職員に限定して認定社会福祉士等取得のための「スーパービジョンを受ける」の対象となる。

区分3：認定社会福祉士認証・認定機構が推薦する者：社会福祉教育機関等の教員ですでにスーパービジョンの実績がある者が対象となる。

機構のスーパービジョン実施要綱から，スーパーバイザーの形態は，**図8-2-2**のようになる。

認定上級社会福祉士の認定に必要なスーパービジョンでは，認定上級社

会福祉士か認定上級社会福祉士と準ずると認められる者がスーパーバイザーになることができる。スーパービジョンの実施形態は認定社会福祉士と同様であるが，スーパーバイザーとスーパーバイジーの合意に基づいてコンサルテーションを含めることができるとされていることが認定上級社会福祉士の場合の特徴である。つまり，認定社会福祉士等におけるスーパービジョンでは，スーパービジョンとコンサルテーションの明確な区別ができていることが必要となる[注1]。

認定社会福祉士が認定上級社会福祉士になるために行うスーパービジョンの方法としては，①所属する勤務先においてスーパーバイザーの要件を満たす者（認定上級社会福祉士，認定上級社会福祉士に準ずると認められる者）の指導のもと，社会福祉士に対するスーパービジョンを行う，②所属する勤務先においてスーパーバイザーの要件を満たす者（同上）がいないときは，自らがスーパーバイザーとして行ったスーパービジョンについて検討することができる研修会等に，スーパーバイジー個人記録の写しを持参のうえ参加する，となっている。ゆえに，認定社会福祉士が認定上級社会福祉士になるためには，所属する勤務先においてスーパービジョンを行うということが原則となっていることが特徴である。

認定社会福祉士が認定上級社会福祉士になるためのスーパービジョンを受ける際に分野や所属機関を問わないのに対し，所属先でのスーパービジョンに限定している理由は明確ではないが，『所属先』という限定がなぜ入ったかの根拠を示すことが必要であろう[注2]。

（3）機構におけるスーパービジョンの内容

機構では，スーパーバイジー自己チェックシート，スーパービジョン実施契約書，スーパーバイジー個人記録，スーパービジョン機能表やマニュアルを作成し，スーパービジョンの手順を規定している。

注1 「スーパービジョンとコンサルテーション」については，本書第7章を参照。なお，コンサルテーションは，1区分に1回までとなっている
注2 本節執筆時には標記のようになっているが，機構のさまざまな仕組みは改正を重ねており，この内容についても検討され修正されることがあることを付記する。

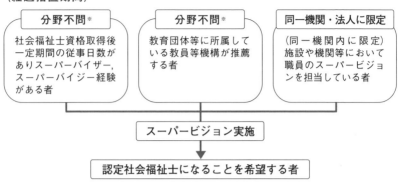

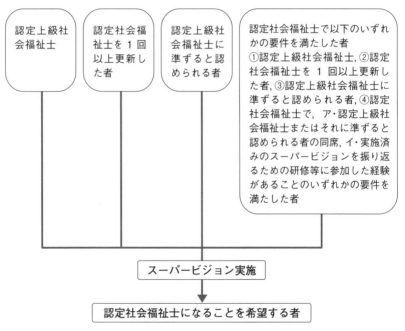

図 8-2-2 認定社会福祉士等制度における認定社会福祉士資格取得のためのスーパーバイザーの形態

※：スーパーバイザーの区分，主たる実施地域，連絡先名称は機構の HP のスーパーバイザー登録者一覧に記載されているが，分野については記載がないため，分野に関係なくスーパービジョンを受けることができる。

①スーパーバイジーの自己チェックシートを使用し，個別レベル，地域レベル，組織レベルの各項目について自己チェックを行う。

②自己チェックの結果を参考にスーパービジョンを受けたい領域・課題・テーマを選定する。

③スーパーバイザーとの面談を通して，スーパービジョンを受ける領域・課題・テーマを決定する。

④スーパービジョン実施契約書により，スーパーバイザーと契約を締結する。

⑤スーパーバイザーは，課題に基づいたスーパービジョンを行う。ただし，スーパーバイジーとスーパーバイザーとの合意に基づき課題の変更を行うことができる。

⑥スーパーバイジーは，スーパービジョン終了後，スーパーバイジー個人記録に記入する。

⑦スーパーバイザーは，スーパービジョン機能表に必要事項を記入し，当該回の終了ごとに重点的にスーパービジョンを行った項目をスーパーバイジーに説明するとともに，実施した内容を確認する。

⑧1区分が終了するごとに，スーパーバイジーは，スーパービジョン実施契約締結前に記入したスーパーバイジーの自己チェックシートおよびスーパーバイジー個人記録を用い，スーパービジョン1区分の自己評価を行う。

⑨スーパーバイザーは，スーパービジョン1区分を通じてのスーパーバイジーの評価を行い，総括をスーパービジョン機能表に記入する。

機構によるスーパービジョンは，個人スーパービジョンを原則としている。ただし，前述の手順で実施する場合には，スーパーバイジーそれぞれ個別に契約を締結したうえでのグループ・スーパービジョンも認めている。

グループ・スーパービジョンは，単なるグループで行う事例検討と異なることを意識しなければならないものであり，グループメンバー一人ひとりの力量が大きく関わるものであると思う。そのような意味からも，個人

スーパービジョンを原則とするという機構の方向性は，個人スーパービジョンでまず一人ひとりのスーパービジョン技術を固め，そのうえでグループ・スーパービジョンが行えるようにするということを意図していると考えられる。

各書類は，管理・保存を行い，認定社会福祉士認定申請の際に提出することになっている。

機構のスーパービジョン機能表では，毎回のスーパービジョン終了後に，そのスーパービジョンで重点的に行った項目にマークをすることになる。そしてスーパービジョン機能表が機構のスーパービジョンの内容となる。

機構のスーパービジョンは，管理機能，教育機能，支持機能に分類されており，その項目は**表 8-2-1** のとおりである。わが国ではこの 3 機能が当たり前のようにソーシャルワークにおけるスーパービジョンの機能となっているが，3 機能でよいかどうかは今後も検討・検証する必要があろう。

表 8-2-1 の項目は，ある意味では現在のわが国におけるソーシャルワーク・スーパービジョンの項目としてのスタンダードの一つを示したものといえる。今後は，認定社会福祉士等制度におけるスーパービジョンの項目の見直しを随時行うことが必要であろう。

表 8-2-1　機構におけるスーパービジョン機能表の項目

機能分類	項　目
管理機能	①管理業務の分掌と遂行 　・業務分担と遂行への理解 　・業務の適正化と効率化 　・業務遂行の改善と負担軽減　　など
	②業務内容の点検と整備 　・管理運営業務の円滑化 　・実践業務の円滑化(利用者中心) 　・業務内容の評価とフィードバック　　など
	③業務関連情報の周知と遵守 　・情報の正確な周知への姿勢 　・情報の共有化と連携の徹底 　・情報の公開と守秘義務　　など
	④管理業務記録 　・記録の意義と役割の理解 　・記録の有効な活用と保存 　・記録の点検と整備　　など
	⑤業務連絡調整(職場内・外)の運営 　・連絡調整の意義と役割の理解 　・連絡調整の推進と活用 　・実践事例の検討，引き継ぎや移送　　など
	⑥職場(内外)環境の維持と改善 　・コミュニケーションへの配慮 　・職場をめぐる支援環境の構成と維持 　・職場環境改善への参加と協働　　など
	⑦その他(記入　　　　　　　　　　　　)
教育機能	①利用者(個別・地域・組織)理解と対応 　・利用者とのコミュニケーション 　・利用者中心の支援関係の構成 　・対応(観察・理解・推進)への姿勢　　など
	②支援技術や技法の習熟 　・技術や技法訓練への姿勢 　・実践理論，モデルや支援ツールなどの学習 　・実践調査や実践試行研究へのチャレンジ　　など
	③支援過程展開への視野 　・過程展開の意義と役割の理解 　・導入・展開・終結への局面過程と技術の駆使 　・過程展開の点検と評価　　など

機能分類	項　目
教育機能	④実践記録 ・実践記録の意義と役割の理解 ・実践記録の有効な活用と保存 ・実践記録の点検と整備　　など
	⑤事例研究方法 ・事例研究への関心と参加 ・事例研究を通じた学習 ・事例研究を通じた実践方法の点検と改善　　など
	⑥自己研鑽への姿勢 ・自己研修への関心と努力 ・研修や教育機関への参加と継続 ・資格教育などへのチャレンジ　　など
	⑦その他(記入　　　　　　　　　　　　　　　　)
支持機能	①自己覚知 ・自己理解への意義と関心 ・自己理解の進展と効果 ・自己理解への洞察と課題　　など
	②個人的解決課題の克服 ・個人的問題への認識 ・生活システム(人間と環境)への統合的対処 ・社会的職責の円滑な遂行　　など
	③業務と職場環境の課題 ・職場環境への適応と課題 ・職場環境づくりへの努力 ・バーンアウト予防と克服対策　　など
	④スーパービジョン ・スーパービジョンの意義と役割の理解 ・スーパービジョンの方法と推進 ・スーパービジョンの課題と効果　　など
	⑤実践倫理の確立 ・利用者の実存(固有・自主)的生活世界の理解 ・人権と社会的正義の代弁と介入 ・実践倫理と行動規範の確立　　など
	⑥職業的アイデンティティの確立 ・専門性育成と維持への姿勢 ・専門職としてのアイデンティティ維持 ・後継者養成への参加と協力　　など
	⑦その他(記入　　　　　　　　　　　　　　　　)

3 認定社会福祉士等制度におけるスーパービジョンの目指す方向性

　看護分野では、昭和62（1987）年4月厚生省「看護制度検討会報告書（21世紀に向けての看護制度のあり方）」において、専門看護婦、看護管理者の育成が提言されたことを契機となり、日本看護協会が同年委員会を設置し、資格認定制度の創設について検討を開始した。平成6（1994）年に専門看護師制度、平成7（1995）年に認定看護師制度、平成10（1998）年に認定看護管理者制度が発足し、日本看護協会において認定を行っている。

　薬剤分野では、平成6（1994）年に日本薬剤師研修センターおよび日本病院管理薬剤師会により研修認定薬剤師制度が発足した。研修認定薬剤師、認定実務実習指導薬剤師、領域別専門薬剤師、領域別高度専門薬剤師等があるが、認定制度の種類、制度実施機関による取得の流れが異なるという特徴がある。薬剤師認定制度認証機構が平成16（2004）年に設立され、領域別の認定薬剤師や専門薬剤師は、日本病院薬剤師会や学会等複数の団体によって認定されている。

　医学分野では医歯学系学会において、認定医、専門医、指導医などの細分化された区分があり、専門医は医療法上広告が可能な医師等の専門性に関する資格として厚生労働省が認めている場合もあるが、認定医は広告可能な資格とはなっていない。このように各分野において、認定、専門等の名称を用いて、国家資格に上乗せされた高度の専門性を有する資格が出されており、その形態はさまざまである。

　認定社会福祉士等も社会福祉分野における国家資格に上乗せされた社会福祉士としての専門性を有する資格として位置づけられた。認定社会福祉士等制度においての個人認定や研修等の認証については本節では述べないが、その大きな特徴としてやはりスーパービジョンを受ける、行うということがある。ソーシャルワークにおいてスーパービジョンの位置づけが重要であるということが、認定社会福祉士等制度によって位置づけられたと

いえる。

　ただしスーパービジョンという言葉が示すものの内容については，いまださまざまであり，各団体等で行われている研修等により整合性を示すことが必要である。スーパービジョンは社会福祉士だけの専門的な行為ではなく，一般的なもの，カウンセリングや精神医療分野等さまざまな分野で使用され行われているものである。認定社会福祉士等制度がきっかけとなってソーシャルワーク分野，ケアマネジメントも含めた対人援助分野のスーパービジョンの整合性をとることも必要ではないかと考える。

　また本稿ではわが国の認定社会福祉士制度に言及したためふれなかったが，アメリカにおけるソーシャルワーカーの資格の動向等も参考にして，ソーシャルワーカーの専門性の向上のためのスーパービジョンを検討することが重要である[注3]。

　認定社会福祉士等制度は始まったばかりであり，量的に充足するまではその社会的認知も十分とはいえないが，スーパービジョンという用語やその内容が本制度をきっかけとして一般的になり，社会福祉分野だけではなく保健医療分野にも，社会福祉士の専門性の向上のために重要なものであるという認識が広まるために今後も啓蒙やスーパービジョン制度の検討・修正が必要であろう。

（藤林 慶子）

注3　アメリカのソーシャルワーカーの資格制度やスーパービジョンについては，Association of Social Work Boards（https://www.aswb.org/）を参照。また National Association of Social Workers と Association of Sociaol Work Boards は共同で，"BEST PRACRICE STANDARDS IN SOCIAL WORK SUPERVISON Task Force on Supervision Standards"（http://www.socialworkers.org/practice/naswstandards/socialworksupervision/SUPERVISION%20STANDARDS2%20Public%20Comment%20Draft%20August%2016.pdf）を発表している。

引用文献

橋本正明（2013）「認定社会福祉士制度の構築」『地域ケアリング』15（5），10.
認定社会福祉士認証・認定機構「スーパービジョン実績とは」.
　（http://www.jacsw.or.jp/ninteikiou/contents/02_seido/06_supervision.html，2014.10.30）.

参考文献

認定社会福祉士認定・認証機構「認定社会福祉士，認定上級社会福祉士に関するスーパービジョンの詳細や必要書式」.（http://www.jacsw.or.jp/ninteikikou/，2015.3.20）

第9章

ソーシャルワーク・
スーパービジョンの歴史

第1節 欧米におけるソーシャルワーク・スーパービジョンの歴史

　本節では，ソーシャルワーク・スーパービジョン（以下，スーパービジョンと称す）の発達史について，とりわけソーシャルワークの長い伝統があるアメリカにおけるスーパービジョンの歩みに焦点を当てて述べていくことにする。なお，本節を執筆するにあたりスーパービジョンの歴史に関する文献調査をしたところ，部分的かつ簡単にふれているものは多かったものの，比較的詳細に述べているものは，わずかであった。

1　スーパービジョンのルーツとCOSとの関わり

　ツイ（Tsui）は，スーパービジョンは以下の5つの発展段階に分けて整理した（Tsui 1997）。第1段階は，スーパービジョンの管理的ルーツ（1878年〜1910年），第2段階は，スーパービジョン訓練の文脈の変化と文献ベースの誕生（1911年〜1945年），第3段階は，実践理論と実践方法の影響（1930年代〜1950年代），第4段階は，果てしないスーパービジョンと自律的実践との間の議論（1956年〜1970年代），第5段階は，説明責任の時代における管理機能への戻り（1980年代〜1995年）としている。なおいずれの段階においても，スーパービジョンは社会福祉の環境に関する外的需要と，ソーシャルワークの専門職化の内的需要との両面から影響を受けているという。

(1) スーパービジョンの起こり

　さて，スーパービジョンのルーツは，1878年にまでさかのぼることができるとされる。何故1878年かといえば，バッファロー市で慈善組織協会（Charity Organization Society；COS）がスタートした記念の年だからである。COSはアメリカ東部の多くの都市で発展し，援助が必要な人々に対して，家庭訪問と入念な調査を実施した後に，経済的援助を行った。しかしながら，経済的援助はあくまで提供されるサービスの一側面に過ぎず，援助の核心となるものは「友愛訪問員」と呼ばれ，主に上流階級に属するボランティアによって提供されるサービスであったとされる。すなわち，訪問員によるパーソナルなサービスの提供であり，援助の対象となる家族を社会的に望ましい方向に導くために，家族の行動に対してよい影響を及ぼすことが求められたのである。「施しではなく友愛を」がキャッチフレーズとなり，いわば，訪問員は家族にとって，よき相談相手となる友人のような存在であったといえる。他方，訪問員は担当するケース数は限られていたとはいえ，単なるボランティア的存在にとどまることなく，COSにおいては直接サービスを提供するワーカー的な存在でもあったという。

　ツイは，COS活動において，最初のスーパービジョンが実施されたと述べているが，通常スーパービジョンの3機能とされる管理機能，教育機能，支持機能のうち，はたしてどの機能が主だった機能であるかについては，今もって明らかではなく，さまざまな議論があるという。

　スーパービジョンが教育機能からスタートしたとする根拠としては，当時ほとんどのCOSにおける訪問員は，訓練を受ける機会がないままに活動を展開していたことから，教育的機能がより重視されたのではないかと考えたことによる。他方，クジック（Kutzik）は，ボランティアである訪問員は訓練こそ受けていなかったものの，彼らが総じて上流階級の出身者であることからして，自分たちより階級が低い事務職の者やケース担当の援助者からスーパービジョンを受けることはありえなかったばかりか，考えられもしなかったのではないかと推測した（Kutzik 1977）。クジックは

結論として，スーパービジョンの始まりにおいては，教育的機能は存在しなかったとしたのである。

（2）友愛訪問員の変化

しかしながら，19世紀から20世紀へと変わるころには，訪問員は上流階級のみとは限らず，中流階級からもリクルートされるようになり，スーパービジョンの管理機能が強く求められるようになったという。カデューシン（Kadushin）によれば，当時ボランティア訪問員向けの特別現任訓練プログラムが用意されていたという（Kadushin 1992）。バーンズ（Burns）によって明らかになったことは，1890年までに78カ所のCOSが設立され，合計174人の有給職員と2,017人のボランティアが従事していたという（Burns 1958）。よって，職員対ボランティアの比率は，職員一人に対してボランティアの数は11.6人の計算になる。このことから，すべてのボランティア訪問員に対して，スーパービジョンの教育的機能を発揮することは，困難ではなかったかと推測することができる。

ところが，訪問員によっては，生活困窮者を援助する方法を知らないばかりか，20世紀の初めには訪問員の間で高い離職率が生じたことから，熟練の終身雇用の職員による職業訓練と職業オリエンテーションを実施する必要性に迫られたという（Kadushin 1981）。だが，依然として有給職員の主な職務は，ボランティアである訪問員に対する仕事上の指示であったことから，スーパービジョンの管理的側面が強調されたのではないかと推測できる。もちろん，仕事上，フラストレーションを感じる訪問員に対しては，スーパービジョンの支持的機能とされる情緒的サポートを提供したという。また，絶えず新たな訪問員を採用したり，訓練と指導を提供したりするなど，いわば現代におけるスーパーバイザーの前任者的な存在であったといわれる。実際にどの程度，スーパーバイザー的な役割を果たす有給職員の指導のもとで，訪問員がクライエントへの第一コンタクトの役割を果たしたのかを証明するデータは，わずかしかないという。

当初，有給職員は地区委員会と共に，訪問員に対するスーパービジョンに関して責任を負い，これを分かち合っていたという。なお，この地区委

員会は，慈善組織地区オフィスの地方理事会であり，一般的に地方慈善機関の代表者と一般人から構成されていたようである。

　実際にある家族が援助を求めてきた場合，第1回目の調査は，毎週の地区委員会の会議でケースの発見を報告した職員によって実施されたという。そして，委員会ではケースを検討し，そのケースの処遇について決定したとされる。ケースが委員会に直接持ち込まれたことは，有給のスーパーバイザー職員が，比較的わずかながらも自律性を有していたことを意味している。

　しかしながら，地区委員会は，次第に政策的で一般行政志向になったとされる。また，個々のケースに関して意思決定する責任は，有給のスーパーバイザー職員に与えられたという。さらに，訪問員と有給ワーカーは，意思決定とその後の実行に対して責任を負うスーパーバイザー職員と共に，ケース検討を行ったとされる。かくして，スーパーバイザー職員は，運営管理の代表者となり，直接サービスを担当するワーカーの活動に対して，最も直接的な責任を負うことになったのである。

(3) スーパーバイザー職員の役割

　スーパーバイザー職員は，訪問員に対して信頼できる関わりにおいて管理的な視点を提供し，活動に継続性を与えるなど，コミュニケーションのチャンネルとして行動したとされる。スミス（Zilpha Smith）によれば，「職員はいつも決まった時間に姿を現し，すべての時間をささげ，自然と地区の活動の中心となり，訪問員と地区の委員会の両方から，互いに伝え合うべき情報と助言を受けていた」という（Smith 1884：70）。フィールズ（Fields）が初期のソーシャルワークのテキストである『いかにして貧困者を救うか』（Fields 1885：18）の中で，「職員は，助言と援助を求めて毎日来るボランティアのための接続リンクとなる」と述べ，コミュニケーションのチャンネルとなるスーパーバイザー職員は，委員会に忠実な訪問員と，彼らに対して忠実な委員会を代表することに注意深くなる必要があると指摘している（Smith 1887：161）。

　1843年にニューヨーク貧困者生活改善協会がスタートしたが，当初よ

りサービスを継続するうえで，ボランティアをスーパーバイズし，訓練を施すために有給職員を保持したという（Becker 1961：395）。スーパービジョンの管理的機能と教育的機能を示す例として，ボストン慈善連盟の事務総長とスミス大学の精神医学ソーシャルワーク訓練学校の校長を勤めたスミスは，訪問員に対するスーパービジョンと訓練について記した最初の人であったという。スミスは，地区の職員に対して，「たとえ仕事が満足なものであっても，あるいは何がしかの示唆がそうさせたとしても，しばしば訪問した家族の記録を吟味する」ことを熱心に説いたという。つまり「仕事が満足なものである」ことを確かめるための管理的必要性は，スーパービジョンの教育的課題と対をなすものであるとした。

1881年のボストン慈善連盟の報告書のなかで，職員の責任としては，①ボランティアの訪問員に対するケースの調査と準備，②仕事上の助言と援助，とした。訪問員は親しくなった家族に関して職員と相談する。そして，職員による調査は，訪問員をケースに割り当てた後に実施される。これは，正確かつ十分な知識を得るために必要であり，家族を知るときに，最大の利益となり，それを確保できる訪問員を選択できると考えた。

テニー（Tenny）は，訪問員に対するスーパービジョンの教育的機能の例として，次のように記している。会議の際にスーパーバイザーは，新米の友愛訪問員が活動を開始するにあたり重要なこととして，「初回訪問の際に，友愛訪問員によってなされることは何かを1つ以上示すと：いかにすれば訪問に来たと思わせることなしに，家族に会うことができるか；何故，友愛訪問員は"あなたが困っているとお聞きましたが，何かお役に立つことはありますでしょうか。"と言うべきではないかを説明すること」であるという（Tenny 1895-1896：202）。

（4）ボストン友愛訪問員の特色

スウィング（Thwing）は，ボストン友愛訪問員の訓練に関して詳細に述べており，訪問員は最初に規則や示唆を含む教育的な文献を与えられ，毎週の会議に参加し，「仕事の性質に関して一般教育を行う」職員と定期的に話をしたという。そして職員への報告の際に，「もしも間違いがあっ

たとしても，容易に修正できる」というのである（Thwing 1893：234-235）。また，ガーディナー（Gardiner）は，友愛訪問員による「間違いから生じる病は，適切なスーパービジョンによって容易に見張ることができる」と繰り返し述べていたという（Gardiner 1895：4）。

　スミスによれば，訪問員たちはリクルートするのが難しいばかりか，離職したり，しばしば葛藤を起こしては落胆したりするため，管理的な方向づけと訓練に加えて，自らの活動に対する感情的な反応に対処できるように，職員からの支持的なスーパービジョンを必要としたとされる。あるケースでは，訪問員が担当した家庭がひどい状態にあり，子どもたちを連れ出す必要性を感じたものの，スーパーバイザーからは，子どもが家庭にとどまるにふさわしい状態にするように説得されたという（Smith 1892：53）。訪問員が，初めての経験のため，正しく判断できないほどのショックを受けた場合，安定した腕と頭を持つ人を必要としていることから，スーパービジョンの教育機能と支持機能が必要とされたのである。

　カデューシンによると，ボストン慈善組織は1889年の年次報告書の中で，職員の1日の大部分は，訪問員へのコンサルテーションであるとし，新米の訪問員を援助する場合は，①いかなる援助が家族にとって有益であり，その反対に有害であるかを理解させること，②落胆している家族を状況がよくなるまで励まし続けるうえで，たくさんの気配りと個人的な力を発揮する必要があること，を指摘した。また，スーパーバイザーによる訪問員へのコンサルテーションは，落胆したワーカーに対してサポートと励ましを与えることであり，その例として，ワーカーが担当した家族の進歩を褒めることだとしている。

　スミスは，ある訪問員の例を挙げて，スーパービジョンによる支持的機能について説明している。それによると，ある女性の訪問員が事務所に来て述べたのは，「私はブラウン家を諦めているのかもしれないし，何もよいことができていないと思う」とのことだった。それに対して職員が述べたこととして，「先週のことを思い出してください。そのとき，何とあなたは言ったか覚えていますか？」。訪問員は，「いいえ覚えてはいません」と答えたという。すると職員は「あなたが述べたこととして，子どもたち

の顔は，以前において綺麗ではなかったが，今は綺麗であると」続けていうには，「このことはわずかであっても改善を示しています。どうぞもう一度行ってみてください」（Smith 1892：57）。こうした，職員による訪問員への支持的関わり（機能）は，スーパービジョンにおいて重要な役割を果たすというのである。

(5) 友愛訪問員への教育

　ガーディナーは，ワーカーを個別化する必要性について次のように述べている。「ワーカーは志願者同様に，さまざまな性質を有していることからして，さまざまなやり方で扱う必要がある」という（Gardiner 1895：4）。また文献が強調したのは，職員の管理的，教育的，支持的責任は，肯定的な関係の文脈の中で，最も効果的に実施されたことであるという。スミスがいうには，「友愛訪問を成功させるために，職員は真に訪問員を援助することに注意を払う必要がある。それは単に，訪問員が求めるものを与えるのではなく，巧みさと忍耐をもって，訪問員が必要とするものを与え，単純かつインフォーマルに進めることである。職員は，新米の訪問員について知り，理解することを根気よく学ぶ必要がある。問題に対しては思考がなされ，貧困家庭を検証する際には，自分自身の助けとなっていた直接的および間接的な手段が助けとなる」というものだった（Smith 1901：159-160）。

　また，訪問員に対する教育において，ワーカーが活動するうえでの原則を強調すべきであるという。つまり，訪問員に対して正しく管理されたミーティングは，教育の偉大な力を示すものだという。ミーティングでは訪問員への話や文書において，活動が依拠する原則を詳細に示したうえで議論をし，原則の正当性については，とりわけ新米の訪問員がミーティングに参加した場合，あるいは新しい知識によって方針に変更がある場合には，何度も繰り返し説明される必要があると指摘した。

(6) 有給職員の職務内容

　ベッカー（Becker）によれば，現在のスーパービジョンに関する機能と

アプローチは，スーパービジョンの初期の発展過程における原型となったばかりか，スーパーバイザーの現在のヒエラルキーの地位にも影響したと述べている（Becker 1963：256）。事実，有給職員はボランティアに対するスーパーバイザーとして活動する一方，自身はケース会議の最終的な権威を有する地区委員会のスーパービジョンを受けていたという。また，当時において，有給のスーパーバイザー職員は中間管理職であり，今日でいうところのスーパーバイザーであり，機関管理者の権威のもとで，自分以外の直接的なサービスを行うワーカーに対してスーパービジョンを実施していたとされる。

　また，コニングトン（Conygton）によると，職員が有する知識と経験は，一人の職員でカバーしうる以上に広範囲な分野にまで拡大したという。また，経験の浅いワーカーであっても，援助プロセスにおいて受益者を傷つけるリスクなしに，実際のサービスによって訓練されたという。そのうえ，家庭訪問をすることで，職員の専門知識の向上を図り，訪問員がより親しみやすくなり，個人的な友愛を高めるうえでも役に立ったと指摘している（Conygton 1909：22-23）。

　カデューシンら（Kadushin & Harkness 2002）によれば，スーパービジョンは19世紀から20世紀に移行するころから，機関の職員構成によって，次第に影響を受けるようになったとされる。また，機関が拡大するに従って，継続的に「確保，訓練，再訓練」を必要とするボランティア訪問員に依存することは，ますます困難になってきたという。当時のアメリカ社会における，産業化と都市化の進展，移民の増加などの社会変化は，有給職員の必要性を高めたものの，次第にボランティアの友愛訪問員の数は減少していったという。もちろん初めのころは，有給スタッフは熟練したスーパーバイザー職員による訓練を必要としていたものの，熟練したワーカーの組織が形成されるに従い，スーパービジョンの教育機能と支持機能のニーズに応えるためにワーカーを教育する負担は，ほかの資源を利用することで，ある程度軽減されたという。

　ところで，カデューシンとハークネス（Harkness）によると，1920年以前は，スーパービジョンに関する文献の数はごくわずかだという。大多

数の文献は,『慈善および矯正に関する会議録』の索引中のスーパービジョンとして掲載されているに過ぎないという。そして,文献の内容は,資格当局あるいは政府の理事会等の,機関の管理的スーパービジョンに関するものであったとされる。これらの機関は,公的資金とクライエントに対するサービスに対して責任を負っていたことから,スーパービジョンは個々のワーカーに対するものとして考えられたのではなく,むしろプログラムと施設に対する管理と検査を目的にしていたものと考えることができるという（Kadushin & Harkness 2002）。

2 スーパービジョンの訓練とソーシャルワーク教育

　カデューシンによると,よりよく設立された COS は,有給職員に選ばれた人々に対する組織教育を含む公式な訓練プログラムを実施するようになったとされる。ちなみにボストン慈善組織協会は,1891 年に新人職員に対して現任訓練を開始した。1896 年の年次報告書の中で以下の内容が述べられていたという。

　「われわれは高い水準の職員を有している。社会が始まったときに,この活動における専門家は存在しなかった。職員と委員会は,最善の訓練を獲得するために共に働く必要があった。今では,会議と中央事務所の指揮のもと,訓練職員にとってまとまった組織を有している。職員は責任ある地位に就く前から,いつも訓練された職員がいる関係で,万一欠員が生じたとしても,職員がより前向きで効率がよく,訓練がなくとも不可避な過ちから守ることができように,予備の訓練システムによって活動を準備することを保証した。われわれは,新しいボランティア専門員を入念に訓練することを願い,たとえ時には不確定であったとしても,よいことをする目的で,寛容さをもってわれわ

れに加わる人の善意をうまく発展させることを考えた。」

　カデューシンによれば，州や全米の会議は，福祉の機関と施設で働く人々の間での情報とアイデアを交換する機会であり，訓練の源でもあったという。1879 年には，シカゴで最初の全米慈善・矯正会議が開催され，1882 年にはウィスコンシンで最初の州の慈善・矯正会議が組織された。その際の会議録は，教育や訓練の材料を提供したという。また，慈善組織機関の職員の活動に役立ったテキストや小冊子も発行され，バルチモア市の慈善組織協会事務局長のリッチモンド（Richmond）による『貧困者への友愛訪問：1899 年における慈善ワーカーのためのハンドブック』や，ニューヨーク市の慈善組織協会事務局長のディバイン（Devine）による『慈善の実践』が刊行された。ブルックリン慈善局の 1877 年の年次報告書の中で，「図書館の核は，中央事務所で形成されたものの，今では 2,500 余りの慈善事業の原則と方法や，同種のテーマに関する本，パンフレット，論文を収納しており，興味のある者にとっては，関心に値する蔵書である」と述べている。

(1) スーパービジョン教育の発展

　ソーシャルワークの実践基盤の発展は，社会学科や経済学科などの専門教育を始めた単科大学や総合大学においてソーシャルワークの開設を可能にしたとされる。何故なら，社会学や経済学の原則は，当時応用社会学と見なされた「ソーシャルワーク」と密接に関連していたためという。1894 年に実施した調査に回答した 146 校の単科大学・総合大学のうち 21 校が，慈善と矯正に関するコースを設置していたことが判明した（Brackett 1904：162）。ウィスコンシン大学は，1890 年代初期に，実践的博愛に関するコースを設置し，エリー（Ely）博士がプログラムの発展に責任を持ち，ワーナー（Warner）博士による慈善に関する講義コースを編成したという。エリー博士は『アメリカの慈善』を編集し出版したが，この本がこの分野における最初の標準的な本とされた。

　カデューシンによると，勃興する専門職にとって人を訓練する種々のア

プローチは，専門教育の公式な包括的プログラムの発展運動となって完結したとされる。ダウェス（Dawes）は，「新しい専門職のための訓練学校」に対して最初の示唆を与えることになったという。彼女は，1893年のシカゴでの国際慈善会議において発表した論文の中で，「専門職として研究するための場所を発見するために，この活動を引き受けることを可能にすべきである」と述べている。さらに彼女は「訓練学校において学生たちは，慈善科学のアルファベットとされるもの——考えの基礎となる知識，実験され信用される方法，困窮者の生活再建のために用いた種々の工夫に関する知識——モデル住宅，幼稚園，砂山について慈善事業が着手しないのは全く不思議である」ことを教えるべきだとした。

　この考えにリッチモンドは同意し，彼女は1897年の第24回全米慈善会議において，応用慈善事業における訓練学校の必要性について述べたといわれる。リッチモンドは報告の中で，各々の慈善組織協会は地区委員会会議や有給のスーパーバイザー職員の活動を通じて，訪問員やワーカーを訓練する責任を負っているものの，こうした現任訓練はとかく機関中心で狭いものとなりがちであったことを指摘した。また，「訓練はすぐに専門化され，指導者たちはこの会議の代表者となった，救貧院事業，監獄事業，問題のある人のケアや，ほかのすべての分門に従事する職員に対して，より親密で共感的な関係になる必要のほかに，慈善組織の職員にとって最も役に立つ学校は，幅広い基盤の上に建てる必要がある」とも述べた（Richmond 1897：184）。

（2）スーパービジョンの訓練

　スーパービジョンの訓練は，1898年にニューヨーク市で，ニューヨーク慈善組織協会が，27名の学生を対象に，6週間の訓練プログラムを実施したのが始まりとされる。このプログラムこそ，ソーシャルワークの専門教育の始まりとされる。この夏の訓練プログラムは，やがてニューヨーク博愛学校の設立にいたった。1904年には，この博愛学校は学生に対して実習教育を実施する1年間プログラムへと発展した。これが，最初のソーシャルワーク大学院であるコロンビア大学ソーシャルワーク大学院の

誕生へとつながるのである。また，ソーシャルワーカーのための学校は，1904 年にシモンズ大学とハーバード大学によって，1907 年にはシカゴ公民・博愛学校（現在のシカゴ大学ソーシャルワーク行政大学院）によって設立された。1910 年までに，合計 5 つのソーシャルワーク大学院がアメリカに設立され，ソーシャルワーク専門職の幹部を訓練することを任されることになった。しかしながら，ソーシャルワーク学校の数に限りがあったため，依然として有給職員（初めは慈善ワーカーと呼ばれ，後にソーシャルワーカーと呼ばれることになる）の大多数は，熟練した機関スーパーバイザーの指導を受けながら，機関内の徒弟プログラムを通して訓練を受けていたとされる。スーパーバイザーには，教育的スーパービジョンを実施する責任が課せられたものの，スーパービジョン教育を受ける機会がないことから，誰もが公式な訓練を受けていなかったという。

そして 1911 年には，リッチモンドが率いたラッセル・セージ財団慈善組織部の支援により，スーパービジョンに関する初めてのコースが提供された。そして 1920 年代に入り，ソーシャルワーカーの訓練が機関から大学へと移行した結果，ソーシャルワーク実践の基盤といわれる価値，知識，スキルの学習は，教育プロセスに組み込まれることになったのである。

(3) スーパービジョン研究の発展

カデューシンら（Kadushin & Harkness 2002）によれば，1920 年以前のソーシャルワークの文献において，スーパービジョンに関する参考文献を掲載しているものはなかったという。しかしソーシャルワーク教育にスーパービジョンが含まるようになってからは，単に「いかに」について学生に教授するだけではなく，「何故」を説明する必要に迫られたという。すなわち，スーパービジョンの理論を補強することが必要になったのである。最初のスーパービジョンの書は，ロビンソン（Robinson）による『ソーシャルケースワークにおけるスーパービジョン』である。その中でスーパービジョンは，「教育プロセス」として定義されたという。また，1920 年～ 1945 年にかけての 25 年間に 35 篇のスーパービジョンに関す

る論文が専門雑誌『ファミリー（*Family*）』に掲載され，まさしくソーシャルワーカー教育の発展が，スーパービジョンの主要な目的になったという。

　カデューシンら（Kadushin & Harkness 2002）によると，最初に「スーパービジョン」がソーシャルワークのテキストに登場したのは，ブラケットによる『慈善におけるスーパービジョンと教育』（Brackett 1904）であったとされる。この書の内容は，公的な理事会と委員会による福祉機関と福祉施設に対するスーパービジョンであったという。そして，リッチモンドは，ケースワークの母（生みの親）として有名ではあるが，彼女の著書では，スーパービジョンに関する言及はみられないとアイゼンバーグ（Eisenberg）は指摘している（Eisenberg 1956）。先のカデューシンらによれば，もしも仮に「スーパービジョン」が個別のワーカーに対してではなく，プログラムや施設に関する査察や検査の意味で用いられるのなら，勤務時間外におけるスーパービジョンは追加の職務になると指摘する。したがって，スーパービジョンの目的は，機関サービスの効率的かつ効果的な運営を目指す管理的機能に加え，ワーカーに対する教育的機能と支持的機能を発揮することであり，3機能はいわばスーパービジョンの三脚を構成する要素であると考えられた。スーパービジョンによって，ワーカーが実践知識とスキルを向上させるばかりではなく，ワーカーが援助する人々に対して，情緒的サポートを提供することができるようになることを意図していたといわれる。バーンズの研究によれば，1880年代から1890年代にかけて出版された初期のスーパービジョンに関する文献において，スーパービジョンの構成要素についてはふれられているものの，スーパービジョンの定義に関して明確なものは示されていないという（Burns 1958）。事実，『*Family*』の索引においてもスーパービジョンが登場したのは1925年以降のことであり，同様に全米ソーシャルワーク会議の議事録においても1930年以降になってからであるという。

（4）スーパービジョンの発展

　カデューシンによると，スーパービジョンは，1880年代の慈善組織運

動の部局の開始とともに，必要とされ始めたという。スーパーバイザー職員は，訪問員と有給職員の活動を組織，指揮，調整するなどして，彼らの活動の信頼性を高めたという。スーパーバイザー職員が，訪問員と有給職員に対して行ったのは，助言，教育，訓練であり，彼らが落胆し失望することがあれば勇気づけたといわれる。かくして，現在スーパービジョンの3つの構成要素とされる，管理，教育，支持の3機能は定型化されるにいたったという。19世紀から20世紀へと変わるときに，専門職の教育機関が組織されたことで，スーパービジョンは教育機能を実行し続け，公式な訓練施設を補充する役割を果たしたとされる。さらには，スーパービジョンは機関の管理構造において認識されるようになり，そのプロセスは次第に公式なものになっていったという。よって，スーパービジョンがなされる会議の時間，場所，内容，手続き，期待等は明確にされたのである。

　これまでに述べてきたことからして，スーパービジョンは，家庭福祉機関にのみルーツがあるのではなく，矯正機関，精神医学ソーシャルワーク機関，医療福祉機関，学校にも存在するといえる。時代の経過とともに，専門教育は次第に機関から大学へと移行してきたとはいえ，いまだに機関は，スーパービジョンの管理機能と支持機能に関しては第一義的な責任を負っているし，他方，教育機能に関していえば，残余的で補充的な責任を負っているとされる。

3　スーパービジョンの現状と課題

　『ソーシャルワーク百科事典（*Encyclopedia of Social Work,* 20th ed.）』におけるスーパービジョンの用語解説によれば，スーパービジョンはソーシャルワークの中心であり，スーパービジョン・プロセスの中心をなすものは，専門家は他者の発展と実践を導くためのより多くのスキルと経験を兼ね備えていることにあるという。

(1) スーパービジョンの定義

　スーパービジョンの一般的な定義としては，1990年のカデューシンによる次の定義が挙げられる。すなわち，「"感情表現が豊かな支持的リーダーシップを"を伴い，教育的機能かつ管理的機能を統合したもの」としている。スーパーバイザーの役割（職責）として，機関の管理はもとより，スーパーバイジーであるワーカーの職務に関する指示，調整，向上，評価が含まれる。スーパーバイザーは委任された権限を駆使しながら，スーパーバイジーとの肯定的な関係において，管理的，教育的，支持的機能を発揮するのである。スーパーバイジーの究極的な役割として，機関のサービスを利用するクライエントに対して，機関の方針と手続きに従い，質的にも量的にも最善のサービスを提供することにあるとしている。

　また，スーパービジョンの主要な領域は，①直接的な実践，②専門的影響力，③生涯教育（継続教育），④業務マネジメント，であるとしている。

　①の直接的な実践が意味することは，ソーシャルワーカーが関わるすべての活動のソーシャルワーク・プロセス（アセスメント，介入，評価等）において，ソーシャルワーカーへのガイダンスを意味する。定期的に開催されるケース会議（検討）やグループ会議において，ケース報告（アセスメントと援助計画を中心に，ワーカーの専門的自己の活用について）とプロセス報告（ワーカーの記憶，プロセス記録，観察記録，視聴覚機器利用による会話記録の分析）を行う中，ワーカーに対するガイダンスを行うことになる。

　②の専門的影響力は，ほかの専門職者（医師，看護師，理学・作業・言語療法士，ほかのソーシャルワーカー，教師等）との協働や連携の際，援助方針や援助手続きにおいて専門的に関与する中で影響力を行使することである。また，援助介入の際に，影響力を持つ政治システムに対してもワーカーが影響力を行使し，クライエント中心の活動を展開することを意味している。

　③の生涯教育は，ワーカーが生涯にわたって専門学習を継続する過程で，要求されるスキルの向上を図るために，専門家に働きかけることを意

味する。また，専門的自己活用，自己精査，あいまいさに対する寛容性，多様な理論モデルと概念に対する開放性の涵養，さらには，実践に関する知識とスキルを向上するための学習資源（同僚，グループ・スーパービジョン，コンサルテーション，ワークショップ，文献等）の活用を含むものとしている。

④の業務マネジメントは，実践の枠組みを構築する活動に関連する問題において，ワーカーをガイダンスすることを意味している。業務マネジメントは，スーパーバイザーによるクライエントへの効果性（記録問題，電話応対と来所キャンセル時の取扱い，タイムリーなもの，報告書の執筆，ケース担当のマネジメント等）に影響を与えるとしている。さらには，クライエントへのサービス提供の際に不都合となる，第三者問題から発生するスーパーバイジーの倫理的問題（管理ケアの要請，保険金の償還等）を解決するうえで，スーパーバイザーを指導することを意味する。

(2) スーパービジョンのモデル

ところで，スーパービジョンモデルについて，『ソーシャルワーク百科事典』では，モデルは複数あるとしている。しかし，どのスーパービジョンモデルにおいても共通して強調している事柄として，「関係性」がある。特に，スーパーバイザーとスーパーバイジー（ワーカー）の関係性である。この関係性は，成長アプローチを採用しているという。スーパービジョンは力動的であり，成長するスーパーバイジーの変化するニーズに対応しながら発展すると考える。

カデューシンは，スーパーバイジー（ワーカー）が仕事に関係する落胆や不満を経験するときに，スーパーバイジーがスーパーバイザーから受ける援助を「感情表現に満ちたサポート的なリーダーシップ」と考える一方で，マンソン（Munson）は，スーパービジョンの機能を発揮する際に必要とされるスキルおよび，異なるスーパービジョンのスタイルとアプローチがスーパービジョンに与える影響について検証した。

シュルマン（Shulman）は，シュワルツ（Schwarz）の交互作用モデルに依拠して，スーパーバイザーとスーパーバイジーの関係を，前準備期，

準備期，開始期，中間期，終結期に分け，スーパーバイザーは，基本的にスーパーバイジーとシステム（クライエント，機関，場所，外部の専門家と機関等）の間を媒介し，さらには，教育的スーパービジョンにより，スーパーバイジーとその対象（アセスメント，実践知識，介入スキル）の間をも媒介すると考えた。シュルマンが着眼したのは，教育的機能を遂行する際のスキルの具体的な活用と探求にあったといわれる。多くのモデルにおいて共通しているのは，個人的なものと専門職との統合であり，アポンテとウィンターが着目した「自己活用」に対して特別な関心が向けられたことである（Shulman 2008）。

(3) スーパービジョンの課題

ところで，現代においてスーパービジョンが直面している課題として，伝統的な3機能（管理的・教育的・支持的機能）を発揮する従来型のスーパービジョンが，財政的な理由（ヘルスケアの供給システムの費用削減）のために，クリニカル・スーパーバイザーが排除され，ピア・スーパービジョンやほかの専門職者によるスーパービジョンにとって代わる事態が生じたことである。事実バーガー（Berger）らによれば750カ所の病院を対象に調査したところ，1992年以降，スーパービジョンの伝統モデル（クリニカル・ソーシャルワーカーが同じクリニカル・ソーシャルワーカーからスーパービジョンを受ける）を用いている病院数が減少していることが明らかになったという（Berger & Mizrahi 2001）。このことは，伝統的なスーパービジョンのモデルにとって脅威であることを意味しているという。そこで，スーパービジョンがソーシャルワーク実践において重要な役割を果たし，効果的であることを証明するうえで，スーパーバイザーとスーパーバイジー間の肯定的な関係を形成し保持することが重要となる。

マンソンは，「管理ケア」供給システムが，スーパービジョンのモデルとスーパーバイザーと実践家の意思決定の権威に対して影響を及ぼしたという（Munson 2002）。つまり費用抑制手段として，サービスの継続，照会，補助サービスの抑制化を図るために，クリニカル・ソーシャルワー

カーによるスーパービジョンが，管理ケア職員との電話会話に置き換わるなど，機関や組織を基盤としている臨床家をはじめ，個人開業のワーカーにも影響を及ぼしかねないとしている。マンソンは，こうした財源問題（費用削減）は，倫理的決断，実践関係，料金設定，プライバシーと秘密保持，スーパービジョン問題，専門用語，専門的地位，専門機関に対しても悪影響を及ぼしかねない脅威となり，ワーカーの専門的権威の喪失につながりかねないことも示唆した。

しかしその反面，クリニカル・ソーシャルワーカーは，保険適用の精神的・情緒的ヘルスサービスを提供する最大のグループを構成していることや，近年熟練したクリニカル・スーパービジョンやコンサルテーションに対する需要が高まっていることから，財源問題の影響からダメージ受けるとしても，スーパービジョンの重要性は増す傾向にあると述べている。したがって，クリニカル・スーパービジョンの効果性（有効性）を証明する意味でも，科学的根拠に基づく実証研究により，実践基準に関する明確な判断基準を定めることが求められているという。こうしたことから，クリニカル・ソーシャルワークのアメリカ検定協会による，クリニカル・スーパービジョンの全米基準の開発への努力が，ポジションペーパーの発行につながったとされる。このポジションペーパーでは，上級クリニカル・スーパービジョン実践の定義とクリニカル・スーパービジョンの領域について述べるとともに，クリニカル・ソーシャルワーカーの行動基準を設定している。

(4) スーパービジョンにおける文化対応

ところで，現代のスーパービジョンにおける重要なテーマとして，「文化的能力」が挙げられる。言い換えれば，スーパービジョンにおける文化的な能力の重視である。ここでいう「文化」とは，エスニシティ，人種，年齢，階級，ジェンダー，性的指向，宗教，移民の地位，精神障害や身体障害等の特徴を指している。また，「文化的能力」とは，一般的に文化の影響力を理解することで導かれる実践とスーパービジョンのことを意味している。文化による影響力を考慮することから，クライエントの背景と

なっている文化に対して敏感となり，文化的な実践が可能になるのである。

　さらには，文化の違いによる文化の多様性を認識することで，ステレオタイプを解消し，クライエントの異質性を尊重し，個別化を図ることが可能となる。スーパーバイザーは，スーパーバイジーがタブー視していることや抑圧している事柄から目をそらすことなく，スーパーバイジーをタブー視や抑圧的な態度から解放するためにも，スーパーバイジーが実際に何を考え，何を感じたかについて，スーパーバイジー誰もが分かち合える環境をつくることが重要だとしている（Gatmon, et al. 2001）。また，こうした開放的な姿勢や態度は，その結果として，スーパーバイジーのスーパービジョンに対する満足度を高めることにつながるという。

　ところで，特定の文化に関係する知識とスキルの獲得に加えて，スーパーバイザーとスーパーバイジーの双方が，「エスニック間」や「エスニック内」の関係性についても理解する必要があるとされる。エスニック間の関係の例としては，アフリカ系アメリカンのスーパーバイザーと白人のスーパーバイジーがあり，他方，エスニック内の関係の例としては，同じラテン系アメリカンのスーパーバイザーとスーパーバイジーである。ジェンダー関係の例としては，女性スーパーバイザーと男性スーパーバイジーがある。異なる文化に属するスーパーバイザーとスーパーバイジーが互いの文化の相違点（異質さ）に気づき，理解を深め，異なることを互いに認め，尊重し合うことが重要となる。また，スーパービジョンにおいて，「エスニック間」と「エスニック内」の関係性が，潜在的なバリアーとなったり，その逆に効果や向上に役立ったりすることを認識する必要がある。したがって，スーパービジョンにおいて，スーパーバイザーとスーパーバイジー間に横たわる文化の違いがスーパービジョンに与える影響について，スーパーバイザーとスーパーバイジーが互いに考えを深め合うことが，いかに重要であるかがうかがえるのである。

（横山　穣）

引用文献

Becker, D. G.（1961）The visitor to the New York City poor, 1843-1920, *Social Service Review*, 35（4）, 382-397.

Becker, D.（1963）Early adventures in social casework：the charity agent 1800-1810, *Social Casework*, 44, 253-261.

Berger C. and Mizrahi T.（2001）An evolving paradigm of supervision within a changing health care environment, *Social Work in Health Care*, 32（4）, 1-18.

Brackett, J.（1904）*Education and Supervision in Social Work*, Macmillan, 162.

Burns, M. E.（1958）The historical development of the process of casework supervision as seen in the professional literature of social work. Ph.D. diss., School of Social Service Administration, University of Chicago.

Conyngton, M.（1909）*How to Help：A Manual of Practical Charity Designed for the Use of Nonprofessional Workers among the Poor*, Macmillan.

Eisenberg, S.（1956）Supervision as an agency need. *Social Casework*, 37, 233-237.

Fields, James T.（1885）*How to Help the Poor*, Houghton Mifflin Company.

Gardiner, D.（1895）The training of volunteers, *Charity Organization Review*, 11, 2-4.

Gatmon, D., Jackson, D., Koshkarian, L., et al.（2001）Exploring Ethnic, gender, and sexual orientation variables in supervision：Do they really matter? *Journal of Multicultural Counseling and Development*, 29（2）, 102-113.

Kadushin, A.（1981）Professional development, supervision, training, and education,. Gilbert, N and Specht, H. eds., *Handbook of Social Services*, Prentice Hall, 638-665.

Kadushin, A.（1992）*Supervision in Social Work*, 3rd ed., Columbia University Press.

Kadushin, A. and Harkness, D.（2002）*Supervision in Social Work*, 4th ed., Columbia University Press.

Kutzik, A.（1977）The social work field, Kaslow, F. W. and associates eds., *Supervision, consultation, and staff training in the helping professions*, Jossey-Bass, 25-60.

Munson, C. E.（2002）*Handbook of Clinical Social Work Supervision*, 3rd ed., Hawthorn Press.

Richmond, M. E.（1897）The need for a training school in applied philanthropy. *Proceeding of the National Conference of Social Welfare*, Roger&Hall.

Shulman, L.（2008）Supervision, Mizrahi, T and Davis, L. E. eds. *Encyclopedia of Social Work*, 20th ed., National Association of Social Workers, 186-190.

Smith, Z.（1884）Volunteer visiting, The Organization Necessary to make it effective, *Proceedings of the National Conference of Charities and Corrections*, George H. Ellis.

Smith, Z.（1887）How to get and keep visitors, *Proceedings of the National Conference of Charities and Corrections, Proceedings of the national conference of charities and corrections*, George H. Ellis, 156-162.

Smith, Z.（1892）The education of the friendly visitor, *Charities Review*, 2（1）, 48-58.

Smith, Z.（1901）Friendly visitors, *Charities*, 7, 159-160.

Tenny, Mrs.（1895-1896）Aid to friendly visitors, *Charity Review*, 5, 202-211.

Thwing, A. W.（1893）The 'friendly visitor' at Boston, U.S.A., *Charity Organization Review*, 19, 234-236.

Tsui, M. S.（1997）The roots of social work supervision：An historical review, *The Clinical Supervisor*, 15（2）, 191-198.

第2節 日本の社会事業における査察指導ソーシャルワーク・スーパービジョンの歴史

　日本においては,「この時期(1920年代)にわが国においても,社会事業という名のもとでソーシャルワークが動き始めている。」(志村 2014),「わが国における医療ソーシャルワーカー第1号は1929年,聖路加病院に配属された浅賀ふさであるというのが通説となっている」(児島 1991)等の記述はあるものの,今日のいわゆる「ソーシャルワーク」なり「ソーシャルワーカー」が本格的に導入され,位置づけられるようになったのは,戦後のことである。

　したがって,「ソーシャルワーク・スーパービジョン」もまた,戦後になって,本格的に導入されるようになった。それは,①現行の『生活保護法』(昭和25年法律第144号)制定に伴い,「社会福祉主事」が制度化され,現業活動を担う公務員の任用資格とされ,さらに,②『社会福祉事業法』(昭和26年法律第45号　現『社会福祉法』)により,「福祉に関する事務所(以下「福祉事務所」)」が創設され,そこに「現業を行う所員(以下「現業員」)」を「指導監督する職員(以下「査察指導員」　社会福祉主事が任用資格)」が配置されるという形で具現化された。

1　社会福祉主事の制度化と福祉事務所における査察指導員の設置(1950年代～1960年代)

　昭和20(1945)年8月の敗戦を契機として,わが国の社会的,経済的状況は一変してしまったことがある。すなわち,絶対主義的な天皇制国家から,国民が主権者となり,個人の尊厳と平等,基本的人権の尊重が前面

に打ち出され，これらの確立が国家の目標とされることとなった。社会福祉もまた，敗戦直後に，その基本的な考え方もそれに伴う諸制度も，戦前とは大きく異なる方向へと改革がなされた。GHQ（占領軍総司令部）による「救済並びに福祉計画に関する件」（SCAPIN 404号）等に示された公的扶助に関する公的責任の明確化，公私分離原則等を始め，GHQの政策的影響を強く受けながら，広範囲にわたる戦後の「福祉改革」が進められた。

その結果，『社会福祉事業法』といわゆる「福祉三法」と呼ばれる『生活保護法』，『児童福祉法』（昭和22年法律164号），『身体障害者福祉法』（昭和24年法律283号）が制定されるとともに，この過程の中で，「①社会福祉法制の基本構想の確立，②公民両分野にわたる社会福祉の運営実施体制の確立，③措置委託制度と国庫負担原則の確立」（阿部1993）といった戦後社会福祉の実施体制の基本的枠組みが形成されていった。戦前の「社会事業」あるいは「厚生事業」の時代から戦後の「社会福祉」の時代への大きな転換である。

「社会福祉主事」と「福祉事務所」は，こうした経過の中で，当時最も喫緊の政策的課題となった公的扶助やその実施体制の整備と福祉行政の大きな転換が図られる中で制度化されていったものである。

（1）現行『生活保護法』の制定と社会福祉主事制度の創設

①旧『生活保護法』の課題

いわゆる旧『生活保護法』（昭和21年法律第17号）は，①戦前の厚生事業期に分散化していた救済援護立法を統一した統一的法規であった，②要保護者への生活保護の国家責任を明確に成文化し，保護費の8割を国庫負担とした，③保護実施において，制限扶助主義を脱却し，無差別平等を原則とし，その要件を要保護性という一点に集約した一般扶助主義を採用した。

しかし，旧『生活保護法』は，敗戦後の引揚げや失業等により，約800万人という膨大な数値の生活困窮者が推計されたという状況〔昭和20（1945）年12月GHQ宛日本帝国政府提出文書「救済福祉に関する件」〕

に対応するため、また、GHQからの要求に対応するために、とりあえず立案された過渡期の法律という側面もあり、①無差別平等を規定しながら、依然として『救護法』の規定を踏襲した形で欠格条項規定が存在し、②国家責任を唱えながら、保護請求権や不服申立ては明確化されず、③扶助の種類も絞られたもので、④公私分離の原則から保護の実施機関を市町村長としたにもかかわらず、制度を運営する中心となる補助機関（現業活動を実施）は民生委員であった等いくつかの不備な点が残されていた。
「このような斬新な政策を実現するためには、全国民とくに行政担当者の明確な頭の切換え、価値観の転換が必要であり、外部からの天下りの指導には自ずから限界があった」（小沼1984）と指摘されているように、「頭の切換え」「価値観の転換」が不十分なままに制定され、実施に移されたものである。

よって、小山（1975）によれば、旧『生活保護法』の展開過程において、その実施運用上、当初は"カン"が中心であった面も少なく、中央、地方の連絡会議の開催、通知、通牒、内翰による指示によって、旧『生活保護法』の解釈とその運用の徹底を図る必要があったこと、被保護層の変容、運営の科学化の一方で民生委員の活動の再検討が必要となり、<u>専門家による法施行の必要性</u>が高まっていった等が指摘されている（下線筆者）。

②現行『生活保護法』の制定

前節に整理した補助機関が民生委員等の諸問題、さらなるGHQの公的扶助民主化への方向づけ、社会保障制度審議会の「生活保護制度の改善強化に関する勧告」〔昭和24（1949）年9月〕等により、旧『生活保護法』は全面改正され、昭和25年法律第144号として公布、施行された。また、平行して、『社会福祉主事の設置に関する法律』（昭和25年法律182号）が制定され、社会福祉主事が制度化されることとなった。

この結果、「民生委員法に定める民生委員は、市町村長又は社会福祉主事から求められたときは、これらの者の行う保護事務の執行について、これに<u>協力するものとする</u>。」〔現行『生活保護法』第22条（当時）、下線筆者〕とされ、新たに市町村長の事務執行を補助するのは専門有給職員で

「社会福祉主事」が任用資格となった。

この社会福祉主事は,「社会福祉主事の設置に関する法律案」の衆議院本会採決にあたっての厚生委員長報告において,「本法案のおもなる内容について申し上げますれば,第一に,この専任職員の名称を社会福祉主事とし,その任務は生活保護法,児童福祉法及び身体障害者福祉法に関する事務につき第一線の<u>ケース・ワーカー</u>として活動することを明記し…」〔官報(昭和25年5月1日付号外),下線筆者〕とされており,まずはいわゆる「ケースワーカー」の資格と説明されている。

しかしながら,審議経過の中で,政府委員として答弁たった木村忠二郎社会局長(当時)は,「…この社会福祉主事になりまする仕事は,<u>ホーム・ヴィジター</u>と申しまして,各家庭を訪問して歩く人,そしていろいろ調査したり相談したりする人,それから<u>インテーク・ワーカー</u>と申しまして,受付よりはむずかしいのですが,実際に面接しましていろいろな処置をする人,それらを監督します<u>シユーパーヴアイザー</u>,この三つの形があるわけであります。…」〔第7回国会衆議院厚生委員会議録第19号(昭和25年3月29日),下線筆者〕と発言もしており,いわゆる「スーパーバイザー」もある程度想定していたとも受け取れる。

(2) 『社会福祉事業法』の制定~福祉事務所制度と査察指導員の発足

① 『社会福祉事業法』の制定の背景

前述のとおり,昭和25(1950)年までに,いわゆる「福祉三法」により一応社会福祉に関する基本的な法制度を整えた。しかし,これら「福祉三法」は,「生活に困窮するすべての国民」,「満18歳に満たない者」,「身体上障害がある満18歳以上の者」といった特定の対象者に対する法制度であった。社会事業全般に関する基本的法律としては,戦前の昭和13(1938)年に制定された『社会事業法』が,依然として形式的には存在していた。しかし,この法律は,実際的には戦後の新しい社会情勢に対応できるものではなかった。したがって,新たに社会福祉事業全般に関する共通の基本的事項を規定する法律の制定が必要となった。

②『社会福祉事業法』制定の経緯

　こうした現実の必要性から，厚生省をはじめとする関係各方面で社会福祉事業に関する基本的法律立案の研究がなされたが，社会福祉事業法制定への直接の契機となったのは，GHQから提示された「厚生行政6原則」あるいは「6項目提案」と呼ばれるものである。

　この「6原則（6項目提案）」は，昭和24（1949）年11月のGHQのPHW（公衆衛生福祉局）の「1950年から51年までの福祉の主要目標に関する厚生省職員との会議」において中心議題となったものである。同会議の議事録等によれば，①福祉行政の地区制度（福祉地区の設定），②市福祉行政の再編成，③厚生省による助言と実地指導，④公私社会事業の責任と分野の明確化，⑤社会福祉協議会の設立，⑥有給専任吏員に対する現任訓練の実施，という内容であった（下線筆者，**表 9-2-1**）。

　これを受けて，昭和24（1949）年12月には，参議院厚生常任委員会によって「社会事業団体及び施設の振興に関する調査報告書」が発表された。これは，「①社会福祉立法，②行政の整備，③国・公共施設の財政，④財政措置の適切，⑤国・公事業の民間委託の法的根拠，⑥公・私関係と民間社会事業の振興，⑦社会事業団体の民主的組織の促進と分科機能の調整，⑧現存の関係各種中央団体の発展的解消，⑨私立社会事業法（仮称）の制定，⑩社会福祉増進の国民的・国際的協力運動」（吉田 1979）という10項目に纏められたもので，『社会福祉事業法』制定作業に影響を与えた。

　こうした一連の動向の中で，厚生省社会局庶務課は，昭和25（1950）年1月に「社会事業基本法要綱」，同年4月に「社会事業基本法案」，同年6月に「社会福祉事業基本法案」を相次いで作成した。民間レベルにおいても，日本社会事業協会が同年9月に「社会福祉事業基本法案」を提案した。しかし，これらの試案は，すでに施行されていた『生活保護法』，『身体障害者福祉法』，『児童福祉法』の「福祉三法」との兼ね合いを考えると，「法の性格，共通的基本事項をいかに定めるかについて結論づけることができず」（教育・福祉法規研究会 1983）日の目をみずに終わることとなった。

表 9-2-1 昭和25(1950)～26(1951)年までの主要な福祉目標に関し，昭和21(1946)年11月29日に開催されたGHQ, SCAP公衆衛生福祉局と厚生省との会議，議事録(抜粋)

　　　　　社会福祉行政に関する 6 項目（通称：6 項目提案）
　　　　1949 年（昭和 24 年）11 月 29 日　GHQ・厚生省合同会議議事録
　　　　　　　　　　　　　　　　総司令部公衆衛生福祉局において開催
A 出席者
　　公衆衛生福祉部福祉課長ネルソン・ピー・ネフ氏（アーヴィン・エイチ・マーカソン氏，トーマス・エル・メッカー氏同席），葛西厚生事務次官，木村社会局長，小島児童局長（畠中庶務，小山保護，黒木厚生，熊崎物資の各課長同席）
B 会議の目的
　　会議の目的は，福祉計画の主要目標を詳細に亘って之を充分に検討することにより，厚生行政及び機構の完成を目指す昭和 25 年度の総司令部及厚生省の労力に関して予定をたてるにある。
C 提　案
　　総司令部厚生課長は達成すべき厚生主要目標及びその期日として次の如く略述している。
1. 厚生行政地区制度
　（略）
2. 市厚生行政の再組織
　（略）
3. 厚生省により行われる助言的措置及び実地事務
（略）
6. 厚生省は昭和 25 年 2 月 1 日までに中央，県，地方事務所及び市町村の有給厚生吏員に対し職場訓練を行う為の全国的プランを作成すると共にこれが実現化に努めなければならない。
　（イ）厚生省のプランに関して県は次の事を行わなければならない。
　　　（1）現任訓練課を設置すること。
　　　（2）現任訓練に関する県のプランの実現化を担当する専任吏員を最少限度 1 名を任命すること。
　　　（3）厚生省の規準にもとづき現任教育に関する県のプランを作成すること。
　（ロ）地区民事部は現任訓練に関する厚生省の全国的プランについて助言を与えると共に，県がその地方的プランを立て，これを実施するに当って地区民事部は次の事をなさなければならない。
　　　（1）現任訓練計画を立てるにさいし，県に対し助言者としての役割を果す為に現任訓練地区民事部委員を設定すること。
　　　（2）一つの県を設定し現任教育訓練の「デモンストレイション」を実現するためその注意と助力を集中すること。
（略）

〔出典：社会福祉研究所編（1978）『占領期における社会福祉資料に関する研究報告書』財団法人社会福祉研究所，140-142.〕

また，社会保障制度審議会は，昭和25（1950）年10月の「社会保障制度に関する勧告」において，業務を能率的・科学的に運営するため人口10万人を単位に社会福祉の機関として「民生安定所」（**表9-2-2**参照）を設置すること，業務の実施に必要な「専門的知識及び技能を有する職員」として「社会福祉主事」養成をはかること，査察指導制度を確立すること等を勧告している。また，同年11月には，全国社会事業大会が開催され，前述の厚生省案に対する修正決議がなされ，法制定実施の陳情等も行われた。さらに，同年12月には，地方行政制度調査委員会の勧告も出された。

　厚生省は，これらの意見，要望等をふまえつつも，主として前出の厚生行政6原則を参考に『社会福祉事業法』の最終案を確定し，昭和26年法律第45号として公布された。

表9-2-2　社会保障制度に関する勧告（抄）昭和25（1950）年10月16日

第四編　社会福祉　第一節　社会福祉機関
第一（民生安定所）
　一，社会福祉業務を能率的，科学的に運営するため，都道府県及び人口十万以上の市に，保健所の区域に準じて，人口おおむね十万の区域ごとに民生安定所を設ける。
　二，民生安定所は，都道府県知事又は人口十万以上の市の市長の権限に属する社会福祉関係業務のうち，被扶助者，身体障害者，児童，その他援護育成を要する者の面接相談，訪問指導，その他個別処遇（ケイス・ワーク）及びこれに必要な調査，統計，並びに生活資金，生業資金の貸付，生活相談などの業務を担当する外，市町村（人口十万以上の市を除く。）の行う社会福祉事業の査察指導，連絡及び調整を行うものとする。
　三，なお，現在，市町村が担当している社会福祉業務は，専門職員の育成充実をまって，将来これを民生安定所にまで引上げることが望ましい。
第二（専門職員の養成及び充実）
　一，社会福祉業務の専門化と技術化に伴い，専門の知識技能を有する社会福祉主事の養成確保につとめ，これら専門家をして社会福祉事務に従事せしめる制度を確立することが必要である。
　二，社会福祉主事が行う業務の全きを期するために，社会福祉主事に対する現任訓練制度及び査察指導制度を確立することが望ましい。

〔出典：社会福祉研究所編（1978）『占領期における社会福祉資料に関する研究報告書』財団法人社会福祉研究所，140-142.〕

この『社会福祉事業法』の規定〔第3章「福祉に関する事務所」13条〜16条，付則7項〜9項（制定時）〕により，当時の「福祉三法」等の『社会福祉諸法』に関する中心的現業機関としていわゆる「福祉事務所」が創設された。都道府県，市および特別区にその設置を義務づけ〔特別区については昭和40（1965）年以降〕，町村については任意の設置としたため，福祉事務所を設置したごく少数を除いて，町村長はそれまでの『生活保護法』実施機関としての地位を失うところとなった。
　また，同法は，福祉事務所への「社会福祉主事」の資格を有する職員（査察指導員，現業員）の設置のための条項を規定した。このため，前記『社会福祉主事の設置に関する法律』は，『社会福祉事業法』の公布と同時に廃止された。
　こうして，昭和26（1951）年10月からの『社会福祉事業法』の施行によって福祉事務所制度と査察指導員の設置が発足した。

(3) 査察指導員等の意図

　木村忠二郎は，社会福祉事業法案を審議した参議院厚生委員会において，「「…先ず現業を行います職員と，その現業に伴います事務を行う職員，又これらの者に対しまする指導監督を行う職員，これらのものを置きまして，そしてこれらが一つの組織になりまして，完全な運営ができるようにいたしたいと考えておるわけであります。…」〔第10回国会参議院厚生委員会議録第15号（昭和26年3月19日），下線筆者〕と趣旨説明でまず述べている。
　そのうえで，山下義信委員からの「…この監督制度というものを一応系統的に簡単におっしゃってみて下さいませんか。この社会福祉主事を都道府県及び市に置く，町村に置くことができるとこうなっております。この社会福祉主事，それから一方は福祉に関する事務所に採用される者の資格は社会主事でございますから，要するところこのケース・ワーカーのこの監督制度の何と申しますかスーパーバイザーと申しますか，このものはどういうふうに，誰が誰を監督する，どの社会福祉主事がどの社会福祉主事を監督するという監督の系統はどういうふうになっておりますか。」とい

う質疑に対して,「…福祉に関する事務所という構想をいたしましたのは,事務所の中に現業を行う所員と指導監督を行う所員,つまりケース・ワーカーとスーパーバイザーとを設けまして,その仕事をやる間に日々の仕事をやりながらそのやりつつあるところを毎日指導監督する。その指導監督を事務所内の指導監督を行う所員にやらせる。つまり毎日,日常の業務を常に行うその事務所の中で監督が行われるという形をここでとりたいと考えておるのであります。なお事務所全体に対しまする指導監督,事務所全体の業務はうまく行つておるかどうかという,これは指導監督はそれぞれ都道府県知事に対しましてこれをやらせるような形をとりたいと考えておるのでございまして,…。つまり,それぞれの福祉の事務所におきまましては,事務所の中で日常の業務の現業の監督が行われますが,今度は行政全体としての監督がその上にあります指導監督の職員によつて行われる。この監督と申しますのは,単に非違を剔抉(てつけつ)するだけでなく,日常の業務のどこにうまく行かない点があるかということを発見しつ,その発見したものをここで補なつて行くというふうな形でやつて参りたいというふうに考えでおるのであります。従来,我が国で行われております,いわゆる指導監督といつたような面とは違つた新らしいやり方をこの際やつて参りたいというふうに思つているのでございます。」〔いずれも第10回国会参議院厚生委員会議録第15号(昭和26年3月19日),下線筆者〕と答弁している。

　ここから,示唆されることは,ここで目指されたスーパービジョンとは,いわゆるラインで業務を執行する行政における権限を行使し,ケースワーカー業務の管理をするという管理的機能ことにとどまらず,教育的機能,支持的機能(小松1982)も含まれるということである。これは,①扶助基準にてらして最低生活を保障することと,②受給者と権利を守り,個々の状況に即した自立を支援する,という二面的で相克する業務を行うにあたって,すでにワーカーに対してのスーパービジョンの導入を進めていたアメリカのモデルを導入したものである。

　また,『社会福祉法』第20条に都道府県知事等による福祉事務所に対する指導監督が規定され,いわば上級スーパービジョンを知事等のもとで

実施するということも制度化されていることが挙げられる。

　以上のように，わが国のソーシャルワーク・スーパービジョンは，福祉事務所等における査察指導という「制度」としての導入がなされた。
　しかしながら，①福祉事務所制度自体を含め，そもそも積み重ねのないところに，GHQの政策的誘導により導入された側面が強かったこと，②社会保障制度全体の未整備であったこと，③いわゆる第一次適正化等を背景に生活保護業務が中心となったこと，④社会福祉主事任用資格が求められる査察指導員の有資格率8割と専門性の問題もあり，昭和28（1953）年に「福祉事務所運営指針」が示され，当時の福祉三法のもとでの「職員の質の充実，現業機関としての性格を明確化するため，業務の標準化，組織形態の標準化を提言」（岡部 2003）されたという状況で，機能としては，限定的といわざるをえなかった。

2 社会保障制度全体の整備と福祉ニーズの多様化等に伴う展開（1960年代後半〜1980年代）

　昭和36（1961）年の国民皆年金，国民皆保険の実現等に代表されるように，この時期には社会保障各制度の拡充が図られた。社会福祉の分野でもいわゆる福祉六法体制が整備された。わが国は高度成長期を迎え，順調な経済発展をなし遂げる一方で，その歪みとしての過密や過疎等に由来する社会生活上の諸問題に対応していく必要があった。社会福祉諸サービスの重要性への認識が増し，サービスの拡大多様化，権利意識の増大，社会的扶養への期待の増加といった状況を背景に，生活保護業務中心からの転換，社会福祉主事の専門性の問題など，査察指導のあり方，福祉事務所の機能や役割等についての議論や取り組みがみられるようになった時期である。

昭和42（1967）年の「東京都における社会福祉専門職制度のあり方に関する中間答申」、昭和46（1971）年5月の全国社会福祉協議会社会福祉事業研究作業委員会による「福祉事務所の将来はいかにあるべきか〜昭和60年度を目標とする福祉センター構想」等が提起され論議の対象となった。

　また、これらも受けつつ、国も、①昭和39（1964）年から福祉事務所内に家庭児童相談室を設置、②昭和43（1968）年度からの地方交付税による、いわゆる福祉五法（『生活保護法』以外の福祉六法）を専門に担当する現業員の増員措置、③厚生省が監修した、昭和46（1971）年10月の「新福祉事務所運営指針」の提示、④昭和48（1973）年から3カ年間の実験福祉事務所制度などを実施した。

　生活保護以外のサービス部門を充実して、「福祉の総合センター」としていくこと、そのための組織のあり方、社会福祉主事の専門性の問題とともに、査察指導についても、「新福祉事務所運営指針」において「一人のケースワーカーを一人前の専門職者に育てるための一つの指導監督の技術」とされ、その充実が求められるようになった。また、昭和50（1975）年には、田中（当時　厚生省社会局監査指導課長）監修の『生活保護の査察指導（試論）』が出版され、ここまでの査察指導の活動をふまえた整理がなされた。

　しかしながら、その後、昭和48（1973）年のオイルショック等を契機に低成長期に入り、①年金保険、医療保険等の財政のあり方等が問われるようになり、当時の福祉事務所のあり方を見直していくにあたって前提としていた年金制度の成熟化、一方での生活保護の役割の一層の変容等が崩れ去ったこと、②そもそも福祉事務所は自治体が設置するものであること、③「この法律、生活保護法、児童福祉法、母子及び父子並びに寡婦福祉法、老人福祉法、身体障害者福祉法及び知的障害者福祉法の施行に関する事務に従事する職員の素質を向上するため、都道府県知事はその所部の職員及び市町村の職員に対し、指定都市及び中核市の長はその所部の職員に対し、それぞれ必要な訓練を行わなければならない。」（『社会福祉法』第21条）とされていること、等から、福祉事務所のあり方も査察指導の

あり方も，議論や取り組みは皆無ではなかったものの，実態としては沙汰やみの状態となった。

3 社会保障構造改革以降の展開（1990年代以降）

平成に入っての社会保障構造改革，社会福祉基礎構造改革，地方分権等が押し進められる中で，査察指導スーパービジョンが実施される福祉事務所のあり方自体の議論がほとんどなされないままに，福祉事務所の役割や機能が変更されてきている動向がある。

①『老人福祉法等の一部を改正する法律』（平成2年法律58号。いわゆる「八法改正」）と『社会福祉の増進のための社会福祉事業法等の一部を改正する等の法律』（平成12年法律111号。いわゆる「社会福祉基礎構造改革」）による，市部福祉事務所福祉六法体制（『生活保護法』，『児童福祉法』，『身体障害者福祉法』，『知的障害者福祉法』，『老人福祉法』，『母子及び寡婦福祉法』），郡部福祉事務所三法体制（『生活保護法』，『児童福祉法』，『母子及び寡婦福祉法』），②『介護保険法』（平成9年法律123号）と「社会福祉基礎構造改革」による措置と利用に業務分立，③『地方分権の推進を図るための関係法律の整備等に関する法律』（平成11年法律87号。いわゆる『地方分権一括法』）の制定に現業員定数の「標準」化等の規制緩和，などである。

これらから，「生活保護に関する実態調査　結果報告書」（平成26年8月総務省行政評価局）をみても，調査対象102福祉事務所において，社会福祉主事無資格の査察指導員が17.9%，社会福祉主事の資格を未取得の査察指導員が配置されている福祉事務所が22事務所という状況にある。また，最近の統計は公開されていないが，「社会福祉事業法の施行について」（昭和26年発社第56号）により「現業員7名につき1名」とされている査察指導員が欠員状態の事務所も1割程度とされている。

一方では，①多様な課題を抱える生活保護受給層の拡大傾向が続き，これにどう対応するのか，②増加傾向が顕著であるのは稼働層を含む「その他の世帯」であり，これらの支援をどうするのか，③不正受給や餓死事件等をどのようにしていくのか，④新たに始まる生活困窮者自立支援制度にどのように取り組むのか，など，福祉事務所を巡る課題は多い。

　土壌のないところに「制度」として位置づけられたとはいえ，すでに60年以上，わが国の現在の社会経済情勢等にあわせての展開が期待される。

（船水　浩行）

引用文献

阿部　實（1993）『福祉改革研究』第一法規，10.
児島美都子（1991）『新医療ソーシャルワーカー論：その制度的確立を求めて』，ミネルヴァ書房，156.
小松源助（1982）「福祉事務所における査察指導の機能と展開」全国社会福祉協議会編集，発行『査察指導の実際　第2集』，189～190.
小沼　正（1984）「公的扶助：生活保護を中心として」小沼　正ほか編『社会保障概論：その動向と基本知識の整理』川島書店，101.
小山進次郎（1975）『改訂増補　生活保護法の解釈と運用（復刻版）』全国社会福祉協議会，28-44.
教育・福祉法規研究会編（1983）『精選　幼児教育・社会福祉法規の解説』建帛社，199.
岡部　卓（2003）「福祉事務所の業務と組織」岩田正美・岡部　卓・杉村　宏編著『公的扶助論』ミネルヴァ書房，72.
社会保障制度審議会編（1960）『社会保障制度に関する勧告および答申集』社会保障制度審議会，35-36
社会福祉研究所編（1978）『占領期における社会福祉資料に関する研究報告書』財団法人社会福祉研究所，140-142.
志村健一（2014）「第3章　相談援助の形成過程Ⅰ」社会福祉士養成講座編集委員会編『新・社会福祉士養成講座6　相談援助の基盤と専門職』第2版，中央法規出版，58.
吉田久一（1979）『現代社会事業史研究』勁草書房，484.

参考文献

木村忠二郎（1958）『生活保護法の解説』第2次改訂版，時事通信社.
田中　明監（1975）『生活保護の査察指導（試論）』社会福祉調査会.
Towle, C.（1987）*Common Human Needs*, Natl Assn of Social Workers.（＝1990，小松源助訳『コモン・ヒューマン・ニーズ：社会福祉援助の基礎』中央法規出版.）

第10章

ソーシャルワーク・スーパービジョン実践の多様性

第1節 ソーシャルワーク・スーパービジョン実践の多様性と可能性

1 現代社会の社会福祉諸問題(ニーズ)の位相

　今日，社会福祉の領域では，喫緊に問題解決を迫られている課題が山積している。現代社会が抱える福祉問題の事象は，従来よりの不安定な生活や介護，子育て，障害ある人の悩みといった福祉問題に加えて，新たにホームレス問題，外国人の生活問題や地域の人間関係，閉じこもりや引きこもり，DV（Domestic Violence）や虐待等々である。これら福祉ニーズ出現の特徴は，次の3点を挙げることができる。まず第1にニーズの量的拡大（生活保護受給者・介護・子育て問題の増大）である。第2にニーズの多様化（生活困窮世帯の拡大）であり，第3にニーズの複雑化（多問題世帯・要援護者の孤立）である。また，これら福祉ニーズ出現の社会的要因には，①都市化・産業化・過疎化の進行，②少子高齢社会の到来，③就業形態の変化，④核家族化・小規模世帯化の進行，⑤生活構造の不安定化の進行，⑥地域社会の紐帯のゆるみ，⑦社会的共通資本の劣化・老朽化，⑧人権意識の高揚などが考えられる。

　リーマンショック〔平成20（2008）年9月〕以降，大量に正規雇用から非正規雇用への転換が加速化した。この現象は，企業側からみれば，企業の賃金コストと社会保障負担を減らし，企業収益の回復に大きく貢献する手段でもあった。この結果，雇用者側に生じた事実は，いつ解雇されるかわからないという不安，低い賃金，将来の生活設計も立てられない，努力を重ねても正規職員に転換できない絶望感，精神面も含め極端に不安定な状況に置かれたといえよう。また，辛うじて正規雇用に残った人々には猛烈な残業，名ばかり管理職など荒廃した環境の中で孤立感を深めてい

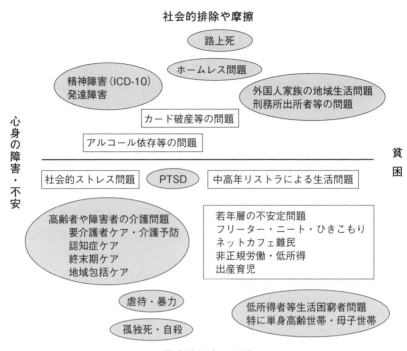

図10-1-1　社会福祉が対象とすべき今日的諸課題（ニーズ）

ICD-10：国際疾病分類第10版，PTSD：心的外傷後ストレス障害．
〔厚生労働省社会・援護局 2000『社会的な援護を要する人々に対する社会福祉のあり方に関する検討会報告書』（平成12年12月8日）をもとに筆者が新たな問題を加筆作成〕

る。一家の柱が非正規に追い込まれる事態や若者の雇用不安は，家計の不安定，給食費・授業料の不払い，多重債務者の増加，母親への過剰負担，子どもたちの不安定性，など国家の最重要の構成員である家計の崩壊を助長した。家計の崩壊は，結果としてコミュニティの荒廃や犯罪の増加にも関係している。

わが国の地域コミュニティを例に挙げると，1990年代以降の新たな生活上のリスクの特徴は，それ以前の「貧困や生活の不安定化」や「心身のストレス」として表出した問題群に，ホームレスの増加，精神障害者等の生活問題，滞日外国人家族の地域摩擦，高齢者の孤独死や自殺，青少年を

巻き込んだ犯罪の増加といった新たな福祉問題群が加わったことである。それらの問題群は，個々の問題と連鎖複合化し，都市部から都市部の近郊へ，そして地方都市へ，中山間地域へと至るところに拡大していっている。そうした状況のもとで，これらの公共的諸問題（現代社会の福祉問題の多くが含まれる）の自主的な解決の場としての地域コミュニティが新たな意味を持つようになったのである。安全なコミュニティや安心して住み続けることのできる居住環境の整備といった公共政策に属するプログラムを行政・企業・NPO・住民等の参加によって協働して解決するローカル・ガバナンスを実現することが求められている。

ソーシャルワーカーが対応する新しいリスクの特質は，図10-1-1にみるように，①「社会的排除や摩擦」と「社会的孤立や孤独」軸が登場していること，②社会福祉の今日的ニーズは「貧困」・「心身の障害・不安」軸と「社会的排除や摩擦」・「社会的孤立・孤独」軸が複合化して表出していること，③縦軸は主に社会生活上の要因として顕在化した問題により，横軸は主として個人を取り巻く社会との関係性より示したもので，社会的排除や孤立の強い者ほど制度から漏れやすく，ソーシャルワーク支援が緊急に必要であること，④「制度の狭間」問題は新しいリスクの事象として現れやすいことなどに表れている。

このような個人や家族，地域社会をつらぬく近代合理主義的生活習慣の偏重の過程で，われわれは，自らの伝統文化や価値観を否定しつつ，私的個人主義へと埋没し，かつ社会的個人としての非自立性など，現代コミュニティを担っていく主体を喪失していったといえよう。私たちは市場で換えることのできない価値を，生活やコミュニティの中でもう一度見つけ出していく努力が求められているのではなかろうか。

2 生活困窮者自立支援事業とソーシャルワーク・スーパービジョン実践

　前項で述べたように現代社会における福祉ニーズの事象（リアリティ）は，これまでの，いや現実の社会保障や社会福祉制度およびソーシャルワーク援助や支援ネットワークから漏れ，困窮し，不平等を感じている生活困窮者といわれる人々の生活全般に表れている。このように，「制度の狭間」に陥った人々の存在は，いつの時代にも起こっているのであって，そのために，行政施策に対するやり場のない不満を抱えており，社会に対する不信感を持ち続けているのである。しばしば制度やサービスへの該当という見方をしてしまいがちになる，あるいはならざるをえない現状に対し，こうしたリアリティは，ソーシャルワーカーが生活困窮者にどのように向き合えばよいのか，その姿勢を問うているのである。「制度の狭間」に陥った人が，「ソーシャルワーク相談・支援の狭間」に陥らないように，ソーシャルワーカーがその所属する組織を超えた連携の役割やスーパービジョンが重要になってきている。生活困窮者自立支援事業は，まさにソーシャルワークの"一丁目一番地"である。

　近年，社会経済環境の変化に伴い，生活困窮にいたるリスクの高い人々や稼働年齢層を含む生活保護受給者が増大しており，国民の生活を重層的に支えるセーフティネットの構築が必要となっている。こうした状況に対応するため，平成23（2015）年4月より，生活困窮者支援体系の構築と生活保護制度の見直しが総合的に取り組まれるようになった。生活困窮者自立支援制度においては，全国の福祉事務所設置自治体が実施主体となって，官民協働による地域の支援体制を構築し，①自立相談支援事業，②住居確保給付金の支給，③就労準備支援事業，④一時生活支援事業，⑤家計相談支援事業，⑥学習支援事業その他生活困窮者の自立の促進に関して包括的な事業を実施することになっている。また，自立相談支援事業は，生活困窮者からの相談に早期かつ包括的に応ずる相談窓口となり，ここでは生活困窮者の抱えている生活課題全般を適切に評価・分析（アセスメン

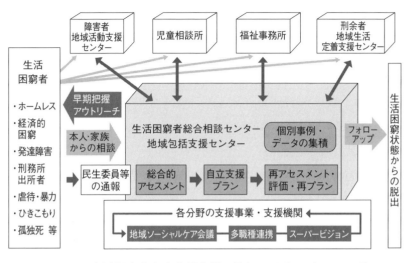

図 10-1-2　生活困窮者自立支援事業の仕組みづくり（イメージ）
〔厚生労働省（2012）『生活支援戦略』をもとに筆者作成〕

ト）し，その課題をふまえた「自立支援プラン」を作成するなどの支援を行い，関係機関および多職種専門職間の連携に基づくスーパービジョンの体制づくりが急がれる（**図 10-1-2**）。

3　ソーシャルワーク・スーパービジョン実践の展開過程

　次に提示するのは，個別事象の解決プロセスである。新しい福祉問題群の解決過程を通して，3つの段階に分けることができる（**図 10-1-3 参照**）。

　第1段階は，①個別事象の分析（アセスメント）し，②個別事象の解決の方向と目標を提示することである。そして①と②の過程で，福祉専門職（主として個別援助・支援）による制度やサービス等のフォーマルサー

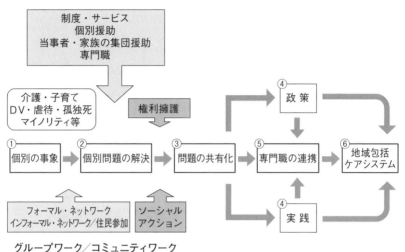

図 10-1-3 「個別事象から地域包括ケアシステム」へのスーパービジョンの展開過程　〔筆者作成〕

ビスのケースマネジメントが行われるとともに、主としてコミュニティソーシャルワークによるインフォーマルなサポートネットワークの形成が同時に行われることが望ましい。

　第2段階は、第1段階のプロセスを通して、それぞれの個別事象の解決課題から政策と実践への共通課題を析出するための「問題の共有化」が必要となる。そしてこの過程で政策と実践に切り分けられ、共有（一般）化された課題は行政・社会福祉協議会・社会福祉施設等に、あるいは市民社会（NPO・ボランティア団体等）や住民組織に、その対応の分担が振り向けられることになる。

　第3段階は、自治体レベルにおいて個別事象と政策や実践に向けて一般化された課題の解決システムを形成することが必要となる。それは、専門職連携の組織化の「場」を設定することが望まれる。

　第4段階において地域包括ケアシステムを実現させる、という「個別援助から地域支援へ」の展開過程を提示する。ソーシャルワーク援助・支

援の流れは，①個別の事象 → ②個別問題の解決 → ③問題の共有化 → ④政策と実践 → ⑤専門職の連携 → ⑥地域包括ケアシステムの構築というように展開されることになる。ソーシャルワーク・スーパービジョン実践は，この各段階において実施されることが望ましい。

4 ソーシャルワーク・スーパービジョンにおける「実践知」の獲得プロセス

　ソーシャルワーカーが持つべき力量とはいったい何なのか。そしてソーシャルワーカーを養成していく場合に欠かせない教育の骨格はどういうことなのか，福祉現場そして教育現場からの問いかけは，今般の混迷する社会情勢を背景に，社会福祉の諸問題が複雑化する中で，ソーシャルワーク・スーパービジョンの必要性を増してきている。社会福祉専門職や介護職の場合は，対象者や利用者，当事者の人権に基づく援助や支援を行うという基本的な使命がある。しばしば，経営者や官僚と専門職の関係が，それぞれの価値によって緊張が生じる場合もある。また，専門職が陥りやすい専門職主義（あるいはプロフェッショナリズム）という性格も無視できない。専門職には，利用者や住民の日常生活から切断された独特の規範の内面化も要請されるからである（武川 2011：128）。福祉サービスが提供される現場では，無意識的に官僚化や専門職主義（ストリートレベルの官僚化，Lipsky＝1986：17）に陥りやすく，専門職独自の性格や援助活動を発揮できない状況にあることも留意しなければならない。このような専門職の陥りやすい現場環境の中で，ソーシャルワーカーや教育現場の教員は，ソーシャルワーク・スーパービジョンの実践の必要性を肌で感じているのではなかろうか。とはいえソーシャルワーカーや教員は，目先の仕事に翻弄されていることも確かなことであり，ついつい現実対処のノウハウが欲しくなってしまうのである。

　日本のソーシャルワークの国家資格（社会福祉士）制度が成立し，医療

や福祉，介護の現場に社会福祉専門職として配属されて久しいが，いまだ現場での仕事の評価や社会的認知度は低い。その理由を，現場を取り巻く環境の変化や制度改変の速さ，福祉課題の複雑化等に帰する論評が多い。だが本質的な問題は，ソーシャルワーク教育そのものの変質にあるのではないか。目まぐるしく制度が変わり，ほかの専門職との業務連携の機会が増すごとに，対象者の当面の問題解決を目標とするあまり，結果主義の技術教育に流れがちではないかという疑問である。もちろんソーシャルワークの援助技術や支援方法が極めて重要であることに異論をはさむものではないが，今日のような「情報・知識産業社会」[注1]においては，「実践知」[注2]こそが，ソーシャルワークが価値を生み出す源泉であると思われるが，ソーシャルワーカーが多職種連携の中で，その優位性を高めるには，知識に裏打ちされた「実践知」の創造を不断に続ける必要がある。それには組織に動的な関係性が生じる「場」があるかどうかが鍵であり，場を作り出すリーダーの存在が欠かせない。そのためには，ソーシャルワークの「実践知」の体系化が求められる。その手順が，①内面化（ソーシャルワーク実践を通じた知の組織化）→ ②共同化（対象者への直接対話による感性と共感）→ ③問題の共有化（アセスメントによる共通認識）→ ④連携化（制度・政策・実践への応用）を循環させることであり，そのプロセスを通じてソーシャルワーク・スーパービジョンの「実践知」を獲得することが可能になるということもできる。

注1　情報・知識産業社会は，これまでの伝統社会あるいは工業社会を経て，情報や知識，サービス領域を中核の産業とするポスト工業化社会（post-industrial society）のこと。
注2　「知的機動力経営」という概念を提示した野中郁次郎氏は，情報知識産業化社会において「知識創造の過程こそがイノベーション（革新）であり，知識創造を不断に続ける必要がある。それには組織に動的な関係性が生じる「場」があるかどうかがカギであり，場を作り出すリーダーが欠かせない。こうしたリーダーを「実践知のリーダー」と命名している。そして，彼らに共通する能力は，①）善い目的をつくる能力，②場をタイムリーにつくる能力，③ありのままの現実を直観する能力，④直観の本質を物語る能力，⑤物語を実現する政治力，⑥実践知を組織化する能力であるとし，その原動力となるのが「実践知」であるという〔日本経済新聞，平成25（2013）年8月15日朝刊より抜粋〕。

5 グループ・スーパービジョン実践の多様性

　窪田（1997）は，スーパービジョンの原則を，「ある人の仕事の様子を見守りながら，ソーシャルワーカーの成果が所定の水準に達しているかどうか，課題をこなしているかどうか見届け，その質を高めるために，仕事そのものというよりは仕事をしている人間に対して向けられる，指導監督的，教育的，支援的活動を指して，広く用いられているといってよい」と述べている。また，福祉施設のグループ・スーパービジョンを通してソーシャルワーク実践の研修記録を作成する方法を開発した報告書（社会福祉法人白十字会 2014）の中で，スーパーバイザーはカンファレンスの時間や場所の設定の責任を持つと主張しつつも，カンファレンスの主役はスーパーバイジー（スーパービジョンを受ける人）であることを強調している。さらに，スーパーバイザーは，スーパーバイジーの「専門家としての自己」の形成を目指して，次の3つの役割＝機能を担うとしている。

　①教育的役割（先輩たち，仲間たち，自分の持っているものを伝える役割）
　②支持的役割（支えること。過剰な不安，緊張，ストレスの緩和，新しい行動や考え方のサポート）
　③管理的役割（見届けること。規定の業務がきちんと行われることへの責任，見届けの方法の共通了解を含む。評価についても同じ）。

　ここでは，現場のソーシャルワーカーたちがそれぞれの支援困難事例を持ち寄り，その事例の問題解決を目指した「ソーシャルワーク事例研究会」（野口 2014）における集団カンファレンスの事例研究（20事例）の中から，本章の各節（各領域）では取り上げられなかった支援困難事例を3例紹介する。

事例1　刑務所リピーターから地域生活者へ―排除から包摂を目指す

　知的障害と推定されるが52歳になるまで福祉の支援を受けられず，家族との絆もなくし仕事に就くこともできず刑務所と社会との往復で人生を過ごしてきた本人の「普通の暮らし」を目指して，刑務所，地域生活定着支援センター，保護観察所，更生保護施設，行政等が連携し支援を試みた事例である。本事例は，潜在的な刑務所リピーターの存在について示されたものであり，刑務所に入所することでしか生活を安定させることができないという社会的矛盾を露呈している。しかも昨今の派遣という不安定な就労形態と低賃金，派遣会社の寮を住まいとするような若者たちの中に，彼らのような「刑務所リピーター」の予備軍が出始めてきているという由々しき問題を指摘されている。労働問題の再検討はもとより，かけこみ寺的相談機関の設置とそうした<u>緊急対応に長けたソーシャルワークの開発</u>が不可欠であるということである。

【ポイント】
○刑務所に入所することでしか生活を安定させることができない刑務所リピーター
○不安定な就労形態と低賃金の若者たちの中に潜む刑務所リピーターの予備軍
○刑務所リピーターからの脱出を支援できるソーシャルワークの開発

事例2　重複知的障害者の「親亡き後」に向けた自立支援

　父親に従う生活をしてきた，高齢化がみられる重複障害者のAさんがソーシャルワーカーによってエンパワメントを引き出され，希望する知的障害者授産施設（現就労継続支援事業B型）に通所を続けている事例である。

この事例でも指摘されているように，年齢別施設利用者数は，施設利用者（児）の最も多い年齢階層は，30〜39歳の階層で，次いで多い40〜49歳の階層を合わせると44.0%を占め，施設利用者の年齢構成においても徐々に高齢化が進行してきている。そうした中，多くが自宅で，親からの世話を受けながら生活を形成している。むしろ，障害が重いほどケアホーム・グループホームを利用できないというのが現状である。すでに，「入所施設は，地域の実情をふまえて，真に必要なものに限定する」とされており，入所施設解体によって地域への移行が進められる中，障害が重い知的障害者が保護者による世話を受けることによって過ごしているのである。その場合，こうした知的障害者にとって「親亡き後」の保障は重要な課題となっているのである。
　さらに，この事例が示したことは，『障害者自立支援法』による新体系の移行は，施設にとって報酬等の見直しにより事業に大きな影響を与えた。平成18（2006）年4月から支援費の単価が引き下げられ，施設訓練等の支援費の報酬算定にあたっては，これまでの定員数に応じた月払いから利用実績払い（1日あたりの日割り計算）に変更され，この利用実績払いの変更は，グループホーム・ケアホームにも適応されたというように，彼らを支える生活基盤の改変により，さらにいっそう自立を困難にさせている。ソーシャルワーカーにとって，制度やサービスは有効な武器とならなくてはならない。医療者が医薬品や医療技術を駆使して治療にあたるように，ソーシャルワーカーは当事者に対して有効な制度は何か，サービスを有効活用するにはどのようにすればよいかということになるのである。この事例は，その制度やサービスが当事者にとって不利となるものにしかならない場合にはどうするのかという問いでもあるのである。ソーシャル・アクションはよくいわれてきたことであるが，制度やサービスが機能不全である場合に，どのように改善していけばよいのかということを検討することにほかならない。

【ポイント】
○知的障害者にとって「親亡き後」の保障は重要な課題
○地域移行は施設にとって報酬等の見直しにより事業に大きな影響
○制度やサービスが機能不全である場合のソーシャル・アクション

事例3　生活保護における貧困の罠への課題と支援

　再び生活保護受給にいたった事例に着目し、生活保護に戻らない教育・福祉・雇用を一体とした就労支援における他機関や多職種が関わる際に課題となる連携において、ソーシャルワークが本人を他機関へつなぐ働きかけの事例である。

　これは、派遣の仕事を失職し、雇用保険受領満期後にネットカフェ難民となり、ようやく福祉事務所にたどり着き、生活保護申請の手続きの中で、まずは住居の確保を行い、住民票の復活など社会生活に必要な条件を整備し、就労支援へ結びつけたという事例である。

　何故にこのように短絡的転落が短期間に起こってしまうのか、ソーシャルワーカーのため息が聞こえてきてしまうような気がする。当事者は30歳代後半、働き盛りの年齢である。

　ここで重要なのは、まず福祉事務所にこうした対象がたどりつくための仕組みである。多くの場合、福祉事務所の存在すら知られていないのであり、また、福祉事務所にたとえうまくたどりついたとしても、「窓口対応」がどう対応するかである。この事例の場合、まさに運よくといっても過言ではないかと思えるように、福祉事務所の生活保護担当ソーシャルワーカーにつなぐことができたこと、ソーシャルワーカーが当事者の生活歴などを丹念に聴くことから、現状からの脱却についての方策が提示できたことなど的確な対応ができたのである。さらに、この事例が示すこ

とは,その後のフォローアップである。生活保護から脱却したものの,再度失業し生活保護へ戻るという道筋においても,ソーシャルワーカーはあきらめないということを当事者とともに作り上げたこと,それには当事者と共通の試練を味わう仲間と共に再生への道を歩むというストーリーを作り出したということに敬意を表したいと同時に,こうした再アセスメント,アウトリーチシステムの構築の重要性を示しているといえる。

【ポイント】
○ネットカフェ難民からの脱出は生活保護申請の手続きと住居の確保
○何故このように短絡的転落が短期間に起こってしまうのか
○当事者とともにソーシャルワーカーはあきらめない姿勢

　ソーシャルワーク・スーパービジョン実践の多様性を紹介し,その特性を考察することが本章第1節に与えられた課題である。したがって,本章の2節〜8節において展開されたスーパービジョンの論説のポイントを表10-1-3にまとめた。ただし,これらのポイントは,各節の論述の中から筆者の意図で析出したものである。詳細は,各節の論述に譲るが,ソーシャルワーク・スーパービジョン実践の多様性(当事者対象,機関・施設,個人スーパービジョンとグループ・スーパービジョン,教育的・支持的・管理的役割,相談室面接・アウトリーチ等に分類)を読み解くことができる。

表10-1-3 ソーシャルワーク・スーパービジョンにおける多様性と特性

第2節　児童相談所におけるソーシャルワーク・スーパービジョン
○児童虐待ケースのアグレッシブな強制保護サービスと家族再統合へ向けてのソーシャルワーク援助の困難性 ○スーパーバイザーとスーパーバイジーの関係は情緒的なものでエンジンオイルの役割 ○スーパーバイザーはスーパーバイジーの適切な行動に敏感に反応しポジティブに強化する補綴具の役割
第3節　地域包括支援センターにおけるソーシャルワーク・スーパービジョン
○特に総合相談支援事業を中心とした対人援助に関わる多職種に対するスーパービジョンの想定 ○センターの社会福祉士のみならず、全職員にソーシャルワークのスーパービジョンを実施 ○事例検討は事例に焦点が置かれ、スーパービジョンはスーパーバイジーに焦点が置かれるもの。事例検討とスーパービジョンの混乱の危惧
第4節　認知症高齢者ケアにおけるスーパービジョン
○訪問による観察を重視し、顔の表情、屋内の様子、衣服の状態、身体の状況などに留意することをアドバイス ○スーパーバイジーが認知症高齢者との適切なコミュニケーションを行う努力をせず、思考停止状態に陥ってしないかどうかを確認 ○認知症高齢者の同居家族支援におけるスーパービジョン
第5節　知的障害者施設におけるスーパービジョン
○バーンアウト尺度の開発およびストレスを軽減する取り組みこそがスーパービジョン ○福祉実践現場ではきちんとしたスーパービジョンが行われていない ○どの施設においても実現可能で効果的かつ業界全体で共通イメージを持つことができるスーパービジョンの確立
第6節　医療ソーシャルワークにおけるスーパービジョン
○新人期・中堅期・ベテラン期の各能力の獲得・向上に向けて、その変化を促す支援が必要 ○医療機関では即応性・即効性のあるスーパービジョンが必要、優れたスーパーバイザーを目指すには、意識的に省察学習を行うことが不可欠 ○日常業務から少し距離を取って省察を行う支持的・教育的スーパービジョンを病院外で実施することも現実的には必要
第7節　社会福祉協議会におけるスーパービジョン
○近年社協は生活困窮者や引きこもり等地域で孤立した状況に置かれがちな人々に対する社会的包摂を視野に入れた支援 ○住民の主体性を引き出すコミュニティワーク記録様式の開発 ○組織全体の適切なスーパービジョンの実現を裏打ちする予算・人員配置・基準等人材が脆弱

第8節　精神障害者支援におけるソーシャルワーク・スーパービジョン
○スーパービジョンを展開する際に多職種チーム間のコンフリクトが潜在
○スーパービジョンの対象は支援者としてのスーパーバイジーと当事者との関わり自体にある
○スーパービジョンのプロセスを言語化して俎上に載せ，経験学習と省察，批判的思考と対話を通してスーパーバイザー自身が熟達化する方途を探っていくことが必要

6　ソーシャルワーク・スーパービジョン実践の可能性

　ここまでの論述から，ソーシャルワーク・スーパービジョン実践の展開過程として個別援助，家族支援，そして地域支援への流れとそのプロセス，アセスメント，援助方針の提示，ソーシャルケアプランの作成，評価が大切であることがわかった。次に，4つの枠組みと論点を提示することが可能となった。

　第1は「対象領域の拡大」である。当事者や家族，地域が抱える課題の性格が，従来の対象領域を残しながら複合化し，新たな対象領域へと拡大していることである。

　第2は「多職種連携」である。いずれの事例も，もはや単一の機関や施設で対応できる状況ではなくなっており，多くの事例で他機関・多職種との「つながり」，「ネットワーク」など連携のシステムが必要不可欠の要素となっている。いくつかの事例では，すでにソーシャルワーカーが中心となって多職種連携で対応されている事実もある。しかし，多くの事例では，いまだ機関間や職種間の縄張り意識が障壁となって，その必要にもかかわらず，連携が採られていない事実も多く見受けられた。

　第3は「ソーシャルワークの開発」である。すでに今日のソーシャルワーカーが抱える課題は，複合的であり，なおかつ緊急性を要する事例である。また，危機介入型のソーシャルワークが求められている。介入型ソーシャルワークには，機関ごとの分業ではなく，機関間・職種間の分担

や協業のシステムを開発しなければならない。

　第4は「ソーシャル・アクション」である。ほとんどの事例がソーシャルワーク機能の重要な活動形態の一つであるソーシャル・アクションを必要としていた。ソーシャル・アクションには2つの流れがあり，一つは，社会的発言力が弱く，身体的・精神的ハンディのある対象者に替わって，対象者と関わるソーシャルワーカーが中心に活動する活動形態である。もう一つは，対象者自らを主体として，ソーシャルワーカーがそのニーズの実現のためにさまざまな社会資源を組織化し，対象者の自立生活を支援する活動形態である。事例の中でも指摘があったように，本来「制度の狭間」という問題を黙認してはならないのであって，制度のクレバスに落ち込んだ人々を救い上げるソーシャル・アクションの復活が求められている。

（野口定久）

引用文献

窪田暁子（1997）「福祉実践におけるスーパービジョンの課題」『月刊福祉』80（10），14-21.

Lipsky, M.（1980）Street-Level Bureaucracy：*The Dilemmas of the Individual in Public Service, Russell Sage Foundation*.（＝1986，田尾雅夫訳『行政サービスのディレンマ：ストリート・レベルの官僚制』木鐸社.）

野口定久編集代表（2014）『ソーシャルワーク事例研究の理論と実際：個別援助から地域包括ケアシステムの構築へ』中央法規出版.

社会福祉法人白十字会（2014）『グループスーパービジョン研修会の記録―言葉・表情・しぐさ：窪田先生から学んだこと』2014年8月.

武川正吾（2011）『福祉社会：包摂の社会政策』新版，有斐閣.

第2節 児童相談所におけるソーシャルワーク・スーパービジョン ―児童虐待に対応して―

　本節では，児童相談所において児童虐待ケースに対応する児童福祉司に対して行われるソーシャルワーク・スーパービジョンについて，その特徴・特性，そしてスーパービジョンの実際について述べる。また，今後の課題についてもふれる。

1　児童相談所で児童虐待に対応する児童福祉司へのスーパービジョンの特徴・特性

（1）児童虐待対応における第一線の現場としての児童相談所

　児童相談所は，家庭やそのほかからの相談に応じて，子どもの問題やニーズ，そして子どもが置かれている環境を的確に把握し，子どもとその家庭などに対して専門的な援助を行う機関である。援助することによって子どものウェルビーイングを図り，その権利を擁護することを主な目的とする行政機関である。児童相談所は，都道府県，地方自治法によって定められた指定都市，そして『児童福祉法』によって定められた児童相談所設置市に設置されている。児童相談所は，子どもの生活環境である家庭や近隣，学校を視野に入れ，子どもが抱えるあらゆる問題に対応する。とりわけ，近年大きな社会問題となっている児童虐待が，対象問題として大きな位置を占めるようになっている。

　現在は，市区町村が子ども家庭相談の一議的な窓口となっている。つまり，子どもと家庭に関するさまざまな問題の相談と対応は，市区町村が中心となっている。したがって，児童虐待に関する相談や対応に関しても市

区町村の役割が大きい。児童相談所には，市区町村との密接な連携が求められているのである。しかし，いまだに市区町村との役割分担についてはあいまいなところがある。一般的には，明らかな虐待ケースであり，子どもの生命を脅かす重篤なケースやさまざまな問題を抱える複雑なケースは，緊急性が高く，対応には専門性が必要となる。そうしたケースへの対応については，児童相談所が市区町村を援助することになる。また，重篤な虐待ケースの場合は，子どもの家庭外措置の可能性も高く，児童相談所が担当するのが望ましいと考えられている。

　急性期を過ぎ，一時保護等により子どもの安全が確保され，安定を取り戻しつつあるケースは，家庭復帰を検討する段階に入り，市区町村と連携することになる。あるいは，逆に問題が悪化し，児童相談所の対応が必要となったケースなどの場合も，児童相談所と市区町村が緊密に連携することになる。この連携に際しては，ほぼ全市区町村に設置されている「要保護児童対策地域協議会」が重要な役割を果たす。

　要保護児童対策地域協議会は，代表者会議，実務者会議，個別ケース検討会議という3つのレベルで，児童虐待等により保護を必要とする子ども（要保護児童）への援助を行うことになる。要保護児童に関わるさまざまな公的機関や民間機関の専門職，さらには民生児童委員等の非専門職が，情報の共有をスムーズに行い，児童虐待ケースなどの早期発見と援助について協議し，対応する場である。

　子どもへの直接援助は個別ケース検討会議において行うが，実務者会議においては，個別ケース援助の進捗が報告され，市区町村の調整機関が「ケース進行管理台帳」を管理し，さまざまな機関，専門職，非専門職が情報を共有できるようにする。要保護児童対策地域協議会のメンバーには守秘義務が課せられていることにより，協議会内での詳細な情報の共有がスムーズに行われ，メンバーのそれぞれがしっかりと連携し，役割を果たすことができる。それによって児童虐待ケース等への対応が迅速かつ的確に行われると考えられている。都道府県レベル児童相談所と市区町村との連携にとっては，個別ケース検討会議はもとより，この実務者会議が極めて重要な働きをすると考えられている。児童相談所には，市区町村での

ケース援助が効率的かつ効果的に行われるように，できるだけ詳細な情報提供が求められる。

　こうした市区町村との連携はもちろん，都道府県の長より委任された「措置権」を有する公的児童福祉機関（行政機関）としての児童相談所は，児童虐待ケースのような場合，子どもの命を守り，そして子どもの最善の利益を守るために，時には強い「親権」を持つ親と対立しながら子どもを保護しなければならない。それと同時に，子どもの成長発達にとって極めて重要な環境である家庭と親を，虐待をする親，子どもの成長にとって危険かつ不安定な家庭から，子ども育む親，安全かつ安定した家庭へと変化させる必要がある。つまり，対立していた親を味方にし，子どもの成長を育む環境を創出するために協力し合い，援助するというフレンドリーなソーシャルワークを行わねばならないのである。

　アメリカでは，子どもを虐待から救い出す急性期の段階におけるサービスは，強制保護サービス（Child Protective Services；CPS）と呼ばれ，虐待をする親との対立を前提とした被虐待児の保護をアグレッシブに行う。虐待ケースの通報（report）対応を含め，こうしたサービスは公的機関が行うのが一般的である。急性期を過ぎ，子どもと家族の再統合へのソーシャルワーク援助は，民間の相談機関が行う。

　日本の児童相談所は，アグレッシブな強制保護サービスと，家族再統合へ向けてのソーシャルワーク援助の両方を，同じところで行わねばならず，アグレッシブとフレンドリーの両方の顔を子どもと親に見せることになる。これが，ワーカーにとっても，子どもや親にとっても，援助を難しくしている一因となっている。

　みてきたように，児童虐待ケースへの対応は，初期の迅速な対応と，中期以降の子どもと親への援助は，性格が異なるところがある。児童相談所内では，それぞれの段階で担当者を変え，対応している場合もある。しかし，一相談所としてこうした2つの役割を演じなければならないことに変わりはない。ただ，どちらの場合にも共通するのは，しっかりとした「アセスメント」と，それに基づき援助の方向性を決定する専門的「意思決定」であり，次に述べるスーパーバイザーの教育的役割の重要な内容と

第2節　児童相談所におけるソーシャルワーク・スーパービジョン
　　　　―児童虐待に対応して―

なっている。

(2) スーパービジョンの役割

スーパービジョンにおいては，その「管理的（administrative）機能」，そして「教育的（educational）機能」の焦点は，アセスメントと意思決定にある。①アセスメントにおいて，ワーカー（スーパーバイジー）は必要かつ十分な情報を迅速に収集できているか，②収集した情報を整理・吟味し，援助の方法について的確な意思決定ができているかを，スーパーバイザーの①教育的役割として援助し，②管理的役割として指導することになる。

アセスメントや意思決定はスーパーバイジーの理性的な（rational）活動であり，これをエンジンにたとえるとフレームやピストン，クランクシャフトといったハードな部品と考えることができる。それらは精密である必要がある。スーパーバイザーの教育的役割や管理的役割といった理性的な援助や指導は，ソーシャルワーク援助におけるハード部品としてのアセスメントと意思決定を精密にすることであるといえる。しかし，精密なハード部品でつくられているだけでは，エンジンは動かない。動かすとすぐに摩耗し，壊れてしまうことになる。エンジンが長く，安全に，安定して動き続けるためにはエンジンオイルが必要となる。精密なエンジンほど上質のエンジンオイルを必要とする。このエンジンオイルの働きをするのが，クライエントとのよい援助関係であり，その構築はワーカーの情緒的な（emotional）活動であるといえる。

実はスーパービジョンにおけるスーパーバイザーとスーパーバイジーの関係もまた情緒的なもので，スーパービジョンを円滑に機能させるエンジンオイルなのである。スーパーバイザーは，支持的な（supportive）役割を果たすことによって，よいスーパービジョン関係を構築することになる。そして，この関係を通して，ワーカーがスーパーバイザーを信頼し，よりよいアセスメントと意思決定の技を身に付けることができるように援助するとともに，ワーカーのクライエントとのよりよい援助関係の構築を援助することにもなる。

スーパービジョンには，もう2つ重要な役割があると考えられる。一つは「開発的（developmental）役割」である。アセスメントに基づき援助方法の選択について意思決定する場合，援助方法は既存のさまざまな援助の方法の中から，最も効果があると思われる方法を選択する。しかし，有効な援助方法が存在しない場合も考えられる。そうした場合に，ワーカーは新たなよりよい援助方法を創り出す必要がある。つまり，開発である。スーパービジョンは，こうした開発を支援する場合もあると考えられる。これについては残念ながら紙幅に制限があるために，本節ではふれない。今一つの役割は，プロセティックスとしての役割であり，後に詳しくふれることとする。

（3）児童相談所における対応のプロトコル

児童相談所での相談・対応の流れは，相談や通告，あるいは他機関から送致があった場合，ケースを受け入れるかどうかを判断する「受理会議」，問題に関して多角的に情報を収集し，医学診断・心理診断・社会診断・行動診断といった評価を行う「判定会議」，そして判定に基づき処遇指針（援助方針・計画）を定める「援助方針会議」といった一連の手続きに沿う。これは医療におけるプロトコル（治療手順）ほど具体的で，個々の問題解決に特化したものではなく，児童相談所における包括的な援助手順としてのプロトコルと考えることができる。援助方針会議によって決定される援助の内容は，児童福祉司指導や児童福祉施設入所，家庭裁判所送致，あるいは指定医療機関委託といった措置（『児童福祉法第27条第1項の1～4号』）または契約によるものと，助言指導やカウンセリングなどの継続指導，他機関斡旋といった措置によらないものがある。こうしたものの中にはプロトコルがより具体的で明確なものもある。こうして決定された処遇指針（援助内容）にのっとって援助が実行されることになる。これらは，『児童相談所運営指針』（平成24年3月21日雇児発0321第2号）において定められており，スーパービジョンの教育的・管理的役割の遂行にあたっては，基準枠組み（frame of reference）として参照されることになる。

児童虐待ケースへの援助に関しては、『子ども虐待対応の手引き』（日本子ども家庭総合研究所 2014）が包括的プロトコルとなる。平成19（2007）年にやや大きな改正がなされており、児童虐待の実情の変化に合わせた迅速かつ適切な援助がより具体的に示された。また、「パーマネンシー」（子どもの安定した成長環境の保証）などの理念が追加され、援助の意義や動機づけとなる理念についても改正された。この対応の手引きもまた、スーパービジョンの際には、重要な拠り所となる。

2　スーパービジョンの実際

(1) 本節におけるスーパービジョンの前提

①個人スーパービジョンを想定する

　スーパービジョンには、カデューシン（Kadushin）とハークネス（Harkness）も指摘するように、個人で行う場合やグループで行う場合などがある（Kadushin & Harkness 2002）が、ここでは、児童福祉司に対する個人スーパービジョンを想定して、その実際を考えてみたい。また、個人が現場において受ける教育・訓練、すなわちOJT（On the Job Training）の責任を負うのはスーパーバイザーであるとも想定している。カデューシンとハークネスは、OJTで獲得したワーカーとしての能力（パフォーマンス）が実践において発揮されるかどうかを見極め、導き、高めるとともに、評価するプロセスがスーパービジョンであるとしている。

　児童相談所でのケース援助は、それが養護相談であれ、障害相談であれ、非行相談であれ、あるいは育成相談であっても、児童福祉司が単独でケースに対応することはまれである。『子ども虐待対応の手引き』の「第1章4　援助に際しての留意点（2）組織的な対応」において、「子どもの虐待への援助は、担当者一人の判断で行うことを避けなければならない。発見や通告があれば、即刻受理会議を開いて調査やアプローチの方法、あるいは一定の評価を機関として行わなければならない。その後も情報の収

集や機関連携，援助の方向などを組織的協議にのっとって進めていく必要がある。」としている（日本子ども家庭総合研究所 2014）。児童精神科医や児童心理司，ほかの児童福祉司，一時保護所の保育士・指導員などとの連携が不可欠であり，判定にしろ，援助指針決定にしろ，管理職を含むチームを構成するメンバーの合議によってなされることになる。また，殊に外部のさまざまな機関との連携では，医師，心理士，教師，看護師などの専門職や民生児童委員，主任児童委員と連携することになる。そうした意味で，スーパービジョンは極めて複雑になる。

　しかし，ここであえて，さまざまな合議や連携の中で援助活動をする個人の虐待担当児童福祉司（ワーカー）をスーパーバイジーとし，個別のスーパービジョンを実施することを想定するのは，組織的な協議あるいは外部機関との連携への対応についても，こうした個別のスーパービジョンで教育，管理することになるからである。

②管理的役割には直接ふれない

　先に，カデューシンとハークネスが提唱したスーパービジョンの機能をベースとして（Kadushin & Harkness 2014），スーパーバイザーの役割，すなわち管理的（administrative）役割，教育的（educational）役割，支持的（supportive）役割について，ワーカー（スーパーバイジー）の理性的活動と情緒的活動へのスーパービジョンの違いという側面から説明した。加えて筆者が重要だと考える開発的役割についてもわずかにふれた。ここでは，教育的役割と支持的役割のみについてその実際を述べることにする。

　管理的役割を除く理由について少し述べると，管理的役割は，児童相談所という組織のミッションを遂行するうえで，個々のワーカーが定められたプロトコルから逸脱する行動を抑制し，効率的にクライエントの問題解決を援助できているかどうかを観察・確認し，必要に応じて指導することである。教育的役割や支持的役割がワーカーを専門職として育てるところに重点があるのに対して，管理的役割は官僚的組織の中で，クライエントと直接接触する官僚（Street Level Bureaucrat；SLB）としてのコンプライ

アンスを求めることになる。かつてリプスキー（Lipsky）が指摘したように，官僚組織の末端にいる SLB には，実は大きな裁量が与えられている（Lipsky 1983）。裁量には，えこひいきといったネガティブな裁量もあれば，限られた資源の中から最も必要とする人に最も多くを提供するといったポジティブな裁量もある。SLB のポジティブな裁量を認め，ネガティブな裁量を抑制して，組織としてのミッションを果たすことは，組織のガバナンスに関わるものである。したがって，ここでは真正面から取り上げないことにする。

取り上げないということは，この役割を軽視しているのではない。今述べたように，むしろ極めて重要な役割であると考えている。しかし，ここでは，スーパーバイザーが教育的，支持的役割を遂行することによって，ワーカーのコンプライアンスを引き出すことができると考えている。

(2) スーパーバイザーの役割の実際：プロセティックスとして働く

スーパーバイザーは，子ども家庭相談，特に児童虐待対応の領域で経験を積んだ児童福祉司で，日本社会福祉教育学校連盟や日本社会福祉士養成校協会などが考える専門社会福祉士のような一定の要件を満たしていることを証明する資格を有する者であることが望ましい。しかし，児童相談所ではまだ専門職採用を行っていないところもあり，スーパーバイザーとされる係長クラスの中間管理職になると，より専門性が不確かなのが現状である。本書の目的も，そうしたスーパーバイザーの専門性を高めることである。

本来あるべきスーパーバイザーをイメージし，スーパービジョンの実際を述べるとき，その前提条件としての役割がある。プロセティックスとしてのスーパーバイザーである。プロセティックスとは，補綴具のことである。獲得されていたが，何らかの理由で失われた身体の機能を取り戻すための器具であり，義歯や義足，義手などがある。かつてリンズリー（Linsley 1964）は，高齢者が示す特定の状況下における非社会的な行動，例えば，徘徊や無口，偏執的な行動は，これまで特定の状況下でみられた社会

的行動，すなわち目的を持って歩き，人と会話し，執着せず，他者に配慮する行動が潜在化し，取って代わられた行動であるとした（芝野 1992）。その一見失われたかのように見える社会的行動に周りの人が関心を示し，敏感に反応することにより，取り戻すことができると考えたのである。これは行動理論の中の弁別強化あるいは作動強化という方法を用いることにより達成される。詳細は，芝野（2002：63-116）などを参照されたい。

　この考え方に基づくと，本来あるべき行動が，学習されていたにもかかわらず潜在化している場合，それを顕在化するためには，周りが，ほんの少しでもそうした行動が出たときに見逃さず，しっかりと関心を持って応答し，褒め励ますことが重要であるということになる。スーパーバイザーは，教育的役割を通して学習した虐待ケースへの適切な対応行動をスーパーバイジーが示すのを見逃さず，「そうそう，それはいいね」とか，「その情報は重要だよね」，「いいところに気づいたね」といった，ポジティブな評価を声に出して伝える。これが，子ども虐待ケースのように，ともすると困難なケース対応の中での忙しさに紛れて失われがちなスーパーバイジーの適切なアセスメント行動や援助指針づくり行動，迅速な意思決定行動などを導き出し，顕在化させるプロセティックス（補綴具）の役割を果たすことになる。スーパーバイザーは，スーパーバイジーの適切な行動に敏感に反応し，ポジティブに強化する補綴具とならねばならいのである。

　もう少し具体的にいうと，例えば，学校からのネグレクトが疑われるという通告に対して，子どもの家庭を訪問し，子どもの様子を直接観察する行動（目視）が遅れがちになっている場合，迅速な訪問と目視という行動を起こしやすくするとしよう。そうした場合，スーパーバイザーがワーカーの行動を促すばかりではなく，それが遂行されれば多いに称賛するといったことを一貫して行うことによって，通告に対する迅速な訪問と目視行動が起こりやすくなる。行動理論によると，やがてスーパーバイザーが常に称賛しなくとも，その存在（視覚的な刺激）が手がかりとなって行動が起こるようになる（芝野 2002）。スーパーバイザーは，①ワーカー（スーパーバイジー）の適切な行動に敏感になること（現実の場面では，問題行動に敏感になる管理職が多いが，スーパーバイザーにはその逆が求

められる，つまり「キャッチ・ポジティブ」を心がけること)，②敏感にとらえた適切な行動を「認め，即座に称賛」すること，そして，③これらをできるだけ一貫して行うことによりスーパーバイザーの（視覚的な）存在自体を「手がかり刺激」(行動を誘発する信号としての働き)にすることである。

(3) 教育的役割

　子ども虐待の増加に歯止めがかからない状況の中で，『児童福祉法』の改正，『児童相談所運営指針』の改訂，そして『子ども虐待対応の手引き』の改正が行われてきた。虐待に対応するワーカーは，迅速な通告への対応，的確なアセスメントの実行，それに基づく援助指針（計画）の作成，そしてそれを実行，評価することが求められている。

　教育的役割は，ワーカーが，そうした活動の内容に関する知識と技術を，実践を通して身に付けていくことを援助する役割ということになる。こうした知識と技術の量は，虐待の多様化，深刻化，陰湿化に伴い，膨大なものになっている。ワーカーは自己学習に加え，外部研修などのOff-JT（Off the Job Training）やOJTを通してこれらを身に付ける。個別のスーパービジョンでは，スーパーバイザーは，例えば，親の同意が得られない場合の「28条の申立（親の同意なく子どもを措置するための申立）」，そしてそれに先立つ「立ち入り調査」や職権による「一時保護」に関する知識と技術の獲得といった目標を設定し，集中的にスーパービジョンをする場合がある。あるいは，日常の虐待ケースへの対応プロセスの中で，ワーカーに対して適宜スーパービジョンを提供するという，OJT型マン・ツー・マンのスーパービジョンを提供する場合もある。後者は，新人に対する基本的な実地研修，すなわちOJTの一形態ととらえることができる。それに対して，前者は一通りの基礎研修を終え，具体的なテーマについてより高度な対応の知識と技術を身に付けるためのスーパービジョンと考えることができる。

　後者の場合で，緊急一時保護への対応のテーマを考えてみたい。近年は以前に比べると学校からの積極的な通告が増えている。例えば，欠席がち

で身なりも不衛生であった子どもが，数日間欠席し続けている。学校は家庭訪問したが，親や子どもに会えないということで通告があったとする。これは，虐待（ネグレクト）の可能性が高く，緊急対応の必要性を示唆している。こうした虐待の可能性や緊急性について基礎的な知識があれば，即座に家庭訪問を実施し，当該児童を目視して，子どもの安全を確かめる必要があると判断することになる。しかし，ケースロード（取扱い件数）の多さや，対応のルーティーン化によって，タイプⅠのエラー（虐待であると考えて対応したが，虐待ではなかったという間違い）を嫌う傾向が，今もしばしばみられる。そうした場合スーパーバイザーは，ワーカーと共に迅速な家庭訪問による目視の重要性を再確認し，行動を促すことになる。同時に家庭訪問において親が面会を拒否した場合に，子どもの安否を確認するためにワーカーが取りうる行動について，ワーカーに考えを述べてもらい，必要に応じて行動リハーサル，あるいはロールプレイといった練習を行うこともある。

　こうした個人スーパービジョンにおいて教育的機能を果たそうとする場合，スーパーバイザーは単に専門的な知識，あるいは専門的な技術に関する知識をスーパーバイジーに提供し，確認，記憶させるだけではない。ワーカーがすでに蓄えている基礎的，専門的知識の中から対象となっている活動（例えば緊急一時保護）に関連する知識を引き出したり，ワーカーの思い込みが間違っている可能性があることに気づかせたり，より効率的，効果的に対応するための工夫を促したりすることになる。例えば，スーパーバイザーはワーカーと共に，家庭訪問における親の抵抗に対処するより効率的，効果的な子どもの安否確認の方法を工夫し，吟味し，必要であれば行動リハーサルを行うことによって，ワーカーが実際の行動として表すことができるように援助する。つまり，教育的スーパービジョンによって提供したり，考えたりした援助に関する知識を，生きた知識，生きた実践技術とするように援助することになる。

　こうした教育的役割の実（効果）を上げるためには，先述したスーパーバイザーのプロセティックスとしての役割が重要となる。即座の家庭訪問ができた場合，スーパーバイザーと話し合い工夫した，抵抗する親への対

処方法を実行に移すことができた場合など，スーパーバイザーの一貫した称賛が重要となる。

こうした一つのテーマについての教育的スーパービジョンは，関連するテーマに自然と及ぶものである。例えば，緊急一時保護の検討から，親の同意なしに子どもを児童養護施設等へ措置するための28条を前提としない立ち入り調査といったテーマなどである。スーパービジョンに奥行きだけではなく幅ができる。

また，教育的役割の中には，専門的知識や専門的援助技術だけではなく，ワーカーの「ポジティブな裁量」に関する内容も含まれる。SLBとしてのワーカーは，大きな裁量を持つことについてはすでに少しふれた。ワーカーの限られた時間の配分，情報の提供，提供する資源の配分などについて，SLBはかなり自由裁量が与えられている。それはより必要とする人により多くの援助を提供するため裁量であり，ポジティブな裁量といえる。かつてリッチモンド（Richmond）はプラトンの言葉を引用し，ケースワークの本質は「異なる人には異なるように処遇せよ」だとした。裏返していえば，えこひいきといったネガティブな裁量を戒める言葉でもある。スーパーバイザーはこうしたソーシャルワークの本質にふれることをおそれず，ポジティブな裁量を発揮することが望ましい場面について，ワーカーと共に考える必要がある。こうしたことがワーカーの専門職として，そして人としての成長（development）を促すことになる。

(4) 支持的役割

スーパーバイザーの教育的役割は，主にワーカーの理性的な援助活動をより精緻にするものであったが，ワーカーの情緒的な援助活動，すなわち援助関係の構築や維持は，理性的な活動とともに援助を推進する両輪を構成している。スーパーバイザーの教育的役割にはこうした情緒的な援助関係に関する知識や技術も含まれるが，スーパーバイザーの支持的役割を通して，スーパーバイザーとスーパーバイジーがよいスーパービジョン関係を構築するプロセスの中で体感し，体得することになる。

この役割では，スーパーバイザーがワーカーをスーパーバイジーである

とともに一人の人間としてとらえ，尊重することが大切である。ソーシャルワークの援助関係において，ワーカーのクライエントに対する基本的な姿勢は，クライエントの尊厳，つまりクライエントがそこに存在すること自体が尊いもので，生活する中でその人がさまざまなニーズを持ち，それを満たすことによって自己実現に努めていることを尊いと思うことであるとされる。同じことがスーパーバイジーについてもいえる。

スーパーバイジーを一人の尊厳ある人間としてとらえることが，スーパーバイザーの基本的姿勢なのである。この姿勢は，管理的役割や教育的役割の円滑な推進においても必要となる。スーパーバイザーにとっては，理性的な教育的，管理的スーパービジョンへの動機づけを高める力となる。つまり，スーパーバイジーの尊厳と自己実現を理解し，信じなければスーパービジョンは進まない。

こうした基本的態度が，支持的役割の前提となる。クライエントの尊厳を信じる姿勢があって初めて，スーパーバイザーは，スーパーバイジーが援助のプロセスにおいて感じる不安や負担感，あるいは援助がうまく進まないことやクライエントとの関係がぎくしゃくするときの焦りなどといった，諸々の感情をしっかりと受け止めることが可能となるのである。

支持的役割には，①スーパーバイジーの語りを傾聴すること，②その中で吐露される気持ちや思いを，審判する（適否，善悪，優劣を判定する）ことなく受け入れること，そして③スーパーバイジーと共に考え，導き出した決断や意思決定を尊重し，その実行を称賛することなどがある。これらを通して，スーパーバイジーがスーパーバイザーを心強い存在として信頼し，援助活動を推進する同士であると感じることができるようになるといえる。

児童虐待のケースを担当するワーカーの不安や負担は極めて大きい。子ども虐待は解決すべき喫緊の課題として社会的な注目を集めている。にもかかわらず，虐待件数は増加し続けており，虐待をする監護者に対する社会の批判はもとより，公的な対応の生ぬるさを社会は批判する。殊に児童虐待対応に対応する代表的は公的機関として，児童相談所やワーカーが批判の矢面に立たされることが多い。対応の難しさと社会的な批判の中で燃

え尽きるワーカーも多い。こうしたことをふまえると，児童相談所において児童虐待に対応する児童福祉司にスーパービジョンを行う際には，スーパーバイザーの支持的役割が極めて重要な働きをすることになる。

　ケースロードの多さからくる負担感，社会的なプレッシャーからの不安感などから，意思決定に躊躇がみられることがしばしばある。ワーカーの躊躇は，「決断しないという決断」としてさまざまな問題につながることになる。スーパーバイザーは，こうしたワーカーの負担感や不安を受け入れ，共感し，ワーカーの決断をしっかりサポートする姿勢を明確に示す必要がある。これによって，ワーカーは，決断は一人でするわけではなく，信頼するスーパーバイザーと共にするのだということを理解し，決断しないという決断を避け，迅速な意思決定とケース対応を行うことができるようになるのである。

3　課題

　児童相談所において児童虐待という注目度の高い問題に取り組む児童福祉司へのスーパービジョンについて，主にスーパーバイザーの教育的役割と支持的役割の実際についてみてきた。また，この2つの役割の前提となるプロセティックスとしての役割についても説明した。

　『児童虐待の防止等に関する法律』が制定されて15年になろうとしている。その間，児童相談所における虐待相談の対応件数は約4倍に増加した。死亡事例はやや減少するかのようにみえたが，再び増加の傾向にある。その約4割は0歳児である。こうした児童虐待の現状をふまえ，周産期からの医療，保健，福祉の連携による予防，そして早期発見と対応が，大きな課題として存在し続けている。児童福祉司は，児童相談所内での他専門職との連携，そして地域での他専門職および主任児童委員などの非専門職との連携の中で，迅速に必要な情報を収集し，連携する多くの人々とそれを共有しなければならない。そして，彼らと歩調を合わせなが

ら，的確に意思決定を行い，速やかに援助活動を実行しなければならい。こうした複雑な援助活動を実現するためには，スーパービジョンが不可欠なのである。

　本節では，そうした連携の中でチームとして働くワーカーに対して個人のスーパービジョンを想定して，スーパーバイザーの役割を説明した。スーパーバイザーには，複雑な連携の中で援助活動を行うワーカーの多様かつ高度な専門性を必要とする活動の内容を十分に理解し，管理的な役割にとどまらず，教育的役割と支持的役割を果たす力量が求められる。加えて，ワーカーが獲得した知識と技術を発揮しやすくするプロセティックスとしての働きも求められる。しかし，児童相談所でスーパーバイザーの役割を担う中間管理職に，そうした力量が必要であるということの理解がいまだ十分であるとは言い難い。こうした力量を備えたスーパーバイザーの養成は始まってはいるのだが，喫緊に解決すべき課題であるといえよう。

（芝野 松次郎）

引用文献

Kadushin, A. and Harkness, D.（2002）*Supervision in Social Work*, 4th ed., Columnbia University Press.

Kadushin, A. and Harkness, D.（2014）*Supervision in Social Work*, 5th ed., Columnbia University Press.

Linsley, O. R.（1964）Geriatric Behavioral Prosthetics, Kastenbaum, R.ed., *New Thoughts on Old Age*, Springer Publishing Company.

Lipsky, M.（1983）*Street Level Bureaucracy：Dilemmas of the Individual in Public Services*, Russell Sage Foundation.

日本子ども家庭総合研究所編（2014）『子ども虐待対応の手引き：平成25年8月厚生労働省の改正通知』有斐閣．

芝野松次郎（2002）『社会福祉実践モデル開発の理論と実際：プロセティック・アプローチに基づく実践モデルのデザイン・アンド・ディベロップメント』有斐閣．

芝野松次郎（1992）「老人の問題行動に対する行動療法」『総合リハビリテーション』20(3)，213-221．

第3節 地域包括支援センターにおけるソーシャルワーク・スーパービジョン

1 地域包括支援センターの概要とスーパービジョンの関係

　2005（平成17）年度の『介護保険法』改正において，地域包括支援センター（以下，センターと略）が設置された。同センターは，「地域住民の心身の健康の保持及び生活の安定のために必要な援助を行うことにより，その保健医療の向上及び福祉の増進を包括的に支援することを目的とする施設」（『介護保険法第115条の46』）と規定されている。センターは，高齢者の生活を支える役割を果たす総合機関であり，地域包括ケアや予防重視型システムを支える中核的な機関として，注目されている。また高齢者のみならず，「行政機関，保健所，医療機関，児童相談所など必要なサービスにつなぐ」多面的（制度横断的）支援の展開を行う施設ともされており，そのような意味からもソーシャルワーク実践の現場といえよう。

　また，センターには，保健師・社会福祉士・主任介護支援専門員等が配置される。3職種のチームアプローチによる支援を行う。3職種の主な業務は，介護予防支援および包括的支援事業（①介護予防ケアマネジメント業務，②総合相談支援業務，③権利擁護業務，④包括的・継続的ケアマネジメント支援業務）で，「制度横断的な連携ネットワークを構築して実施する」とされている。

　センターで実際に行われている総合相談などの業務内容は極めてソーシャルワーク的であることはすでに述べた。平成25（2013）年に報告された地域包括ケア研究会の「地域包括ケアシステムの構築における今後の

検討のための論点」においても、「地域包括支援センターは、日常生活圏域における地域包括ケアシステムの推進主体として…（中略）今後、その果たすべき役割は地域包括ケアシステムにおいて、ますます大きくなっていく」とされている。センターにかかる今後の役割は大きく、その日常生活圏域の住民のウェルビーイングがセンターにかかっているともいえる。そのため、センターの質の向上は、地域包括ケアシステムを実施するためにも重要な課題である。

幅広い範囲の役割を担う地域包括支援センターは介護予防支援事業所としての指定も受けており、包括的支援事業と介護予防支援業務の両方の業務を行うために、3職種以外に介護支援専門員、経験のある看護師、3年以上経験の社会福祉主事も配置できるとされ、センターに配置される専門職の職種は多岐にわたっている。

つまり、センターにおけるスーパービジョンといった場合、センター業務、特に総合相談支援事業を中心とした対人援助に関わる多職種に対するスーパービジョンが想定できる。センターでは、3職種が連携し、それぞれの専門性を活かしながらチームで業務を実施することとなっているが、実態として業務配分はそれぞれのセンターによってさまざまである。一概にはいえないが、3職種を意識したケースの振り分けというよりも、ともかく相談をこなすことに追われている場合もあり、職種を意識したケース振り分けにはなっていなかったり、3職種のみならず各専門職が自分の専門性を意識した総合相談や予防ケアプランの作成を行えていないという現場の声をよく聞くからである。

センターおける介護予防事業の場合でも、要支援高齢者やその予備群である高齢者、家族等を対象に業務を行うのであれば、当然すべての職種がいわゆる対人援助業務と呼ばれることや相談支援業務を行っていることになる。それゆえ、センターにおけるスーパービジョンは、社会福祉士に限定しないで、相談にあたるすべてのセンター職員に実施されなければならないものという位置づけが可能である。しかしながら、実際にセンターにおけるスーパービジョンは、その必要性は提唱されているものの、実態としてはスーパービジョンという用語が理解され、行われているとは言い難

いという現状もある。

そこで本節では，地域包括支援センターにおけるスーパービジョンを，地域包括ケアシステムを推進する保険者，地域（圏域を含む），運営主体（法人），センター単位のそれぞれスーパービジョンが必要であると位置づける。そして，センターのスーパービジョンの目的は，その圏域や地域の地域包括ケアシステムの質の向上のために行うものであると規定する。それゆえ，職員個人の資格等のために職能団体（認定社会福祉士認証・認定機構や日本介護支援専門員協会等）によるスーパービジョンや全国社会福祉協議会が広く社会福祉施設職員や管理者等を対象に行っているスーパービジョンについては，ここではふれない。また，センターの運営主体である法人については，センターの運営に法人として責任を持つ必要があることはいうまでもなく，法人内のセンターが担当している圏域の状況をセンター運営と関連させて把握する必要があると考える。ゆえに，センターの質の向上のためには法人の取り組みも重要であり，たとえ広い地域に展開している法人であっても，個別のセンターや職員に対するスーパービジョンの観点が必要であると位置づける。

2 報告書等からみる地域包括ケア・地域包括支援センターにおけるスーパービジョンという用語の使用状況

前述したように地域包括支援センターの質の向上のためには，スーパービジョンが必要である。現状において，センターや地域包括ケアに関する報告書等から，スーパービジョンにふれた記述をまとめ，地域包括支援センターにおけるスーパービジョンが実態としてどのようにとらえられているか，どのように実施されているかを概観する（**表10-3-1**）。

地域包括ケアや地域包括支援センターに関連するスーパービジョンという用語の使用は，以下のようにまとめることが可能である。

表10-3-1 報告書等にみる地域包括ケア・地域包括支援センターにおける
スーパービジョン使用状況　　　　　　【　】内は原文のまま

報告書等	スーパービジョンについての表記
地域包括ケアシステム事例分析に関する調査研究事業[1]	・【介護支援専門員の力量向上のためのスーパービジョン体制の整備】
	・【介護支援専門員の企画・スーパービジョン機能向上】
地域包括ケアの実現に向けた地域ケア会議実践事例集[2]	・【地域包括支援センターが主任介護支援専門員を，主任介護支援専門員が介護支援専門員をスーパービジョンする仕組みを構築】
	・【地域のケアマネジャー課題の解決のためのスキルとしてのスーパービジョン研修】
	・【ケアマネジメント支援会議において，主任介護支援専門員の支援を行い，スーパービジョンの基本姿勢を身に着けた主任介護支援専門員が部下や後輩をサポート】
	・【スーパービジョンの「パラレル・プロセス」を意識した事業展開を企てる】
	・【スーパービジョン（ケアマネジメント）支援】
	・【主任介護支援専門員が，単なる介護支援専門員から立ち位置の転換を図るために，部下や後輩から尊敬・信頼されるよりよい『スーパービジョン関係』実現】
	・【主任介護支援専門員を核としたスーパービジョンシステムを通じて，「自立支援に資するケアマネジメントの実現」を目指す。】
	・地域ケア会議の運営として，【司会・書記・スーパーバイザー 等の存在】
	・【スーパーバイザーが，会議の運営進行のために司会者をフォローする。】
	・【「気づきの事例検討会」を実施し，スーパービジョンの基本姿勢を身につける。】
地域包括支援センターにおける業務実態に関する調査研究事業報告書[3]	・在宅高齢者権利擁護支援スーパーバイズ実施事業（高齢者権利擁護等推進事業）:【地域包括支援センターからの相談への助言及び専門チーム派遣調整等を行い，地域包括支援センター・市町職員に対する広域的な業務相談体制を確保する。】
	・介護支援専門員に対する支援・指導の実施方針として，【常時相談等を受け付け，スーパービジョンができる体制を整える。】
	・介護支援専門員に対するスーパーバイズ研修として，【スーパーバイザーを講師に，定例で事例検討会を開催】

第3節　地域包括支援センターにおけるソーシャルワーク・スーパービジョン

報告書等	スーパービジョンについての表記
平成24年度地域包括ケア推進指導者養成研修(中央研修)[4]	・地域ケア会議の中に,【ケースカンファレンス,スーパーバイズ】 ・センター長のマネジメント能力の向上として,【組織(職場)内部に対するマネジメント】の中に【必要に応じてスーパービジョンを行う】【必要に応じて専門職によるコンサルテーションの場を設ける】
地域包括支援センターのあり方に関する基礎調査研究事業[5]	・【地域包括支援センターで担うべき重要な役割のひとつに,コーディネートやスーパーバイズといった面があるが,その役割を地域で果たしていくためには,一定の業務経験が必要となる。】 ・【相談対応や実態把握等の個別ケースへのスキル,コーディネートやスーパーバイズといった組織管理・運営面でのスキルに加えて,中長期的かつ広範な範囲から地域包括支援センターの業務を思考し対応できる能力を習得すること重要であり,そのためには職能・職種に限定されない地域包括支援センター職員としての体系的・実践的な人材育成・研修体系の構築が求められる。】 ・求められるスキルの一つとして:【高度な専門性と個別と地域でのスーパーバイザー能力(専門職と専門性の違いを理解)】
地域包括支援センターマニュアル2012[6]	・【地域包括支援センターが所属する法人や部局は,包括センター職員の人材育成を可能にする体制整備を行わなければなりません。職員が適切な外部研修に参加できるように就業規則を整備することなどが考えられます。また,所属組織が研修の開催,弁護士や医師などの専門職からのコンサルテーションが可能となる体制整備,組織内でのスーパービジョンの実施などを行うことも重要な役割だといえます。】
介護支援専門員(ケアマネジャー)の資質向上と今後のあり方に関する検討会における議論の中間的整理[7]	・【主任介護支援専門員については,スーパーバイズ等の役割を果たすことをより一層進めることが重要であり,その資質の向上を図っていくことが必要である。】
主任介護支援専門員の研修制度に関する調査研究事業報告書[8]	・対人援助者監督指導として,【人材育成の方法であるスーパービジョン(対人援助者監督指導論)の内容を理解し,実践できる技能を身につける】と講義6時間,演習12時間を履修。 ・【現行課目は,スーパービジョンの内容の理解と,具体的な技法の修得を目的としているが,現在の受講者はスーパーバイジー経験にばらつきがあり,現行研修ではスーパーバイザーとなるための研修に必ずしも十分な時間を割けていない。】

報告書等	スーパービジョンについての表記
主任介護支援専門員の研修制度に関する調査研究事業報告書[8]	・【一方で，スーパーバイザーとして介護支援専門員を育成することは，主任介護支援専門員に期待される役割の中でも最も重要なもののひとつである。しかしながら，スーパービジョンの実践状況には，ばらつきが大きいのが現状である。】 ・【当該課目の見直しの方向性としては，スーパービジョンを受けた経験（バイジー経験）があることを前提に，スーパーバイザーとなるための知識・技能の修得に重点を置く必要がある。】 ・【「指導」「支援」「スーパービジョン」の違いなどの基本的な知識の理解は専門課程に移し，本研修受講までにそのような理解を踏まえてバイジー経験を積んでおくことが望ましい。】
東京都基幹型地域包括支援センターモデル事業報告書[9]	板橋区の報告として　2基幹型機能による支援の具体例 機能2：人材育成・組織力向上事業 【(1)支援の目的　①包括的・継続的ケアマネジメント支援研修包括的・継続的ケアマネジメント支援研修【地域のケアマネジャーからの困難事例等の相談に対し，果たして適切なケアマネジメントが行えているか，適切にスーパービジョンが行えているかの不安を抱えて支援している状況にある。それは，ケアマネジメント力やスーパービジョンの方法等について実践的な研修を受ける機会が少ないことによる。地域のケアマネジャーからの相談に対し，より適切な支援やスーパービジョンの技術を高めることをねらいとして，包括的・継続的ケアマネジメント研修支援を企画・実施した。 (2)支援の内容　①包括的・継続的ケアマネジメント支援研修　包括的・継続的ケアマネジメントの支援には，実践的なケアマネジメント力やケアマネジャーとの連携が重要になる。そのため，「板橋区ケアマネジャー研究協議会」を研修委託先とし，地域包括支援センターの主任ケアマネジャーが企画検討委員として加わる実行委員会形式で，研修を企画・運営した。研修内容は，「ケアマネジメント力向上研修」「支援困難事例対応研修」「スーパービジョン事例検討研修」である。】 【「スーパービジョン事例検討研修」では，スーパービジョンの考え方を整理し，問題点の確認，問題解決の方法等講義と実践的な事例を通しての演習を行った。】

報告書等	スーパービジョンについての表記
東京都基幹型地域包括支援センターモデル事業報告書[9]	国分寺市の報告として　モデル地区が重要だと考えるセンター支援の基幹的機能　機能4：人材育成・支援【センターの人材と育成の業務に関する研修の開催やスーパービジョンを行う。ー略ー具体例）スーパービジョン (1)支援の目的 　センターの管理者や主任ケアマネジャーが適切なスーパービジョンの知識と理解を修得することと実践力の向上，センターの人材育成と機能強化 (2)支援の内容 　年9回　各センターの当番制1回1事例　理論解説・ロールプレイや場面展開の検討　スーパーバイザー：学識経験者 (3)支援の効果 　センター職員は直接的な援助のほか，ケアマネジャーや地域関係者等へのスーパービジョンや特に管理者はセンター内でのスーパービジョンも期待されている。スーパービジョンの教育プロセスを理解し，センター内の人材育成と支援，センターの業務水準の向上が期待される。 (4)今後の展開 　継続的な研修機会の設定と日常業務の中での評価　スーパービジョンの効果的な展開のために，スーパーバイザーとなるケアマネジャーのスーパービジョンの理解のための研修を検討】 第6　地域包括支援センターの抱える課題への対応（2）人材育成サポート機能 【包括センターの職員が地域のケアマネジャーからの相談に対して，適切なスーパービジョンを行うことができているかどうか不安を抱えている状況に着目し，より適切な支援やスーパービジョンの技術を高めることをねらいとした包括的・継続的ケアマネジメント支援研修を実施している。】

〔1　日本総合研究所（2014）『事例を通じて，我がまちの地域包括ケアを考えよう「地域包括ケアシステム」事例集成：できること探しの素材集から』（平成25年度老人保健事業推進費等補助金老人保健健康増進等事業地域包括ケアシステム事例分析に関する調査研究事業報告書，平成26年3月）日本総合研究所；2　厚生労働省老健局（2014）『地域ケア会議実践事例集：地域の特色を活かした実践のために』（平成26年3月）厚生労働省老健局；3　三菱総合研究所（2012）『地域包括支援センターにおける業務実態に関する調査研究事業報告書』（平成23年度老人保健事業推進費等補助金老人保健健康増進等事業，平成24年3月）三菱総合研究所；4　厚生労働省（2014）『平成24年度地域包括ケア推進指導者養成研修（中央研修）』（平成24年10月3日，4日実施）(http://www.mhlw.go.jp/stf/shingi/2r9852000002lybz-att/2r9852000002m1up.pdf)；5　長寿社会開発センター（2009）『地域包括支援センター等における取組事例Ⅱ：地域包括支援

センター支援に向けて』（平成20年度老人保健事業推進費等補助金老人保健健康増進等事業分地域包括支援センターのあり方に関する基礎調査研究事業，平成21年3月）長寿社会開発センター．(http://www.nenrin.or.jp/center/study.html)；6　長寿社会開発センター（2012）『地域包括支援センター運営マニュアル2012：保険者・地域包括支援センターの協働による地域包括ケアの実現をめざして』（平成24年3月）長寿社会開発センター；7　介護支援専門員（ケアマネジャー）の資質向上と今後のあり方に関する検討会（2013）『介護支援専門員（ケアマネジャー）の資質向上と今後のあり方に関する検討会における議論の中間的な整理』（平成25年1月）厚生労働省（http://www.mhlw.go.jp/stf/shingi/2r9852000002s7f7-att/2r9852000002s7go.pdf)；8　日本介護支援専門員協会（2014）『主任介護支援専門員の研修制度に関する調査研究事業』（平成25年度厚生労働省老人保健健康増進等補助金事業報告書，平成26年3月）日本介護支援専門員協会（http://www.jcma.or.jp/news/association/25_7.html)；9　東京都（2010）『基幹型地域包括支援センターモデル事業報告書』（平成22年3月）東京都福祉保健局高齢社会対策部計画課〕

①企業等でも使用されるような一般的な組織マネジメント，組織の管理指導としてのスーパービジョンとして使用する場合
②ケアマネジメント支援と同義に使用する場合または介護支援専門員に対するスーパービジョンに限定して使用する場合
③事例検討や事例研究と同義あるいは同時に使用する場合
④地域ケア会議等において多人数・多職種を対象にして行うものとして使用する場合
⑤対人援助やケアマネジメントのスキルとして使用する場合

　前述の使用方法は，それぞれ混在しており，地域や地域包括支援センターによって捉え方が異なっている。
　対人援助やケアマネジメントと本書で取り扱うソーシャルワークのスーパービジョンの相違については，そもそも対人援助，ケアマネジメント，ソーシャルワーク自体の相違について明らかにしなければならない。前述したようにセンターに期待される業務内容等はそのほとんどがソーシャルワークの範囲でもある。それゆえ，センターの社会福祉士のみならず，全職員にソーシャルワークのスーパービジョンを実施することが望ましいのではないかと考える。そして少なくとも事例検討や事例研究とスーパービジョンの相違を明確にしていく必要があるのではないかと考える。

3 地域包括支援センターにおけるスーパービジョンの必要性と問題点

　前項においてセンターにおけるスーパービジョンには，さまざまな捉え方があることを明らかにした。これらをまとめると表10-3-2のようになる。
　前項において明らかにした点でも重要な事例検討とスーパービジョンを同義に使用する場合について述べておきたい。地域の実践事例の中でもみられたように，「気づきの事例検討会」等の内容としては，事例検討とスーパービジョンを同時に行う形態といえる。また，地域の事例でも強調されていた介護支援専門員等に対するスーパービジョンの実施内容としては，主任介護支援専門員研修事業が参考になっている場合が多いと考えら

表10-3-2　地域包括支援センターにおけるスーパービジョンの形態

	地域包括支援センター内	地域包括支援センター外	
		法人内	地域内
誰が （スーパーバイザー）	・センター長等管理者 ・上司にあたる職員 ・同僚 ・学識経験者，保険者職員等センター外部者	・法人職員等管理者 ・法人内センター長 ・法人内センター職員 ・学識経験者等法人外部者	・センター長等地域内センター職員 ・（介護支援専門員に対しては特に）主任介護支援専門員 ・保険者職員等地域内関係者 ・学識経験者等地域外部者
誰に （スーパーバイジー）	・センター職員のうち相談援助業務を行う者 ・職種限定（社会福祉士，主任介護支援専門員等）	・法人内のセンター長 ・法人内の地域包括支援センター職員	・地域内地域包括支援センター職員 ・地域内介護支援専門員
どのように	・グループ・スーパービジョン（ピア・スーパービジョンを含む） ・個人スーパービジョン		

〔筆者作成〕

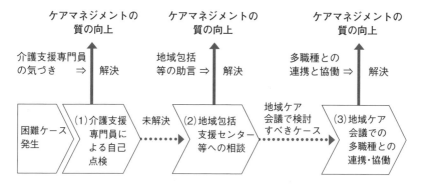

図 10-3-1　センターにおけるケアマネジャー支援の一例

〔東京都福祉保健局 (2014)『「保険者と介護支援専門員が共に行うケアマネジメントの質の向上ガイドライン」の概要』(http://www.fukushihoken.metro.tokyo.jp/kourei/hoken/kaigo_lib/care/guideline.files/gaiyou.pdf)〕

れる。この研修事業のテキスト内においても「グループスーパービジョンとしての事例検討会」という表現がある（高橋 2009：107）。

　事例検討は事例に焦点が置かれ、スーパービジョンはスーパーバイジーに焦点が置かれるものである考える。事例を検討する中で、当然スーパーバイジーがどのように考えているか、何故このような行動をしたかを明らかにしなければならない場合もあるし、スーパービジョンにおいてスーパーバイジーが行った行為の詳細を確認するために事例の詳細を尋ねる場合もあろう。しかし、あくまでもそれぞれの焦点がぶれてしまっては、事例検討とスーパービジョンの混乱になってしまうのではないかという危惧が生じる。それゆえ、事例検討はあくまでも事例を検討する、スーパービジョンはスーパーバイジー本人について検討するという整理をしておかないと、センターのスーパービジョンは明確にできないということもいえる。両者の究極的な目的は質の向上であり、事例検討もスーパービジョンも同じであるが、今後は事例検討とスーパービジョンの相違を明確にする必要があろう。

　同様に、センターが行うケアマネジャー支援とスーパービジョンの関係も明確にしなければならない。ケアマネジャー支援は主に、困難事例などに対して実施される。つまり、問題解決が必要な場合が多く、実際の業務

への具体的な助言が必要となる場合もある。東京都保健福祉局の資料では、「多職種との連携・協働によるケアマネジメントの質の向上の具体的方法」として、「介護支援専門員が支援困難であると感じたケースが発生した場合に下図の流れに沿って「多職種との連携・協働」によってケアマネジメントの質の向上を図るとしている。**図10-3-1**の（2）の部分が、センターが行うケアマネジャー支援であるとすると、「地域包括等の助言」がケアマネジャー支援に該当する。また、「包括的・継続的ケアマネジメントを対象となるすべての高齢者に提供するために、地域包括支援センターは包括的・継続的ケアマネジメントの実践が可能な環境整備と個々の介護支援専門員へのサポート」（長寿社会開発センター2012）を行うことが包括的・継続的ケアマネジメント支援であるということから、介護支援専門員へのサポートであるともされている。東京都の資料にもあるように、あくまでも問題解決に向けての助言であり、その助言をスーパービジョンとすることにも問題がある。

スーパービジョンの捉え方はさまざまであるが、センターにおけるソーシャルワーク、対人援助のスーパービジョンという位置づけを明確にすることは、今後の課題である。

また筆者がセンターにおいて実際にスーパービジョンを行った経験から、以下の問題点を整理することができる。

第1に、相談業務に携わるすべての職員がスーパービジョンの理論等の研修を受けているわけではなく、スーパービジョンの理解そのものに温度差があること。第2に、焦点をスーパーバイジーに当てると業務や個人への批判ととらえられてしまう危険性があるため、受けることに抵抗があること。第3に、センター長等の管理者が同席だとケースの管理をされるのではないかと思い、率直な自己開示が難しい場合があること、等である。

これらの状況から、センターにおいていきなりグループ・スーパービジョンを行うのはわが国では難しいかもしれない。それゆえ、まず個人スーパービジョンを受けて、スーパービジョンの土台を固めてからグループ・スーパービジョンを行うことが望ましいのではないかと考える。

センターにおけるスーパービジョンは，途に就いたばかりであり，まだまだ理論的な整理も共通認識も不十分なまま進められている。しかし，センターにおけるスーパービジョンはどのような方法が望ましいか等を検討する時間がないまま，スーパービジョンという用語が一人歩きすることは避けたい。地域包括支援センターにおいて，スーパービジョンが重要であるという認識はコンセンサスが得られているので，今後はその整理と理論と知識の普及啓発が必要であろう。

（藤林 慶子）

引用文献

長寿社会開発センター（2009）『地域包括支援センター等における取組事例Ⅱ：地域包括支援センター支援に向けて』（平成20年度老人保健事業推進費等補助金老人保健健康増進等事業分地域包括支援センターのあり方に関する基礎調査研究事業，平成21年3月）長寿社会開発センター．（http://www.nenrin.or.jp/center/study.html）．

長寿社会開発センター（2012）『地域包括支援センター運営マニュアル2012：保険者・地域包括支援センターの協働による地域包括ケアの実現をめざして』（平成24年3月）長寿社会開発センター．

介護支援専門員（ケアマネジャー）の資質向上と今後のあり方に関する検討会（2013）『介護支援専門員（ケアマネジャー）の資質向上と今後のあり方に関する検討会における議論の中間的な整理』（平成25年1月）厚生労働省．
（http://www.mhlw.go.jp/stf/shingi/2r9852000002s7f7-att/2r9852000002s7go.pdf）．

厚生労働省（2014）『平成24年度地域包括ケア推進指導者養成研修（中央研修）』（平成24年10月3日，4日実施）．
（http://www.mhlw.go.jp/stf/shingi/2r9852000002lybz-att/2r9852000002m1up.pdf）．

厚生労働省老健局（2014）『地域ケア会議実践事例集：地域の特色を活かした実践のために』（平成26年3月）厚生労働省老健局．

三菱総合研究所（2012）『地域包括支援センターにおける業務実態に関する調査研究事業報告書』（平成23年度老人保健事業推進費等補助金老人保健健康増進等事業，平成24年3月）三菱総合研究所．

日本総合研究所（2014）『事例を通じて，我がまちの地域包括ケアを考えよう「地域包括ケアシステム」事例集成：できること探しの素材集から』（平成25年度老人保健事業推進費等補助金老人保健健康増進等事業地域包括ケアシステム事例分析に関する調査研究事業報告書，平成26年3月）日本総合研究所．

日本介護支援専門員協会（2014）『主任介護支援専門員の研修制度に関する調査研究事業』（平成25年度厚生労働省老人保健健康増進等補助金事業報告書，平成26年3月）日本介護支援専門員協会（http://www.jcma.or.jp/news/association/25_7.html）．

高橋 学（2009）『スーパービジョン：対人援助者監督指導論（スーパービジョンの理論と展開）』日本介護支援専門員協会，107．

東京都（2010）『基幹型地域包括支援センターモデル事業報告書』（平成22年3月）東京都福祉保健局高齢社会対策部計画課．

認知症高齢者ケアにおけるソーシャルワーク・スーパービジョン

1 認知症高齢者への対応におけるスーパービジョンの特徴・特性

　認知症高齢者への対応におけるスーパービジョンにおいては，スーパーバイザーが認知症に関する適切な知識を有し，そのことをスーパーバイジーに伝えなければならない。そこで，まず，認知症に関する基礎的理解および認知症の症状が悪化した場合の状況理解と，その理解を進めるために行うスーパービジョンのポイントを述べる。そのうえで，認知症高齢者への対応におけるスーパービジョンの特徴・特性を述べることとする。

（1）認知症高齢者の基礎的理解とスーパービジョン

　アメリカ精神医学会の診断基準によると，認知症とは，注意力，行動実行機能，学習，記憶，言語，日常生活動作，認知機能のうち，少なくとも一つの機能が低下し，日常生活における自立性に支障をきたす状態を指す（American Psychiatric Association 2013）。認知症が生じる代表的な疾患には，アルツハイマー型認知症，レビー小体型認知症，前頭側頭型認知症，血管性認知症などがある。これらの4つは，認知症を示す代表的な疾患である。その他にも，頭部外傷，ハンチントン病などがある。認知症は，治療困難な場合もあれば，外科的手術や投薬により症状の緩和や軽減ができ，場合によりかなりの改善が可能な場合もある。

　認知症の症状には，中核症状と周辺症状がある。中核症状には，脳機能の低下による症状で，具体的には，記憶障害（もの忘れ），見当識障害（場所，時間，人などがわからなくなる状態），判断力障害などがある。ま

た，中核症状は，国際的には記憶・認知機能障害といわれている。周辺症状とは，認知症の中核症状，身体機能状況，精神心理状況，社会環境状況などが複合的に重なり生じる行動・心理症状（Behavioral and Psychological Symptoms of Dementia；BPSD）を指す。近年では，BPSD という表現が国際的に認知されるようになってきた（Finkel, et al. 1996）。周辺症状には，幻覚，妄想，徘徊，うつ，攻撃的行為，不潔行為，性的逸脱行為，興奮，拒否などがある。周辺症状は，単独で一つの症状が出現する場合もあれば，複数の症状が出現する場合もある。

　周辺症状を悪化させる要因は，一つの要因であることは少なく，複数の要因が複合的に重なっていることが多い。考えうる要因を整理すると，大きく4つに分類することができる。その4つとは，①記憶障害や見当識障害などの認知症の中核症状の重度化，②便秘，栄養不良，血管疾患などの身体機能状況の悪化，③これまでの対処能力，性格，不安，ストレスなどの精神心理状況の変化，④家族や親しい人との人間関係，近隣との人間関係，居住スタイルなどの社会環境状況の変化である。クレアー（Clare）は，初期の認知症高齢者で周辺症状などを悪化させる要因として，認知症高齢者やその家族の認知症などに関する正確な情報の欠如や医療機関との適切な関わりの欠如などを指摘している（Clare 2004）。

　認知症の中核症状と身体機能状況の悪化から周辺症状が悪化した例を挙げる。

事例1

　もの忘れや見当識障害の悪化のために，自分でトイレに行くことができなくなってしまったAさんは，排便をがまんして過ごすようになった。その結果，便秘ぎみとなり，落ち着きなく徘徊するようになった。数日後，徘徊がひどくなるだけでなく，攻撃的な言動が生じ始めたという。

　認知症高齢者に限ったことではないが，ソーシャルワーカーには，便秘などの身体機能状況の小さな変化についてもよく把握し

ておくことが求められる。そして，周辺症状の悪化は，認知症の中核症状と身体機能状況とが重なって生じることがあることを理解しておく必要がある。

さらに，精神心理状況や社会環境状況の変化から周辺症状が悪化した例を挙げる。

事例2

認知症による幻聴が突然生じたB（独居）さんは，数日前，住居の引っ越しが終わったばかりであった。何でも一人でしないと気が済まないBさんは，荷物の運搬だけを業者に依頼し，後片づけや荷物の整理は1人で行った。その結果，かなりの疲労感があり，また，新たな住居での近所づき合いなどにストレスが溜まっていった。引っ越し後，なんとなく誰かが歌を歌っていると思い，気にならなかったが，日が経つにつれて，その歌（幻聴）の音が大きくなり，夜中なので眠れないと感じ始めた。眠れないことがさらにBさんのストレスを高めることとなり，周辺症状の幻聴が悪化していった。毎晩，歌声が聞こえるので，その歌声が隣の部屋から聞こえていると確信すると，隣人に苦情をいった。隣人は，夜中に歌など歌っていないし，言いがかりはやめてほしいと口論になってしまったという。

認知症高齢者は，日常生活の変化や環境の変化などに対する耐性がなくなりつつあり，小さな変化であっても，その変化が大きなストレスとなることが多い。

ソーシャルワーカーには，日常生活の小さな変化や人間関係の変化などをよく把握しておくことが求められる。そして，周辺症状は，日常生活の

一つひとつの出来事が積み重なって，急速に悪化していくことが多いと考えられるので，精神心理状況や社会環境状況の小さな変化や認知症高齢者の表情などの小さなサインを見逃すことがないように，継続的なアセスメントを行い，また，家族やほかのサービス提供者との緊密な情報交換を行うことが必要である。認知症高齢者に対する対応では，ほかの領域のソーシャルワーク実践でも行われている継続的なアセスメントがより重要となる。

　そのため，特に経験の浅いスーパーバイジーに対しては，すでに支援目標が明確に設定され，支援が実施されている場合であっても，訪問あるいは面接ごとに観察による丁寧なアセスメントを心がけるように，スーパーバイザーはアドバイスする必要がある。特に，訪問による観察を重視し，顔の表情，屋内の様子，衣服の状態，身体の状況などに留意するようにアドバイスすることが望まれる。

(2) 認知症高齢者の症状が悪化した場合の状況理解とスーパービジョン

　近年のさまざまな研究から認知症高齢者の中核症状や周辺症状が悪化すると，どのような状況になるのかが明らかとなってきた。中核症状や周辺症状が悪化した状況を理解することは，周辺症状を悪化させる要因を分析することと同様に重要なことである。ここでは，中核症状や周辺症状が悪化した状況を3つのポイントに絞って説明し，そのポイントに関連したスーパービジョンのあり方について述べる。

①日常生活における簡単な動作に関する困難感

　中核症状や周辺症状の悪化に伴って非常に簡単と考えられる動作であっても，認知症高齢者には，その動作を行うことに多くのエネルギーや集中力を注ぐ必要が多くなるといわれている（Nygård & Borell 1998）。例えば，短期記憶の障害を持ち興奮状態にあれば，文字を書くという日常生活の動作であっても，認知症高齢者には，かなりの集中力が必要となり，その動作だけに多くのエネルギーが使われる。その結果，疲れた状態とな

り，ほかの日常生活にエネルギーを傾けることができなくなる。また，理解力や判断力などの障害で目の前のものについての意味や機能が理解できなくなり，イライラしたりするようになったり，さらに，短期記憶の障害で自動販売機に小銭を入れてボタンを押すといった簡単な一連の動作ができなくなったりして，失望感や絶望感が大きくなっていくことがある。また，短期記憶の障害から認知症高齢者が自分でタンスに入れた財布について忘れ，誰かに財布を盗まれたと確信して被害的になり被害妄想が始まることもある。

　認知症高齢者には，一つひとつの簡単な日常生活動作で多くのエネルギーや集中力が必要となり，また，中核症状や周辺症状の悪化で焦燥感，失望感，絶望感などが生じる。さらに，そのような状況であるにもかかわらず，家族などからの理解が得られず，家族に対して攻撃的になったり，エネルギーの消耗で疲れるためにうつになったりして，ますます周辺症状が悪化していく場合がある。そのような悪循環の結果，一般的にいわれている認知症高齢者の「意欲低下」という状態が生じる。しかし，認知症高齢者の視点に立てば，中核症状や周辺症状で多くのエネルギーを費やし，さらに，焦燥感，失望感，絶望感などが生じて疲れやすく，さまざまなことに対するモチベーションが低下して「意欲低下」の状態になることは，当然のことであると考えられる。言い換えれば，認知症高齢者は，日常生活を行うのに全力疾走をしている状態にあり，そのことで疲れ消耗感が生じ，表面的には「意欲低下」の状態にみえるということである。

　経験の浅いスーパーバイジーやソーシャルワークの実践経験はあるが認知症高齢者を担当したことがないスーパーバイジーに対しては，認知症高齢者が発する不明瞭な言葉の状況や認知症高齢者の「意欲低下」にみえる状態から判断することの危険性を喚起し，スーパーバイザーが，その状況に関する補足的な説明を行うとともに，そのような状況になる背景要因について，スーパーバイジーと共に考え，アドバイスしていくという姿勢が求められる。

②コミュニケーションに関する困難感

　中核症状や周辺症状の悪化に伴って，認知症高齢者は，他者とのコミュニケーションが難しくなるという経験が多くなるといわれている（Clare 2002；Holst & Hallberg 2003）。例えば，思考障害などにより考えがまとまらず，同じ内容を繰り返し話し，話の内容にまとまりがなかったり，また，会話の中で話題が次々と変わってしまい家族などから理解されないままに話しが中断したりすることがある。初期の段階では，表面的には健康にみえるため，話が長い人，あるいは，うまくまとめて話ができない人と理解され，さらに，繰り返しが多いので適当に聞き流しておけばよいと考えられ，コミュニケーション障害ととらえられずに見逃されてしまう場合もある。さらに，あまりにも話が長かったり，話題が次々と変わったりしてしまうため，家族とのコミュニケーションがうまく図れず，さらに，周辺症状が悪化して家族などから相手にされなくなり，孤立してしまう場合もある。そして，認知症高齢者が家族や地域における役割や立場を失い，孤立感を感じるとともに，失望感を感じてしまうことがある。ソーシャルワーカーは，認知症高齢者のコミュニケーション能力をアセスメントすると同時に，コミュニケーション障害から生じる孤立感や失望感についてもアセスメントを行い，そのことを配慮したプランニングを行うことが必要である。

　認知症高齢者の認知症の程度が進行すると，その高齢者との言語的な会話が難しくなる。この時点でスーパーバイザーが留意しなければならないことは，認知症高齢者との言語的な会話が難しくなることで，スーパーバイジーが認知症高齢者との適切なコミュニケーションを行う努力をせず，高齢者とのコミュニケーションをあきらめ，スーパーバイジーが個人の判断だけでプランニングやプランニングの変更を行ったりしていないかどうかを確認することである。スーパーバイザーがスーパーバイジーに対して，そのような確認を行うことで，スーパーバイジーが支援に関する思考停止状態に陥っていないかどうかを確認することができる。一般的に，スーパーバイジーが認知症高齢者にできないことが多い，あるいは，適切な会話ができないと考え始めると，スーパーバイジーは，適切なプランニ

ング，支援の工夫，変化の可能性などを見出すことができず，最終的に，支援に関する思考停止状態に陥ってしまうと考えられている。さらに，スーパーバイジーがそのような思考状態となってしまうと，認知症高齢者へのスーパーバイジーの態度から，「認知症高齢者に対する支援に意味がない」というような内容の非言語的なメッセージが伝わってしまう可能性が高くなる。すなわち，スーパーバイジーが認知症高齢者を支援する際，認知症高齢者には変化が生じない，いつも同じで支援に意味がない，あるいは，さまざまな可能性など何もないと思いながら支援を行えば，その高齢者は，スーパーバイジーからの非言語的なメッセージを敏感に感じ，高齢者も同じように可能性や希望を見出せないまま現状を維持し，生活の質の低下につながると考えられている。

ラップ（Rapp）らによるストレングスモデル（Rapp & Goscha 2012）に基づけば，会話が困難な認知症高齢者であっても，ソーシャルワーカーが可能性や希望を持ちながら粘り強く関わり続け，その高齢者が適切な方向に向かう変化の兆しが生じるような支援の工夫を行い続けることが重要とされている。スーパーバイザーは，スーパーバイジーを適切にアセスメントし，スーパーバイジーが支援に関する思考停止状態となっていると判断した場合には，支持的なスーパービジョンを行いながら，認知症高齢者のストレングスの発見，その高齢者への対応やコミュニケーションの工夫を，スーパーバイジーと共に考え，また，その高齢者に関わり続けていくことの意味を説明していくことがスーパーバイザーには求められる。

③否定的な感情の生起と自己イメージの否定的な変化や自信の喪失体験

中核症状や周辺症状の悪化に伴って生じるさまざまな体験によって，認知症高齢者は，自分自身や他者に対して否定的な感情を強く持ち始めるといわれている（Holst & Hallberg 2003）。そして，その否定的な感情が怒りやイライラにつながり，ますます周辺症状を悪化させることにつながるという。認知症高齢者にとって，今までできていたことができなくなるという体験や，文字がわからなくなるという体験は，非常にショックな出来

事であり，認知症高齢者は，そのこと自体を認めたくないという気持ちが強くなる。また，家族なども認知症高齢者ができなくなっていることへの理解不足のために，家族などができなくなっていることへの否定的な発言（「そんなはずはない」などの発言など）を行ってしまい，ますます否定的な状況となってしまう。喪失感などとも重なって，中核症状や周辺症状の悪化に伴って生じる体験は，特に初期の認知症高齢者を苦しめ，困難感と疲労感が生じる結果へとつながる可能性が高い。そこで，ソーシャルワーカーは，アセスメントの際，認知症高齢者のできないこと，中核症状，周辺症状のみに焦点を当てるのではなく，認知症高齢者ができていることやストレングスを見出し，プランニングの際に，できていることやストレングスで否定的な感情を軽減していくことができるような工夫を行うことが求められる。

　中核症状や周辺症状の悪化に伴って生じるさまざまな体験で認知症高齢者は，自尊心や面目を失い，さらに，そのことから自己に関する否定的なイメージを抱いたり，日常生活を行うことに対する自信を失ったりするといわれている（Offord, et al. 2006）。中核症状や周辺症状の悪化に伴って生じる体験では，まず何が起こっているのかが理解できなったり，行おうと努力しても失敗の連続と感じたり，さまざまなことができなくなっていることが自覚できて恥ずかしくなったり，すべてのことを断片的に思い出し情けなくなったりするというさまざまな否定的な感情が伴う。そして，そのことの繰り返しで，徐々に，あるいは，急激に，自己に関するイメージが悪くなり，失望感や絶望感へとつながっていく。また，日常生活の簡単な動作への困難感から日常生活に対する自信を失い，そのことが自己イメージを低くすることにつながっていく。したがって，ソーシャルワーカーは，アセスメントの際，認知症高齢者が日常生活でどのような困難感を経験し，苦しさを味わっているのかを理解し，中核症状や周辺症状から生じている否定的な自己イメージや自信の喪失感を軽減するために，社会資源や家族のサポートで，どのようなことが可能なのかを探り，プランニングの際に認知症高齢者の自尊心が保てるようなさまざまな工夫や配慮を盛り込むことが重要となる。

第4節　認知症高齢者ケアにおけるソーシャルワーク・スーパービジョン

スーパーバイザーは，認知症高齢者の代弁者となり，その高齢者の苦しさ，否定的な感情の生起，自信の喪失，それらから生じる自己イメージの低下や否定的なイメージの生起などを，具体的に理解しやすくスーパーバイジーに伝えるとともに，そのような否定的な状況を少しでも少なくしていくための工夫を，スーパーバイジーと共に考えていくことが求められる。認知症高齢者に対しては，社会的な偏見が強く，誤解されていることが多いため，スーパーバイザーは，認知症高齢者が有する否定的な状況や苦しみについて丁寧な説明を行い，スーパーバイジーが認知症高齢者に対して共感的な理解ができるようにアドバイスしていくことが必要となる。

(3) スーパービジョンの特徴・特性

　認知症高齢者への対応におけるスーパービジョンにおいては，ほかの領域のスーパービジョンと同様に，スーパーバイザーは，スーパーバイジーをアセスメントし，スーパーバイジーが認知症高齢者を担当することができる力量を有しているのかどうかを確認する必要がある。そして，担当ができる力量があると判断された場合には，スーパーバイザーは，スーパーバイジーの認知症に関する基礎的理解を確認する。実際に担当が決まり，事例を担当した場合には，スーパービジョンにおいて，クライエントの状態についての状況観察や，家族やほかの専門職との連携を通じて，クライエントに関する適切な情報収集ができているのかどうかについて確認する。さらに，同居家族の生活状態についての情報把握についての確認も必要となる。スーパービジョンにおけるこのような確認は，特に，認知症高齢者への対応におけるスーパービジョンにおいては非常に重要となる。認知症高齢者への対応におけるスーパービジョンで，このことが強調される理由は，認知症のためにクライエントとのコミュニケーションが難しいことや，クライエント自身が健康であると確信し，サービスや医療を受けることに抵抗を感じ，クライエントに関する情報が得にくい場合があるためである。そのため，スーパーバイザーは，どの程度の情報を，どの経路から得られたのかを確認し，スーパーバイジーに状況に応じてアドバイスする必要がある。

さらに，認知症高齢者への対応におけるスーパービジョンにおいては，医療や地域包括支援センターとの連携や適切な支援提供がなされているのかどうかや，サービス担当者会議や地域ケア会議が必要に応じて開催されているのかどうかを確認することも重要となる。認知症高齢者への対応では，情報把握以外に，認知症高齢者の生活状況の安定や適切な支援のために，さまざまな専門職やインフォーマルサポートを提供する人々（家族・近隣・民生委員・友人など）との連絡調整が必要となる。また，円滑な連携や適切な支援提供を行うために，さまざまな会議の開催が必要であり，スーパーバイザーが必要に応じて，そのことを確認し，連絡調整や会議の開催を促すこととなる。

2 認知症高齢者への対応におけるスーパービジョンの実際

（1）認知症高齢者自身への対応におけるスーパービジョン

　認知症高齢者自身への対応におけるスーパービジョンで，スーパーバイザーが留意すべき点について述べる。

　①アセスメントの際，ソーシャルワーカーは，身体機能状況，精神心理状況，社会環境状況についての状況把握を丁寧に行い，さらに，認知症高齢者の生活歴（これまでどのような生活を営んできたのかなど）などの情報を得て，的確な情報分析と情報の統合化を図る。スーパーバイザーは，スーパーバイジーが，このようなアセスメントができているかどうかを判断する。ただし，認知症高齢者への対応について経験がそれほどないスーパーバイジーについては，まず，認知症高齢者のどのような情報把握ができているのかを確認し，スーパーバイザーが，スーパーバイジーと共に，さらにどのような情報が必要なのかを共に考え，アセスメントにおけるクライエントとの面接のための準備を支援する。

②ソーシャルワーカーは，認知症高齢者の表情や言動の小さな変化に対しても敏感に対応し，そのことと周辺症状，中核症状，身体機能状況などの悪化につながっていないかどうかのモニタリングや再アセスメントを適切な頻度で行う。その際，家族やほかの専門職（訪問介護員や訪問看護師など）などとの連携や情報交換を適切に行う。このような情報把握は，スーパーバイジーが認知症高齢者への対応で経験をある程度積んでいることが前提となる。そこで，経験の浅いスーパーバイジーに対しては，スーパーバイザーが，スーパーバイジーのクライエントの状況観察の内容を聞き，また，スーパーバイジーが得た家族やほかの専門職などからの情報について，スーパーバイジーと共に分析・整理を行う。そして，スーパーバイザーは，スーパーバイジーと共に，クライエントの生活ニーズや生活の全体像の分析を行い，スーパーバイジーに分析・整理の方法についての理解を促す。

③認知症高齢者の中核症状や周辺症状の悪化が生じた場合，ソーシャルワーカーは，まず，認知症高齢者と会い，その面接で得られた情報をもとに主治医や精神科医への連絡を行い，どのような対応が必要なのかを相談する。また，場合によっては，ソーシャルワーカーが速やかにサービス担当者会議あるいはケア会議を開催し，認知症高齢者の正確な状況把握と関わっている専門職や家族との共通理解を深める。そして，中核症状や周辺症状を悪化させている背景要因を分析し，対応策を多角的に考察し適切な対応を実行に移す。スーパーバイザーは，スーパーバイジーが，クライエントの状況の悪化について，どの程度の把握ができているのかどうか，どのような判断をしているのかを確認し，その結果，どのような行動（主治医などに連絡を行ったのか，あるいは，少し様子をみて判断を行うと考えたのか，サービス担当者会議を開催したのかなど）を取ったのかの報告を受け，その適切性についてフィードバックを行う。

④プランニング作成の際には，ソーシャルワーカーは，認知症高齢者の否定的な感情，傷つけられた自尊心，自己に対する否定的なイ

メージに対する配慮を行う。そして，どのようにすれば，そのような否定的な状況を軽減することができるのかを探りながらプランニング作成を行う。スーパーバイザーは，スーパーバイジーが作成したプランを確認し，支援目標における表現が，認知症高齢者の自己に対する否定的なイメージにつながるような表現や支援目標となっていないかどうかの確認を行う。

⑤ソーシャルワーカーは，認知症高齢者のコミュニケーション障害をアセスメントすると同時に，コミュニケーション障害を持つことの苦しさや困難感を理解し，言語的（バーバル）な部分だけでなく，表情，服装の様子，身振りなどの非言語的（ノン・バーバル）な部分にも着目しアセスメントを行うことが求められる。スーパーバイザーは，スーパーバイジーが把握できているクライエントのコミュニケーション能力の確認を行うとともに，非言語的なコミュニケーションで重要なことがないかどうかについてのスーパーバイジーの理解を促す。

⑥軽度の認知症高齢者の場合，認知症高齢者が医療機関との関わりに抵抗を示したり，家族が認知症に対して否定的な感情を持ったり，理解不足であったりする可能性があるため，ソーシャルワーカーは，認知症高齢者の主治医の確認や主治医との連携を図り，家族に対しても否定的な感情については受容的に対応する。スーパーバイザーは，スーパーバイジーの面接状況を把握するとともに，支持的なスーパービジョンを行う。そして，状況に応じて，クライエントの認知症に焦点を当てるのではなく，ストレングスにも焦点を当てることを促し，クライエントやその同居家族に対して，どのようなサポートや見守りができるのかを，スーパーバイザーがサーパーバイジーと共に考える。場合により，地域ケア会議の開催や地域包括支援センターとの連携が必要な場合があるので，そのことを，スーパーバイザーが提案する。

⑦認知症高齢者が達成感や生活満足感を感じることができるようにするために，ソーシャルワーカーは，認知症高齢者に達成可能な目

標や課題をプランニングで作成し，目標や課題の達成感を通じて生活の満足感が感じられるように工夫を行う。スーパーバイザーは，スーパーバイジーが作成した支援目標や課題について，クライエントの目標・課題達成可能性や生活満足感という観点からチェックを行い，適切なアドバイスを行う。

(2) 認知症高齢者の同居家族支援におけるスーパービジョン

認知症高齢者の対応では，クライエント本人だけでなく，認知症高齢者の同居家族に対する支援が重要となる場合がある。そこで，そのような支援でのスーパービジョンにおいて，スーパーバイザーが留意すべき点について述べる。

① ソーシャルワーカーは，家族のさまざまな感情を受け止め，感情を表現しやすくするための雰囲気づくりを行う。家族が感情表現を行った場合には，その感情を積極的に受け止め，その感情を尊重しようとするソーシャルワーカーの姿勢が求められる。また，ソーシャルワーカーの前で家族がさまざまな感情を表現できるようになってきているという状況は，ソーシャルワーカーと家族との間で徐々に信頼関係が構築されていることのシグナルである可能性もあり，家族の感情表現を尊重することは，信頼関係を構築するための第一歩である。スーパーバイザーは，バイステック（Biestek）の原則が認知症高齢者本人だけでなく，同居家族に対する対応においても有効であることをスーパーバイジーに確認し，家族が表現する感情を受容する姿勢の重要性の再確認を行う。

② 信頼関係の構築がなされると，認知症の症状の説明を行うための基本的な準備が整っていると判断できる。そのような状況判断を行うことで，認知症の症状を説明するタイミングを図る。スーパーバイザーは，スーパーバイジーの話の内容を確認し，同居家族とスーパーバイジーとの信頼関係の構築が円滑に進んでいるのかどうかの確認を行う。また，同居家族の認知症についての理解が進んでいると判断でき，スーパーバイザーとスーパーバイジーが認知症につい

ての説明を家族に行ってもよいと考えた場合には，スーパーバイザーは，家族に対して認知症の病状説明を行うように主治医へ依頼することをスーパーバイジーに対してアドバイスする。

③ ソーシャルワーカーは，家族の理解力のレベルに合わせて，認知症の症状のメカニズムやその要因についてわかりやすい説明を行う。そして，家族ができる介護や環境調整（認知症高齢者が理解できるような家具の配置を行うなど）についての話も，認知症の症状のメカニズムの説明と結び付けながら行う。スーパーバイザーは，スーパーバイジーの認知症介護や環境調整に関する理解力をアセスメントし，家族に対して認知症介護や環境調整について説明できる力をスーパーバイジーが有しているかを判断する。そのような説明力がないと判断された場合には，スーパーバイザーか，あるいは，経験豊富なソーシャルワーカーがスーパーバイジーと同行訪問を行い，認知症介護や環境調整に関する工夫についての話を行う。その場合，スーパーバイジーに，そのような工夫に関する事前学習を行うようにアドバイスし，同居家族との面接場面では，スーパーバイジーが主な説明者となるように工夫を行う。そして，同行したスーパーバイザーあるいは経験豊富なソーシャルワーカーが，適宜，スーパーバイジーの説明不足な点を少し補うという役割を担う。

④ 認知症の症状についての話し合いが進み，さまざまな話に及ぶことがある。ソーシャルワーカーも人間である以上，さまざまな価値観や判断基準を持っているため，家族の話の内容に関してさまざまな感情を抱くことがある。ソーシャルワーカーは，自分自身の感情の動きを的確に把握し，その感情をコントロールしながら家族の話に耳を傾けなければならない。さらに，面接終了後，ソーシャルワーカーは，家族との次回の面接準備のために，前回の面接時に生じた家族に対するさまざまな感情を分析・理解しておかなければならない。そして，ソーシャルワーカーが家族の話に共感することは大切なことであるが，家族の話に感情移入し感情的になって冷静な判断ができなくなってしまうことや，家族に対立的な感情を抱き怒

りがこみ上げ，思考停止の状態となって多角的な見方ができなくなってしまうことは，専門職として避けるべきことである。つまり，ソーシャルワーカーは，面接場面で家族の感情や話の内容に共感しながらも，自分自身の感情の動きをとらえ，その感情をできる限りコントロールしながら面接を終える必要がある。そのため，面接終了後，スーパーバイザーは，スーパーバイジーから面接で生じた話の内容を聞き，スーパーバイジーが，家族の感情や話の内容のどのような点で感情的になったのかについて自己分析を促し，そのことについてスーパーバイザーと共に分析を行う。そして，スーパーバイザーは，スーパーバイジーの感情に関する分析を行い，どのような対応方法が考えられるのかについて，スーパーバイジーと考え，家族との次回面接に備える。

3 認知症高齢者への対応におけるスーパービジョンの今後の展望

認知症高齢者への対応におけるスーパービジョンの今後の展望として，2つのことが考えられる。一つは，ソーシャルワーカーの職場移動による短期的なスーパービジョンの必要性である。さまざまな領域の人材不足から，ソーシャルワーカーがさまざまな領域へと職場を移動することが多くなると考えられる。そのような場合，経験豊富なソーシャルワーカーであっても，新たな領域として認知症ケアに携わり，未経験なこともあると考えられる。さらに，認知症ケア領域に携わっていたとしても，新たな組織での適応が必要となり，不慣れな書式や会議を経験することも考えられる。そのような場合，短期的ではあるが，スーパービジョンが必要となる場合がある。もう一つは，複数の専門職チームに対するスーパービジョンの必要性である。具体的には，認知症初期集中支援チームなどに対するスーパービジョンを，誰が，どのように行うのかということである。私見

ではあるが,このようなチームに対しては,複数の専門職(医師,看護師,社会福祉士など)でスーパービジョンを行うことが必要であると考えられる。いずれにしても,認知症高齢者への対応におけるスーパービジョンでは,これまで行われてきたスーパービジョンの形式以外の方法で,スーパービジョンを行っていくということが必要となると考えられる。

(岡田 進一)

引用文献

American Psychiatric Association (2013) *Diagnostic and Statistical Manual of Mental Disorders*, 5th ed. (DSM-5), American Psychiatric Publishing.

Clare, L. (2002) We'll fight it as long as we can : Coping with the onset of Alzheimer's disease, *Aging and Mental Health*, 6 (2), 139-148.

Clare, L. (2004) The construction of awareness in early-stage Alzheimer's disease : A review of concepts and models. *The British Journal of Clinical Psychology*, 43 (2), 155-175.

Finkel, S. I, Costa e Silva, J., Cohen, G., et al. (1996) Behavioral and psychological signs and symptoms of dementia : A consensus statement on current knowledge and implications for research and treatment, *International Psychogeriatrics*, 8 (Suppl. 3), 497-500.

Holst, G. and Hallberg, I. R. (2003) Exploring the meaning of everyday life, for those suffering from dementia, *American Journal of Alzheimer's Disease and Other Dementias*, 18 (6), 359-365.

Nygård, L. and Borell, L. (1998) A life-world of altering meaning : Expressions of the illness experience of dementia in everyday life over 3 years, *The Occupational Therapy Journal of Research*, 18 (2), 109-136.

Offord, R. E., Hardy, G., Lamers, C., et al. (2006) Teaching, teasing, flirting and fighting : A study of interactions between participants in psycho-therapeutic group for people with a dementia syndrome, *Dementia*, 5 (2), 167-195.

Rapp, C. A. and Goscha, R. J. (2012) *The Strengths Model : A Recovery-Oriented Approach to Mental Health Services*, 3rd ed., Oxford Press.

第5節 知的障害者施設におけるスーパービジョン

　身体・知的・精神のいわゆる3障害の垣根を越えた障害者支援制度や施設体系は，社会福祉基礎構造改革後に支援費制度創設から一部取り入れられ，その後平成19（2007）年の障害者自立支援法により同一の制度による支援策がとられるようになった。現在は，障害者総合支援法に改正され，難病患者もサービスの対象に包含された。ただ，ここでは3障害や難病患者に関わる支援者のスーパービジョンすべてではなく，知的障害者施設に軸足を置いて論じていくこととしたい。

1　知的障害者施設のスーパービジョンの研究動向

（1）知的障害者施設におけるスーパービジョンとは―先行研究からみた概況―

　知的障害者施設におけるスーパービジョンの特徴や特性についてみていくが，まず何がどこまで明らかにされているのかを整理するため，知的障害者施設におけるスーパービジョンに関する先行研究の状況からみていくことにした[注1]。

　先行研究を大別すると，①「ストレス・バーンアウト研究」，②「スーパービジョンの影響（効果）」の2つに類型化できる[注2]。それぞれを概観していく。

①ストレス・バーンアウト研究

　知的障害者施設職員のストレス・バーンアウトに関する研究は，直接スーパービジョンに言及する研究ではない。ただ，知的障害者施設におけるスーパービジョンの研究動向を俯瞰すると，このストレス・バーンアウトの研究がスーパービジョンの研究の端緒となっている。

　知的障害者施設職員のストレス・バーンアウトに関する研究は，職員のストレス・バーンアウトの状況，その要因の分析，ストレス・バーンアウトを測定する尺度開発の研究が多くなされてきている[注3]。これら先行研究の多くが，知的障害者施設の職員はストレスが多いためバーンアウトをしやすい，との結果を導き出している（佐藤・中嶋 1995；藤野 2001；原田ら 2002；2003）。

　また，職員が仕事方法と仕事目標のコントロールがよりできているストレスが少ない職場は，職員の精神的健康がよい結果を示していることも明らかにされている（森本 2007）。

　このストレス・バーンアウト尺度の開発やストレスやバーンアウトの状況をはかる流れから，バーンアウトを防ぐには，ストレスを軽減する取り組みが必要であり，その取り組みこそがスーパービジョンである，との考えにつながっている（長谷部・中村 2005；2006）。

注1　CiNiiにおいて「精神薄弱」・「知的障害」×「スーパービジョン」・「スーパーバイザー」の用語で検索をかけた〔平成11（1999）年4月1日施行の『精神薄弱の用語の整理のための関係法律の一部を改正する法律』により，「精神薄弱」の表現が「知的障害」と変更されたため，両表現で検索した〕。また，入手した論文から，知的障害者領域におけるスーパービジョンの研究の中には，知的障害者施設職員のバーンアウト（燃え尽き症候群）に絡めて行われていることがわかったため，検索ワードに「バーンアウト」も加えて再度検索した。

注2　今回分析に使用した論文数は，「スーパービジョンの必要性を示唆」は7本，「スーパービジョンの方法（事例）」4本，「スーパービジョンの影響（効果）」3本の計14本である。

注3　例えば，佐藤ら（1995），原田ら（2002；2003），長谷部ら（2005；2006）等が挙げられる。

②スーパービジョンの影響（効果）

　そして，蓄積は少ないもののその後からスーパービジョンがバーンアウトを防ぐ手段であることの実証を試みる研究が行われてきている。

　例えば，知的障害者（児）施設での現任訓練が職員に与える影響力が大きく，外部スーパーバイザー機能と施設内部の取り組みとが相補的に機能するシステムが問題解決効果が期待できること（中村 2001），上司や同僚からの「支持的」な関わりが，バーンアウト傾向を低くすることが認められたこと（中村 2001），一方で，「管理的支援」「教育的支援」は，バーンアウト傾向に影響を与えていないことが示唆されている（長谷部・中村 2005）。また，上司，同僚からの「支持的」な関わりが，利用者に対する不適な関わりが少なくなる可能性，すなわちその効果も示されている（長谷部・中村 2006）。

　このように，一般的にスーパービジョンには「管理的」「教育的」「支持的」機能があるとされているが，知的障害者施設では，特にこの「支持的」機能が職員のストレスを軽減する効果があることから推奨されている。

　その一方で，「仕事の達成感」に関しては同僚からの評価よりも上司からの評価がよりよく影響すること，また同僚からの「支持的関わり」はマイナス要因になっている（浅川 2013）という前述した研究の結果とは逆の結果も示されているので，知的障害者施設におけるスーパービジョンのあり方や効果については，今後の継続的な研究課題の一つであるといえる。

　もう一つ，知的障害者施設でのスーパービジョン関連行動を測定する尺度開発の試みもあり，この尺度を用いた調査の結果，管理職研修が多い施設は管理職研修が少ない施設と比べて，スーパービジョンに関連したさまざまな行動をより多く行っていること等が明らかにされている（生川・北沢・新堀 1996）。

　以上の先行研究レビューの結果から，スーパービジョンの内容や方法に関する調査や研究はこれまでほとんど行われてきていない現状であることがわかる。そのため，知的障害者施設におけるスーパービジョンの実態

は，少なくとも調査や研究からは明らかになっていないのが現状であるといえる。

　ここでは，先行研究から知的障害者施設のスーパービジョンの研究の動向と進度が明らかになり，一方で知的障害者施設のスーパービジョンの特徴を紡ぎだすことが難しいことがわかる。

2　知的障害者施設のスーパービジョンの実際

（1）知的障害者施設におけるスーパービジョンの状況―日本知的障害者福祉協会機関誌『さぽーと』から探る―

　では，知的障害者施設ではどのようなスーパービジョンが行われているのであろうか。その現状を把握するために，日本知的障害者福祉協会が発行する機関誌『さぽーと』からスーパービジョンについての記事等を探し，そこから知的障害者福祉施設のスーパービジョンの状況を探ることを試みた注4。

　しかし，『さぽーと』の前身である1968年発刊の『愛護：精神薄弱福祉研究』（以下『愛護』と略記）から『さぽーと』の最新刊まで調査をしたが，「スーパービジョン」という用語をあまりみることができなかった。

　わずかに探し当てたものの中から，一番大きく取り上げられていた1969年職員研修特集の『愛護』から，少し長い引用になるが内容を確認したい。

　　「研修と指導監督（supervision）
　　研修と指導監督をはっきりと分ける考え方と新規職員の訓練などについては二つを分けることが難しいので研修の中に含める考え方と二

注4　日本精神薄弱者愛護協会（現 日本知的障害者福祉協会）が1954年より発刊している『愛護：精神薄弱福祉研究』（現『さぽーと』）の内容を，入手できた1968年から調査した。

つある。行政機関のにおいの強い「現任訓練」においてはいざしらず，公私の社会福祉施設などで指導監督（スーパービジョン）の態勢もはっきりしていない日本の現状ではこの二つを含めて考える方が適当ではないかと思う。むしろ指導監督の地位にあるスーパーバイザーが他の関係職員，人事関係，指導関係その他の専門職員の協力を得て研修を実施し職員の職務能力の向上を図ることが実際的であると言えよう」（登丸1969）.

つまり，ここではスーパービジョンと研修は同一のものであるという見方が示されている。その後，特段この見解に関する変更等の記載がみられなかったため，この考え方が脈々と現在まで踏襲されている，と考えるのは拙速であろうか。

また，同じ記事にその方法として，①職場外の集団訓練，②職場外の個人訓練，③職場内の集団訓練，④職場内の個人訓練，⑤特殊訓練，⑥補助的訓練，⑦その他の訓練，の7種が示されている。

さらに，「施設におけるケース検討の重要性」と題して，「ケース研究というのはケースワークによる指導の研究ということを意味している」，と知的障害者施設の支援の立ち位置がケースワークであることを強調しながら，ケース研究，つまり事例研究の重要性が説明され，実際に施設で行われている多くのケース研究の実際や方法論について1970年代後半まで継続的に登場している。そこでは，スーパービジョン，スーパーバイザーの用語が何度か登場し，スーパーバイザーの必要性ついて「…事例研究の目標である一定の理論に基づいた仮説を立て，その方向の妥当性を確認されないことがしばしばみられる。その理由の一つに，それぞれの施設にスーパーバイズする役割を担う人がいないことにあると考えられる」（馬島1979）とも記載されていた。

ただ，1979年に「スーパーバイザー」の意味が用語として詳しく紹介され（石井1979），翌年に「職員のスーパービジョン」（荒川1980）と題した，スーパービジョンの理論と方法を詳細に説明する記事が登場した後から，『愛護』の中に「スーパービジョン」という用語がほとんどみられ

なくなった。つまりそれ以降，時々研究者が寄稿した論文の中で確認できるものの，実践現場からの論文や記事にはほとんど登場しなくなる。

(2) 知的障害者施設におけるスーパービジョンの不十分さ

　この状況と結び付けやすい研究者からの少なくない指摘がある。それは，日本の福祉施設では理論体系立てられたスーパービジョンがうまく取り入れられていないため定着していない，という主旨の指摘である。例えば，「…少なくとも従来文献等で紹介されてきたようなスーパービジョンは社会福祉現場では実践されていないし，理解度も低いが，随時指導・職場内研修・ケース検討会など，スーパービジョンと似た要素をもつ活動は行われている…」(塩村 2000) や「あらゆる福祉施設で，すでにスーパービジョン的な実践は行われています。ただし，多くの場合，スーパービジョンの理論やポイントなどを認識した実践ではありませんので，その実践をスーパービジョンとして位置付けることが出来ないのです」(植田 2000) といったように，福祉の実践現場で行われていることは，スーパービジョンではなく，スーパービジョン的なものであるという指摘がなされている。さらに，「組織的スーパービジョン体制の効果性や効率性に対する認知は低く，特に施設や機関の管理者はスーパービジョンの必要性を軽視している」(福山 2005) という指摘もある。

　職場内研修・ケース検討会議はスーパービジョンと似た要素を持つ活動であるが，スーパービジョンそのものではないため知的障害者施設ではスーパービジョンはない。とすると，知的障害者施設の職能団体の機関紙である『愛護』や『さぽーと』にはスーパービジョン，という用語が現在もほとんど使われていないという状況と結び付く。

　ただ，例えば新任職員にはその施設での働き方，慣習等が伝えられるであろうし，ケース会議や事例検討は当然のように行われている。外部で行われる職員研修にどの施設も少なからず職員を参加させている。例えば，日本知的障害者福祉協会が毎年開催する「全国知的障害者福祉関係職員研究大会」などは大盛況である。つまり多くの施設では，職員が支援者としての力量の向上を試みる取り組みはどこの施設においても少なからず行わ

れているといえる。

(3) そもそもスーパービジョンとは？

ここまで論を進め，確認の必要性を感じるのは，先行研究，実践者，また筆者のいうスーパービジョンは同じものであるのか，ということである。再度，「スーパービジョンとは何か」という問いに，立ち返る必要性を感じたため，先行研究で示されているスーパービジョンの定義を再確認し，**表10-5-1** にまとめた。

紙幅の都合上，定義に関する厳密な議論には立ち入らないが，**表10-5-1** にみたスーパービジョンの定義の共通項を抽出すると，おおむね「ソーシャルワーカーの力量の向上」ということになろう。

これらの定義に照らすと，これまでまた現在も多くの知的障害者施設で行われている職員力量向上の取り組みは，スーパービジョン的なものではなく，明確に「スーパービジョンである」といえるのではなかろうか。

(4) 知的障害者施設におけるスーパービジョンの特徴

知的障害者施設における職員力量向上のための取り組みについて，施設利用者への支援の方法からその特徴を述べたい。

知的障害者施設では，チームで仕事する。施設利用者がいくつかのグループに分かれ，職員は何人かでそのグループの作業や生活支援を行う。このグループには，主任級の職員，中堅職員，新人職員と経験年数がばらけて構成される。そこで，利用者への接し方等をみて聞いて，指導を受けている。新任職員や実践経験の浅い職員が先輩や上司の職員が常に一緒に仕事をし，直接的にその場で指導を受けたり，支持されている。

毎日の利用者の様子を保護者に伝達するノート，施設の記録として保管するケース記録があり，どちらかには上司の目が通る。ここでも，施設の理念にのっとっていないこと，職業倫理に抵触すると，利用者の利益を損なうような内容があれば，直ちに指摘されるであろう。

また施設によってその頻度は異なるが，おおむね2週間～1カ月の間に1回，ケース検討会議がある。ケースについての支援や対応方法，目

表10-5-1　スーパービジョンの定義の比較

著　者	スーパービジョン定義
杉本照子 (1964)	原則としてスーパービジョンは，特定施設内での，スーパーバイザーとワーカーの間の専門職業関係を通して行われる過程を意味し，その目的は施設がクライエントおよび地域社会に与える社会事業のより優れた業務基準の実現を図るためのものである。
小島蓉子 (1975)	スーパービジョンは，機関がその社会的責任を，よりよく果たすために，機関の方針をふまえ，施設機関の中で行うソーシャルワーク資質向上のためのビルトインメカニズムである。
荒川義子 (1980)	スーパービジョンとは，施設，機関がクライエントに，よりよいサービスを与えるために職員の能力を高めることで，現任訓練や研修とともに，職員の資質向上を図ることを目的とした教育・訓練の重要な方法である。
前田ケイ (1981)	ある仕事に関して，経験や知識において優れている人(上司や先輩や専門家など)がワーカーや実習生やボランティアなどに対して，仕事上必要な指示を与え，指導や助言を行っていく営みをスーパービジョンという。
福山和女 (1985)	スーパーバイザーとスーパーバイジーとの間で，はっきりと結ばれた契約関係の中で，バイジーが学びたいと思うその学習ニードを満たすことを目標とし，バイザーが暖かい援助，指示を伴ってバイジーを教授・指導していく過程を意味するものである。
窪田暁子 (1997)	ある人の仕事の様子を見守りながら，その成果が所定の水準に達しているかどうか，課題をこなしているかどうか見届け，その質を高めるために，仕事そのものというよりは仕事をしている人間に対して向けられる，指導監督的，教育的，支援的活動を指して，広く用いられているといってよい。
柏木　昭 (2001)	スーパービジョンの目的は，職員の能力開発およびその発達によるサービスの向上にある。(中略)通常，熟練した専門職員が初級職員に対し，その職務遂行能力を向上させるために行う支援体制をスーパービジョンといい，これに当たるものをスーパーバイザー，支援を受けるものをスーパーバイジーという。
渡部律子 (2012)	援助者が利用者に対して現実的で最善のサービスができるよう「一人前」になるトレーニング。

〔筆者作成〕

標設定の方法等，よりよい支援をするための支援方法や視点の持ち方を上司，部下，ほかの支援チームの職員が合同で検討する。

あるいは，管理者と職員が定期的に個別面談をし，支援上や職場の人間関係における悩みを聴き，それに対する助言を行う，といった取り組みも多く行われている。この個別的な対応は，面接という手段のみが採用されているわけではない。特に遠隔の場合は，ケース記録をメールで送信し，その内容を用いながら指導をする場合もあるし，テレビ会議等での助言・指導，あるいは労うといったことも行われている（藤井2003）。

このように，知的障害者施設には施設の体制，つまりチームで仕事を行うという体制の特徴から，日常業務そのものにスーパービジョンが組み込まれているといえるのである。

(5) 知的障害者施設に「スーパービジョンがない」と評される理由

さて，さまざまなスーパービジョンの定義に共通する「職員の力量向上」という目的から考えると，知的障害者施設には方法や体系はさまざまであったとしても，それぞれの施設において職員の力量が向上する取り組みの工夫は当然に行われている。したがって，知的障害者施設にはスーパービジョンはあると強調したい。

では，これまでなぜ知的障害者施設にはスーパービジョンはない，あるいはスーパービジョン的な取り組みしか行われてきていない，という見解が示されていたのであろうか。少なくとも2点挙げることができる。

第1は，「スーパービジョン」という用語が使用されていないということが，スーパービジョンがない，という評価になっていることが考えられる。スーパービジョンという言葉が使用されていなかったり，認識されていなかったとしたら，スーパービジョンはない，という見解に結び付くであろう。

第2は，知的障害者施設において，職員の力量向上のための体系，システムが共通ではない，ということも考えられる。職員の力量向上のための取り組みは，施設によってさまざまな方法で行われていることが予測で

きる。明らかにはなっていないが、それぞれの施設において体系立てた独自の方法があったとしても、おそらく統一的な方法論は確立されていない。このようにそれぞれの施設が独自に行っていて、全国の知的障害者施設に認識された共通の方法や体系がない、という状況が「スーパービジョンがない」という評価になっているのかもしれない。ただ、もしこのような状況が「スーパービジョンがない」と表現されているのであるなら、正確ではないのではないだろうか。

つまり、職員の力量を向上させるような取り組みはあるが、その体系がスーパービジョンを理論的に説明する方法論にのっとっておらず、独自の方法で行っている状況を厳密に言い表すならば、「スーパービジョンがない」のではなく、業界を貫く「共通したスーパービジョンの体系がない」ということになるのではなかろうか。

あるいはスーパービジョンの有無について評価する側が、スーパービジョンは斯くあるべき、という確固たる考えを持って評価した場合は、たとえスーパービジョンの目的である「職員の力量の向上」を目指してさまざまな工夫した取り組みが行われていたとしても、スーパービジョン的と評されてしまうのかもしれない。

(6) 知的障害者施設において「スーパービジョン」が用語として定着しなかった理由

知的障害者施設でのスーパービジョンの有無についての是非は見解が分かれると考えられる。ただ、スーパービジョンという用語が知的障害者施設に定着していないことは事実である。その理由は何であろうか。考えられた4点を以下に提示したい。

①スーパービジョンという用語の概念が広く使用しにくい

端的にいうと、スーパービジョンの概念が広すぎて、実践現場では使用しにくいのではなかろうか。つまり、スーパービジョンには、一般的に「管理的機能」「教育的機能」「支持的機能」、またこれに「評価機能」が付加されて説明されている。このように一つの単語に複数の機能を含むた

め，何を指しているのか一度で明快にわからない。したがってあまり使用されなくなった，というようには考えられないであろうか。

例えば，知的障害者施設で職員の力量向上のために，一般的に行われているプログラムをざっとみても，研修，職員教育，初任者訓練，事例検討，労働環境改善，上司との個別面談，記録内容の確認，等があり，これらのすべてがスーパービジョンに包含されていたとすると，具体的に何を指しているのかわかりかねる。そういった経緯から徐々に使用されなくなってきた，というのが第一の仮説である。

②スーパービジョンの概念や内容がよくわからない

①の内容と重なるが，先に示した表からみてもわかるように，スーパービジョンの定義は研究領域においても必ずしも固まっていない。スーパービジョン研究の歴史を概観すると，日本で本格的に始まった1960年代から，その定義をめぐってさまざまな見解が提起された。1970年代は定義についての議論は収束に向かうものの，1980年代後半に『社会福祉士及び介護福祉士法』が成立し，「実習スーパービジョン」という領域が盛んに研究されるようになり，スーパービジョン研究の量が一気に増加した。それに伴いさまざまなスーパービジョンの定義が示されるようになり，定義の輪郭がぼやけた。

題名に「スーパービジョン」が含まれている研究論文や書籍に目を通していても，不思議とスーパービジョンの定義を明確に提示しないで論を進めるものも少なくない。このようにスーパービジョンの定義の輪郭がぼやけているため，実践現場での理解も深まらず，したがって用語としても使用されなくなった，とも考えられる。

③スーパービジョンについて学んだ人の割合が少ない

もう一つ考えられるのは，スーパービジョンの概念を知的障害者施設に就職する以前に学んできていない人が多い，ということである。福祉に関連する資格の養成教育において，各カリキュラムをみてみると，スーパービジョンについて最も深く学ぶのは社会福祉士である。しかし，現在社会

福祉士の職能団体である日本社会福祉士会に登録している社会福祉士のうち，知的障害者関連施設に勤務しているのは全体の8.1%に過ぎない（日本社会福祉士会 2013）。

2008年の知的障害者関係事業所の人材採用のデータをみてみると，資格要件を付しているのは44.4%と約半数の求人に資格要件がない。また，資格要件を付しているところでも，その養成課程においてスーパービジョンについて学ぶ社会福祉士，精神保健福祉士よりも介護福祉士，社会福祉主事，ヘルパー，保育士が上回っている（北海道知的障がい福祉協会更生施設部会調査担当 2008）。

知的障害者施設に勤める多くの人がスーパービジョンについて学んでいなかったとしたら，スーパービジョンの概念どころか，用語すら知られていない可能性がある。したがって使用されていない，ということも考えられる。

（7）スーパービジョンの用語を知的障害者施設に定着させる意義

ここで問い直したいのは，知的障害者施設において使用されなくなった，あるいは使用されていなかったスーパービジョンという用語を，今後定着させていくことの必要性についてである。今日まで知的障害者福祉業界全体で，あるいは個々の施設独自で職員の力量向上のための研修を行ったり，それぞれの施設が体制を整えたり，と行われてきた連綿と引き継がれている工夫がある中で，その意義を検討してみた。これについての筆者は，必要でありその意義は大きい，と考える。そのように考える理由を以下に述べたい。

これまで一施設の中で完結していた支援が，社会福祉基礎構造改革後から，施設・機関間連携や協同がフォーマルにもインフォーマルにも進められてきている。これにより同じ障害者領域の施設や機関同士の垣根だけではなく，例えば低所得・高齢者・児童・司法医療領域や行政等，といった領域の垣根を越えた支援体制が組まれることが，これまで以上に多く求められるようになってきた。この傾向は今後より一層広がっていくと考えられる。

この潮流において，今後は知的障害者施設や領域のみならず，福祉領域・業界，さらにそれを越えたより広い支援体制を構築していく際に，共通言語が必要になろう。その言語の一つとして，福祉のどの領域においても頻繁に使用されるスーパービジョンの用語の定着が必要になると考えられるのである。これはいうまでもなく，協働や連携をよりスムーズに行うためであり，スムーズな協働，連携は支援対象者のより高い福祉の享受につながっている。

3 知的障害者施設におけるスーパービジョンの今後の課題と展望

（1）知的障害者施設の職員力量向上のための取り組みの実態把握の必要性

以上みてきたように，知的障害者施設では「職員の力量向上」のための取り組みは，どの施設においても日頃から行われていると考えられる。しかしそれらが，どのように，またどのくらい意識化して行われているのか，その具体的内容が明確ではない。今後，知的障害者施設におけるより効率的な方法を見出していくためには，まずその実態を明らかにする必要があろう[注5]。この結果は，知的障害者福祉施設における帰納的な立場からのスーパービジョンの方法論の確立に大きく役立つと考えられる。

（2）各施設のスーパービジョン体制の再確認

各施設に要求されることは，それぞれの施設の日常業務に組み込まれているスーパービジョン体制の再点検であろう。

日常業務に組み込まれたスーパービジョンは，ややもすると日常に埋没してしまう。そして，いつしか「職員の力量の向上」のために行われていた上司と部下の個別的な指導や，職員間の情報交換，ケース検討，研修参加等の主旨が，継続して意識されるものではなくなってしまい，もともと

の機能を著しく低下，もしくは機能しない状況に陥ってしまっている，ということも十分に考えられる。もしそのような状況が生じていたとしたら，その機能と意識の回復が行われなければならない。そのような意識の低下は，ひいては施設利用者に不利益をもたらす可能性が生じるためである。

(3) スーパービジョンの概念や方法についての整理

今後，知的障害者施設にスーパービジョンという概念の共通認識を確立していくことが必要という前提に立った際に，必要となるのが，スーパービジョンの定義の展開方法の再整理である。

現在，スーパービジョン研究の動向を管見すると，2つの潮流があるように見受けられる。すなわち，日本にスーパービジョンが紹介された当初と同様，契約，個人スーパービジョン，グループ・スーパービジョン，ライブ・スーパービジョン，外部からスーパーバイザーを招聘する，ことを中心に据えてスーパービジョンとする見方と，もう一つは，ソーシャルワーカーの力量が向上するための一切の行為，すなわち契約等の厳格さは排除して，力量向上の意識をし，それにより力量が向上にかかる一切の行為をスーパービジョンと位置づけるものである。後者は，スーパービジョンの方法に，自分自身で自分の実践を振り返る「セルフ・スーパービジョン」もスーパービジョンに位置づけているのが特徴的である。

ともあれ，研究領域においては，スーパービジョンの概念等の再整理が必要であろう。

近年知的障害者施設を取り巻く環境も大きく変化している。1990年代後半から地域に障害者相談支援事業所が設置されるようになり，「社会福祉基礎構造改革」により契約制度が導入され，障害者支援の範囲や事業者

注5　これについては，先行研究で「福祉施設」という括りで調査されており（奈良県社会福祉協議会 2000），その中に障害関連施設も包含されていると考えられるが，「知的障害者施設」あるいは「障害者支援施設」を対象とした調査はなされていない。

のあり方も大きく変わった。施設からの地域移行の促進が推奨され、また施設や事業者の垣根を越えた自立支援協議会も各地域で必置となった。

　研修制度も例外ではなく、国や都道府県といった自治体が行う、一部従事者の受講が必須の研修も展開されている。また何より障害者の権利条約が批准され、障害者虐待防止法、『障害を理由とする差別の解消の推進に関する法律』(障害者差別解消法)といった新しい法律が設置され施行されている。

　このような中で、知的障害者施設に限らず、障害者支援に携わる職員の支援意識も変化してきているであろうし、またスーパービジョンに対する考え方や実施の実態等についても変化が起きていると予測できる。方法もこれまで提唱されていたものではない形も模索されているかもしれない。そのためにも、研究者と実践者が協働し、これまでの演繹的スーパービジョンではなく、実践現場の中で現に行われている内容をより体系化していくこと、それにより、どの施設においても実現可能で効果的な、かつ業界全体で明確な共通イメージを持つことができるスーパービジョンを確立しえるのではないかと考える。

(木下 大生)

引用文献

荒川義子 (1980)「職員のスーパービジョン」『愛護』267, 26-29.
浅田茂実 (2013)「障害者支援施設でのスーパービジョンが職員に及ぼす影響」『武蔵野短期大学研究紀要』27, 295-302.
藤本勝則 (2003)「遠隔地スーパービジョン：陽の出園におけるテレビ会議システムの活用」『さぽーと』50 (6), 42-48.
福山和女 (1985)「わが国におけるスーパービジョンの実際と課題」『社会福祉研究』37, 12-17,12.
福山和女編著 (2005)『ソーシャルワークのスーパービジョン：人の理解の探究』ミネルヴァ書房, 192.
藤野好美 (2001)「社会福祉従事者のバーンアウトとストレスについての研究」『社会福祉学』42 (1), 137-149.
原田和宏・齋藤圭介・有岡道博・ほか (2002a)「福祉関係職における Maslach Burnout Inventory の因子構造の比較」『社会福祉学』42 (2), 43-53.
原田和宏・齋藤圭介・佐藤ゆかり・ほか (2003)「知的障害者施設指導インにおける Maslach Burnout Inventory の併存妥当性の検討」『東京保健科学学会誌』6 (1), 70-79.
長谷部慶章・中村真理 (2005)「知的障害施設職員のバーンアウト傾向とその関連要因」『特

殊教育学研究』43（4），267-277.
長谷部慶章・中村真理（2006）「知的障害関係施設職員の利用者に対する不適切な関わり：職場ストレッサーとスーパービジョンからの検討」『障害者問題研究』34（1），73-79.
檜前敏彦・岡崎英彦・近藤孝一・ほか（1975）「(座談会) 指導員・保母の役割について：その専門性をめぐって」『愛護』215，15-25.
北海道知的障がい福祉協会更生施設部会調査担当（2008）「福祉関連資格取得校の就職動向調査ならびに知的障がい関係事業所における職員採用状況に関する調査報告書」『さぽーと』55（5），34-40.
石井哲夫（1979）「用語辞典；スーパーバイザー」『愛護』261，31.
柏木　昭（2001）「スーパービジョンの意義と機能」『精神保健福祉』32（1），5-8.
木下大生（2014）「日本のソーシャルワークスーパービジョンの歴史的変遷」山村睦ほか『ソーシャルワークスーパービジョンの実践研究』文京学院大学 2014 年度共同研究事業報告書.
小島蓉子（1975）「米国社会福祉専門教育におけるスーパービジョンの史的展開と今日の課題」『日本女子大学紀要文学部』25，27-43,30.
窪田暁子（1997）「福祉実践におけるスーパービジョンの課題」『月刊福祉』80（10），14-21.
前田ケイ（1981）「グループワーク・サービスにおけるスーパービジョン」『公衆衛生』45（8），607-611,607.
中村敏秀（2001）「援助者の体罰に関する意識についての一考察：知的障害児施設の援助職員の縦断的調査から」『長崎国際大学論叢』1，433-441.
生川善雄・北沢清司・新堀裕二（1996）「知的障害関係施設におけるスーパービジョン評定尺度の開発とその有効性の検討」『東海大学健康科学部紀要』2，21-27.
日本社会福祉士会（2013）日本社会福祉士会会員専用サイト資料室.
森本寛訓（2007）「知的障害児・者施設支援員の精神的健康維持策について：職業性ストレスモデルの枠組みにおける仕事のコントロール度の緩和効果の視点から」『社会福祉学』47（4），60-70.
佐藤秀紀・中嶋和夫（1995）「精神薄弱者更生施設における直接処遇職員のバーンアウトとその要因」『社会福祉学』36（1），53-71.
塩村公子（2000）『ソーシャルワーク・スーパービジョンの諸相：重層的な理解』中央法規出版，20.
杉本照子（1964）「ソーシャルワークにおけるスーパービジョンの役割に関する一考察」『社会事業局資料』55，17.
登丸福寿（1969）「研修総論」『愛護』137，4-8.
植田寿之（2000）「本書のねらい 構成」奈良県社会福祉協議会編『ワーカーを育てるスーパービジョン：よい援助関係をめざすワーカートレーニング』中央法規出版.
馬島将行（1979）「精神薄弱施設における事例研究の問題点」『愛護：精神薄弱福祉研究』257，15-20.
渡部律子（2012）「対人援助識者になぜスーパービジョンが必要なのか？どうすればスーパービジョンが実施できるのか？」『さぽーと』59（2），16-19.

参考文献

石田　敦（2000）「効果的なスーパービジョンを支える 4 つの条件」『ソーシャルワーク研究』26（3），232-237.
荻野源吾（1979）「事例研究のすすめ方・取り組み方」『愛護』257，22-25.

奥村幸子（1997）「障害児施設におけるスーパービジョンの実際と課題」『月刊福祉』80
　（10），41-45．
大谷リツ子（1981）「心身障害児通園施設におけるスーパービジョン」『ソーシャルワーク研
　究』7（3），167-170．
塩田祥子（2013）「スーパービジョンが福祉現場に根付かない理由についての考察」『花園大
　学社会福祉学部研究紀要』21，31-40．

第6節

医療ソーシャルワークにおけるスーパービジョン

1 医療ソーシャルワーカーのスーパービジョンの特徴

(1) 医療ソーシャルワーカーの成長過程と求められるサポート

　平成12（2000）年の『介護保険制度』の導入、平成18（2006）年度の診療報酬項目に社会福祉士が位置づけられて以降、医療ソーシャルワーカー（Medical Social Worker；MSW）を雇用する医療機関が増えてきている。新卒者にとっては医療機関に勤務するチャンスが増える一方で、疾病構造の多様化・複雑化、医療政策の度重なる変化、国民の意識の変化により、MSWに求められる要求も多様化・高度化してきている。そのような中で、MSWには即戦力として働くことが求められ、高い実践能力の習得は喫緊の課題となっている。

　MSWの実践能力とは「MSWに対する要求や義務を遂行するための、価値・知識・技術を適切に統合して発揮し、各種システムとの関係構築を行い、専門的自己を確立する能力」（保正 2013：4）である。また、この実践能力は新人期・中堅期・ベテラン期を経るにつれて変化していく。ベテラン・中堅のリーダー格のMSW21人のデータを事例検討と修正版グラウンデッド・セオリー・アプローチで分析したところ、実践能力の定義に含まれる3側面は以下のように変化した（保正 2013：191-193）。

　「価値・知識・技術を適切に統合して発揮する面」については、MSWは経験年数を経るにつれ、洞察しながらの面接を行い、活用できる理論や技術のレパートリーが広がり、提示できる選択肢が増える。また、根拠に基づき先の見通しを予測しながらアプローチを行うようになっていく。

「各種システムとの関係構築を行う面」については，入職当初は職場内での業務内容への理解が十分でないが，徐々に人脈を広げ信認を獲得する中で，中堅期になると対組織を意図したアプローチが取れるようになり，ベテラン期になると病院内外での承認が進む。また，経験年数を経るにつれ，自らが対応できるシステムが，ミクロレベルからメゾレベル，マクロレベルへと拡大していく。

「専門的自己を確立する面」については，入職当初は自分が一生懸命に取り組み，自身の実践に焦点化されていた関心が，経験を経て相談室長になる等の立場の変化により，相談室としての実践という視点に変化し，客観的な視座を持ち後方から支えるような専門職としてのスタンスが確立できていく。そして，実践と生活経験の積み重ねの中で，自信が持てるようになり，自他ともに受け止められるようになっていく。

以上のことから新人期の課題としては，正確な面接や援助が行えること，病院内でのポジションを確立すること，MSWとしての専門的自己の基盤を確立することといえる。中堅期の課題としては，援助で活用できる技術やレパートリーを増やし，人脈を広げ，後輩育成や相談室の管理業務を行うことである。そしてベテラン期の課題としては，多様なレベル（ミクロ・メゾ・マクロ）における安定した援助を行うと同時に，相談室内外・病院内外でのMSWのポジション確立や医療・福祉サービスの質的向上へ寄与することといえよう。

前述のような新人期・中堅期・ベテラン期の各能力の獲得・向上に向けて，その変化を促す支援が必要である。それは，さまざまな実践経験や学び（独学・研修への参加・学校への通学等）であるが，スーパービジョンの実施は主たる支援方法である（図10-6-1）。

(2) 医療ソーシャルワーカーのスーパービジョンの特徴

ここでは，MSWのスーパービジョンの特徴について，3点から整理する。

第1は，MSW業務で求められるスーパービジョンでは管理的機能が重視されがちだが，実際は支持的機能・教育的機能についても必要性が高い

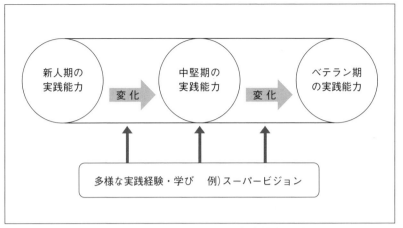

図10-6-1　医療ソーシャルワーカーの実践能力変化のイメージ

点である。

近年では医療機関の機能分化や平均在院日数短縮化，地域連携が推進される中で，病院内外からMSWに求められる業務への要請が高まっている。そのため，決められた期間内に決められた業務を正確に行うための管理的機能が重視される。その一方で，経験年数の浅いMSWにとっては，学校では学ばなかった事柄や想像と異なる現実へのリアリティ・ショック体験をどのように整理し，次の業務に活かしていくのかは重要な課題であり，心理的ケアも含んだ支持的スーパービジョンは不可欠である。例えば，MSWと多職種との価値観の違いや，患者の死や病気の悪化等に直面した際に，心理的な整理が必要である。さらに，価値・知識・技術を適切に統合して発揮するためには，教育的スーパービジョンが不可欠なことはいうまでもない。

第2は，医療機関では即応性・即効性のあるスーパービジョンが必要な点である。

患者の病状の変化に応じて，活用できる社会資源やアプローチの方向性が変化するため，MSWはその時々で最も効果的な支援をすばやく行わなければならない。とりわけ急性期病院においては短い在院日数の中で，支援にスピードが求められる。面接中でも答えられない問いに直面した場合

には，即座に上司や先輩等に聞きながら，相手に返答していく必要がある。また，各種の医療制度，社会保障の詳細な知識が求められるため，後輩MSWの面接に先輩MSWが同席することで，その場で教育的機能を有するライブ・スーパービジョンを行うこともある。

　第3は，病院内ではスーパーバイザー（以下，バイザー）を引き受けてくれる人が少ないうえ，スーパービジョンを行う文化が十分に根づいていないことである。

　MSWは少人数職種であったり，自身にスーパーバイジー（以下、バイジー）経験がないために自信が持てず，職場内ではバイザーを引き受けてくれる人が少なく，職能団体等外部のスーパービジョンを受講する傾向がある。また，一定以上の経験年数を経て自律的に動ける中堅MSWや，経験年数が一番上のベテランMSWは，職場内でスーパービジョンを受ける機会が少ない。これは，組織的にスーパービジョンを実施する態勢が不十分なことが背景にあるといえよう。しかしながら，中堅・ベテランになったときに「価値・知識・技術を適切に統合して発揮する面」は自律できていても，その時々のポジションが変化するため，常にそこでの自己を確立し続ける必要があり，その部分についてのスーパービジョンの受講は必要である。

　以上のように，MSWのスーパービジョンの特徴は今後解決を要する課題でもある。この点については，「3. 医療ソーシャルワーカーのスーパービジョンの今後の展望」で述べる。

2　医療ソーシャルワーカーのスーパービジョンの実際

(1) スーパーバイジーとしての事例

　MSWのスーパービジョンの機会としては，病院内と病院外とに分けられる。病院外であれば，都道府県の職能団体が実施するものとそれ以外の

組織が実施するものがある。職能団体以外の組織としては，大学，スーパービジョン実施機関，バイザーがグループを組織して行う場合等が挙げられる。

ここでは，入職した当初からバイジーとして個人スーパービジョンやグループ・スーパービジョンを受け，現在はバイザーとしてグループ・スーパービジョンを組織して行っている，25年以上のMSW実践経験があるAさんの事例に基づき要点を解説する。

事例1　スーパービジョンを受講するきっかけと概要

　　スーパービジョンを受講するきっかけは上司からの指示だった。上司と自分の2人しかいない職場に就職した日に，上司から「どんなワーカーになりたいのか」と聞かれ，そのためにまず1年目は何をするかという課題を出された。そして，「バイザーは誰にしますか，探してください」といわれたため，学生時代に行った実習先のMSWにお願いして引き受けてもらい1年目から通った。

　　その頃は，「MSWはスーパービジョンを受けるのが当たり前」という感覚で，それほど抵抗もなかった。2人のMSWのもとで，計7年間の個人スーパービジョンを受け，1人の臨床心理士よりグループ・スーパービジョンを22年間受けてきた。

　　1人目のバイザーのもとへは，最初のころは毎月，その後は2カ月に1回のペースで2年間通った。1回につき2時間程度，ソーシャルワークを学ぶことを目的とし，その都度困っているケースを事例にまとめ提出して，バイザーが質問をしてくれてそれに答える形で進んだ。バイザーは，「君は何に引っかかっていたの」とか「そういう思いだったんだよね，そういう考えだったんだよね」と，自分の内面を聞いて言語を引き出してくれるようなことをしてくれた。

　　その後，2人目のバイザーに移行し，2カ月に1回のペー

> スで5年間通った。この頃になるとソーシャルワークのプロセスや面接技法，ケースごとの特徴を学び，毎回提出事例のまとめを行った。
> 　臨床心理士のグループ・スーパービジョンは年に3回程度で，5, 6人のバイジーが交代で事例を提出し，バイザーと提出者とのセッションを聞きながら意見をいう。主として，臨床心理士の見地からの解説や心理的知識に焦点化した内容であった。
> 　前述以外には，県の医療ソーシャルワーカー協会で事例検討を行う際に事例提供者になったことがある。

　Aさんは右も左もわからない就職初日に，上司からの指示でスーパービジョンを受けることになった。今は複数のMSWがいる職場が多く，新人MSWには病院内で初任者教育が行われているが，まだMSW数が少ない20年以上前には初任者教育の機能も合わせて病院外に求めることが必要な時代であった。また，現在ではすべてのMSWが個人スーパービジョンを受けることは難しいものの，そのかわりにグループ・スーパービジョンや職能団体が実施する経験年数別の研修を実施している現状がある。筆者が平成19（2007）年に2県の医療ソーシャルワーカー協会会員を対象に行った郵送調査では，回答者81人中，スーパービジョンを受けたことがある人は36人，ない人は45人であった（保正・横山 2008：62-65）。

　またAさんは，おおむね2カ月に1回のペースで個人スーパービジョンを，年3回のペースでグループ・スーパービジョンを受講していた。スーパービジョンのペースは必要度や緊急度によりケースバイケースであるが，同じ調査ではスーパービジョンの形態は，グループ・スーパービジョンが28人，個人スーパービジョンが12人（重複あり）であった。スーパービジョンの頻度としては，月1回が5人，2カ月に1回が4人であり，おおむね1, 2カ月に1回が多かった。

そしてスーパービジョンの内容については，バイジーの力量やその時々のニーズによって変化していく。前述したように，新人期の課題としては正確な面接が行えること，病院内でのポジションを確立すること，MSWとしての専門的自己の基盤を確立することである。それが中堅期になると，新人期には不安定だった個別援助については，安定性を持って行うことが求められるうえに，後輩育成や相談室の管理業務が加わってくる。そのため，それらに対する支援も必要となる。

　Aさんについては，1～2年目は自分を受け止めてもらうことに主眼が置かれた，支持的機能を重視したスーパービジョンであった。3年目～7年目にかけてはまだ上司が存在し後輩がいなかったため，管理業務の習得というよりは，自らの実践の確実性を高めるための教育的側面を重視したスーパービジョンを受けていた。また，グループ・スーパービジョンでは臨床心理士がバイザーのため，主として心理学的知識を得る教育的側面に重点を置いたものであった。

　それでは次に，スーパービジョンを受けることでのバイジーの変化についてみていく。

事例2　スーパービジョンを受けての変化

　入職からの数年間は，自分の思いが先行した段階があり，クライエントと一緒に泣いて，一緒に笑って，一緒に一生懸命動くのがとても心地よい時期だった。それは，クライエントの世界に入って振り回されるのが好きということだと思う。

　しかし，患者のことを正確にみられないなど，うまくいかないことがあった。そのためスーパービジョンで提出する事例には共通した傾向があり，バイザーからは「まず自分がクライエントの世界に入ることは必要だけれども，そればかりではだめで，その世界から出てきて覚めた目で全体をみなければだめだ。クライエントの世界に入ったり出たりが自在にできるようになることが必要。」といわれてきた。「共感過多」ともいわれた。また，グルー

> プ・スーパービジョンの際には，仲間のバイジーから「また同じ傾向の事例を提出している，またクライエントに振り回されている」と指摘を受けた。
> 　スーパービジョンを受けて5年程経過する中で，徐々に距離を取ってクライエントのことをみることができるようになってきた。今でもケースによっては，距離を取る人とその世界に入っていく人とがあるが，以前よりは自分の感情をコントロールできるようになってきた。また，相手の気持ちに沿うには，事実の把握がとても大事であることがスーパービジョンを受ける中で腑に落ちた。

　スーパービジョンを受けての変化は人それぞれであり，その時々で直面している課題の解決を促すことが目指される。Aさんの場合には，知識・技術の習得のみならず，自らの傾向とそれが援助にどのように影響するのかについて認識する機会を得ている。MSWの実践能力でいえば，「専門的自己の確立」への支援を受けて，それが実践の質向上に結び付いた例である。

　往々にしてMSWは一人で面接場面に臨むため，自分自身の行った援助行為について客観的にみる機会が得られないことが多い。そのため，後にバイザーから客観的評価を受けることにより，自分を振り返る機会を得ることとなる。実践内容の詳細を伝えたバイザーからのフィードバックにより，自らの実践を客観視する機会を得ることができる。

　また，Aさん以外のMSWでいえば，新人期にスーパービジョンを受けたことにより意識的に目的を持って面接に臨むことを学んだ例，記録や報告書の書き方等の技術を学んだ例，病棟へのMSW評価の伝達方法について学んだ例，MSWとしての考え方を学んだ例，ロールモデルとしてのバイザーに出会った例，中堅期では管理運営方法について学んだ例等が見受けられた（保正2013）。

(2) スーパーバイザーとしての事例

次に，バイザーとしてAさんがどのようにスーパービジョンを行っているのかについて，2つの事例を用いながらみていく。

事例3　スーパーバイザーとして関わる2つのグループ・スーパービジョンの概要

　現在，2つのグループ・スーパービジョンのバイザーを行っている。

　一つは，30代前半までのMSWを対象とした地域で行っているグループ（若者グループ）である。病院の後輩のための勉強のために，近隣病院のMSWを組織して始めた。1回につき3時間ほどの事例検討を行っている。だいたい5年くらいで「卒業」という形を取っている。意見をいうタイミングに戸惑うメンバーが多いので，バイザーとしては意見や質問を引き出すような関わりをしている。スーパービジョンを受けると，バイジーの見方が変わっていき，また援助を頑張ろうという意欲が高まるので，こちらも嬉しくなる。

　もう一つは，ケアマネジャー中心のグループ（ケアマネジャーグループ）で，年齢層が高い。組織されたグループにバイザーとして呼ばれた。テーマを深めて質疑応答をし，またテーマを深めて意見交換をしていく形である。最初は自分がバイザーだったが，皆自律的にまとめていける人なので，今は交代で事例提出者とバイザーを決めて，こちらは解説者みたいな形で関わっている。

　スーパービジョン後には，ケアマネジャーグループについては参加メンバーが個々に振り返りシートを作成し，人数分のコピーを持ち寄り配布すると同時に，自分は記録を逐語録風に整理して，その日のテーマや出された質問等をこちらで用紙2～3枚

にまとめて提出している。そのため，参加メンバー以上にバイザーが学んでいる状態である。しかしそれが大変なため，後から立ち上げた若者グループについては，こちらでまとめたものは配布せず，参加メンバーの振り返りシートの様式を作成しそれぞれに提出してもらっている。

　バイジーの変化を促すためには，その人の問題意識・引っかかり・こだわりから入っていき，その人自身がそこに対する自分の感情に気づいて，自分が何故そう思うのかに気づいていくと次の思考段階に移行できる。そのためにはバイザーや参加メンバーが，バイジーが気づけるような質問や，全体像のアセスメントをバイジーと描き直す必要がある。バイジーが，自身の感情とそれを裏づけるものが何なのかを考えて理解することが求められるため，テーマ設定のときには「気持ちのテーマ」と「頭のテーマ」に分けて考えるようにしている。具体的には，「これについて何かよいアドバイスはないでしょうか」といって事例を提出する人が多いので，そのときの気持ちと理論面ではどのような部分で気にしているのかについて予測を立てて，両方に目を向けるようにしている。

　このように，Aさんは現在2つのグループのバイザーを行っている。経験年数や行っている業務内容によりバイジーのスーパービジョンへのニーズは異なるため，ニーズに即したグループを組織することは大切である。そして2つのグループの参加者の違いにより，バイザーとしての関わり方も直接的なものと，間接的なものに変えていることがわかる。

　また，スーパービジョン後にはバイジー・バイザー共に記録を提出・作成することにより，自らの振り返りと同時にバイジーの振り返りにも結び付けている。ただし，3時間のスーパービジョン後の逐語録の作成には3時間以上の時間が必要となるので，バイザーにはかなりの負担がかかって

いる。しかしながら，Aさん自身が振り返ることにより，自分の行ったことを整理できて次への課題を明確にできているため，いわば「セルフ・スーパービジョン」の役割を果たしているといえよう。このような記録の作成は，バイジーのみならずバイザーにとっても効果的である。

そして，バイジーの変容を促すためには，感情面と思考面の両面への働きかけが必要であり，そのためのテーマを設定していた。とりわけ，Aさんが焦点化している「その人の問題意識・引っかかり・こだわり」は感情面での違和感であるが，それらが何に由来しているのかを考え，探っていくことで，バイジーはこれまで漠然と感じていた違和感の正体を認識し，言語化し，次のステップに進むことができている。そのための思考過程を促す役割を，バイザーが担っているといえよう。

では次に，スーパービジョンを行う中でのバイザーとしての変化についてみていく。

事例4　スーパーバイザーを行っての変化

　バイザーになりたてのころは，とても緊張しているのでたくさん予習をしてプランを立てて臨むが，逆にそれにとらわれてしまうことがあった。しかし，プランを立てれば立てるほどがんじがらめになり，プランどおりにいかずに焦ってしまっていた。スーパービジョンをやるたびにすっきりしない感じが残り，落ち込んでいた。そこで，自分がスーパービジョンを受けていたバイザーに相談したところ，「予習などせず，もっとニュートラルにしたほうがよい」とのアドバイスを受け，そうするようになった。

　予習のかわりに復習が必要だと思い，事後の逐語録の作成を始めた。自分で逐語を起こして分析し，ここでこんな質問をすればよかったと見直すトレーニングを積むことにより，スーパービジョンの場でもだんだんと自然に進めていけるようになっていった。その中で，自分の中での「気負い」は少なくなった。

　また，バイザー技術の向上に向けて，過去にバイザー経験のある

> 人たちにアンケートを取った結果,バイザーに必要な力は5点あることが明らかになった。①グループ・スーパービジョンの枠組みへの理解,②事例そのものへの理解,③事例提出者への理解,④グループ・ダイナミクスの活用,⑤コミュニケーション力である。
> 　今でも,自分のスーパービジョンを向上させるために,以前受講したバイザーたちの研修に参加している。

　一朝一夕に優れたMSWになれるわけではないのと同じように,即座に優れたバイザーになれるわけではない。スーパービジョンセッションに慣れることも必要であるが,Aさんのように意識的な振り返り,すなわち省察を重ねることは重要である。

　南はショーン（Schön）が提唱した省察的実践家の考えに基づいた「省察学習」（Schön = 2001）の実施が,ソーシャルワーカーの専門職性を高める鍵になると提唱している。省察学習とは「ソーシャルワーカーは自己の実践をふりかえり,状況理解を深め,さらに自分自身に気づき,気づいて変えていこうとする"省察力"を身につけていく」（南2007：3）ための学びを指す。何故「省察学習」が専門職性を高めるのかについては,次のように述べている。「ソーシャルワーカーという専門職は複雑性が非常に高く,援助に関する知識や方法をクライエントとその問題状況に一様にあてはめることが難しく,標準化困難な部分があるため,一つひとつの個別のケースのなかで,一瞬一瞬の省察が欠かせない」。「さらに学んだ知識が体験という行為を通して経験として主体に定着しなければならない。そのためには体験のなかで,行為しながら考え,ふりかえり,考えながら行為を繰り返すという事中の省察と,さらに行為が終わってからの事後の省察のプロセスが経験からの学びにつながる」（南2007：11）。そのため,ただ経験年数を積むだけでは専門職性の向上につながらず,そこに省察の機会が介在しなければならないのである。

これは、ソーシャルワーク実践のみならず、スーパービジョンについてもあてはまる。優れたバイザーを目指すには、意識的に省察学習を行うことが不可欠である。

3 医療ソーシャルワーカーのスーパービジョンの今後の展望

　最後に、MSWのスーパービジョンの今後の展望について整理していく。「1-(2) 医療ソーシャルワーカーのスーパービジョンの特徴」でも述べたが、MSWのスーパービジョンは、医療機関の環境によって規定される面が大きい。特徴としては、3つの機能の中で管理的機能が求められる比重が大きい一方で、業務遂行のうえでは支持的機能・教育的機能が不可欠である点、即応性・即効性のあるスーパービジョンが求められる点、院内でのスーパービジョン体制が整っていないがゆえに、病院内では十分なスーパービジョンが受けられないことが多い点を挙げた。

　まず、3つの機能（管理的・支持的・教育的）を発揮したスーパービジョンが一つの所属組織で十分に受講できればそれが最も望ましい。しかしながら、バイザーが確保しにくい現状を鑑みると、一定の業務水準を保つための管理的スーパービジョンは病院内で、日常業務から少し距離を取って省察を行う支持的・教育的スーパービジョンは病院外で実施することも、現実的には必要になってくるだろう。

　病院外では、職能団体が実施するスーパービジョンが最も身近なものといえるが、Aさんのように地域でグループを組織していくことや、バイザーは1人だけでなく複数人がチームで行うことも必要といえよう。また、対面式のスーパービジョンを補い、即応的・即効的な質問に答えるために、電話やメール等でのピンポイントなスーパービジョン体制を、職能団体が中心となり整備していくことも考えられる。

　現実には、まだまだ十分なスーパービジョン体制とはなりえていない

が，後進の成長を支えることは患者への質の高い支援の実施に結び付くという認識を持ちながら，MSW の実践能力を高めるための資源を創出・発展させていきたいものである。

（保正友子）

引用文献

保正友子・横山豊治（2008）『ベテランと若手の比較に基づくソーシャルワーカーの専門的力量解明にむけた実証的研究』（平成 18 年度～平成 19 年度日本学術振興会科学研究費補助金基盤研究（C）研究成果報告書）．
保正友子（2013）『医療ソーシャルワーカーの成長への道のり：実践能力変容過程に関する質的研究』相川書房．
南　彩子（2007）「ソーシャルワークにおける省察および省察学習について」『天理大学社会福祉学研究室紀要』9，3-16．
Schön, D. A.（1984）*The Reflective Practitioner : How Professionals Think in Action*, Basic books, inc.（= 2001，佐藤　学・秋田喜代美訳『専門家の知恵：反省的実践家は行為しながら考える』ゆみる出版．）

第7節 社会福祉協議会におけるスーパービジョン

1 社会福祉協議会におけるスーパービジョンの特性

　社会福祉協議会（以下，社協）は，地域福祉を推進することを目的として社会福祉法に位置づけられている公共性を備えた民間団体である。市区町村社協における実践を例に挙げれば，地域福祉活動計画の策定，総合相談の実施，見守りネットワークなど地域における住民相互のつながりを推進する活動，ボランティア・市民活動促進を含む福祉教育活動，介護保険や障害者自立支援給付を含めた福祉サービスの実施，生活福祉資金等の貸し付け，成年後見制度や日常生活自立支援事業等権利擁護センターの運営，当事者・家族会等の組織化と支援，共同募金の関連事務等々，フォーマルからインフォーマル・サービスにいたるまで，実に幅広い活動を展開している。

　社協は，基礎自治体レベルから，都道府県・政令指定都市，全国にいたるまでの系統的な組織であるが，「社協」と一口にいっても，各々の地域特性や行政との関係はさまざまであり，そのため実施事業が多様化しており，職員体制にもかなりの差異が認められる。したがって，スーパービジョンを実施する際には，業務内容，従事者の構成やバックグラウンド，社協を取り巻く地域環境等を念頭に置いたうえで，計画的に行う必要がある。つまり，社協組織全般にくまなく通用する普遍的なスーパービジョンのあり方を追求するより，実務に応じて柔軟な方法を採択し，創意工夫を施すことが，実践的な効果を生むことにつながるだろう。

　近年社協は，生活困窮者や引きこもり等地域で孤立した状況に置かれが

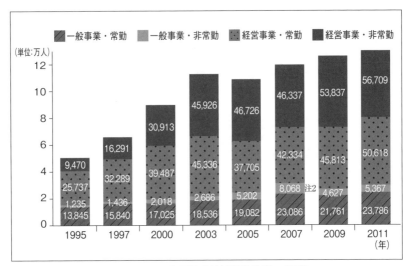

図 10-7-1　市区町村社協職員数の推移
〔全国社会福祉協議会（2014）『社会福祉協議会活動実態調査報告書 2012』データより作成〕

ちな人々に対する社会的包摂を視野に入れた支援に注目が集まる一方，家族機能の変化とともに近隣づき合いも希薄化する中で，新たな支え合いのためのネットワーク構築を期待されるなど，多種多様な観点から，困難な社会的課題に対応することが求められている。こうした点からも，職員の専門性を向上するために，スーパービジョンが不可欠な要素[注1]となっている。

　ここで，現状の社協の職員体制について概観しておこう。**図 10-7-1** は，過去 20 年余の市区町村社協職員の事業・勤務形態別の推移である。

　経営事業とは，介護保険制度や障害者自立支援給付を含む直接的な福祉サービス事業等であり，この区分には管理者，ホームヘルパー，介護職，

注1　社協におけるスーパービジョンシステムの構築は，職員のストレスマネジメントの観点からも，喫緊の課題になっているとの指摘がなされている。
　　所　正文（2014）「コミュニティソーシャルワーク機能による主体性を高める地域包括ケアの推進：堺市社会福祉協議会の地域福祉ねっとワーカー（CSW）の取り組みから」『地域福祉研究』42（2），32-44．

看護師等が含まれている。一般事業は，これ以外の業務となり，これには事務局長[注2]，地区担当職員（地域福祉コーディネーター，コミュニティソーシャルワーカー等を含む），ボランティアセンター職員，日常生活自立支援事業や生活福祉貸付事業等の相談担当職員が含まれている。

　これによれば，平成12（2000）年の介護保険制度実施以降特に，直接福祉サービスに従事する職員（とりわけ非常勤職員）の増加傾向がみられ，現在では社協全体のおよそ8割弱が経営事業系職員である。さらに，職員総数のおよそ45%は，契約期間の定めがある非常勤職員で占められているのが，社協職員の実態である。さらに，職員（正規・非常勤含む）の国家資格所有者数[注3]は，社会福祉士7,304人（有資格者割合5.4%，以下（）内同様），精神保健福祉士1,146人（0.8%），介護福祉士29,244人（21.4%），介護支援専門員17,286人（12.7%）となっている。以前から事務局長を始め社協事務局の管理職に，行政からの派遣職員や退職者等が配属されることは多分にあった[注4]ことに加え，前述にみるように，社協プロパー職員であっても，必ずしも専門職採用が進んでいない中で，専門性を育てるための一方策であるスーパービジョン体制の構築は，極めて難しい状況に置かれてきたことは否めない。すなわち，社協が組織としてスーパービジョン体制を確立するためには，事務局長等組織のトップが，スーパービジョンの意義を承認し，体制整備に責任を持って推進することが不可欠である。しかし，前述したように，事務局長は，必ずしも社会福祉専門職ではなく，とりわけ行政からの派遣等の場合には，在任期間が数年で次々と交代となる場合が少なくない。こうした状況は，組織の中に，スーパービジョンが根づかない要因の一つとなっており，早急に改善が必要であると考えられる。

注2　平成21（2009）年度以降，全社協の当該調査には事務局長の項目が追加されているが，本図10-7-1では，一般事業職員に算入している。
注3　「平成23年度市区町村社会福祉協議会職員状況調査」全国社会福祉協議会．
注4　全社協調査によれば，全国の市区町村社協の事務局長の前職は，行政（OB）44.0%，社協職員34.8%，行政職との兼務9.1%，その他11.4%，NA0.6%となっている。「社会福祉協議会活動実態調査」全国社会福祉協議会，平成24年4月1日現在．

一方，体制が不十分な中でも，各々創意工夫をしながらスーパービジョンに取り組んできた社協の存在は，注目に値する。それゆえ，これら先駆的な社協におけるスーパービジョンの実態を分析することにより，複合的な社協職員の専門性の要素を，一定程度解き明かしていくことが可能となるであろう。こうした分析から，社協におけるスーパービジョンの基本的枠組みを確立し，いずれの社協でも導入できるようにすることが，スーパービジョン体制構築の第一歩となろう。そのうえで，各々の組織の状況に応じたバリエーションを，さらに発展させ，強化する必要があると考えられる。

　このような点をふまえ，本節では，地域住民にとって最も身近な存在である市区町村社協におけるスーパービジョンを概観的に取り上げることにより，その特徴点と課題について述べることとする。

2　社会福祉協議会におけるスーパービジョンの実際

（1）小地域福祉活動に従事する職員に対するスーパービジョン

　多くの市区町村社協では，基礎自治体を小学校区，中学校区などさらに小さな圏域に区分し，小地域福祉活動[注5]の展開を推進してきた。典型的な活動事例として，要援護者を支えるネットワークづくり（ニーズ発見や助け合い活動を含む），ふれあい・いきいきサロンの実施，自主防災マップづくり等が挙げられる。

　これらの活動は，住民の主体的な福祉活動として行われ，基盤となる住民自治組織あるいは地域福祉推進組織等が組織されていることが多い。各地に，「地区社会福祉協議会」，「コミュニティ協議会」，「まちづくり協議

注5　全社協によれば，地区社協等地域福祉推進基礎組織を有している市区町村社協の割合は 49.9%，日常生活圏域の見守り等小地域福祉ネットワーク活動の実施率は 66.9% である（全社協調査前掲書 2012）。

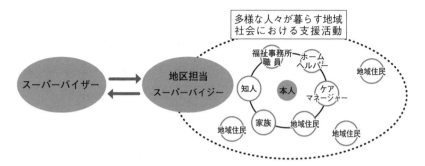

図10-7-2　小地域福祉活動におけるスーパービジョンの構図

会」、「福祉委員会」などさまざまな名称・形態の組織が設置されている。この組織のベースには、町内会・自治会など地縁型組織が存在することが多く、一方でNPO団体やボランティア組織などテーマ型組織との有機的連携も求められている。社協職員には、こうした多様な組織との協働を通じて、地域ニーズをきめ細かく把握しつつ、住民自身による主体的活動を支援する役割が求められている（**図10-7-2**）。

① 「側面的支援」の内実を評価する

　社協は「住民主体」を基本理念とする団体であり、それゆえ社協が展開する地域福祉活動とは、職員のみが担うものではなく、第一義的に住民が主役となる。しかしながら、実際の活動を推進していくためには、ファシリテーターやプロデューサーの役割を担う社協職員の役割が非常に大きく、地域住民とどのような関係を結び、実際に何を働きかけるのかを明確化することが重要な課題となっている。

　したがって、スーパービジョンにおいても、住民の主体性を引き出すことを念頭に置き、どのような方針に基づき、何を計画し、現在どのような状況にあるのかを見極めることが第一歩になる。すなわち、仮説の設定とそれに従った方法論の取捨選択ができているのかなど職員の言動の意味づけや評価をすることが必要である。さらに、スーパーバイザーは、スーパーバイジーが行ってきた（あるいは行おうとしている）環境整備のための働きかけや関係者調整の具体的な進捗状況を確認し、困難が生じている

場合は，何が障壁になっているのか，切り抜ける見通しがついているのかどうか等を押さえたうえで，具体的なサポートや助言，あるいはマネジメントを行うことに留意すべきである。

　社協における相談・援助は，個別の面接室で行われる相談という形を取ることはどちらかといえばまれであり，多様なしかも断片的な「情報」をつなぎ合わせて整理し，他機関につなげたり，地域住民と共に個々の相談が持つ意味を解釈するプロセスが重要になる。スーパービジョンにおいても，これらの特性をふまえながら，実施していく必要がある。

②組織に応じたスーパービジョン体制の構築

　市区町村社協においては，地域福祉コーディネーター等小地域福祉活動を担当する専任職員を配置するのみならず，組織内に地区担当制などを採用し，地域に根ざした活動を実践する社協が増えつつある。しかし地区担当制は，必ずしも地域福祉課/係のように地域福祉活動支援を専門にする部署のみで構成されるとは限らない。前述したように，社協総体の中で，地域支援，相談援助の部門に配属される職員の割合は限られており，しかも本来業務とされてきた福祉コミュニティづくりなどに対する財源保障も不十分な中で活動を展開しなければならない現実がある。そのため，ボランティアセンター，総務課，直接サービス事業部門等を横断して，地区担当制が敷かれる場合も出てきている。このような場合職員は，地区担当とほかの業務を「兼務」することもあり，業務上の職制の中でスーパービジョンを受けられる体制が整っているとは限らない。しかし，組織内で同じ地区担当職員相互のピア・スーパービジョンを実施したり，近隣の市区町村社協職員等との合同研修会等を活用したり，外部からスーパーバイザー等を招聘するなど，組織の実態に応じたスーパービジョン体制を構築し，何よりもそれを機能させることが重要である。

③地域福祉活動記録の整備と活用

　個別事例を地域全体の課題として考えていくためにも，事例研究と並んで地域福祉活動の記録化とその活用は，かなり重要なポイントとなる。社

協が実施するコミュニティワークの記録は，個別支援記録と異なり，対象期間が長期間にわたり，多様な関係機関が登場するため，複雑な様相を呈することも多く，定式化することが難しいとされてきた。しかし，近年は専門職として活動の根拠（エビデンス）を示す社会的要請も高まっており，各地で地域福祉活動の記録が蓄積され，社協実践の評価に活かす取り組みがなされつつある。

　記録化を進めるためには，いくつかの留意点がある。まず，記録の標準化を図るために，組織の実情に応じた様式の開発・整備が必要である。記録様式に一定の項目を備えることにより，新任職員等スキルが十分でない職員（スーパーバイジー）にとっては，活動を円滑に進めるための着眼点を養うことが可能となり，有効な手法であるといえる。例えば兵庫県宝塚市社協におけるコミュニティワーク記録様式（藤井 2009：72-96）は，①長期経過表，②地区別基礎データ表（地区カルテ），③日報（ワーカー行動計画記録），④会議記録，⑤事業企画シート，⑥事業評価シート[注6]から構成されている。これらの記録を活用し，日々の職員の働きかけや気づきを系統的に整理しながら，社協全体の中長期視点を交えた地域福祉活動計画の策定・実施・評価等に活用できるPDCA（Plan, Do, Check, Action）サイクルを導入し，時間軸と職員の成長（人材育成）を組み込んだ精巧な装置となっている。これらの様式開発は，宝塚市社協職員の事例検討会等を通じた専門性の涵養と，記録を活用してスーパービジョンを実施してきた組織的取り組みがあったことは間違いないであろう。

　なお地域福祉実践記録においては，文章で綴られる逐語録のみならず，図式化も効果的である。藤井は，コミュニティワークのための関係図やプロセスチャート（経過図，藤井 2009：34-41）についても解説しているが，時系列で地域支援のプロセスを理解しやすい記録法といえる。

　よりよい実践を継続するために，記録を通じたスーパーバイザーの助言・指導・支援は不可欠である。記録に書かれた職員の気づきを組織全体

注6　ただし宝塚市社協によると，⑤および⑥のシートは，現在ではほとんど使われていないとのことである。

に共有化し，あるいは迷いや戸惑いを解決できるヒントを助言するなどのスーパービジョンは，スキルを伸長するのみならず，職員の意欲を増進することにつながる。地域福祉活動は，前述のとおり，活動が長期化するのが一般的で，しかも多様な価値観が交錯する地域社会では，時に福祉施設建設反対運動が発生するなど，地域での合意形成が難しい局面に遭遇することもある。このような場合も，職員が自信と確信を持って業務を推進するために，スーパービジョンは，有効な手段となるであろう。

④課題としての職員能力・スキルの構造化

前述で紹介した宝塚市社協の実践が成果を上げているのは，事例検討や記録活用を継続しているからだけではないだろう。特に，精緻な記録様式が開発できた要因としては，業務の多様性，可視化できにくい業務特性等を理由に，社協があいまいにし続けてきた職員の能力やスキルを，構造化してとらえることに成功している点が大きいと考えられる。

近年，対人援助の領域において，コンピテンシー概念が注目されているが，「何を」，「どこまで」，「どのように」できるようになることが，次のステップに進むための到達点なのかという観点から，業務の構造と職員に求められる力量を明確に示すことが，社協のスーパービジョンを確たるものとするために，まずは不可欠な事項といえるであろう。

（2）日常生活自立支援事業における生活支援員のスーパービジョン

日常生活自立支援事業は，措置制度から原則として利用契約制度への転換が図られた平成12（2000）年の『社会福祉法』制定に先立ち，判断能力の不十分な人々の福祉サービス利用援助や，日常的な金銭管理等を行う事業であり，成年後見制度を補完する仕組みとして，平成11（1999）年10月から実施されている。『社会福祉法』上では，福祉サービス利用援助事業として第2種社会福祉事業に位置づけられ，創設当初から平成18（2006）年度までは，地域福祉権利擁護事業という名称であった。

本事業は，都道府県社協が実施主体であるが，実際の業務は，基幹的社

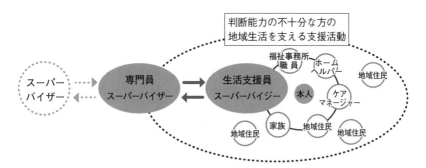

図 10-7-3　生活支援員に対するスーパービジョンの構図

協とされる市区町村社協で展開されている。本事業では、専門員[注7]が利用者の支援計画を立案し、それに基づいて利用者を直接支援するスタッフは、生活支援員となっている。生活支援員は、社協により、多様な採用方法が取られており、所有資格や職務経験も多様であり、そのためスーパービジョンも定型的になりにくい。生活支援員は、社会福祉専門職と規定されてはいないが、職務内容は、判断能力の不十分な人々の福祉サービス利用援助や日常的金銭管理であり、難しい場面に直面することが少なくない。したがって、何よりも利用者の権利を擁護するという観点から、「スーパービジョン」という名称を用いるかどうかは別として、それぞれの社協の実情に応じて、きめ細かな"スーパービジョン的機能"を発揮する必要がある。社協は現在、住民コミュニティワーカー[注8]、被災地における生活支援相談員[注9]など、完全な専門職とはいえないものの、活動の一端に、対人援助職としての専門的機能の要素が含まれていたり、利用者のニーズを把握し、専門職への橋渡しを期待される重要な役割を担う地域住民と共に活動をしてきており、こうした人々に対して、スーパービ

注7　通知上、専門員は社協の専任常勤職員で、原則社会福祉士、精神保健福祉士等で一定の研修を受けたものとされている。生活支援員は、実施主体と雇用契約を締結するとされ、資格要件等の明示はない。すべての市区町村社協が基幹的の社協になってはいないため、専門員が近隣の社協を複数担当している場合もある。
注8　地域において、見守りネットワーク等を通じ、ニーズ把握や住民相互の支援活動に従事する地域住民の呼称の一種。ほかに、福祉委員、地域福祉推進員、地域リーダーなどと称される場合もある。

ジョン的機能を発揮しなければならない局面が増えてきている。そのため，ここではその典型例として，生活支援員に対するスーパービジョンを取り上げる。

図 10-7-3 に示したように，専門員は本来，自らが社会福祉専門職としてスーパービジョンを受けつつ，生活支援員のスーパーバイザーを担う役割を持っている。しかし実際には，スーパービジョンを受ける機会が十分与えられないことも多く[注10]，全国的にみて，そもそも専門員が1名体制である社協が圧倒的[注11]で，しかも近隣の複数社協に所属する生活支援員へのスーパービジョンを一人で担当せざるを得ない場合もある。この点の改善については，実施主体である都道府県等社協はもとより，行政を交え，抜本的な人員体制整備を図らなければならないことはいうまでもない。

一方専門員は，地域において生活支援員が担当する利用者を支援するネットワークの一員となり，自ら支援者としての役割も担っている。この点は，スーパービジョンにおいても「強み」となる事項であろう。

①スーパービジョンの必要性と活用の相互認識

前述したように日常生活自立支援事業における生活支援員の役割は，一般の地域住民やボランティアとは明らかに異なり，業務内容に一定の専門

注9　下記の論文では，震災復興支援にあたる生活支援相談員をソーシャルワーカーととらえ，継続的なスーパービジョンの効果について論じており，注目される。
　　　木村淳也（2014）「福島県における生活支援相談員に対するスーパービジョン実践と課題」『会津大学短期大学部研究紀要』71, 61-78.
注10　九州地方における専門員に対する調査では，スーパーバイザーの不在，もしくはスーパービジョンが行われていないとの回答は，全体の59.6%に上るという結果報告もなされている。
　　　前田佳宏（2013）「日常生活自立支援事業における業務範囲についての一考察：九州の専門員へのアンケート調査から」（日本社会福祉学会九州地域部会）『九州社会福祉学』9, 51-60.
注11　平成25（2013）年度の統計では，基幹的社協数は1,007，専門員1,988人，生活支援員14,145人となっている。
　　　全国社会福祉協議会（2014）「日常生活自立支援事業」実施報告，全国社会福祉協議会

職的要素が含まれている。生活支援員のスーパービジョンにあたるのは，事業の構造から専門員と考えられるが，生活支援員は，必ずしも対人援助職ではなく，未経験者も相当数含まれている。したがって，個々の状況をアセスメントしたうえで，生活支援員が十分納得してスーパービジョンのテーブルにつけるよう動機づけを与え，専門員に相談することへの躊躇を減じていくスキルが必要とされる。

例えば生活支援員は，「利用者が時折見せる家族や近隣の人々に対する激しい感情」「支援の予定時間が超過しても，帰らないでと懇願する利用者の姿」「自己の経験をもとに，利用者に対応することへの戸惑い」などに悩まされることが少なくない。これらの問題の背景には，①利用者特性やコミュニケーションの取り方等知識・技術等を習得する機会が十分であるとはいえないこと，②訪問回数を増やすと，利用者支出が増加する等の構造もあり，業務が限定されてしまうこと，③専門員との密接な連携が必要ではあるが，専門員の配置状況のほか，生活支援員の訪問形態や直行直帰体制[注12]などもあること等複合的な問題が存在している。したがってこれらの問題は，事業全般に共通した問題であるといえ，それゆえに組織的な対応が必要となる。そのため，社協の実情に応じて，集合研修，個人・グループ・スーパービジョン等を効果的に組み合わせて実施することにより，生活支援員のストレスを軽減し，バーンアウトを防ぐことが一定程度可能となるであろう。ここでは特に，スーパービジョンにおける支持的・教育的機能を十分に発揮する必要がある。

専門員と生活支援員の間には，信頼関係に基づいたスーパービジョン関係の構築が不可欠である。しかしそれは，自然発生的に構築されるものではない。そもそも生活支援員は，判断能力の不十分な利用者の生活の場に出向き，金銭管理などを担うがゆえに，時に利用者の猜疑心や不満のターゲットになることもあり，構造的にストレスを溜めやすい職務であること

注12 専門員が必要に応じて生活支援員と同行訪問したり，支援前後に必ず社協への立ち寄り・報告・記録等をルール化している社協もあるが，実態は個々の状況により異なっており，生活支援員に対するきめ細かいフォローが十分行き届いているとは言い難いのが現実でもある。

を，専門員は十分理解する必要がある。また，専門員は「生活支援員は，社会経験も豊富なので，問題があれば自分から相談するだろう」「何かあれば，いつでも報告するように話してある」と考えがちであるが，生活支援員は「どこまで話せばよいのか」「この程度のことは自分で判断して構わないだろう」と相談や報告のタイミングに逡巡し，その結果，自己判断で選択した言動（例えば，同居をしていない利用者の家族に電話をかける，訪問日以外に話し相手になるために自宅を訪問するなど）が，利用者に思わぬ影響を与えてしまう場合もある。逆に，専門員との協議を通じて，生活支援員が，新たな視点を獲得することができることが，生活支援員に十分理解されていないこともある。このため，スーパービジョンを受けることは，単に組織命令に従うというような受動的，義務的なものではなく，生活支援員が職務に自信を持ち，成長することができる絶好の機会であることを，具体的な事例等とともに伝達することが重要である。

②利用者に関する情報の共有化と課題

　生活支援員は，現場で利用者と常に接触しており，専門員が知り得ない多くの情報を持っている。その情報をよりよい支援に活かすために，専門員には，的確な記録の書き方をアドバイスしたり，日常的な会話から，生活支援員が得ている情報を引き出すスキルが求められる。その意味で，前項で記したスーパービジョンの場は，生活支援員がスキルアップできるのみならず，スーパーバイザーである専門員にとっても，生活支援員を通じて，利用者の情報を集約し，モニタリングにつなげたり，状況に応じたサービス資源開発を考案するなど，新たな展開を踏み出す場でもある。

　なお，生活支援員は，利用者本人以外のホームヘルパー等サービス提供者であったり，民生委員を兼務していることもある。しかも多くの場合，利用者が生活する地域の住民であることが多い。地域住民がこのような役割を担う意味は大きいが，利用者の個人情報の取扱い（守秘義務）や，地域の支援ネットワークにおける生活支援員としての立場を認識していないと，利用者の過剰な依存状態を引き起こしたり，他者に何気なく話した事柄が誤解につながってしまうこともあり，留意が必要である。多くの人々

が関わる地域での支援活動において，情報の共有化は必要なことであるが，スーパービジョンの際は，これらのリスクについてもふまえつつ，必要な対応を配慮することが必要になる。

3 社会福祉協議会におけるスーパービジョンの今後の展望

　冒頭に述べたとおり，社協の業務はますます多様化の傾向にあり，職員構成も複雑になっていることから，今後，組織におけるスーパービジョンのあり方が，あらためて問われることになるであろう。スーパービジョンは本来，専門職のスキルアップのために実施されるものであるが，地域住民が担う諸々の地域福祉活動に対しては，前述したスーパービジョン的機能が求められている。こうした準専門職とでもいうべき人々に対するスーパービジョン的機能が必要とされるのは，業務の一部に，確実に「専門性」を要求される部分があるからであり，その意義の明示と整理を進める必要性に迫られている。

　ところで社協は近年，多様化するニーズに対応するため，職員の専門性の確立と「人材育成」が課題として挙げられているが，そもそも自らの組織でどのような「人材」を採用し，どのように育成していくのかという一貫した方針は，必ずしも明確になっておらず，まずはここからスタートする必要があることを明記しておきたい。

　関連して，組織全体の適切なスーパービジョンの実現を裏打ちする予算・人員配置・基準等人材の基盤整備と公的なバックアップが，極めて脆弱であることも指摘する必要がある。これは，社会福祉実践の「質」に関係し，その意味で，ほかの機関・団体とも共通する社会福祉専門職のあり方に関わる事項である。つまり，スーパーバイザー養成の確立と並んで，従来から取り組まれてきた職員等の現任訓練プログラム自体を，今日的な課題に応じて，刷新する必要があると思われる。このことは，都道府県社

協ならびに全社協の業務として法律に明記されている福祉人材の確保ならびに研修規定等いわゆる「福祉人材確保指針」にも関連している。福祉人材確保指針は，平成19（2007）年に14年ぶりの改訂が行われたが，これを受けて全社協では，従来の「福祉職員生涯研修課程」を「福祉職員キャリアパス対応型生涯研修課程」に改め，人材育成の体系化を図りつつある。今後の質の高い人材育成を実施するためには，社協を含めた各々の事業所が，事業所の理念や人員構成に応じたキャリアアップの仕組みを，組織内に構築することが求められており，これと絡めてスーパービジョン体制を整備することを考慮すべきであろう。

日本における社協は，戦後の創設以来すでに60年余りの歴史を持つ組織であるが，広範囲で多岐にわたる業務を担うがゆえに，職員の専門性・固有性を規定することが難しく，スーパービジョンを含めた人材育成の仕組みづくりには，大きな課題があるといわざるを得ない。したがって，社協職員に求められる能力を，今一度構造的に分析しつつ，それを伸長するための基本的枠組みとステップアップの標準的モデルを確立する必要がある。そのうえで，各々の社協に応じた多様なスタイルのスーパービジョンを継続的に実施し，効果測定を行うことが求められている。

さらに，近年の地域包括ケアシステムの提起や，大阪府において先駆的に取り組まれてきたコミュニティソーシャルワーカー配置事業等も鑑みつつ，地域を基盤として活動するソーシャルワーカーとして，社協職員が担う役割と機能を，より高次の段階に引き上げていくことが必要とされている。

（飯村 史恵）

引用文献

藤井博志（2009）『社協ワーカーのためのコミュニティワークスキルアップ講座：事例検討法と記録法』全国社会福祉協議会地域福祉推進委員会.

全国社会福祉協議会（2014）「平成23年度市区町村福祉協議会職員状況調査結果『社会福祉協議会活動実態調査報告書2012』（平成26年3月），104.

精神障害者支援におけるソーシャルワーク・スーパービジョン

第8節

　今日，全国で約320万人に達する精神疾患を有する患者数の増大とともに，精神保健福祉士（以下，PSWと略す）が担うメンタルヘルス領域の裾野は拡大している。かつて，日本精神医学ソーシャル・ワーカー協会（現 公益社団法人日本精神保健福祉士協会）の会員の大多数は精神科病院勤務であったが，平成18（2006）年以降，会員構成に占める医療機関勤務者は5割を切り，地域の支援機関（障害福祉サービスの事業所）をはじめとして，司法・労働・教育等の幅広い分野で活動するPSWが増えている。現在，資格登録者は約7万人に達しようとしており，平成24（2012）年に実施された「社会福祉士・介護福祉士・精神保健福祉士就労状況調査結果」によれば，PSW資格を活かした仕事への就労率は66.4％，その従事所属機関は，医療機関が35.0％，障害者福祉関係が30.2％，行政機関が13.4％となっている（大塚2014）。

　本節では，精神障害者支援場面におけるPSWを対象としたスーパービジョンの現状と，具体的な視点と方法を概説することを目的とする。PSWが対象と領域を特化した国家資格職種であるにしても，他の支援領域と大きく異なる，精神保健領域特有の標準化されたPSWのスーパービジョンの方法があるわけではない。しかし，クライエントの障害特性や環境背景による，留意するべき点や特徴的な展開方法はある。本稿では，筆者自身のスーパービジョン経験もふまえて，個人スーパービジョンおよびグループ・スーパービジョンで行われる事例検討を通した，支援者としてのPSWに対する支持的スーパービジョン機能に絞って検討する。

1 クライエントおよび支援環境の特性

(1) 精神障害を有するクライエントの特性

　PSWが対象とするクライエントは，精神疾患を有する方々であり，『精神保健及び精神障害者に関する法律』（精神保健福祉法）上は「精神障害者」と呼称されるが，今日では認知症や発達障害の方々も主な業務の対象となっている。精神疾患はさまざまな精神機能の低下・不全をもたらし，日常生活・社会生活上の障壁をもたらすため，医療の関わりが必須とされる。一方で，支援環境の調整・開発によっては，生活機能・社会参加の向上に結びつき，環境因子に基づく課題調整による可塑性の高い障害でもあり，ソーシャルワーカーの果たす役割は極めて大きい。

　しかし，精神疾患による機能の低下・不全は，他者との交流やコミュニケーションに支障をもたらし，特に思考・思路の障害（さまざまな妄想など），知覚の障害（幻視・幻聴など），感情の障害（易変や不穏など）などは，被害的・攻撃的言動を招くこともあり，支援環境に大きな混乱をもたらす。これら機能障害は，一般に症状として現出するが，現象面にのみ目を奪われると支援者間では容易に「処遇困難」化しやすく，最も支援を要するときには医療の対象とされ，福祉の専門職からはエクスクルージョンされることも起こりやすい。精神障害を有する方が引き起こすさまざまな行動は，当事者の問題として見なされがちであるが，実はスタッフ側の不慣れや構えなど相互作用によって生じている課題も多く，スタッフ側のポテンシャルやキャパシティを反映しているものである。

　現象に振り回されることなく，症状を通してクライエントの訴えかける意味を探り，問題を外在化して共通の課題ととらえ，パートナーシップで共に解決方法を探っていくのがPSWの基本的なスタンスといえる。経済的問題や家族間葛藤などの解決を契機として，社会参加が促進されるだけでなく，クライエント自身の社会生活能力や日常生活機能の改善が果たされることも多い。かかわるPSW自身の直接的な対人支援の力量，支援環境開発の力量が，常に試される領域であるといえよう。

(2) 精神障害領域の環境の特性

　さらに環境面では，わが国では精神科医療の歴史的特性も無視できない。残念ながら，長年にわたり国策として展開されてきた閉鎖的隔離収容政策の歴史が背景にある。クライエントである精神障害者は，医療の対象の「患者」であるとされ，平成7（1995）年まで障害者福祉の対象とされてこなかった背景もある。特に，長期在院者を多数抱える精神科病院では，施設症化したスタッフにより形成されてきた臨床文化が，常にクライエントの背景にある。また，精神障害者全般に対する事件・事故との結びつけによる，ステレオタイプな誤解・スティグマは強固なものがあり，ピアスタッフの活躍が目覚ましい今日においてもその影響は計り知れない。

　当然，これらの精神保健分野の環境特性は，PSWのポジショニング（立ち位置）に大きな影響を与えており，精神科医療現場における健全なチームビルディングを困難なものにしている。医療場面においても，かつての医師を頂点とするピラミッド構造は急速に崩れつつあるが，特に精神医療の中では生物学的治療だけにとどまらない心理社会的リハビリテーションと生活支援が必要とされており，マルチディシプリナリ・モデルから，インターディシプリナリ・モデル，あるいはトランスディシプリナリ・モデルへの転換が求められている（菊池1999）。事例検討やスーパービジョンを展開する際にも，実は多職種チーム間のコンフリクトが潜在している（古屋2011）か，もしくはすでに顕在化しているがスーパーバイジーから表明されていないことが多い。現場で当たり前になってしまっている感覚の中に，実はソーシャルワーカーの基本的な原理に抵触する事柄や，ポジショニングにかかるコンフリクトが潜在化していることが多い。

　同じ問題は精神医療現場に限らず，地域支援機関の現場においても同様の課題がある。『障害者自立支援法』（現 障害者総合支援法）により，それまでの補助金による障害者福祉モデルは一掃され，報酬単価の積み上げによる事業経営が当たり前となり，現行制度内ビジネスとして新機軸を追求するさまざまな就労自立の取り組みが展開されてきている。しかし，病状が日々変化する精神障害領域の多くの事業所は，出席者数に基づく出来

高払いの報酬制度の中で，収入の安定的確保も難しいため乏しい人員での運営を迫られており，さまざまな事業経営上の困難を抱えている。

　奥川は「援助者である自分と自分が置かれている状況を把握し，理解できていること」が支援の出発点であると述べ，"私自身"と"私が働いている場"のポジショニングの重要性を強調している（奥川 2007）。個々のクライエントに関わる PSW のかかわりに焦点を当てる以前に，職業人としての自分自身が置かれた環境特性に目を配り，誰に対して，どこで，何をする人なのか，を吟味する必要がある。

2　個人スーパービジョン

　一見精神症状と考えられがちな行動は，関係する周囲の者の言動への反応であったり，スタッフへのお試し行動であったりする（西隈 2014）。時に激しい行動化（アクティブ・アウト）を伴う精神疾患を有する方への支援は，その場の現象の意味を鋭敏にキャッチして即応するスキルの獲得と，問題を個体に還元しないで相互作用関係を活かしながら環境調整を中心とする PSW の姿勢が求められる。

　しかし，相互作用が反映しやすい精神疾患を有するクライエントへの支援は，スタッフの成熟が試される場でもある。ミクロな支援現場の課題としては，スタッフ自身の素の自分（生の自分）と，PSW として担わねばならない役割行動とのギャップ（乖離）がある（奥川 2007）。精神障害を有する当事者からのセクシャルな言動や，妄想・不穏に基づく暴力や暴言がある場合など，危機介入場面で顕在化する。対人支援現場で働くことを選択した PSW 自身の，幼少期のトラウマ体験や精神疾患を負う方への親和性が背景に存在することがあり，自らの専門職性が大きく揺らぐ場合もある。専門職として経験を積んでいるがゆえのステレオタイプなラベリングやスティグマ，経験にとらわれた自動思考体制（ベテランバイアス），論理的正しさよりも自己の信念による判断を優先する過ち（信念バイア

ス）が形成されていることもある。個々に特有の捉え方・思考パターンとして定着し、出来事と感情を結びつけている自動思考は、認知行動療法でいう検証・反証作業が必要となる。PSWに限らず、人が自ら傷つく体験を防御するために、防衛的な心理機制が働くことは自然なことであり、対話による直面化を通して成長していく面は大きい。

　クライエントに向き合っていくためにも、われわれは誰しも一人ひとり実は心を病んでいる部分があるという自覚が必要であることから、精神保健領域では「自己覚知」が常に強調されてきた。力動的精神医学をベースとした診断主義的ソーシャルワークの名残ともいえるが、自らの対人関係の特徴を理解する作業は、閉じた個人の思考の中では限界があり、他者との言語化作業（対話）を通してしか得られない。クライエントとの相互作用によって現象が現出していることを理解しなければ、種々の生活課題を負うクライエントに、他罰的な責任転嫁がなされることも生じかねない。

　精神疾患を外在化する試みとしては、浦河べてるの家の活動を通して近年広く知られることとなった「当事者研究」がある（浦河べてるの家 2005；向谷地 2008）。知覚・思考・感情の障害等の現象に振り回されず、厄介な症状・障害にどのような対処行動を身につけるか、それぞれの体験を通して仲間と一緒に考えるセッションは、メタ認知的な俯瞰を通して「自己のマネジメント」を可能とする。「見かけの苦労（精神症状や異常行動など）」から「現実の苦労（金銭，仕事，人間関係など）」を見出し「本質的な苦労（人間に共通する普遍的な課題）」を意識化し、自分の「順調な苦労」人生を生きることを目指す。自己病名を付けることはネガティブなものとしてとらえられがちであるが、自らの対処方法や技能を吟味することを通して、自分自身の強みや生活環境の持つストレングスに気づくきっかけとなる。他者との交換を通して取り巻く状況のリフレーミングがなされ、身近な環境に存在するリソースを発見し、新しい価値と自己の意味を見出していく再構成が進んでいく。ともすれば専門職が陥りがちな自動思考を脱却し、ユーザーの目線で状況を思考する「専門職研究」こそが今後追求されるべきであろう（相澤ほか 2014）。

3 PSWとしてのかかわり

　長年にわたってPSWらのスーパービジョンに携わってきた柏木は，これら精神障害者支援に関わる現場の環境特性をふまえ，当事者の「自己決定」を鍵概念にスーパービジョンを展開してきている。事例検討を介した支持的なグループスーパービジョンを通して，目の前の当事者への「かかわらなさ」「かかわれなさ」への気づきなど，スーパーバイジーのかかわりの明確化が意図されている。

　したがって，事例検討の目的は，利用者の態度変化など，動きそのものや事態の推移に入り込んで，その改善を図るためのスーパーバイジーへの助言を試みることではない。スーパービジョンの対象は，支援者としてのスーパーバイジーと当事者とのかかわり自体であり，スーパーバイジーが自らの課題に直面する作業を支援するのがスーパーバイザーの役割となる（柏木2007a）。柏木は，支持的スーパービジョンにおける検討領域として，以下のようなポイントを挙げている。

　①本人不在ではないか
　②当事者の自己決定は十分に保障されているか
　③当事者の直面する状況について共同検討ができているか
　④当事者はどんな思い・考え方をしているか等についてクライエントと共同検討を進めているか
　⑤当事者の方針や決定にソーシャルワーカーとしてきちんと関与しているか
　⑥多選択肢（メニュー）を用意し情報提供を共有できているか
　⑦時間を十分かけ「時熟」に留意しているか
　⑧客観性の点検ができているか
　⑨クライエントとの距離の保ち方は適切か，転移あるいは逆転移の点検ができているか
　⑩常識性や社会的通念からの脱却ができているか
　⑪医療従事者的ステロ（常套性）の点検ができているか

⑫当事者が実現したい生活のありようの探索について共同作業を進めようとしているか
⑬家族のいうことは大筋において正しいという先入観がありはしないか
⑭医療あるいは福祉という権力の傘の下にあることを忘れて、クライエントと「共に歩む」姿勢を忘れていないか
⑮専門性は堅持しても権威性を誇示するようなことがないか
⑯アセスメント（考え方・方針）の正当性を誇示し固執しようとしていないか
⑰クライエントとの間で「主体と主体とのかかわり（主体的相互関係）」ができているか
⑱クライエントはサービスの消費者として主人公たり得ているか
⑲ソーシャルワーカー自身も主体的存在であるという認識が確固としているか
⑳ソーシャルワーカー自身の思いをもクライエントと共有しようとする姿勢があるか
㉑自分の考え方・気持ちの経験に誠実であり、それに気づき、適切な言葉でクライエントに返しているか
㉒守秘義務の点検がきちんとなされているか
㉓担当の交代や終結時に、時間を取って「別れ」の過程をクライエントとソーシャルワーカーの間で共有しているか

上記のうち、⑦の「時熟」とは、そもそもはハイデッガー（Heidegger）の用いた言葉であるが、「当事者本人が様々な状況の中で自ら考え行動す

$$自己決定の質（s）= f(a \times r \times t)$$

s： その人の決定が成熟したものかどうか
a： 本人の自己決定能力
r： 関係の質
t： PSWとクライエントの間でかかわりにかけた時間

図10-8-1　自己決定の質

るまでの時の充ちる時を表す」(村上 1986)。ともすれば日常の支援現場では，制度上の枠組みもあり，ブローカリングタイプの早すぎるサービス当てはめにより，クライエントをパワーレスに陥らせている事例が散見される。改めて，自ら決定し自ら変わるクライエントを「待つこと」の大切さと難しさ（鷲田 2006）を，スーパービジョンを通して支援者側が体感する必要がある。柏木は「自己決定の質」を，「クライエント（利用者）の自己決定能力とかかわりの質およびソーシャルワーカーがかかわりにかけた時間の関数である」と述べ，数式で図 10-8-1 のように表している（柏木 1992）。ここでも当事者へのかかわりを省察する際に，時間軸が重要な構成要素となっていることが強調されている。

　柏木は，クライエントに関わる PSW の言動と思考と感情を追いながら「PSW のかかわり」に焦点を当てて，スーパーバイジーに対する支持的スーパービジョンを展開する。支援行為を行う PSW とクライエントとの間で交換される，言語的・非言語的コミュニケーションによる力動関係を炙り出しながら，各場面での時間の流れとともに展開されるやりとりを微視的に注視していく。

　また，柏木は日本精神保健福祉士協会の機関誌で，スーパーバイジーのレポートをもとに PSW のかかわりを検証する「誌上スーパービジョン」を長年連載して継続している（柏木 1999；2007）。スーパーバイザーとスーパーバイジーとの対話が制限されているため，文字列から浮かび上がる問題点の指摘に陥りがちな一定の限界はある（柏木 1999）ものの，多くの読者が目にすることで間接的に内省を促す機会となっている。これまでにも，実習指導場面での「実習記録」を介した指導や，スタッフの記録を機関の所属長が目を通す指導が，個人スーパービジョンの一手法として用いられてきているが，今後さらに書かれた文字を介したスーパービジョンの方法論を検討して有効活用する必要があろう。

4 事例検討を通したグループ・スーパービジョン

(1) グループ・スーパービジョンの基本的視座

柏木は事例検討によるグループ・スーパービジョンの体験から，次の3つの仮説を打ち出している（柏木2007a）。

①グループの中でほかのメンバーの発言をきちんと聴くことができ，かつそのとき，その人の気持ちを受け止めることができるならば，日常の実践場面でもクライエントの発言を真っ当に聴き，受け止めることができる。

②グループでの「今，ここで（here and now）」の状況と気持ち（雰囲気）を受け止めることができる場合，それはやはり実践場面にも通じる。

③グループの中での気づきや自分の中での変化を，報告者もまた参加者も経験するとすれば，そのグループ・スーパービジョンには十分意味がある。さらに自分の中での気づきをできるだけ率直にグループに伝えることができれば，それはグループ・スーパービジョンの半分以上の目的を果たしたことになる。

ここで述べられていることは，グループ・スーパービジョンを実施する際の基本的視座ともいえるが，事例検討の場面では忘れられがちな事柄である。他人の意見や批判に耳を傾け，新しい考え方や視点を取り入れる柔軟性が専門職を成長させる。グループ・スーパービジョン場面での事例は，あくまでもPSWの関わりを吟味検証するための素材として提示されている。参加者相互が「集団の持つ諸力への信頼」（窪田2013）をベースとした対話による省察を深化し，ソーシャルグループワークの基本でもある「今，ここで」の時空を共有した「雰囲気」が醸成される中で，取り掛かりとして提供された事例を超えて，自身がその場にいたらどのように事例にかかわれるか想像力を働かせる。何が専門職にとって課題となっているのか論理的に探究し，間主観性を大切にしながらも客観的に根拠に基づ

いて考え，行動する習慣をつけることとなる。

(2) 事例検討スーパービジョンの実際

　前述をふまえたうえで，筆者が勤務する専門職大学院において試行しているグループ・スーパービジョンの方法の概略を述べる。専門職大学院に通う院生は，平均年齢42歳の福祉・保健・医療・介護現場での経験を有する実務者であり，自らの中に暗黙知と称するべきリソースを有している。ショーンは「複雑で動的に変化する仕事場には，省察しながら柔軟に対応する省察的実践（reflective practice）が必要」と論じている（Schön 1983）が，専門職大学院も日々の実践の経験を振り返り吟味するプロセスとして，リフレクション（省察）の機会を大事にしている。現場のモヤモヤを言語化し，リサーチクエスチョンに変換し，省察と対話を繰り返しながら計画し，アクション・リサーチを実行していくのがゼミの場である（鶴岡 2014）。専門職大学院では「スーパービジョン概論」「グループ・スーパービジョン」「ソーシャルワーク・アプローチⅠ・Ⅱ」「ソーシャルワーク面接技法Ⅰ・Ⅱ」等の講義科目群を配する一方で，各領域ごとの「実践事例研究」を20科目設定している。ここでいう「事例研究」は，専門的実践の維持・向上を主目的とする社会福祉実践研究法の「事例検討」にあたり（仲村ら 2007），院生自らが体験してきた事例の検討を通してグループ・スーパービジョンが展開されている。

　多くの事例検討場面では，事例提供者が提出する事例について，生育歴や家庭環境等を詳細にまとめたレジュメを用意するのが通例であり，事例提供用のシートも数多く開発されてきている（例えば，奥川 2007；渡部 2007）。事例の概要を参加者が理解し，情報を共有するためには必要なアイテムであり，書かれたシートを通して議論が展開される。事例提供者自身が，自らのかかわりを振り返り，事例検討会以前に自己省察を展開する査定作業としても有効であるとされる。しかし，ともすれば用意された文書は，文字列化によりステレオタイプに整理捨象された言葉の断片になりがちな側面も有する。事例検討のスーパービジョンでは，文字列で表現されていない，スーパーバイジーによって意識化されていない，行間を読む

査定が必要となる。

　筆者による事例検討を通したグループ・スーパービジョン場面では，ケースカンファレンスのライブ感を大事にして小道具として黒板・ホワイトボードを積極的に多用する。事例提供者の話す家庭環境や生活状況を，その場でスーパーバイザーがジェノグラム・エコマップを描きながら可視化して，事実関係を質問で補いながら情報をまとめていく。骨格の肉づけはスーパーバイザーがすべて担うのではなく，グループ参加者から質問を受けながら，詳細なエピソードや情報による骨格の肉づけを行っていく。スーパーバイザーはグループのファシリテーターとして機能しており，参加者のグループダイナミクスを活かしながら，情報を共有し事例のヒストリーを組み立てていく。参加者は事例提供者の語る情報を自ら再構成しながら，当事者や関係者のストーリーに思いを馳せることになる。

　注意を要するのは，ソーシャルワーカーの実践経験を有していても，精神障害を有する方への支援経験が少ないほど，事例の「できないこと」や問題点に着目しがちなことである。むしろ「当てるべき焦点は"できる・できない"あるいは"病気の部分"ではなく，その"利用者の強さ"（strengths）を中心に組み立てられた支援体制である」（佐藤 2001）ことは繰り返し強調する必要がある。ストレングスを重視するのは，ケアマネジメントの類型としてだけでなく，支援する PSW 自身の見立てや関わりに大きく影響するからである。WHO が 2001 年に国際生活機能分類（International Classification of Functioning, Disability and Health ; ICF）を提起してから，すでに 15 年が経つが，ともすれば医学モデルの因果関係により一方向で考える従来の「障害者」（disabled person）としてとらえる傾向が今でも強い。精神疾患・機能・活動・社会参加・個人・環境などは相互に影響を与えるものと頭では理解されていても，生物－心理－社会（bio-psycho-social）モデルで「障害のある人」としてとらえる見方は忘れ去られがちである。PSW にとっては周知の「環境の中の人」（person in environment）としての捉え方や，クライエントは「何もできない問題だらけの精神障害者」ではなく，その人の特徴の一部として精神疾患があることは，いまだに繰り返し提示し続ける必要がある。

①医療情報確認
②住宅改造検討
③面接セッティング
④健康時の生活情報把握
⑤心理的背景の把握
⑥興味・関心の発見
⑦できること探し
⑧生活サイクルの把握
⑨家庭情報の把握
⑩ホームヘルプの検討
⑪目標再設定

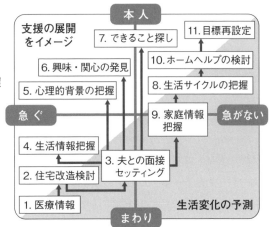

図10-8-2　プランニング十文字表
〔野中　猛・高室成幸・上原　久（2007）『ケア会議の技術』中央法規出版，145.〕

(3) 事例検討におけるマトリクス化

　精神障害者支援現場におけるホワイトボードの活用例としては，野中の支援計画立案のための整理図「十文字表」があり，高齢者分野のケア会議場面で広く活用されている（**図10-8-2**，野中・高室・上原 2007；野中 2011）。縦軸の上部に「本人」を置き，下部に「まわり」を置き，横軸に対応を要する時間軸を設け，左の「急ぐ」から右の「急がない」へ配して，本人ができることを中心とした支援展開のイメージを共有するツールとなっている。①実現可能性，②支援者の能力，③当事者の能力，④社会資源の状況などを勘案して，具体的で実行可能な支援目標を体系的に再配置するようになっている。

　一方，佐藤のミスポジション論（佐藤 2001；2007a）に基づく『5 ピクチャーズ整理表』（**図10-8-3**）は，野中よりストレングス視点を明確にした構成となっている。事例の「現在の状況」を，本来望んでいた「こうありたいと思う状況・目標」との乖離（ズレ）がある現状をミスポジションとしてとらえ，「ニーズアセスメント」で整理し要約するとともに，アプローチの方法を検討する。その際に着目するのは本人および環境のストレ

Pic. 3　ニーズアセスメント	Pic. 1　こうありたいと思う状況
◎今,どのような困りごとがありますか? 以下,障害特性にも配慮して把握する ・本人の思いに寄り添う ・本人の表現を使う ・本人の表現を助ける ・現状維持も対象 主語は I	◎今後,どのような生活をしたいですか? 以下,肯定的に理解する ・夢や希望は大きいほうがよい 　(現実検討しない) ・そのときの夢や希望でよい 　(夢や希望は変わるもの) ・本人にとっての意味を理解する 主語は I
アセスメントの要約 ・100字程度(80〜120字でズレの核心を表現する)	ズレ
Pic. 2　現在の状況	Pic. 4　アプローチの方法
◎今,どのような生活をしていますか? 以下,生活の視点で理解する ・本人のプロフィール ・これまでと今の生活状況〔生活の流れ〕 ・取り巻く環境(家族・住居・経済状況等)〔生活の断面〕 ・現在受けているサービス等 主語は I	◎どうすれば近づけると思いますか? 以下,障害特性にも配慮して本人を含めて検討する ・本人・環境のストレングスを活用する ・ニーズと資源との適切なマッチングはかたちのないものまで含めて柔軟に考える ・大きな夢や希望はブレイクダウンしてみる ・やれそうな選択肢を挙げてみる 主語は We
Pic. 5　着目するストレングス	◎どのようなストレングスに着目しますか? ・本人のストレングス／・環境のストレングス

図 10-8-3　ミスポジション論に基づく『5ピクチャーズ整理表』
〔佐藤光正(2007b)「ケアマネジメント事例演習」『平成19年度障害者ケアマネジメント従事者指導者講習会資料』.〕

ングスであり,事例本人の大きな夢や希望は「そのためにはどうすればいいか?」との問いかけを重ねて課題をブレイクダウンして,取り組めそうな選択肢としての「当面の目標」を共に考える構成となっている(佐藤2007b)。

　筆者が用いる十文字整理図(**図 10-8-4**)は,基本的に野中や佐藤らの視点を尊重しながら,ネガティブな問題点とスタッフがとらえる課題,本人もしくは環境のストレングス,夢や希望・目標をラフにスケッチするものである。専門職はどうしてもクライエントの問題に着目しがちであるため,これを左下部にあえて記述し,その上部に事例検討のテーマとなる専門職側が考える課題と専門職のポジショニングを示す。右下部には,今後の支援のベースとなる本人もしくは環境のリソースやストレングスを,専

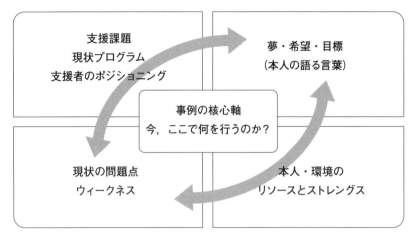

図 10-8-4　事例の核心軸を探る十文字整理図

門職がとらえる左記の問題点をリフレーミングして拾い出すようにし，その上部には本人が望む夢や目標とする将来の生活像，課題解決した生活像を描くように配している。縦軸と横軸の十文字は，相互作用を及ぼし合う各枠組みの境界線であり，中央の交差点の場所に「今，ここで」何が必要か，何をするべきか，支援主体である PSW の思いや関わる内容を示す。このマトリクス全体が，左下から右上へ，過去・現在・未来の時間軸を示しており，中央部は過去の問題と未来の生活，ウィークネスとストレングス，支援課題とストレングス，希望をつなぐ結節点に位置づけられる。いまだ十分に吟味されたマトリクスとはいえ，感覚的なレベルにとどまる提起であるが，PSW の関わりを言語化し内省を促すスーパービジョンには活用できると考えている。

　これら事例検討に用いられるマトリクスは，すべて事例を通して支援のベクトルを見出すことに重点が置かれており，対症療法的な対応方法を検討するツールと考えられがちである。しかし，実際に時間をかけて対話しながら記入を進めていくと，PSW 側のかかわりの特徴が炙り出されてくる。事例に関わるネガティブな事実と考えられていたことが，時に支援者側の保護的な審判的態度が投影されているなど，ベテランバイアス・信念バイアスによる過失が顕在化することもある。グループでのリフレーミン

表 10-8-1　日本精神保健福祉士協会の認定スーパーバイザー養成研修の構成

申　込 ➡	基礎編 ➡	実践編（約12カ月） ➡	応用編 ➡	登　録
審査(合格)	審査(合格)	審査(合格)　査読(合格)	審査(合格)	
	(3日間)	前半(約6カ月)　後半(約6カ月) 中間レポート提出　中間レポート提出	(1日)	「認定スーパー バイザー」

表 10-8-2　認定スーパーバイザー養成研修の基礎編プログラム（定員15名）

1日目	2日目	3日目
9:30　開講式 9:45　講座1「スーパービジョン概論」 12:00　グループ討論1 14:00　講座2「ソーシャルワーク論」 16:15　グループ討論2 18:00　懇親会	9:00　講座3「ソーシャルワーク業務論」 11:15　グループ討論3 13:15　講座4「スーパービジョン演習1」 16:30　翌日のオリエンテーション	9:00　講座5「スーパービジョン演習2」 11:00　実践編に向けた課題説明 12:30　講座6「スーパービジョンの課題」 14:40　グループ討論4 15:40　全体会 16:30　閉講式

グ検討によりネガ／ポジ転換がなされ，意外な本人の力を発見し活路が見出されることもある。事例を整理していく作業を通して，PSWは自らの視野やかかわりの狭さを意識し，ソーシャルワーカーとして事例に向き合う意味を考えていくこととなる。グループが事例提供者の省察作業を促進するとともに，グループの参加者もまた，自らの支援者としてのあり方を内省する機会となっていることはいうまでもない。

5　職能団体による認定スーパーバイザー養成研修

　最後に，職能団体によるPSWを対象とするスーパービジョンの実際をみておく。日本精神保健福祉士協会は，国家資格化以後，PSWのスーパービジョン研修体系の検討を進め（柏木ほか2000），平成17（2005）

年度より生涯研修制度検討委員会を設けて検討し，平成 20（2008）年度より生涯研修制度の体系的研修プログラムとシステムをスタートさせた。基礎研修および基幹研修Ⅰ～Ⅲを修了した「研修認定精神保健福祉士」と，5 年ごとの更新研修を受講した「認定精神保健福祉士」を対象に，「認定スーパーバイザー養成研修」を実施してきている（**表 10-8-1**）。研修は 4 日間行われ，別表のようなプログラムが組まれている（**表 10-8-2**）。養成プログラム内容は，ソーシャルワークの理論，スーパービジョンの理論，スーパービジョンの演習，スーパービジョンの実践という 4 つの柱から組み立てられており，さまざまな領域に共通のスーパーバイザー養成プログラムイメージに重なる（浅野正嗣 2011）。認定スーパーバイザー養成研修は平成 25（2013）年度末までに計 20 回，173 名が受講しており，平成 26（2014）年 10 月現在で認定スーパーバイザーは 75 人となっている（田村 2014）。

　すでに PSW 有資格者は約 7 万人に達しようとしており，日本精神保健福祉士協会構成員も 1 万人を超えた現在，専門職としての質の確保を考えると現職者へのスーパービジョン体制構築は急務であるが，全国で 75 名の認定スーパーバイザーではあまりにも少ない。協会は『精神保健福祉士業務指針及び業務分類』（第 2 版）を提案（岩本ほか 2014）し，現場業務を通して日々の実践と当事者の方へのかかわりを自己検証する研修会を開催するなど努めている。

　筆者は専門職大学院に勤務する傍ら，学部と通信教育科の PSW 課程に関与しているが，国家資格を得た PSW が専門職を自称できるようになるには，OJT（On the Job Training）を基盤としたスーパービジョン体制の構築が急務であると痛感している。今後，PSW を養成する大学等の教育機関と，職能団体，所属組織，学会の 4 者でソーシャルワーカーにおけるスーパービジョン体制の構築を検討する必要があると考えている。その意味では，認定社会福祉士認証・認定機構の取り組みは，PSW にとっても一つの参考モデルとなりうるものであろう。将来を見据えた関係者の議論を期待したい。

ともすれば福祉現場で「対応困難」「処遇困難」と考えられがちな，精神障害を有する方への支援場面における，スーパービジョンの視点と方法を述べた。精神疾患の特性や，わが国固有の精神科医療の歴史と現況，昨今のメンタルヘルス領域のユーザーの拡大を考えれば，実践力量のあるPSWの養成が急務であることは論をまたない。それぞれの場で，固有のスーパービジョンの取り組みがなされていても，その方法論を検証する場は少ない。今後はスーパービジョンのプロセスを言語化して俎上に載せ，経験学習と省察，批判的思考と対話を通して，スーパーバイザー自身が熟達化する方途を探っていくことが必要であろう。

　なお，紙幅の関係から教育的スーパービジョン，管理的スーパービジョンについてはふれられなかった。また，卑近な事例検討場面の実際を示したが，ソーシャルワーカーのスーパービジョンを論じる本書において適切であったか疑問は残る。大方の叱責を賜れば幸いである。

（古屋 龍太）

引用文献

相澤和美・小林正義・福田正人・ほか（2014）「各職種の現状から見えてくる人材育成の展望」『精神障害とリハビリテーション』18（1），21-41．

浅野正嗣（2011）『ソーシャルワーク・スーパービジョン実践入門―職場外スーパービジョンの取り組みから』みらい．

古屋龍太（2011）「地域医療連携における多職種協働とコンフリクト：看護職とソーシャルワーカーとの役割分担のあり方」『地域連携入退院支援』3（6），65-72．

岩本 操・古屋龍太・赤畑 淳 ほか（2014）『公益社団法人日本精神保健福祉士協会：精神保健福祉士業務指針及び業務分類』第2版，公益社団法人日本精神保健福祉士協会．

柏木 昭（1992）「障害者の人権と自己決定」『精神医学ソーシャル・ワーク』29，92-104．

柏木 昭（1999）「誌上スーパービジョン　退院促進を焦るあまりCL自身の気持ちに十分に添うことができなかった長期入院患者のケース」『精神保健福祉』30（1），51-63．

柏木 昭・松永宏子・荒田 寛 ほか（2000）「精神保健福祉士のスーパービジョンおよび研修の体系化に関する研究：精神保健医療機関および社会復帰施設等における実習指導に関する調査」（平成11年度厚生科学研究障害保健福祉総合研究事業）『精神保健福祉』31（1），39-46．

柏木 昭（2007a）「スーパービジョンの方法について」東京都福祉保健局編『医療社会事業従事者講習会報告書No.24：医療ソーシャルワークの解決技法（平成19年度）』東京都福祉保健局医療政策部医療人材課．

柏木 昭（2007b）『スーパービジョン：誌上事例検討を通して』へるす出版．

菊地和則（1999）「多職種チームの3つのモデル：チーム研究のための基本的概念整理」『社会福祉学』39（2），273-290．

窪田暁子（2013）『福祉援助の臨床：共感する他者として』誠信書房.
向谷地生良（2008）『統合失調症を持つ人への援助論：人とのつながりを取り戻すために』金剛出版.
村上陽一郎（1986）『時間の科学』岩波書店.
仲村優一・一番ヶ瀬康子・右田紀久恵監（2007）『エンサイクロペディア 社会福祉学』中央法規出版．746-748
西隈亜紀（2014）『心のケアが必要な思春期・青年期のソーシャルワーク』中央法規出版.
野中　猛・高室成幸・上原　久（2007）『ケア会議の技術』中央法規出版．
野中　猛（2011）『ケア会議で学ぶ精神保健ケアマネジメント』中央法規出版．
奥川幸子（2007）『身体知と言語：対人援助技術を鍛える』中央法規出版．
大塚淳子（2014）「職域拡大と社会的認知の向上」日本精神保健福祉士協会50年史編集委員会編『日本精神保健福祉士協会50年史』公益社団法人日本精神保健福祉士協会，175-179.
佐藤光正（2001）「ソーシャルワークがめざすケアマネジメント―ケアマネジメントを行う精神保健福祉士（PSW）の視点」日本精神保健福祉士協会編『精神障害者のケアマネジメント』へるす出版，47-59.
佐藤光正（2007a）「演習例Ⅱ」障害者相談支援従事者初任者研修テキスト編集委員会編『改訂　障害者相談支援従事者初任者研修テキスト』中央法規出版，297-319.
佐藤光正（2007b）「ケアマネジメント事例演習」『平成19年度障害者ケアマネジメント従事者指導者講習会資料』．
Schön, D. A.（1983）*The Reflective Practitioner*：*How Professionals Think in Action*, Basic Book.（＝2001，佐藤　学・秋田喜代美訳『専門家の知恵：反省的実践家は行為しながら考える』ゆみる出版．）
田村綾子（2014）「専門職としての研鑽を支える：生涯研修制度の創設，運営の軌跡と展望」日本精神保健福祉士協会50年史編集委員会編『日本精神保健福祉士協会50年史』公益社団法人日本精神保健福祉士協会．113-123
鶴岡浩樹（2014）「訪問看護と介護の"省察的実践家"を育てる―在宅現場でこそリフレクションを」『訪問看護と介護』19（9），736-742.
浦河べてるの家（2005）『べてるの家の当事者研究』医学書院．
鷲田清一（2006）『「待つ」ということ』角川学芸出版．
渡部律子（2007）『基礎から学ぶ気づきの事例検討会：スーパーバイザーがいなくても実践力は高められる』中央法規出版．

第11章

文献からみた諸外国における
ソーシャルワーク・スーパービジョン

文献検索からみた諸外国のスーパービジョン論文の動向

1 はじめに

　1970年代以降にソーシャルワーク・スーパービジョンの理論的，臨床的研究によりその発展に貢献した研究者として名高いカデューシン（Kadushin）やマンソン（Munson），シュルマン（Shulman）らの著書によって，日本においても多くの研究者・実践者がソーシャルワーク・スーパービジョンを学んできた。今日では多様な国や地域で，領域や対象の枠組みごとにスーパービジョンに関する多くの論文が書かれ，実証的な研究も積み上げられてきている。その一方で，近年のソーシャルワーク・スーパービジョンがどのようにとらえられ，研究されてきているのか，その全体像を知ることも興味深い。

　そこで，2014年6月上旬に東洋大学図書館において，論文・記事データベース Sociological Services Abstract を使用してソーシャルワーク・スーパービジョンの英語論文を検索した。キーワードは"social work supervision"とした。その結果，1950年代〜現在（2014年6月1日）までの文献がヒットし，全部で1,085本であった。このうち，「査読付き」で，「学術誌」に掲載され，「英語」で書かれており，「主題」に"Supervision"か"Social Work"か"Social Worker（s）"のいずれかが含まれている，「論文（article, report）」を選択したところ，924本となった。これらの中で，「主題」に心理学系の検索語（psychologist, psychotherapy, therapists, transference（psychology），counseling 等）が含まれるものを除くと，829本となった。さらに，「分類（classification）」に"social work education"，"social welfare"，"professional issues in social work"，"social work practice"のいずれか

（重複するものもある）が含まれるものを選択した。この手続きにより，1977年〜2014年までの間の490本が検索され，この490本をソーシャルワークのスーパービジョンに関する論文として以下の分析を行った。

2 数量からみたソーシャルワーク・スーパービジョン研究

（1）分類

　分類（classification）には，「social welfare」が何種類か存在し，カテゴリ名は同じもののカテゴリ番号が異なっているなど，同異を読み取ることが困難であった。そのため，統一して「social welfare」とした。ここで統一した「social welfare」に該当する論文のほとんどは1998年9月までに発表されたものであり，全部で138本あった。この時期まではほかの分類はされておらず，反対にこれ以降は「social welfare」という分類は単独ではほとんど使われていない。これ以降使われている分類は，多い順に「social work education（144）」，「social welfare（138）」（ほかの分類と重複），「professional issues in social work（97）」，「social work practice（87）」などである。

（2）第一著者

　第一著者をみると，この領域において複数の論文を発表している著者は42名，論文126本と多くはない。最も多くの論文を発表しているのはイツァーキ（Itzhaky）であり，1994年〜2005年の間にさまざまな雑誌に15本の論文が掲載されている。次に多いのはボーゴ（Bogo）の7本で，2004年以降，子ども領域やグループ・スーパービジョンについて論じている。続いてナイト（Knight）（6本），ベネット（Bennett）（5本），ディール（Deal）（5本），ツイ（Tsui）（5本）である。検索条件にヒットした「時期」と形式を「論文」に限定したことの影響か，ソーシャルワーク・スー

パービジョン研究において名高いカデューシン（3本），マンソン（2本），シュルマン（1本）の論文はあまり含まれていなかった。

（3）年ごとの論文掲載数

各年の論文の掲載数について過去から順に累積パーセントをみると，1977年〜1989年までは6.9%と少ないが，1990年〜1998年までの8年で27.4%になり，1999年以降が全体の70%以上を占める。特に1999年〜2005年までは年間20〜30本の論文が発表され，"social work supervision"への関心が高まった時期であると考えられる（**図11-1-1**）。

（4）雑誌ごとの論文掲載数

この490本について雑誌ごとの掲載数を見ると，最も多いのが『The Clinical Supervisor』の125本（25.4%）であった。26種の雑誌に5本以上，計392本（約80%）の論文が掲載されていた。ソーシャルワーク・スーパービジョンの論文が掲載されている雑誌の発行国は，アメリカ（U. S.）とイギリス（U. K.）がほとんどであるが，オランダ，オーストラリア，南アフリカの雑誌もあった（**表11-1-1**）。

ところが，この392本の論文（スーパービジョン論文が5本以上掲載

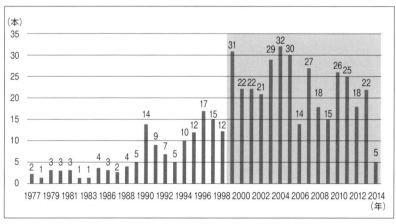

図11-1-1 スーパービジョンに関する学術論文の掲載数

表11-1-1 各ジャーナルのスーパービジョン論文掲載数(5本以上)

No.	ジャーナル名	発行国	度数	%	累積%
1	The Clinical Supervisor	U.S.	125	25.4	25.4
2	Social Work Education	U.K.	21	4.3	29.7
3	Journal of Social Work Education	U.S.	20	4.1	33.7
4	Administration in Social Work	U.S.	18	3.7	37.4
5	Professional Development : The International Journal of Continuing Social Work Education	U.S.	18	3.7	41.1
6	Journal of Social Work Practice	U.K.	17	3.5	44.5
7	Journal of Teaching in Social Work	U.S.	17	3.5	48.0
8	Social Work	U.S.	16	3.3	51.2
9	Maatskaplike Werk/Social Work	South Africa	13	2.6	53.9
10	Practice(UK)	U.K.	13	2.6	56.5
11	Clinical Social Work Journal	U.S.	12	2.4	58.9
12	The British Journal of Social Work	U.K.	12	2.4	61.4
13	Contemporary Family Therapy	Netherlands	9	1.8	63.2
14	Families in Society	U.S.	8	1.6	64.8
15	Social Work in Health Care	U.S.	8	1.6	66.5
16	Australian Social Work	Australia	7	1.4	67.9
17	Field Educator	U.S.	7	1.4	69.3
18	Research on Social Work Practice	U.S.	7	1.4	70.7
19	Social Work with Groups	U.S.	7	1.4	72.2
20	Arete	U.S.	6	1.2	73.4
21	Journal of Practice Teaching in Health and Social Work	U.K.	6	1.2	74.6
22	Child Welfare	U.S.	5	1.0	75.6
23	European Journal of Social Work	U.K.	5	1.0	76.6
24	Journal of Social Work	U.K.	5	1.0	77.6
25	Journal of Sociology and Social Welfare	U.S.	5	1.0	78.7
26	Journal of Systemic Therapies	U.S.	5	1.0	79.7

U.S.：アメリカ，U.K.：イギリス．

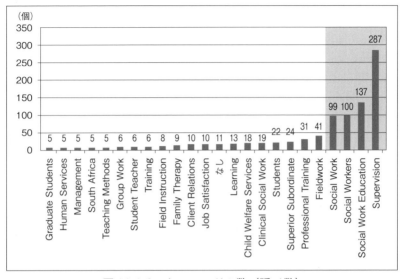

図11-1-2 キーワードの数（延べ数）

されている26種の雑誌の掲載分）の「キーワード（subject term）」をみると，Psychologist等が含まれ，心理療法やカウンセリングを中心に書かれているものが含まれていた。これらの論文を除くと384本となった。

384本の論文を「年×雑誌26種」でクロス集計すると，1990年代は各年に報告された論文のうち50％以上が『The Clinical Supervisor』に掲載されていた。しかし，論文数が飛躍的に増えた1999年以降，少数ずつであるが多様な雑誌にソーシャルワーク・スーパービジョンに関する論文が報告されるようになった。1999年は論文数が増え，分類が細分化・明確化され，各専門誌に掲載され，多様化された，ソーシャルワーク・スーパービジョンが広がりをもって，深く，研究されるようになった一つの転機と考えることができる。

(5) キーワードの内容

384本の論文のキーワードの数にはばらつきがあったため，5つ以内に限定して整理したところ，延べ1,733個あった。これらを累計して5個以上あったものをみると23語（計882個）であり，"Supervision"（287），

"Social Work Education"（137），"Social Workers"（100），"Social Work"（99）の順に多かった。その他に"training"，"student"等，教育やトレーニングに関する語が多かった（**図11-1-2**）。年代別にみると，1980年代までは論文数も少なく，キーワードは全体でも年に10個に満たなかった。しかし1990年から急激に増加し，1990年代後半以降は，先に挙げたもののほかに，それぞれの度数は少ないものの多様なキーワードが挙げられている。先の論文数，分類等の分析でもみられたように，この時期よりソーシャルワーク・スーパービジョンが，対象や領域ごとに分化されて，幅広く議論されるようになったと考えられる。

3 レビュー論文から見たソーシャルワーク・スーパービジョン研究

（1）レビュー論文

384本のうち，主題に"Review"が含まれる論文は計10本であった。臨床心理学およびカウンセリングのスーパービジョンを中心に書かれているものや，一部の地域や領域に偏るものを除き，書かれた時期の異なる以下の3本について検討した。

> Harkness, D. and Poertner, J.（1989）Research and social work supervision：A conceptual review, *Social Work*, 34（2），115-119.
> Tsui, M. S.（1997）The roots of social work supervision：An historical review, *The Clinical Supervisor*, 15（2），191-198.
> Bogo, M. and McKnight, K.（2005）Clinical supervision in social work：A review of the research literature. *The Clinical Supervisor*, 24（1-2），49-67.

表 11-1-2　レビュー論文 3 本の被引用文献（重複分）

引用者	被引用者	刊行年	被引用論文・著者	雑誌/書籍
Harkness & Poertner (1989)	Burns	1958	The historical development of the process of casework supervision as seen in the professional literature of social work	
Tsui (1997)				
Harkness & Poertner (1989)	Kadushin	1976	*Supervision in Social Work*, 1st ed.	
Bogo & McKnight (2005)				
Harkness & Poertner (1989)	Kadushin	1985	*Supervision in Social Work*, 2nd ed.	
Bogo & McKnight (2005)	Kadushin	1986		
Tsui (1997)	Kadushin	1992	*Supervision in Social Work, 3rd ed.*	
Bogo & McKnight (2005)				
Harkness & Poertner (1989)	Poertner & Rapp	1983	What is social work supervision?	*The Clinical Supervision*
Tsui (1997)				
Tsui (1997)	Harkness & Poertner	1989	Research and social work supervision : A conceptual review	*Social Work*
Bogo & McKnight (2005)				
Harkness & Poertner (1989)	Munson	1983	An Introduction to Clinical Social Work Practice	
Bogo & McKnight (2005)				
Tsui (1997)	Munson	1993	Clinical Social Work Supervision, 2nd ed.	
Bogo & McKnight (2005)				
Tsui (1997)	Shulman	1993	Interactional Supervision	
Bogo & McKnight (2005)				

(2) レビュー論文の引用文献

　3本の論文の引用文献は延べ97本であった。異なる年代に書かれたものであるが，引用文献には重複がみられ，2本以上の論文で引用されていたものは9本あり，そのうち2本が論文で7本が書籍であった（**表11-1-2**）。中でもカデューシンの『Supervision in Social Work』は初版（1976），第2版（1985-1986），第3版（1992）がそれぞれ引用されている。ボーゴとマックナイト（McKnight）の論文にもあるように（Bogo & McKnight 2005），カデューシン，マンソン，シュルマンの貢献は大きく，ソーシャルワーク・スーパービジョンの研究および実践の基盤となっている。また，バーンズ（Burns）は「Casework Supervision」（Burns 1958），カデューシンは「Supervision in Social Work」，ポートナー（Poertner）らは「Social Work Supervision」，マンソンは「Clinical Social Work Supervision」という言葉を用いており，ソーシャルワークのスーパービジョンであってもその捉え方，目的が異なることが推測された。この区別はソーシャルワークのスーパービジョンを学ぶうえで重要な点である。

(3) レビュー論文の内容

　ハークネス（Harkness）とポートナーは，スーパーバイザー，ワーカー（スーパーバイジー），クライエントの三者の扱いから議論している。この論文はその後の2本のレビュー論文に引用されており，ソーシャルワーク・スーパービジョン研究において重要な文献であると考えられる（Harkness & Poertner 1989）。ツイは時代を5つに区分してソーシャルワーク・スーパービジョンのルーツを探り，管理的機能に始まって専門職の教育およびサポート機能の必要性によって発展し，専門職としての成熟を目指していたが，組織の効果的なサービス提供との関連から，再び管理的要素が強まったことを指摘している（Tsui 1997）。また，2005年にボーゴはclinical supervisionとfield instructionのそれぞれの立場から2本のソーシャルワーク・スーパービジョンのレビュー論文を書いている。その一つボーゴとマックナイトは，クリニカル・スーパービジョンに関する文献を

1999年～2004年の過去5年分から検討しようと試みたが論文数が少なく，1994年～2004年の10年間に範囲を広げて検討している（Bogo & McKnight 2005）。先の検索データの数量的な分析では，1999年～2004年の5年間は論文が増えて多様化した時期であったが，ボーゴとマックナイトは調査等を行っている実証研究に限定して引用したため，該当数が少なかったという。対象となるスーパービジョンが異なっていることも考えられる。

　以上のように，データベースを利用して整理したデータから，1999年以降の論文数の増大，ソーシャルワーク・スーパービジョン（研究）の多様化・細分化の傾向を見出した。同時に，異なる年代に書かれた3本のレビュー論文の引用文献から，スーパービジョンの捉え方の違いを垣間見ることができた。利用するデータベース，検索語によって得られるデータは変わるため注意が必要であるが，スーパービジョンを理解するうえで，動向を探るデータ整理の一つの方法として活用できると考えられる。

（野﨑 瑞樹）

引用文献

Bogo, M. and McKnight, K.（2005）Clinical supervision in social work：A review of the research literature, *The Clinical Supervisor*, 24（1-2），49-67.

Harkness, D. and Poertner, J.（1989）Research and Social Work Supervision：A Conceptual Review. *Social Work*, 34（2），115-119.

Tsui, M. S.（1997）The roots of social work supervision：An historical review, *The Clinical Supervisor*, 15（2），191-198.

 # アダムズのセツルメント活動

1 はじめに

　アダムズ（Addams）は，1860年9月6日，アメリカイリノイ州シーダビルで，父ジョン，母サラの5番目の子女として生誕した。アダムズは，1889年9月，セツルメント活動の代表ともいえるハルハウスをシカゴに開設し，1935年5月21日，74歳で生涯を閉じるまで，セツルメント・ソーシャルワーカーの先駆者，社会学者，作家，女性参政権の指導者および平和運動家として活躍し，アメリカ人女性として初めてノーベル平和賞を受賞した人物である。

　アダムズの著作の一つである『*Twenty Years at Hull-House*』の1章から4章には，アダムズの誕生からハルハウス開設までの経緯が自叙伝のように綴られている。1877年に父の勧めでロックフォード女学院（Rockford Female Seminary）に入学後，父との死別，神経症や脊髄の持病に苦しみ，ヨーロッパ遊学をしながら一人の女性としての自らの生き方を模索する一方，シカゴ周辺における移民たちの厳しい生活の様子に関心を寄せるようになる。アダムズは，自らの生き方の模索と社会の構造矛盾を解決する糸口をセツルメント活動に見出すようになり，シカゴでセツルメント活動を開始することを決意する。

　1888年，友人であるスター（Starr）と共に大学セツルメントの草分け的存在であるイギリスのトインビーホール・セツルメントハウス（Toynbee Hall Settlement House）を訪ね，バーネット夫妻（Samuel and Henrietta Barnett）と面会し，セツルメント活動についての経営管理や運営方法を学ぶ。そして，1889年に，アメリカ最大規模となるセツルメントハウ

スを開設するのである。

　本節は，アダムズの文献を通じて，ハルハウスにおけるセツルメント活動が，スーパービジョンとどう関連しているかについて考察することを目的とする。

2 アダムズの業績

　アダムズの業績は，ハルハウスのセツルメント活動を始め，アメリカの移民労働者の生活問題や児童問題に関する法制度化，女性参政権運動や平和運動に関する国際的活躍，ノーベル平和賞の受賞など，数多く優れたものがある。その業績について，アダムズの著作の一部から述べる。本節で用いる著作の一部とは，アダムズが，1889年〜1935年までに出版したものである。1889年は，アダムズがハルハウスを開設して，その代表に就任した年であり，その後，没する1935年までの47年間，代表を務めたことによる。

　アダムズのセツルメント活動に関する業績に注目するために，ハルハウスの活動記録が出版された20年間を一区切りに，この47年間を3期に区分する。第1期は，ハルハウス開設から『Twenty Years at Hull-House』の出版年までの期間（1889〜1910），第2期は，『Twenty Years at Hull-House』の出版の翌年から『The Second Twenty Years at Hull-House』出版年までの期間（1911〜1930），第3期は，『The Second Twenty Years at Hull-House』出版の翌年から没するまでの期間（1931〜1935）である。

(1) 第1期：ハルハウス開設から20年間（1889〜1910）の業績

　アダムズは，1889年，シカゴにセツルメント活動の拠点として，ハルハウスを設置した。当時のシカゴは，貧困から抜け出せない移民労働者が急増しており，アダムズは，移民たちを個人的に支援するのではなく，教

育プログラムの提供や行政への働きかけなどを行い，社会改革に取り組んだ。そのようなアダムズの社会改良活動に賛同する女性たちや教育哲学者であるデューイ（Dewey）らの協力もあり，ハルハウスは，アメリカ最大規模のセツルメントハウスに急成長した。アダムズは，1909年から1910年にかけて，現在の全米社会福祉会議（National Conference of Social Work）である全米慈善矯正会議（National Conference of Charities and Correction）において，女性初の会長に就任するなど「セツルメントは，革新主義の波に一挙にのり，20世紀の初頭には，COS（Charity Organization Society）を押さえて慈善・矯正会議の主導権を掌握した」（木原 1998）。

　第1期に出版された著書から，アダムズの生い立ちを始め，社会調査による当時のシカゴ周辺の移民たちが抱える問題状況，ハルハウス開設に向けたロンドンのトインビーホールの視察，そして，開設から20年間のハルハウスにおける実践記録を知ることができる。また，活動範囲が，移民問題から女性，平和問題へと広がっていったこともわかる。

　『*Hull-House Maps and Papers*』（Addams 1895）は，アメリカ版のブース（Booth）による貧困調査といわれている著作である。当時のシカゴに移住した移民たちの労働条件や住居環境は厳しく，アダムズは，ケリー（Kelley）とハルハウス周辺の社会調査を行い，民族の分布や生活状況を一目で把握できるような地図を作成した。「その色分けされた地図は，セツルメントの東側一帯に渡り，民族の多様化や低所得層を示し」（Glowacki & Hendry 2004）「イタリア人，ボヘミア人，ロシア人，アイルランド人，ポーランド人を始め，26民族がハルハウス周辺の30ブロックに居住し，水洗トイレを使用しているのは，そのうち約4分の1世帯のみであることが描かれ」（Brown 1999），衛生面が不十分であることなどを指摘した。

　『*Democracy and Social Ethics*』（Addams 1902）において，「アダムズは，社会問題を解決するためには，個人の努力では困難であり，社会改良が求められていること，そして，個人的倫理観から社会的倫理観，または民主主義へと移行する必要があると主張した。アダムズは，そのことに関して各章で当惑を示し，慈善事業を検証し，社会改良を試みようとして，労働組

合，家族内での問題，移民やその子ども達に対して，適切な教育を喚起している」（Fischer 2004）と要約している。そして，シカゴの貧困問題や移民問題を個人の問題としてとらえる慈善組織活動を批判し，産業社会の問題として，セツルメント活動により，解決することを主張した。

『*Newer Ideals of Peace*』（Addams 1907）は，「社会福祉問題よりも，平和問題を論じたもので，戦争問題と労働問題に言及した内容であった。とくに戦争や社会問題の予防的な側面を強調し…平和運動の萌芽とみることができる」（木原1998）こと等が，述べられている。

『*The Spirit of Youth and the City Streets*』（Addams 1909）は，移民の子どもたちのアメリカにおける生活に注目し，適応する過程で社会が若者たちの精神面を崩壊していることを強調している。「その内容は，少年非行の問題と都市問題の関係を社会学的あるいは心理学的手法を用いて扱っており，今日でいうところの児童福祉の思想の原点が述べられている」という指摘がある（木原1998）。

『*Twenty Years at Hull-House*』（Addams 1910）は，開設から20年間のハルハウスの実践記録である。アダムズは，ハルハウスを開設時，責任者として，イリノイ州に提出したハルハウスの要綱である"The Hull-House Charter"に，セツルメント活動の目的を「(1)社会生活の質を向上させる施設を設置すること，(2)教育的，博愛的事業を実践すること，(3)シカゴの産業労働者が居住する地域を調査し，社会改良すること」と，明確に記述していることからも，セツルメント活動の実践記録であることが理解できる。

本著は，18章で構成されているが，1章～4章までは，アダムズの生い立ちが述べられている。そして，5章以降はハルハウスの運営や実践活動が中心となる。

5章では，シカゴで調査を行い，新しい事業を始める熱意やトインビーホールで実践されているセツルメント活動の意義が記述されている。当時のシカゴは，移民が集中し，スラムの衛生面は劣悪であった。その様子をアダムズは，「ホルステッド通りは，…どこも言い表せないほど汚く，学

第2節 アダムズのセツルメント活動

校もたりず，衛生法規も守られてない。また街灯は不十分だし，舗装は不備で，裏通りに至ってはまったくひどく厩舎などはこの上なく不潔である。下水溝につながっていない家も多い。…そうして空いたところには，市民としての義務には全く無頓着な新たな移民が入ってくるのである。…極端な低賃金を強いる搾取制度…多くの好ましくない状態が見過ごされているのだ。このひどい状態が続く中で，少なくとも 2 世代に渡って子ども達が生まれ育っている」（Addams = 1996）ことが記録されている。このような状況下で，ハルハウスは，セツルメント活動の拠点として，移民やその子ども達に対して，教育プログラム等を提供した。

アダムズは，アートギャラリー，プレイグランド，映画館，コーヒーハウス，ミュージックルームなど，1907 年までに 10 棟の建物を開設した。また，移民の問題を個人の問題としてとらえるのではなく，社会問題としてとらえ，行政へ働きかけを行った。その結果，シカゴに最初の児童公園が開設（1894），シカゴ第 19 区のゴミ処理調査官として清掃車が始動（1895），『イリノイ州児童労働法』成立（1903）に向けた運動等が実現した。

アダムズは，『Twenty Years at Hull-House』を出版したことにより，20 年間のハルハウスにおけるセツルメント活動が高く評価され，女性として初めて，イェール大学（Yale University）より名誉学位を授与された。

(2) 第 2 期：ハルハウス開設 20 年後から次の 20 年間 （1911 〜 1930）の業績

第 1 期において，ハルハウスにおけるセツルメントは，シカゴ周辺の移民に対する教育プログラムの提供や行政への働きかけから，さまざまな会議や協議会への参加へと広がりを示し，社会改良活動が積極的に展開された。第 2 期でも，社会改良運動は，継続して展開されるが，革新主義の時代（Progressive Era，1890 〜 1920）の終結と第 1 次世界大戦（1914 〜 1918）を背景に，アダムズの関心は，世界の女性問題や平和問題へと広がっていった。それを象徴する事柄として，全国アメリカ婦人参政権協議会（National American Women Suffrage Association）の副会長に就任（1911

〜 1914)，National American Women Suffrage Association の副会長に就任（1912），ハンガリーのブダペストにおいて，第 7 回 International Alliance for Suffrage and Equal Citizenship でスピーチ（1913）を行った。また，第 1 次世界大戦が勃発した 1914 年の翌年，アダムズは，アメリカの最初の平和組織である婦人平和会議（Woman's Peace Party）の議長に就任（1915），オランダのハーグにおける第 1 回 International Congress of Women の会長に就任（1915），International Committee of Women for a Permanent Peace の会長に就任（1915）するなど，国際的平和活動を積極的に行うようになった。また，1919 年〜 1929 年の 10 年間，Women's International League for Peace and Freedom の会長に就任する。1923 年，アダムズは，インド，シンガポール，エジプトなどの国々を回り，同年 6 月に日本を訪れた。

　第 2 期に出版された著作から，ハルハウス開設 20 年目〜 40 年目の 20 年間のハルハウスの実践活動の様子と，アダムズの活動がシカゴから国際舞台へと広がり，女性問題や平和活動に及んでいることがわかる。

　『*A New Conscience and an Ancient Evil*』（Addams 1912），『*Women at The Hague*』（Addams 1915），『*The Long Road of Women's Memory*』（Addams 1916），『*Peace and Bread in Time of War*』（Addams 1922）が，出版され，女性や平和をテーマにした著作が続く。

　『*The Second Twenty Years at Hull-House*』（Addams 1930）は，ハルハウス開設から 20 年からさらに 20 年間の実践記録である。

　アメリカの革新主義の終焉と第 1 次世界大戦の始まりは，徐々にセツルメント活動の勢いを減少させる。「セツルメント活動の勢いが落ち，1920 年代と 1930 年代は，ソーシャルワーカーも，貧困者たちと生活をしたり，コミュニケーションを取ったりすることなどが少なくなるが，アダムズたちの信頼で，ハルハウスは，1960 年代まで機能し続けたということである。アダムズの活動は，シカゴの社会改良運動から女性問題や平和問題に広がりを示し，国際的な会議や協議会に関わるようになる」（MacRae 1962）という指摘もある。

(3) 第3期：ノーベル平和賞受賞から死去まで（1931～1935）の業績

　アダムズは，1931年にノーベル平和賞を受賞した初のアメリカ人女性となる。そして，1935年に第20回 Women's International League for Peace and Freedom において，栄誉を受け，その年に死去する。以下，2著作を挙げるが，『My Friend, Julia Lathrop』は，アダムズの死後，その原稿が発見され，ハルハウスでの活動を共にしてきたアリス・ハミルトン（Alice Hamilton）によって出版され遺作となった。

　『The Excellent Becomes Permanent』（Addams 1932）を出版する。

　『My Friend, Julia Lathrop』（Addams 1935）は，1932年に死去したラスロップ（Lathrop）の功績を称えて書かれた。ラスロップは，アダムズのロックフォード女学院時代の学友で，1890年からハルハウスに移り，40年以上にわたり，アダムズと共に女性・児童・移民・労働者の社会改良運動に生涯をささげた人物である。本著は，14章で構成されており，1章～3章までは，ラスロップの生い立ちが書かれている。4章以降は，ラスロップと共に活動してきた社会調査，少年裁判所の設置，女性参政権運動，平和活動等に関して，その功績や議論したこと等を思い起こすように書かれている。具体的には，ハルハウスの居住者であるラスロップが，1917年に若い革新派の会員たちから熱心な支持を受けて，ソーシャルワーク会議の会長に就任したことなどが記述されている。また，「12章 Journey Around The World」では，それぞれ時期は異なるが，アダムズとラスロップは，女性の国際会議や平和活動に参加するために，エジプト，インド，中国，シンガポール，フィリピン，そして日本を訪問した。そして，女性の差別，土地などの労働手段を持たない労働者の困窮生活，教育を受けられない子どもたちの悲惨な状況を目にした。アダムズとラスロップは，帰国後，ハルハウスで世界旅行を振り返り，さまざまな議論をする。そのとき，アメリカの思想家・哲学者であるイマーソン（Emerson）の"the earth moves and the mind opens"という言葉を引用して，互いの経験を語り合い，社会に対して行動を起こすことが，社会の前進につなが

ると確信したことなどが，記述されている。

本著を通じて，アダムズとラスロップが，人々の社会生活を向上させるために，教育的事業の実施，社会調査や行政への働きかけにより社会を改革するというセツルメント活動を貫いたことを理解できる。

3 アダムズのハルハウスとスーパービジョン

文献を通して，アダムズの47年間のハルハウスにおける活動とスーパービジョンとの関連を見出すことはできなかった。アダムズの活動は，ハルハウスの開設当時，イリノイ州に提出した要綱に述べられているように，シカゴに居住する移民とその子どもたちの生活を改善するためのセツルメント活動に始まり，その活動領域は，世界の平和問題や女性問題に広がるが，一貫して社会に働きかけることにより，人々の生活の質を向上させていくセツルメント活動を貫いていた。

『*Twenty Years at Hull-House*』の第7章では，セツルメント活動とは，社会的かつ個人的救済に向けて積極的に推し進めるべく必然的な存在であると記述されている。その言葉どおり，アダムズは，ハルハウスで，近隣の貧困調査，教育プログラム提供，チャイルドケア，行政への働きかけを行い，それらの実践活動を記録している。そして，ハルハウスの活動について言及する際，"social work"（ソーシャルワーク）や"supervision"（スーパービジョン）という用語は，使用しなかった。むしろ，"social reform"（社会改革），"social action"（社会活動），"social changes"（社会変革），または，"neighborhood services"（地域サービス）等の用語を頻繁に使用していた。また，開設当時以来，ハルハウスには，アダムズをはじめ，セツルメント活動の賛同者や困難を抱えた人々が，共同生活をしていたが，アダムズは，その著書において，そのような人々をソーシャルワーカーやクライエント，スーパーバイザーやスーパーバイジーという呼び方はしておらず，"residents"と記述している。ハルハウス開設から死去するまでの47

年間，アダムズは，セツルメント活動を貫いていたということが，いえるであろう。

　しかし，ノーベル平和賞の受賞を契機に，1930代頃から，アダムズの活動は，ソーシャルワークとして，広く認識されるようになった。ハルハウス周辺の公衆衛生を改善するために，清掃車を制度化した活動が，ソーシャルワーカーの活動として，社会に知られるようになったからである。「アダムズにとって，ソーシャルワークとは，社会改良活動だったのである」(Karger & Stoesz 2002) という指摘もある。また，セツルメント活動からグループワークやコミュニティワークが行われるようになり，「アダムズのセツルメント活動は，社会福祉の起源」(Karger & Stoesz 2002) と理解されるようになった。近年では，アダムズは，ソーシャルワークのパイオニアとして，NASWF（The Encyclopedia of Social Work や The National Association of Social Workers Foundation）等に，広く紹介されている。

　最後に，アダムズは，ハルハウスのセツルメント活動について言及する際，スーパービジョンという用語は使用していないが，スーパービジョン的な活動は，存在していたと推測することはできるのではないだろうか。その根拠として，ハルハウス開設前，トインビーホールを訪問し，バーネット夫妻からセツルメントの経験を学び，スター，ケリー，ラスロップたちと後輩の教育指導を行ってきた。「思いもよらないソーシャルワークの歴史の一つとして，ハルハウスが，ジュリア・ラスロップ，グレース・アボット，フローレンス・ケリー，…たちのような専門性のある初期のソーシャルワーカーにとって，トレーニングセンターになった」(Franklin 1986) という指摘がある。その他，シカゴ大学から実習生の受け入れも行っている。ハルハウスにおけるセツルメント活動において，アダムズから後輩たちへの教育や支援，つまりスーパービジョン的な活動が，日常的に展開されていたと推測することは，可能だと考察するのである。

（笹尾　雅美）

引用文献

Addams, J. (1895) *Hull-House Maps and Papers：A Presentation of Nationalities and Wages in a Congested*

District of Chicago, Thomas Y. Crowell.
Addams, J. (1902) *Democracy and Social Ethics*, Macmillan.
Addams, J. (1907) *Newer Ideals of Peace*. Macmillan.
Addams, J. (1909) *The Spirit of Youth and the City Streets*, Macmillan.
Addams, Jane (1910) *Twenty years at Hull-House*, Macmillan, 88.
市川房江記念会・縫田ゼミナール訳 (1996)『ハルハウスの20年』市川房江記念会出版部, 76-78.
Addams, J. (1912) *A New Conscience and an Ancient Evil*, Macmillan.
Addams, J. (1915) *Women at The Hague：The International Congress of Women and Its Results*, Macmillan.
Addams, J. (1916) *The Long Road of Women's Memory*, Macmillan.
Addams, J. (1922) *Peace and Bread in Time of War*, Macmillan.
Addams, J. (1930) *The Second Twenty Years at Hull-House*, Macmillan.
Addams, J. (1932) *The Excellent Becomes Permanent*, Macmillan.
Addams, J. (1935) *My Friend, Julia Lathrop*, Macmillan.
Brown, V. B. (1999) Introduction, Addams, Jane ed., *Twenty Years of Hull-House* (1910), Bedford/St. Martin's.
Fischer, M. (2004) Democracy and Social Ethics, and：The Long Road of Woman's Memory (review), *The Journal of Speculative Philosophy*, 18 (1), 85-88.
Franklin, D. L. (1986) Mary Richmond and Jane Addams：From moral certainty to rational inquiry in social work practice, *Social Service Review*, 60 (4), 504-525.
Glowacki, P. and Hendry, J. (2004) *Hull-House：Images of America*, Arcadia Publishing, 37.
Karger, H. J. and Stoesz, D. (2002) *American Social Welfare Policy：A Pluralist Approach*, 4th ed., Allyn and Bacon, 224.
木原活信 (1998a)『ジェーン・アダムズ』大空社.
木原活信 (1998b)『J. アダムズの社会福祉実践思想の研究』川島書店, 148.
MacRae, R. (1962) The future of Hull-House：Proceedings of a Board Meeting, *Social Service Review*, 36 (2), 123-142.

 ## 第3節 リッチモンドのスーパービジョンの先験的取り組み
―ソーシャルワーク専門職のトレーニングに関する初期の論文および講演から―

1 はじめに

　リッチモンド（Richmond, 1861～1928）は，慈善組織協会（Charity Organization Society；COS）の友愛訪問活動を通し，特に子どもの貧困，女性および家族の生活問題を解決するために，慈善（charity）を組織化し，科学的根拠をもってソーシャルワークを専門業とすることに生涯をささげた。また，その活動から得た知見を知識・技術として文言化し，今日のソーシャルワーク理論の礎を築くとともに，ソーシャルワーカー専門教育の体系化に多大なる功績を残した。近年，新たに彼女の思想をまとめた著書[注1]が出版されるなど，1世紀を経過した現在でも業績は評価され続けている。

　日本では1954年，小松が「メリー・リッチモンドの思想と生涯」[注2]で，彼女の功績を紹介して以降，『ソーシャル・ケース・ワークとは何か』『社会診断』の著書が翻訳され，出版されている。これらの著書を活用し，

注1　Agnew, E. N., *From charity to social work : Mary E. Richmond and the creation of an American profession*, Urbana, IL, University of Illinois Press, 2004. が出版され，あらためてリッチモンドの思想や取り組みが評価されている。

注2　小松源助（1954）「メリー・リッチモンドの思想と生涯」『社会事業』37, 5. が初出である。現在は，小松源助（1993）『ソーシャルワーク理論の歴史と展開：先駆者に辿るその発達史』川島出版，33-67. にまとめられている。

社会福祉教育や専門職教育が進められており，日本のソーシャルワーク発展に多大な影響を及ぼした。

リッチモンドの著書が，長い年月を経た現在も受け継がれるべきものとして，位置づけられているのは何故なのか。その理由を吉田は「リッチモンドが挙げる諸事例には，歴史社会的な確かな目が光っており，現在の日本社会福祉はその目を見失いがちであり，リッチモンドはあらためてそれに反省を迫っている（傍点部筆者）」と述べ，リッチモンドの思想を受け継ぐ重要性を指摘している（吉田 1991）[注3]。

前述の 2 冊のテキスト[注4]は，リッチモンドが友愛訪問員として，ボルチモア COS に携わり始めた 1889 年から約 30 年間を経て，ソーシャルケースワークの思想，倫理，技法等を伝達することを目的とし，結集されたものである。このテキストが専門職教育やトレーニングのために著されたものであるならば，リッチモンドの先験的なワーカートレーニングをたどることにより，現代のスーパービジョンに通ずる彼女の思想や技術が明らかになるのではないかと考えた。また，リッチモンドはソーシャルワーカーのトレーニングおよび教育に生涯を通じて携わり功績を残しているが，その原点となっている初期の問題意識に注目することとした。以上のことから，本節では，リッチモンドの論文および講演内容がまとめられた『The Long View』から 1896 年および 97 年の講演記録，論文および雑誌記事，彼女の没後に特集が組まれた『The Family, vol.9 1929』を取り上げる。

注3　吉田久一（1991）のはしがきより引用した。傍点部は筆者がつけている。
注4　リッチモンドは，この 2 冊を専門職教育のテキストとして，当初まとめている。

2 リッチモンドの先験的取り組みとその思想

(1) 有償チャリティワーカー (The Payd Charity Worker) とトレーニング (Training) の必要性

　リッチモンドは，1897年フィラデルフィアにおける市民クラブ会議の中で，「有償チャリティワーカー (The Payed Charity Worker)」の言葉を用い，友愛訪問員 (The Friendly Visitor) の活動が貧困を軽減するために必要な活動であり，賃金を支払う価値のある活動と強調した。この背景について，当時のチャリティ活動の世間的評価を例に挙げ，「教会のイベントでチケットを売ることと，COSの女性訪問員が未亡人の母親のたった1人の支援者になっていることを同義にしている」と説明した (Richmond 1930a：86)。そして，賃金を支払う価値のある活動と認められるためには，チャリティの枠組みを見直し，社会に訴えなければならないと伝えている。この講演の同時期に書かれた論文でも，「友愛訪問員の活動は，一方的に施すといった単なる慈善ではない。社会資源の知識を豊富に持ち，貧困を抱えている人の主体性を尊重しながら，資源を使用できるように創意工夫し，提案そして協力し合える人である。そのような側面的援助である」と論じ，友愛訪問員を慈善婦人 (charity lady) ではなく，ソーシャルワーカー (social worker) と位置づけている (Richmond 1930b：122)。そして，活動の社会的価値を獲得するためには，「貧困を抱えた家族の状況を把握し，変化をもたらすような」側面的援助の質を保つこととし，その質を高めるためのトレーニングが必要であると述べた (Richmond 1930a：87)。彼女のいう「状況の把握や変化をもたらす」働きは，以後の『ソーシャルケースワークとは何か』で文言化したケースワークの機能，個人と社会環境の洞察に通じていく。以上のようにリッチモンドは，ソーシャルワーカーのトレーニングが，支援を必要とする人々の生活に変化をもたらすと考えている。

（2）トレーニングとトレーニングを受けるソーシャルワーカーの資質

　1897年，リッチモンドは，系統的なトレーニングを受けるためにCOSソーシャルワーカーに望むことを伝えた。彼女は，必要な資質を「正しい方向で物事をつかむ能力，想像する力，共感力，相手の望みを知ろうとする力」であると述べたうえで，これついて受けた疑問「結局のところ，ワーカーに向くか，向かないかは，個の持つ特質であって，トレーニングではないのではないか？」に応えている。

　　「ごくまれにそういった人もいるだろう。しかし，有償のチャリティワーカーに限らず，無償のワーカーも，活動の中から学び，そのような能力を身に付け，質の高い働きをしている。しかし，それではワーカーの絶対数が少ない。より多くの質の高いワーカーを獲得していくためには，力を高めるトレーニングが必要である。」（Richmond 1930a：89）

　このリッチモンドの考え方は，後のソーシャルワーカー専門教育につながっていくが，同時にスーパーバイジーの姿勢を示しているとも取れる。ソーシャルワーカーとして職に就くのであれば，活動に必要な力を高めるトレーニングを受け，質の高い働きをする責務が示唆されている。

（3）トレーニングとトレーニングを行うワーカーの責務

　リッチモンドはソーシャルワーカーを育成する立場として，次のように主張している。

　　「知り教えることは私たちの義務である。今現在私たちは，活動の基礎となる，原理や方法をまとめている。それを実際の活動に適用させながら，徐々に創り上げている。私たちの活動が社会から信用されるように。先駆的な活動を行っている者たちは，活動の成功体験や失

敗体験を蓄積し，同様の活動を行っている者へ伝える義務がある。学習して，教えることが義務なのである。」(Richmond 1930a：89)

「ソーシャルワーカーが活動経験をストックし伝え，後継者を育成する責任がある。」(Richmond 1930c：102)

「弁護士のように利用可能な資源を適切に，かつ軽妙に選別できる力，医師のように直感的に適切に判断する力，教師のように経験から人を育てる力」を持つこと，かつその能力が高いレベルで求められる。」(Richmond 1930d：106)

このように，リッチモンドは自身の体験から，ソーシャルワーカーのトレーニングにおいて，教える側の経験が重要であり，その経験をまとめて伝える準備をしておくこと，経験の質を高める能力を養うこと，人を育てる力を持つことが必要であると述べている。現在のスーパーバイザーの責務や力量として挙げられる，専門性の自己覚知，専門職の信頼性の確保，自己発見，自己成長への求めに通ずる指摘である。

さらに付言すれば，教える側の姿勢について，後年まとめられた『ソーシャル・ケース・ワークとは何か』において「保守的であったり，革新的な見方を持ったワーカーであっても，業務に就くことにより修正される。異なるものを異なるように扱うという教訓を伝える」と言及し，スーパーバイザーの機能を示唆している。これはカデューシン（Kadushin）が3分類するスーパーバイザー機能のうち，教育的機能，何を知るべきかを教えることに通ずるだろう。

以上のようにリッチモンドは，ソーシャルワーカー自身の経験を後継者へ伝えることを責務とし，そのための自己研鑽に努めることを説いている。そしてこの経験や技術を伝達する過程は，ソーシャルワーカーの社会的信用を獲得する過程と同義であることを一貫して強調している。

(4) トレーニングの方法

リッチモンドは，トレーニングの方法として「ケース検討（case method）」を提唱している。彼女はこの理由を1897年に述べている。

「これまで行われてきた新人へのトレーニング形式，例えば，調査，事務，会議への同行，貧困者やその家族への対応をみることだけでは，多くの人をトレーニングすることは難しい。

あるとき私は，"大学のケースワーク教育のみで，ソーシャルワークやチャリティの何がよくて，何が悪いのかを示すのに十分であると思わないように"と指摘を受けた。私は，決してそのように思っていない。"ケース（'case'）"に対応する知的な判断は，非常にゆっくりと形づくられる。それは，われわれが対応したケースの失敗と成功の比較，それと同様の活動を行っている人々の失敗と成功の比較によってのみ，もたらされる力である。それは，医学に携わる者が一般診療の場面で得ていくスキルに似ている。ある程度のレベルに達するには，長い見習い期間が必要である。」(Richmond 1930a：90，傍点筆者)

この「ケースに対応する知的な判断」とは，リッチモンドが求め続けたワーカーに必要な本質的能力と推察される。トレーニングの方法にケース検討を強く提唱した理由も同様であろう。ケースへの対応だけではなく，対応したケースを「比較」し，トレーニングを積み重ねることによりスキルが獲得できると述べている。1897年当時のリッチモンドが，スーパービジョンの明確な方法や技術を提示できていなかったとしても，現代のスーパービジョンに通ずる思想を持ち，その方法を試行錯誤し続けている様子がうかがえる。

(5) トレーニングと教育

リッチモンドが専門職教育（主に大学においての）と実践の場でのトレーニングの関係についてどのように考えていたのかに焦点を当てる。リッチモンドが大学教育のみで，ソーシャルワークの本質に近づくことが難しいと考えていたのは先述したとおりである。1897年，トロントの全国慈善矯正会議で彼女の考えが発表されている。

「学生は，インストラクターの毎日のスーパービジョン（the daily supervision）のもと，チャリティの実際を観察し，参加した。理論と実践は密接な関係にあるだろう（Theory and practice would go hand in hand）。

単に私は技術教育だけを重要視しているのではない。学校教育で提供されるべきものは，よりよい，理想的なケースワークの考え方を生み出していく機会である。」（Richmond 1930c：103-104，傍点部分筆者）

この講演で，リッチモンドは「スーパービジョン」の言葉を用いている。厳密には，実習教育でのスーパービジョンを指しているが，実践の場において適切なスーパービジョンを行う必要性を示している。また，学校教育で提供されるべきものは，「考え方を生み出していく機会」とし，技術の伝達だけではなく，その活動の理想的な形について考える機会を重視している。ソーシャルワークの専門性を保持するために「理論と実践は密接な関係」にあり，その密接な関係を築くために，大学教育と実践の場でのトレーニング，スーパービジョンの両方が欠かせないことを示唆している。

（6）トレーナーとしてのリッチモンド

リッチモンドのトレーニングや教育を受けた者が，彼女をどのようにとらえていたのか。彼女の個性やトレーナーとしての働きが以下のように評価されている。

「リッチモンドのスーパーバイザーとしての機能は，理論を講義することではなく，ケースのディスカッションを聞き，ガイドし，共に参加することだった。」（Colcord 1929：321）
「ワーカーの仕事の具体的な点を指摘することも，リッチモンドのワーカートレーニングであった，事例検討用の様式，生活歴のフォーム，提案用のフォームなどが，"リフォーム"され，非常に使いや

すいものとなった。」(Rupert 1929：330)

「教育の場，グループで，彼女に友達のように受け入れられる感覚を得た。ケースの考察がふさわしかった場合，またグループに貢献した場合は，そのように感じられるように導いていた。彼女のケースプレゼンテーションでは，深い準備，科学的根拠となるソーシャル・データの収集，注意深い分析および結論のロジックが示された。彼女が示した姿勢からケースワークへの取り組み方を得た。」(Richmond 1930：276)[注5]

リッチモンドは業務の実際を示すソーシャルワーカーとしてだけではなく，スーパーバイザーに求められる能力を意識し（あるいは直感的かもしれないが），教育やトレーニングを行ってきたことがわかる。リッチモンドは，トレーニングの際に「彼女の個性（Her own personality）」を発揮し（Richmond 1930：276），スーパーバイザーに求められる能力の，専門性の明確なアイデンティティや支持的態度を強く示している。特に，専門性の明確なアイデンティティは「結論へのロジック」を示す等，ソーシャルワーカーとしてケースに取り組む専門性をトレーニングの場で体感できるよう配慮している。このようなリッチモンドの姿勢は，ソーシャルワーカーのロールモデルとして後継者へ受け継がれ，ソーシャルワークの発展，ひいてはスーパービジョンの体系化につながったと推察する。

3 おわりに

以上，リッチモンドの初期の問題意識を中心に，スーパービジョンとの

注5　Richmond, M. E.（1930）*The Long View*, New York, Russell Sage Foundation からの引用であるが，この部分は，*The Long View* をまとめた編集者 Ruth Z. S. Mann と Joanna C. Colcord によって著されている。

関連で解題を行った。この解題で，リッチモンドがCOSに携わった初期のころから，ソーシャルワーカーの育成と，援助を必要とする人への支援は同義であることを唱えていたことや，その根底にある思想を読み取ることができた。ここで述べたことは，今日のソーシャルワークにおいて，当たり前の指摘と映るだろう。しかし，ケースワークの母と呼ばれる彼女がどのようにして，トレーニングや専門職教育に取り組み，試行錯誤したのか，その思想や背景を知ることは意義深いものであった。彼女がケースワークの母と呼ばれる所以は，ケースワークの生みの親，育ての親というだけではなく，リッチモンド自身がスーパーバイザーとしてソーシャルワーカーを育成し，「成功体験や失敗体験を蓄積し，同様の活動を行っている者へ伝える義務」を果たしたことにあろう。

(菅原 里江)

引用文献

Colcord, J. C.（1929）Mary E. Richmond：Social worker, *The Family*, 9（10），319-322.

Richmond, M. E.（1897）*Proceeding of the National Conference of Social Welfare*, Chicago Press.

Richmond M. E.（1917）Social Diagnosis, Russell Sage Foundation.（＝2012，杉本一義監，佐藤哲三訳『社会診断』あいり出版.）

Richmond M. E.（1922）*What is Social Case Work?* Russell Sage Foundation.（＝1991，小松源助訳『ソーシャル・ケース・ワークとは何か』中央法規出版.）

Richmond, M. E.（1930a）The training of charity workers, *The Long View*, Russell Sage Foundation, 86-98.

Richmond, M. E.（1930b）The settlement and friendly visiting, *The Long View*, Russell Sage Foundation, 120-126.

Richmond, M. E.（1930c）The need of a training school in applied philanthropy, *The Long View*, Russell Sage Foundation, 99-104.

Richmond, M. E.（1930d）The art of asking questions, *The Long View*, Russell Sage Foundation, 105-107.

Rupert, E.（1929）Philadelphia 1900-1909, *The Family*, 9（10），328-335.

第4節 ロビンソンのスーパービジョン
―機能主義ケースワークからの展開―

1 はじめに

(1) ロビンソンの紹介と功績

　ロビンソン（Robinson, 1883〜1977）は1918年〜1952年まで，ペンシルベニア大学社会福祉学部にて，人生のパートナーとして生涯を過ごしたタフト（Taft, 1882〜1960）と共に，精神分析学者であったランク（Rank, 1884〜1939）による「意思心理学」を基礎とした機能主義ケースワークによるソーシャルワーク教育を展開した。

　日本におけるロビンソンの認知度は，クライエントを問題解決の主体としてとらえながら，クライエントの意志（will）を尊重すると同時に，ソーシャルワーカーの所属機関が持つ機能の範囲内（limit）でクライエントが援助を活用できるように支援する機能主義的アプローチが中心となっている。しかしながら，全米におけるロビンソンはソーシャルワーク教育の確立を目指し，大学院における専門職教育のカリキュラム内容とフィールドワークアプローチの概念化を図った中心的な人物としても知られている（NASW 2014）。

　ロビンソンの代表的な著書は，『*Supervision in Social Casework：A Problem in Professional Education*』（Robinson 1936）であり，ロビンソンはこの著書の中で，フィールドワークにおけるスーパービジョンの価値とその関係性からみられる学びと教育について議論している。

(2) ロビンソンの文献解題の目的

　本節ではロビンソンが執筆した著書の文献解題を行うことにより，ロビ

ンソンが提唱した機能主義学派によるスーパービジョンについて分析し，その概要について解説する。

　現在に残る著書の中で，日本における唯一の翻訳本として知られているのが『ケースワーク心理学の変遷』(Robinson ＝ 1969) である。これは，ロビンソンが 1934 年に博士論文のための研究結果をまとめたものであり，30 年にわたる実践と教育によって形成されたロビンソンのソーシャルケースワークの基礎となるものでもある。ロビンソンは，この翌年にペンシルベニア大学大学院，社会福祉学部にて開講された「Problems and Methods of Supervision」において，スーパービジョンにおける課題の明確化を図り，『Supervision in Social Casework：A Problem in Professional Education』(1936) を完成させている。これは，ソーシャルケースワークにおけるスーパービジョンを解説した全米最初の図書でもある。1949 年には，2 冊目となる『The Dynamics of Supervision under Functional Controls』を出版し，1 冊目では取り上げられなかったスーパービジョンの要素を追加する形で，これまでの教育と現場実践の経験を振り返っている。

(3) 時代背景から読み取るソーシャルケースワークと機能主義学派

　ロビンソンが最初の著書で試みていたことの一つは，1920 年代以前のソーシャルワークの動向と現代精神医学との関係性を明確にすることであった。なぜならば，リッチモンドの『Social Diagnosis (社会診断)』を出発点とした，ソーシャルケースワークの激動時代の発展が，ロビンソンのソーシャルケースワークとスーパービジョンを理解するうえで，重要な位置づけとなると考えたからである (Robinson ＝ 1969)。

　1910 年代後半から，退役軍人による戦時神経症等の新たな社会問題に対するソーシャルケースワークのあり方が問われるようになり，リッチモンドによる社会的証拠の収集とその内容を診断しながら行う社会計画的なソーシャルケースワークでは，複雑化する精神心理の問題に対応しきれなくなってきた背景をロビンソンは説明する。ロビンソンは，リッチモンドによる『Social Diagnosis (社会診断)』に対する高い評価を示すと同時に，

現代精神医学の影響による個人への関心の高まりに対応すべく，人間関係を中心としたソーシャルケースワーク関係の構築について言及している。その内容は，ランク心理学の影響を強く受けており，ワーカーとクライエントの相互的な人間関係を重視し，クライエントが持つ変容能力を援助することにより，問題解決の主体をクライエントに置くこととしている。また，機関の機能を援助関係に活用することにより，実際的な枠組みにおけるクライエントの成長も治療のプロセスとしてとらえている。

こうした機能主義ケースワークの展開が行われたのは，ペンシルベニア大学とノースキャロライナ大学のみであり，ロビンソンは機能主義を基盤としたソーシャルケースワークの専門教育の要素として，スーパーバイザーとスーパーバイジーの相互的な人間関係の重要性についてもふれている。

2 機能主義学派の枠組みにおける専門職トレーニングとスーパービジョン

ロビンソンがソーシャルワークの専門職教育の発展に寄与したことは前述のとおりである。本章では，ロビンソンのスーパービジョンについて，『Supervision in Social Casework：A Problem in Professional Education』（1936）と『The Dynamics of Supervision under Functional Controls』（1949）の代表的な2冊の文献解題を中心に行うことにより，機能主義学派によるスーパービジョンについて具体的に解説する。

(1) ソーシャルワーカーになるためのトレーニング

ソーシャルワーカーが専門職としての地位を確立するためには，大学院での教育システムにおけるトレーニングと機関の資源を活用した卒後トレーニングが必要となる。ロビンソンは，ソーシャルワークの専門職トレーニングの要素として，以下の3つを挙げている。

①大学で学ぶソーシャルワークに関する専門的な知識

②フィールドワークを通して学ぶソーシャルケースワークの技術
　　③専門職として，統制されたクライエントへの支援とクライエントを
　　　関連づける力
　これらすべてを最終的に統合することにより，専門職としての教育を修了したと認められる。
　ソーシャルワークを学ぼうとする学生は，クライエントの経験を自分の経験に関連づける能力が高く，他者への支援に対する情熱はあるが，実際の実践力は未熟なことが多い。ソーシャルワーク専門職としての価値や規律，支援の範囲を学び，スーパービジョンを通して自己の変化を受け入れることにより，ケースワーカーとしての考え方や行動が専門職のレベルになる。その一例として，幼児期の経験からクライエントに自己を投影し，クライエントの真の姿ではなく，こうであってほしいと願うものだけを見ようとする学生がいるとする。この学生がクライエントのネガティブな事実を知ったとき，個人的な反応としてクライエントを拒絶するのではなく，クライエントの過去を行動に関連づけて理解すると同時に，スーパーバイザーとの関係性の中で自分の心理的な課題も解決することが求められる。こうしたフィールドワークでの学生と指導者のスーパービジョン関係が，クライエントとの支援関係にも影響するという視点も，ロビンソンのスーパービジョンの特徴であるといえる。

(2) スーパーバイザーの役割

　ロビンソンが提唱するスーパーバイザーの具体的な役割は以下の5点に集約される。
　　①スーパーバイザーは，学生が担当するケースにおけるクライエントへの責任・所属機関への責任があるため，ケースに関する総合的な対応が求められる。学生が適切な支援を安心して行うことができるようなフォローアップもスーパーバイザーの役割となる。
　　② スーパーバイザーは，所属機関の方針や理念に関する理解，地域におけるその他の資源の把握をしなくてはならない。スーパーバイザーが持っている知識や情報はスーパービジョンを通して学生に教

示されることから，スーパーバイザーの向上心はスーパービジョンに影響する。

③ スーパーバイザーは，スーパーバイジーの学びに対して受身の姿勢を用いるべきであり，スーパービジョン関係の中では受身の技術が効果的となる。実習の初期段階は，自分で考えることよりも，他者の意見を受容する傾向が強くなるため，学生が場面や状況において何を考え，どのような行動をするのかを見守る姿勢が学びの深まりにつながる。

④ スーパーバイザーは，ケースワークを通して，学生の考え方や行動に新たな視点を与える役割がある。したがって，個々のケースに対する支援方法を提示するだけでなく，考えるための材料を提供し，異なる視点からのケースの見方を伝え，自己を振り返る機会をつくることも重要となる。

⑤ スーパーバイザーは，学生に対する評価を通してケースワークを行うために学ぶべき技術や能力を明確にする。また，学生も自己評価表を用いることで，成長が必要な点や自分の強みを確認し，スーパービジョンの指導に活用する。

これらの役割を活用させることに加え，教育的なスーパービジョン関係を構築していくためには，スーパーバイザーは現場の経験を通して，継続的に安定度や信頼度を高めていく必要があるとロビンソンは指摘する。

(3) 1年目・2年目のトレーニングとスーパービジョン

ロビンソンは多くの具体的な例を用いながらスーパービジョンについて解説している。その中で，大学院における2年間のトレーニングの段階的な到達点について，以下の事例を用いている。救護施設にて1年間の現場経験のある学生が，自分の勤務先で1年目の実習を行う事例である。この学生は，25〜35ケース，1年目終了時には50のケースを担当しており，スーパービジョンでフィールドワークの振り返りをするために，一つのケースの詳細を時間軸に沿って細かくレコードキーピングしている。自分が感じること，考えたことなど，クライエントの言動や行動に対して

の反応も細かく記載し，自分の中での振り返りを繰り返しながら，記録を整えている。こうした資料を用いながらスーパービジョンを行うことは，学生が自分の支援関係に責任を持つという意味にもなり，脆弱な1年目のトレーニングをより意義のあるものにするとロビンソンは指摘する。

また，ロビンソンが骨格をまとめたペンシルベニア大学大学院の実習プログラムでは，1年目のフィールドワークで学ぶべきゴールに達することができた学生のみ，2年目のフィールドワークに進むことができると規定している。1年目でケースワークの方法を学び，クライエントに対する適切な対応への技術を身に付けていることから，2年目の実習では現場のルールや支援で求められることが事前に予測できるようになる。また，スーパービジョンについても，2年目には，スーパービジョン関係に求められる内容を理解して取り組むことができる。しかし，一定の仕事に対する理解を身に付け，自分で適切な判断ができるようになると，ケースワークに関する自立心が芽生え，2年目に学生としてスーパーバイズされる環境に違和感を覚える学生もいる。こうした違和感を乗り越えると，学生はスーパーバイザーから何を学びたいか具体的に表現できるようになり，スーパービジョンをうまく活用するようになると解説されている。

また，フィールドワークの中から浮かび上がってきた実質的な議論を題材として，卒業論文を仕上げることもプログラムの一部となっており，論文執筆の資格を得るためには，2年目の前期に機能主義ケースワークにおける援助過程の意義とその過程におけるクライエントとの関係性からみた専門職としての自分について，理解しておかなければならないと付け加えられている。

(4) スーパーバイザーに求められる要素

ロビンソンのスーパービジョン関係の中で，スーパーバイザーに求められる要素は以下の4点にまとめられている。

①仕事の能力と自分の知識を明確に示す力

自分の仕事をこなす能力や自分の仕事に対する知識だけでは，よいスー

パービジョンにつながらない。スーパービジョンには，自分の技術や知識を言語化し，他者につなげる力と伝授する力も必要とされる。

②学ぶ学生への配慮
　スーパーバイザーはスーパーバイジーが仕事をきちんと行っているかを確認するだけでなく，フィールドで学ぶ新しいワーカーに対しての関心と自分の知識や技術を伝えることへの関心が必要となる。現場には，教えることに興味を示し，ワーカーの成長を見届け，自立していく姿を見送る"生まれながらのスーパーバイザー"の存在があり，こうしたスーパーバイザーから学ぶべき点も多い。

③教える方法への責任
　スーパーバイザーは新しいワーカーをうまく育成できたかどうか，自分の関わりを振り返り，学生の学びをパターン化することで，次のワーカー育成につなげなければならない。責任のあるスーパーバイザーは，意識的に指導を行っているのである。

④スーパービジョンの過程における責任
　スーパーバイザーは学ぶことの経験を理解し，実習全体におけるスーパービジョン過程の活用と意義を信じなくてはならない。そのためには，自らがさまざまなレベルのスーパービジョンを経験し，多くの学生に接することが求められる。

　スーパーバイザーとなるためには，社会福祉学部における2年以上のトレーニングが必要であり，所属機関の業務と機能を理解するためには，このトレーニングの前に最低でも1年間はスーパービジョンを行う機関に所属すべきだとロビンソンは明言している。これらの指摘からも，この時代のスーパービジョンの質の高さがうかがえる。

3 おわりに

　日本のソーシャルワーク教育におけるロビンソンの功績は，主として機能主義ケースワークという方法論として知られているが，1900年代から急速に展開されたソーシャルワーク専門職のフィールドワークにおけるロビンソンの理論は，全米でも高く評価されている。特に今回の文献解題によって明らかにされた，フィールドワークにおけるスーパービジョンの方法論は，精神分析学が色濃く残る時代におけるスーパービジョンとしてとらえることもできるが，ロビンソンが提示した具体的なスーパービジョンの展開方法は，日本の実習カリキュラムやスーパービジョンにも影響を与えているといっても過言ではない。

　ロビンソンが提唱するスーパービジョンの背景には，スーパーバイザー自身の成長やトレーニングも含まれており，質の高いケースワーカーを育成するために求められる高水準のスーパービジョンが期待されている。また，ロビンソンのスーパービジョンが大学院レベルの長時間にわたるフィールドワークを想定していることから，日本の大学におけるフィールドワークとの隔たりもあるが，スーパービジョンのあり方が問われている現代の実践現場への新たな視点にもなりうるだろう。

（平澤 恵美）

引用文献

NASW Foundation（2014）*Virginia Robinson (1883-1977)*,（http://www.naswfoundation.org/pioneers/r/VirginiaRobinson.htm, 2014.10.31）．

Robinson V. P.（1934）*A Changing Psychology in Social Casework*, The University of North Carolina Press.（＝ 1969，杉本照子訳『ケースワーク心理学の変遷』岩崎学術出版社.）

Robinson V. P.（1936）*Supervision in Social Case Work：A Problem in Professional Education*, The University of North Carolina Press.

Robinson V. P.（1942）*Training for Skill in Social Case work*, University of Pennsylvania Press.

Robinson V. P.（1949）*The Dynamics of Supervision under Functional Controls*, University of Pennsylvania Press.

カデューシンのスーパービジョン

1 はじめに

　カデューシン（Kadushin, 1916～2014）は，1947年，ニューヨークにおいてケースワーカーとして勤務を始め，ソーシャルワーカーとしてのキャリアを始める。その後，1950年，ウィスコンシン大学マディソン校の大学教授職になり，以後約60年間，ソーシャルワーク研究者としてのキャリアを積んだ。カデューシンは，全米ソーシャルワーカー協会（The National Association of Social Workers；NASW），ソーシャルワーク教育協議会（The Council on Social Work Education；CSWE）に所属し，ソーシャルワーク実践ならびにソーシャルワーク教育の発展に貢献してきた。また，児童福祉連盟（The Child Welfare League of America；CWLA）に所属し，アメリカ保健社会福祉児童福祉奨学金を設立させるなど，児童福祉の分野の専門化に貢献してきた。1979年，ウィスコンシン大学マディソン校の名誉教授，2003年にはCSWEより功労賞を授与され，カデューシンのソーシャルワーク実践ならびに教育，研究はアメリカにおいて大きく評価されている[注1]。

　本節では，カデューシンの業績を紹介し，スーパービジョンに関する論文の紹介を行う。また，著書『*Supervision in Social Work*』を取り上げ，初版～第5版までの構成の変化についてみていくことにする。

注1　MADISON.COM.（2014）*Kadushin, Professor Alfred*.
　　（http://host.madison.com/news/local/obituaries/kadushin-professor-alfred/article_838df183-c6f5-594e-a307-90721b9590b4.html, 2014.8.31.）

2 カデューシンの業績

(1) スーパービジョン関連以外の著作および論文について

カデューシンは，『*Child Welfare Service*』（1967）の出版を皮切りに，『*Adopting Older Children*』（1970），『*The Social Work Interview*』（1972），『*Supervision in Social Work*』（1976），『*Consultation in Social Work*』（1977），『*Child Abuse*』（1981）の計6本を出版している。『*Child Welfare Services*』は1974年，1980年，1988年に改訂版を，『*Supervision in Social Work*』は，1985年，1992年，2002年，2014年に，『*The Social Work Interview*』は，1983年，1990年，1997年，2013年にそれぞれ改訂版を出版している。

カデューシン関連の論文に関して，Sociological Abstracts（ProQuest）にて「Alfred Kadushin」をキーワードに検索した結果，41件の論文が検索された。そのうち，「document Type」が「Undefined」や空白のものを除いたもので，31本の論文が検索された。

31本の論文のうち，「Journal Article」が22本，「Book Review」が9本であった。「Journal Article」のうち，カデューシン自身が書いたものは14本，残り8本は，ほかの著者によるカデューシンの文献に対するレビューであった。

カデューシン書いた14本のうち，ソーシャルワークに関する論文は，「The effect on the client of interview observation at intake」（*Social Service Review*, Vol.31 (1), 22-38, 1957），「A comparison-dutch and American expectations regarding behavior of the caseworker（*Sociologische Gids*, Vol.3-4, 122-136, 1960），「Testing diagnostic competence：A problem for social work research」（*Social Casework*, Vol.44 (7), 397-405, 1963），「Social work and the American family, then and now：1920-1978」（*Smith College Studies in Social Work*, Vol.49 (1), 3-24, 1978），「The past, the present, and the future of professional social work」（*Arete*, Vol.23 (3), 76-91, 1999）の5本，カデューシンが専門としてきた児童福祉分野について書かれた論文は，「Reversibility of trauma：A follow-up study of children adopted when older」（*Social Work*,

Vol.12（4），22-33，1967）「The relationship between parents' expressed attitudes and their decisions」（*Social Casework*, Vol.48（6），367-371，1967），「Single-parent adoptions：An overview and some relevant research」（*Social Service Review*, vol.44（3），263-274，1970），「Adoption failure：A social work post mortem」（*Social Work*, vol.16（3），32-38，1971），「'Beyond the best interests of the child'：An essay review」（*Social Service Review*, vol.48（4），508-516，1974），「Some factors influencing abusers' justification of their child abuse」（*Child Abuse and Neglect*, vol.14（3），337-345，1990）の6本であった。

(2) スーパービジョンに関する論文について

　カデューシンがスーパービジョンについて記した論文は，「Games people play in supervision」（1968）「Supervisor-supervisee：A survey」（1974），「Social work supervision：An updated survey」（1993）の3本である。以下，この3本の論文について簡単な紹介を行う。

① *Games people play in supervision*（*Social Work* 13（3），23-32，1968）

　スーパービジョンの中で行われているスーパーバイジーとスーパーバイザーとの駆け引きの背後にある理論的根拠について，スーパーバイジーが開発したものを，スーパーバイザーが活用することが，スーパービジョンの中での駆け引きでは重要な点であることを示している。

② *Supervisor-supervisee：A survey*（*Social Work* 19（3），288-298，1974）

　NASWに登録されている2,600人のスーパーバイジーと5,300人のスーパーバイジーの中から，それぞれ750名ずつに調査を実施し，スーパーバイザーとスーパーバイジーのスーパービジョンに対する満足度について，スーパーバイザーとスーパーバイジーのスーパービジョンの最も重要な目的について明らかにしている。その結果，「大きな重要性を持つこととなった一つのスーパービジョン機能は，教育的な相談機能であるということ」，「スーパーバイザーとスーパーバイジーは，スーパービジョンの

主要な目的の一つとして，スーパーバイジーの専門性の成長と発達について責任を払うことであるということ」，「スーパーバイジーの専門性の発展を助けることは，スーパーバイザーによってスーパービジョンで最も強い満足感となること」，「スーパービジョンは，主にスーパーバイジーがより効果的に仕事をすること，学ぶのを助けることに適応できるようにするためであり，そのためにもスーパーバイザーの知識と能力が必要となるということ」，「スーパーバイジー個人の成熟を助ける際，スーパーバイザーは，スーパーバイジーのより大きな専門的能力を高めることを手伝っていると主張されるかもしれない」ということをまとめとして述べている。

③ *Social work supervision : An updated survey* (*The Clinical Supervisor* 10 (2) : 9-27, 1993)

「Supervisor-supervisee：A survey」の際にスーパービジョンの調査を行って以来，スーパービジョンに関する調査が行われていないことから，調査結果を更新するために，NASWに登録してある1,500名のスーパーバイザー，1,500名のスーパーバイジーに対し調査を行い，スーパーバイザーがスーパービジョンを行う際に重要としている機能について，スーパーバイザーとスーパーバイジーのスーパービジョンに対する満足度，重要度についてについて明らかにしている。その結果から，スーパービジョンは，基本的に3つ（教育，支持，管理）の集まりで構成されているが，2つの集まりだけ（教育，支持）に反応を求めることによって現在のソーシャルワーク・スーパービジョンを記述しようという状況を述べている。そしてそれに対し，スーパービジョンは，スーパーバイザーと直接サービスをしているスーパーバイジーに加え，経営システムや機関管理者を含むことである。スーパーバイザーは，機関管理者に対して機能を相互作用して実行するものであり，機関目的の達成は，3つ（教育，支持，管理）の集まりの相互依存が必要としていることをカデューシンは述べている。

(3) スーパービジョンに関する著作について

カデューシンのスーパービジョンに関する著作については，『*Supervision*

in Social Work』である。1976 年に初版を出版したのち，1985 年，1992 年，2002 年，2014 年と第 5 版まで出版されている。

　ここでは，初版から第 5 版についての章立ておよび内容の変更について簡潔にまとめてみることにする。

① *Supervision in Social Work*（1976 年）
　カデューシンは，この本を出版する意義として，ソーシャルワーク・スーパービジョンに関する基本的なテキストの必要性を感じており，ソーシャルワーク・スーパービジョンの技術の概要について説明すると述べている。

　初版では，「Intorodution, Histroy, and, Definition」「Administrative Supervision」，「Educational Supervision」，「Supportive Supervision」，「Evaluation」，「Group Supervision」，「Supervision of Paraprofessionals」「Problems and Innovations」の全 8 章の構成となっている。

② *Supervision in Social Work, 2nd ed.*（1985 年）
　第 2 版は，初版に対するスーパーバイザーやスーパーバイジー，学生などのフィードバックをもとに，初版における課題をふまえ少し内容を変更している。

　「Administrative Supervision」の章を，スーパーバイザーが Administrative supervision を行ううえで必要なタスクが何であるのか（2 章），Administrative supervision を実行するうえでの問題点は何であるのか（3 章）の 2 部構成に分けている。また，「Supervision of Paraprofessionals」の章を削除し，新たに，スーパーバイザーになることまたはスーパーバイザーであることによるストレスの内容を明記した「Stresses in Becoming and Being Supervisor」の章が新しく入り，全 9 章構成となっている。

③ *Supervision in Social Work, 3rd ed.*（1992 年）
　第 3 版では，「Educational Supervision」の章を，Educational Supervision の定義やプロセスなどは何であるのか（4 章）と Educational Supervision

の綱領，実行するうえでの問題点は何であるのか（5 章）の 2 部構成分け，全 10 章構成となっている。

　内容の変更点としては，1 章に，「Ecology of Social Work Supervision」，2 章に，「The Supervisor as Advocate」，5 章に，「The Parallel Process Component in Educational Supervision」，10 章に，「A Feminist Approach to Supervision」を新しい章として追加し，スーパーバイザーがスーパービジョンの中で，教えなければならないもの，よい使用方法について提示している。また，1 章では，「History, Definition, and Significance」に表題を変更し，Supervision in Social Work の歴史・定義に意義が追加している。

④ *Supervision in Social Work, 4th ed.*（2002 年）

　第 4 版では，ワーカーのバーンアウトの問題，ヒューマンサービス・プログラム，予算配分，スタッフの管理の法的課題，管理されたヘルスケア・スーパービジョンへの影響を含め，時代が提起した問題を解決することを目的としてつくられている。変更点としては，第 3 版で新しく追加した「A Feminist Approach to Supervision」がカットされている。

⑤ *Supervision in Social Work, 5th ed.*（2014 年）

　第 5 版では，予算配分やスタッフの管理，ワーカーのバーンアウトと安全性，変化する人口動態の問題やスーパービジョンを行う労働力の多様性や業績評価等から出てくる問題に直面する形で書かれている。章立ての構成については，第 4 版と同じ構成となっている。

3 おわりに

　カデューシンは，『*Supervision in Social Work*』について，「社会福祉機関における指揮の場所，それを実行する機能，指揮の過程，および現在それに関する問題を理解するのを助けるように設計されており，スーパービジョ

ンを行う方法を学ぶことに必要な前提条件であるベースの知識を提供する」（Kadushin 1976）と述べている。『Supervision in Social Work』は，スペイン語，オランダ語，イタリア語，韓国語，中国語などで翻訳されており[注2]，世界各国で，カデューシンのスーパービジョンの理論は広がっていっているといえる。わが国におけるスーパービジョンにおいて，村尾（2009）は「カデューシン（Kadushin. A）は，スーパービジョンの機能を，管理的スーパービジョン，教育的スーパービジョン，支持的スーパービジョンの3機能に分類し，わが国においてもこの分類が定着しています」と指摘しており，カデューシンの3機能がスーパービジョンの基礎となっているといえる。

　時代の流れの中で，カデューシンは，改訂版を出す際，「公的社会福祉政策の変化は，ソーシャルワーク・スーパービジョンの懸念を強めている。福祉改革と管理対象の健康管理への移行の影響と組み合わせた政府のあらゆるレベル，少なくとも税と支出の制限は，社会サービスの効率的かつ責任を行政に常に重点を置いてきた」（Kadushin 1992；2002）と述べ，そこから生まれてくる問題に対処する形で，内容を変更している。わが国においても，財政の状況などにより，社会福祉現場は大いに形，姿を変えていくことになると考えられる。その際，カデューシンが示してくれたスーパービジョン理論を活かしながら，スーパービジョンを展開していくことが望ましいと考えられる。

（山口 友佑）

注2　NASW Foundation.（2014）*Alfred Kadushin（1916 - 2014）*.
　　（http://www.naswfoundation.org/pioneers/k/1AlfredKadushin.htm，2014.8.31.）

引用文献

Kadushin, A.(1968)Games people play in supervision, *Social Work* 13(3), 23-32.
Kadushin, A.(1974)Supervisor-supervisee：A survey, *Social Work* 19：288-298.
Kadushin, A.(1976)*Supervision in Social Work*, Columbia University Press.
Kadushin, A.(1985)*Supervision in Social Work*, 2nd ed., Columbia University Press.
Kadushin, A.(1992)*Supervision in Social Work*, 3rd ed., Columbia University Press.
Kadushin, A.(1993)Social work supervision：An updated survey, *The Clinical Supervisor* 10(2)：9-27.
Kadushin, A. and Harkness, D.(2002)*Supervision in Social Work*, 4th ed., Columbia University Press.
Kadushin. A and Harkness, D.(2014)*Supervision in Social Work,* 5th ed., Columbia University Press.
村尾美紀(2009)「第7章　実習指導方法論Ⅲ：実習教育スーパービジョン」日本社会福祉士養成校協会編『相談援助実習指導・現場実習教員テキスト』中央法規出版, 205-234.

第6節 マンソンのスーパービジョン

1 はじめに

　本節は，マンソン（Munson）のスーパービジョン論に関する著作を紹介し，若干の考察を加えることを目的とする。まず本項でマンソンの略歴を紹介し，またマンソンの著作を概観する。2項ではマンソンのスーパービジョン論に関する著作について述べる。さらに3項では，以上をふまえ，マンソンのスーパービジョン論について，若干の考察を加える。

（1）マンソンの略歴

　マンソンは，University of Maryland, Baltimore, School of Social Work の修士課程と博士課程を修了した。その後いくつかの大学で教鞭を執った後，母校である University of Maryland に博士課程のディレクターとして戻り，現在，University of Maryland School of Social Work の教授として，教育活動を行っている。

　教育・研究活動の傍ら，これまで多くの教育プログラムや病院，長期ケア施設，Criminal Justice Program のコンサルタントとしても活躍してきた。またワシントン D. C. 周辺で臨床診療を行っており，さらに The Washington Area Supervision Institute のディレクターを務めている[注1]。

注1　マンソンの略歴は，次の文献を参考に執筆した。Munson（2002）および University of Maryland School of Social Work（更新年不明）。

(2) マンソンの著作の概観

　マンソンはこれまでに，本項で取り上げるスーパービジョン論のほか，メンタルヘルスやソーシャルワーク教育などに関する著作がある。スーパービジョン論に関する著作は次項で詳述することとし，本項ではマンソンの著作を概観し，スーパービジョン論以外の著作の一部を紹介する。

　マンソンが著した論文は多岐にわたる。筆者が利用しうる複数の文献データベース（Academic Search Premier, ERIC, JSTOR, PILOTS, PsycINFO, Social Services Abstracts, Sociological Abstracts）で，「Munson, Carlton E.」を著者とする「学術誌」「scholarly journals」を検索し，データベース間で重複している論文およびEditorial記事，書評を除外した結果，35報の論文が抽出された。これらの論文についてタイトルと主題を手がかりに分類を試みたところ，ソーシャルワーク教育に関する論文が10報と多くを占め，次にスーパービジョンに関する論文とソーシャルワーク一般に関する論文がそれぞれ8報だった。そして，子ども支援に関する論文とメンタルヘルスに関する論文が各3報，エスニックマイノリティに関する論文，薬物依存に関する論文，家族支援に関する論文がそれぞれ1報だった。スーパービジョン論に関する著作は後述するとおりであるが，スーパービジョン論以外に分類した論文として，次のものを例示することができる[注2]。

①ソーシャルワーク教育に関する論文

　Munson, Carlton E. and Hipp, Jennifer.（1998）Social work students knowledge of feminism, *Journal of Teaching in Social Work*, 16（1-2），57-73.

②ソーシャルワーク一般に関する論文

　Munson, Carlton E.（1982）Clinical sociology and social work, *Free Inquiry*

注2　ここでは，マンソンの単著または第1著者となっている，比較的新しい論文を中心に例示した。

in Creative Sociology, 10（2），219-222.

③子ども支援に関する論文

Munson, Carlton E.（2002）Child and adolescent needs in a time of national disaster：Perspectives for mental health professionals and parents, *Brief Treatment and Crisis Intervention*, 2（2），135-152.

④メンタルヘルスに関する論文

Munson, Carlton E.（1995）Loss of control in the delivery of mental health services, *The Clinical Supervisor*, 13（1），1-6.

⑤エスニックマイノリティに関する論文

Balgopal, Pallassana R., Munson, Carlton E. and Vassil, Thomas V.（1979）Developmental theory：A yardstick for ethnic minority content, *Journal of Education for Social Work*, 15（3），28-35.

⑥薬物依存に関する論文

Munson, Carlton E.（1981）Identifying values in drug abuse counseling, *Free Inquiry in Creative Sociology*, 9（1），21-25.

⑦家族支援に関する論文

Munson, Carlton E.,（1986）Ergonomics and family psychotherapy：High tech and/or high touch?, *Family Therapy*, 13（1），55-72.

また図書の著作について，後述するスーパービジョン論に関する一連の図書に加え，以下の図書がある。

- 1979年 *Social Work Supervision：Classic Statements and Critical Issues*, Free Press.
- 1980年 *Social Work with Families：Theory and Practice,* Free Press.

- 1984 年 *Family of Origin Applications in Clinical Supervision*, Routledge.
- 1995 年 *Clinical Supervision Curriculum Guide*, Virginia Board of Social Work, Department of Health Professions, Commonwealth of Virginia.
- 2000 年 *Mental Health Diagnostic Desk Reference：Learning to Use DSM-IV*, Haworth Press.
- 2001 年 *Mental Health Diagnostic Desk Reference：Learning to Use DSM-IV-TR*, Haworth Press.

これらに加え，分担執筆による業績が多数存在する。

2 マンソンのスーパービジョン論に関する著作

次に，マンソンのスーパービジョン論に関する著作について，学術誌掲載論文と書籍に分類して述べる。

(1) 学術誌掲載論文

まず学術誌に掲載されたスーパービジョンに関する論文（8報）の内容を，各論文のアブストラクト（一部）から引用して紹介する。

① *Professional autonomy and social work supervision*
(*Journal of Education for Social Work,* 12（3），95-102，1976.)

ソーシャルワーク実践において専門性と自律性が強調される中，スーパービジョンの重要性が注視されている。本稿では，スーパービジョンにおける管理的（administrative）・教育的（teaching）側面の強調に対する調査を通じて，スーパービジョンの「機能（functional）」特性を分析する。また，他者からの独立性（independence）が実践における重要点と見なされるにもかかわらず，独立性の促進ではなく，どのようにしてこれらの概念が，権威性（authority）やコントロール性の発動に対する基準となって

いるかを検討する。マートン（Merton）の機能主義（functionalism）をもって，スーパービジョンにおける権威性と，実践における自律性に関する議論を行う。

② *Evaluation of male and female supervisors*
(*Social Work*, 24 (2), 104-110, 1979.)
　男性と女性は，女性からスーパーバイズを受けるときに何か問題を経験するのか。本研究では，ワーカー側のスーパービジョンに対する満足度を明らかにした。その結果，一般的に考えられている結果とは正反対の結果となった。すなわち，女性のスーパーバイザーの場合，本研究で採用したほとんどの変数において非常に大きなスコアを獲得した。本研究では，多くの女性スーパーバイザーに関する通説について分析したが，その結果，これらの通説は，覆される結果となった。

③ *Symbolic interaction and social work supervision*
(*Journal of Sociology and Social Welfare*, 6 (1), 8-18, 1979.)
　歴史的にみて，プロフェッショナルは自律的に実践を行うものであるが，近年，技術進歩としてのプロフェッショナル，という考え方のまん延に伴い，「機関が必要とする」の範囲内で実践活動を行う傾向が，より多くなっている。このような，プロフェッショナルの自律性と機関による制約というコンフリクトが生じており，それゆえこのような状況を調整するための理論的な枠組みが必要とされている。ミード（Mead），クーリー（Cooley），リントン（Linton），トーマス（Thomas），キンチ（Kinch），ブルーマー（Blumer）の理論を通じて，機関における個人を考慮したシステムを考察する。

④ *Differential impact of structure and authority in supervision*
(*Arete*, 6 (1), 3-15, 1980.)
　ランダムサンプリングによって抽出されたインタビュー調査を通じ，スーパービジョンに関する満足度や交互作用の点から，スーパービジョン

における構造化と権威性との関係性を調査した。調査の結果，スーパービジョンの構造化の度合いと，権威的な働きの動きの間には関連性がないことが明らかになった。また，スーパービジョンの構造は，スーパービジョンの結果には影響しないものの，スーパービジョンにおいて権威性を用いた場合は，結果に影響することが明らかとなった。分析の結果から，機関と専門職に対する，スーパービジョンの構造化と権威性に関する示唆がなされた。

⑤ *Style and structure in supervision*
(*Journal of Education for Social Work*, 17（1），65-72，1981.)

65名のスーパーバイジーと64名のスーパーバイザーを対象とする本研究では，用いられていると認識された構造・権威・教示内容に関するさまざまなモデルを探求することにより，ソーシャルワークにおけるスーパービジョンに関する現行の課題について検討する。変化するスーパーバイザーの権威の源として，相互作用，スーパービジョン，仕事上それぞれの満足度のレベルや，達成感には有意差が認められたが，構造の変化は生じなかった。

スーパーバイジーとスーパーバイザーそれぞれが考える，スーパービジョンの構造，権威性，頻度，意図，開始，内容に関する理想と現実は不一致の状態であり，ソーシャルワーク実践における自律性と，スーパービジョンにおけるコントロールについて検討することの必要性が示唆された。

⑥ *Uses and abuses of family of origin material in family therapy supervision*
(*The Clinical Supervisor*, 2（2），61-74，1984.)

近年，ソーシャルワークを学ぶ学生と実践者における，家族療法の実践と，原家族に関する資料（family of origin material）の利用が重要視されている。スーパービジョンにおいて用いられるツールの一つとしての原家族に関する資料の利用に対する評価は，これまでに行われてこなかった経緯

がある。本研究では，原家族に関する資料の進化の過程を振り返りつつ，家族支援に関する学習促進のために，原家族に関する資料をどのように用いるべきかを明らかにする。

⑦ *The partnership model：A feminist supervision/consultation perspective*
(*The Clinical Supervisor*, 13（1），23-38，1995.)[注3]

本稿では，スーパーバイザーの役割について，ジェンダー問題から検討する。フェミニスト・パースペクティブを持つ実践者に対するスーパービジョンについて検討すると同時に，スーパーバイザーが，支援実践でフェミニスト・パースペクティブの適用を試みている実践者に対してどのように支援できるかを検討する。スーパービジョンの伝統的なヒエラルキー・モデルに代わり，より効果的なパースペクティブを構築するために，パートナーシップモデルが採用されていた。

⑧ *Sex roles and power relationships in supervision*
(*Professional Psychology：Research and Practice*, 18（3），236-243，1987.)

本稿では，ジェンダー問題を基礎として，スーパーバイザーの役割を検討した。フェミニスト・パースペクティブを持つ実践者に対するスーパービジョンに関する問題について検討された。同時に，管理をしたがる実践者（the practitioner who has managerial aspirations）に対して，スーパーバイザーがどのように支援をすることが可能なのか検討する。ストレスやジェンダー問題を扱う場合におけるスーパービジョンの役割が検討された。

(2) 書籍

次に，書籍として刊行されたマンソンの一連のスーパービジョン論に関する著作の内容を，出版年順に述べる。

注3　本論文は Hipp, Jennifer L. との共著であり，マンソンは第2著者である。

① *An Introduction to Clinical Social Work Supervision*
（1983 年，Haworth Press 刊）

　マンソンのスーパービジョンに関する一連の書籍の第 1 版であり，Introduction, History of Supervision, Supervisor Styles, Practitioners' Reaction to Supervisor Styles, Technique in Supervision, The Role of Authority and Structure, Use of Theory, Evaluation of Practice, Combating Burnout, Audiovisual and Action Techniques, Supervision in Different Settings and Unique Situations, Art and Science in Social Work Practice の 12 章および Appendix から構成されている。

② *Clinical Social Work Supervision, 2nd ed.*
（1993 年，Haworth Press 刊）

　①で述べた *An Introduction to Clinical Social Work Supervision* の第 2 版．第 1 版と比べると，新たに 2 つの章（Value and Ethics, Administrative Activities）が追加された。また第 1 版では Combating Burnout とされていた章が Stress Reactions に変更され，さらに Supervision in Different Settings and Unique Situations は，Supervision in Different Settings と Supervision in Unique Situations に分かれ独立した。以上の変更により 2 章増加し，15 章と Appendix から構成されている。

　マンソンはこれらの変更について，この 10 年の実践において生じた膨大な変化に関するマテリアルと，マンソン自身の実践やマンソンが主催するワークショップやセミナーに参加したしスーパーバイザーからのコメントや示唆を受けて改定したと指摘している（p. xv）。

③ *Handbook of Clinical Social Work Supervision, 3rd ed.*
（2002 年，Routledge 刊）

　②で述べた *Clinical Social Work Supervision* の第 3 版．章構成には変更がないものの，新たに「分析における新たなマテリアル」「処遇計画」「資料」「倫理」「文化的多様性」など 16 の項目が新たに付け加えられている。

3 おわりに

　最後に，マンソンのスーパービジョン論について若干の考察を行う。

　本稿で述べたとおり，マンソンは教育・実践活動の傍ら，本稿で扱っただけでも，ソーシャルワーク教育，ソーシャルワーク一般，子ども支援，メンタルヘルス等に関する論文，そしてスーパービジョン論と，ソーシャルワークに関する多岐な論文等を公刊してきた。

　このうちスーパービジョン論については，前述のとおり，書籍においてスーパービジョンの歴史，スーパービジョンの技術，スーパービジョンにおける権威性などをはじめとする，スーパービジョンに関する多様な事項を網羅的に述べている。さらに，学術誌掲載論文では，ソーシャルワーク実践におけるスーパービジョンの機能・範囲・構造に関する言及，スーパービジョンにおける権威性に関する言及，スーパービジョンにおける性差に関する言及などがなされており，その時々におけるスーパービジョンに関する課題について言及している。

　日本の場合，ソーシャルワークの実践現場においてスーパービジョンは行われているが，スーパーバイザー・スーパーバイジーともに「手探り」で行っているのが実情であろう。この背景の一つとして，スーパービジョンに関する研究上の課題があると思われる。これまで，日本においても多くの論文によって社会福祉施設等におけるスーパービジョンが検討されてきたものの，管見の限りにおいて，これらの知見は，必ずしも十分に体系化されてこなかったという課題があると考えられる。クライエントの利益に資するソーシャルワーク実践を展開するにはスーパービジョンの実施は不可欠であり，日本においてもスーパービジョン論がこれまで以上に体系化されることが必要である。

　日本独自のスーパービジョン論を体系化するにあたり，海外における知見を輸入するだけでは不十分である。しかし，本節で取り上げたマンソンの論文で述べられているようなスーパービジョン実践における課題は，日本のスーパービジョン実践においても生じうるものであり，この点におい

て，本節で取り上げたマンソンのスーパービジョン論は，日本におけるスーパービジョン論の体系化の促進に対して，示唆を提供しているものと考えられる。

（荻野 剛史）

参考文献

Munson, Carlton E.（2002）*Handbook of Clinical Social Work Supervision*, 3rd ed., Routledge.
University of Maryland School of Social Work（更新年不明）「UMB School of Social Work - Carlton Munson」
（https://www.ssw.umaryland.edu/academics/faculty-bios/carlton-munson/）.

第7節 シュルマンのスーパービジョン
―相互作用アプローチについて―

1 はじめに

　本節の目的は，シュルマン（Shulman）のスーパービジョンにおける相互作用アプローチ（interactional approach）を，その基盤となる仮説や概念等を概説しながら紹介することである。シュルマンの相互作用アプローチは，彼の指導者の一人であったシュワルツ（Schwartz）の実践理論に多大な影響を受けているものであり，彼によってソーシャルワーク実践やスーパービジョンに広く適用されている。

　シュルマンは，多くの研究者のスーパービジョンに関する理論を敬重しつつ，スーパーバイザーが彼らの機能を果たすために必要なスキルを獲得できることに長年力を注いでいる。1980年代から現在3版になる彼の著書『*Interactional Supervision*』は，彼の研修やワークショップ等に参加した数千のヒューマンサービス領域のスーパーバイザーやアドミニストレーターと共に，彼のスーパービジョンにおける実践経験，調査研究と論考を集積した著書である。ここでは，この著書を中心に取り上げ，解説を進めていく。

2 シュルマンの紹介

　シュルマンは，1961年にコロンビア大学でソーシャルワーク修士（MSW）を取得し，1972年にテンプル大学で教育心理学の博士号（EdD）

を取得した。ニューヨーク州立大学バッファロー校ソーシャルワーク大学院の名誉教授であり，前学長である。シュワルツ独自の研究に立脚した実践やスーパービジョンの「相互作用モデル」(interactional model) を発展させたプラクティショナー・リサーチャー (practitioner-researcher) である。個別，家族やグループの直接的実践や，スーパービジョン，アドミニストレーション，実習指導，児童福祉，ティーチングに関するトレーナーでありコンサルタントとして活躍している。

『Interactional Supervision』第3版が刊行された2010年までに，18冊の編著書がある。例えば，『The Skills of Helping：Individuals, Families and Groups and Communities』は，ソーシャルワーク実践のテキストとして広く使われており，現在第7版が刊行されている（Shulman 2011）。

また，NASW（National Association of Social Worker）の『Encyclopedia of Social Work』で，1987年の18版（Minahan 1987）では「Consultation」を，1995年の19版（Edwards & Hopps 1995）では「Supervision and Consultation」を，2008年の20版（Mizrahi & Davis 2008）では「Supervision」の項目を担当している。

3 スーパービジョンにおける相互作用アプローチの概念的基礎

(1) 5つの中核的仮説

シュルマンの相互作用アプローチは，次のような5つの中核的仮説の上に成り立っている。

① スーパービジョンは，スーパーバイザーとスーパーバイジーとの相互作用のプロセスである。そのときそのときで，それぞれが他方に影響を与えたり，されたりするものである。

② スーパービジョンには，施設・機関の種類や分野，対象層，問題にわたる，共通かつ不変の要素を形成するダイナミクスやスキルが

ある。
③ 異なる相互作用の様式（例えば，個別か集団か，フォーマルかインフォーマルか）にでもあてはまる普遍的なダイナミクスやスキルがある。
④ スーパーバイザーとスーパーバイジーの関係と，現場ワーカーとクライエント間の相互作用には，パラレル（parallel）プロセスがある。
⑤ スーパーバイザーとスーパーバイジーの"共に働く関係"（working relationship）は，スーパーバイザーがスーパーバイジーの実践の結果に，部分的に影響を与えることのできる媒体である。

(2) ワーカーとシステムの相互作用

シュルマンの相互作用アプローチでは，ワーカーらは彼らの働きに直接関連する多くのシステムと，常に相互に作用し合っていると概念づける（**図 11-7-1**）。例えば，子ども家庭福祉の機関のソーシャルワーカーなら，クライエントや，里親，機関のアドミニストレーター，スーパーバイザー，ほかの関連職種，事務職員や，学校のような関係機関・施設など，多くのシステムに対応しなければならない。その相互作用の本質は，システムの一つがそのときそのときでほかに影響を与えたり，されたりしながら，すべてのレベルで相互（reciprocal）なのである。

一方で，スタッフメンバーと重要なシステム間の相互作用は，多くの障害により複雑にされうる。例えば大きな組織固有の問題といった複雑さに関連する問題や，適切なコミュニケーションを維持する難しさ，ワーカー

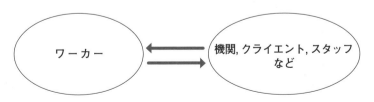

図 11-7-1 ワーカーとシステムの相互作用

〔Shulman, L.（2010）*Interactional Supervision*, 3rd ed., NASW Press, 27〕

と関連システム間の共通の問題を見落としてしまうといったゆるみなどである。

(3) 媒介（mediating）機能のスーパービジョンへの適用

　前述したように，ワーカーはさまざまなシステムと相互に作用し合っているが，シュルマンは，スーパービジョンの機能について，ソーシャルワークの専門職性の一般的な機能としてシュワルツが提唱した媒介（mediating）機能をここに援用した。シュワルツの媒介機能とは，個人と社会が自己実現に向けた相互のニーズを通じ，互いにリーチアウトするプロセスを媒介するといったものである。これをスーパービジョンに置き換えれば，スーパーバイザーが，ワーカーとシステム間のやりとりを媒介することとして，説明されうるのである（**図 11-7-2**）。

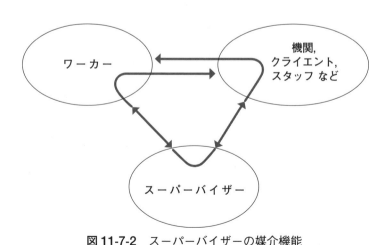

図 11-7-2　スーパーバイザーの媒介機能
〔Shulman, L.（2010）*Interactional Supervision*, 3rd ed., NASW Press, 31〕

相互作用アプローチの4つのフェーズ

シュルマンの相互作用アプローチは，シュワルツのソーシャルワークの4つのフェーズ（準備期，開始期，作業期，終結・移行期）を枠組みとし，展開される。

(1) 準備期

準備期とは，スーパーバイザーとワーカーがはじめて出会う前の段階のことであり，波長合わせ（tuning in）は準備期のキーとなるスキルである。自分を他の人の立場に置くことにより，準備的な共感を形成しようとすることである。その目標は，これから始まるスーパービジョン関係にある，その人自身への関心，感情や問題に敏感になることである。それら関心，感情や問題等はスーパーバイザーにとって，ワーカーとのコミュニケーションを取りにくいと感じさせるものかもしれない。それゆえ，新たなワーカーをそのシステムに統合するだけでなく，スーパーバイザーが新たなシステムに入るのを助けうる。

(2) 開始期

開始期は，「契約」のフェーズである。スーパービジョンの目的やスーパーバイザーの役割を明確にし，それらについてワーカーからのフィードバックを得たり，スーパーバイザーの権威から上がってくる問題を取り扱うなどする。具体的なスキルには，スーパーバイザーの目的意識を共有する，スーパーバイザーの役割を説明する，ワーカーが理解したことについてワーカーからフィードバックを引き出す，スーパーバイザーの権威に関連する互いの義務と期待を話し合うといったものがある。

新しいスーパーバイザーは，機関内で実践者からスーパーバイザー職へ異動したり，スタッフの問題に対処するためにそのシステムの外から採用されたことなどから生じる，独特の問題に直面する。異文化間・内の問題があるかもしれず，スーパーバイザーは，スーパービジョンや実践が機能

しているというのは錯覚であり，その関係の中にはないということを確かめることに目を向けることが求められる。ほかにも，新しく入職したワーカー（未経験のワーカー，経験のあるワーカー，不快なワーカー，実習生）を機関・施設に統合するといった問題も含まれる。

(3) 作業期

スーパービジョンのプロセスは，順序に従って一つのフェーズから次の

表11-7-1　作業期のスキル

1. 準備段階	◇セッションごとの波長合わせのスキル
2. 開始段階	◇セッションごとの契約スキル
3. 中間段階	◇綿密につくり上げていくスキル：一般的なことからスペシフィックなことに移行する，封じ込め（containment），焦点づけた傾聴，質問，沈黙の内側に手を伸ばす ◇共感のスキル：共感的な応答への障壁，感情に手を伸ばす，感情を認める，ワーカーの感情を明瞭に表現する ◇スーパーバイザー自身の感情を共有するスキル：傷つきやすさを見せる，怒りを見せる，感情を見せる意識を持つ ◇有効に働くこと（work）を要求するスキル：スーパービジョンのプロセスの中での要求，うながし的な対決，ワーカーの関心を部分化する，焦点を保つ，横たわっているアンビバレンスを確認する，有効に作用しているという幻想に挑戦する ◇タブーな領域を探索するスキル ◇権威についてのテーマを扱うスキル：スーパーバイザーの役割，外部者としてのスーパーバイザーのポジション，スーパーバイザーの支持的機能，スーパーバイザーの限界，スーパーバイザーの要求の機能） ◇データを共有するスキル：関連するデータを提供する，学びのプロセスをモニタリングする，挑戦にさらされたデータを示す
4. 終結・移行段階	◇セッションごとの終結のスキル　　◇要約　　◇一般化 ◇次のステップを確認する　　　　　◇リハーサル ◇"ドアノブ"コミュニケーション[注]を見分ける

注）"ドアノブ"コミュニケーションとは，強い関心事を話さず面接の終わりでようやくドアノブに手をかけ扉を開けるかのように，その関心事について話そうとするスタッフにみられる現象である。スーパーバイザーは，そのことを指摘し，なぜセッションの始めにそのことを持ち出し難かったのかについて話し合い，セッションの始めに向き合えるようにしていこうとするものである。

フェーズに自動的に進んでいくというものではない。ゆえに，作業期は，スーパーバイザーがスーパービジョンで起こった一つの出来事あるいは日々の問題を理解し，それにどう対応していくか解決策を見つける枠組みを提供するものである。その意味で，作業期に示されるスキルは，「セッションごとの」スキルと表される。また，一つのセッションにも段階（stage）があり，準備段階，開始段階，中間段階，終結・移行段階と展開する。その段階において用いられるスキルを整理したものが，**表11-7-1**である。

（4）終結期・移行期

　スーパーバイザーとワーカーの終結と，ワーカーとクライエントの終結にはよく似たところがある。スーパーバイザーは，ワーカーが自分との関係を終結させたり，ワーカーとクライエントとの関係や同僚との関係を終結させるのを助ける。スーパーバイザーは，ワーカーとの終結をモデルとなるようにすることが重要である。そうすることで，ワーカーはクライエントとの終結を同じようにすることができるのである。また，スーパーバイザーとワーカー双方が，何がうまくいって，何がうまくいかなかったかといった評価を公正に行う。

　ワーカーが終結を迎える経験として，共通の終結にまつわるテーマ（否定，終わっていない仕事の催促，罪意識など）を取り上げ，ワーカーが終結に対処するための戦略を講じる。具体的には，スーパーバイザーは，①カンファレンスやスタッフ・ミーティングの日程を知らせることで，終結が近づいていることに関心を向けさせる，②ダイナミクスが現れてきたときと同じように，終結期のダイナミクスを見つける，③ワーカーが離れていくことに関する自身の感情を知る，④終結の評価期限を設ける，⑤そのワーカーとほかのスタッフメンバー間の終結に気を配る，⑥ワーカーがクライエントの終結に対処するスペシフィックなスキルに集中するのを助けるなどする。

　スーパーバイザーが離れていくために終結を迎える場合には，早くに終結を知らせ，終結に関する感情を共有し，スーパービジョン関係を評価す

る。新たなスーパーバイザーを迎えるなどの移行については，最後のスタッフ・ミーティングに新しいスーパーバイザーを招き，その移行について率直に話し合う機会を持つなどする。

5 『Interactional Supervision』初版から第3版まで

　シュルマンの『*Interactional Supervision*』の初版は，1982年の『*Skills of Supervision and Staff Management*』というタイトルのものである（Shulman 1982）。初版から第3版まで，相互作用アプローチにある概念，スーパービジョンのプロセスと各フェーズにおけるスキルの要素に大きな変化はないが，第2版から提示された相互作用アプローチに横たわる仮説は，第2版の3つから，第3版では本節で記述したように5つに整理されている（Shulman 1992；2010）。

　第3版はボリュームも大きくなったが，新しくなった点が4つある（Shulman 2010）。1つ目は，スーパーバイザーの教育的教示スキルを扱っている第3部において，直接的な実践，すなわちスーパービジョンの内容に関する実例とディスカッションを増やしたこと。2つ目に，スーパービジョンの根拠に基づく実践（evidence-based practice）に焦点を当てた新たな章（第8章）を設けたこと。3つ目に，倫理的問題や，法律改正やリスクアセスメントの方法といったことを取り上げた章（第9章）を加えたこと。4つ目に，スタッフ・ミーティングやケース・コンサルテーション，グループ・スーパービジョン，スタッフのサポート・グループなどグループ・リーダーシップを扱う章と，トラウマ的な出来事によるスタッフ集団への二次的トラウマの影響力を扱った章を拡充させたことである。

　本書は，相互作用アプローチに基づくスーパービジョンに関する効果的スキルについてよく学ぶことができるように，各章には，ヒューマンサービスにおけるスーパービジョンやマネジメントに関する全般的レビューと，シュルマンが開催したワークショップや研修で実際に見聞きし議論さ

れたスーパービジョンの豊富な実例とその解説，そして，その時代時代にシュルマン自身が関わった調査研究などからの成果が多数紹介されている。スーパービジョンに関し，理論的な視点と経験的に探究された調査，そして豊富な実践経験と知恵を提供してくれるものである。

（木村 容子）

引用文献

Edwards, R. L. and Hopps, J. G. eds.（1995）*Encyclopedia of Social Work*, 19th ed., NASW Press.
Minahan, A., Becerra, R.M. and Briar, S. et al. eds.（1987）*Encyclopedia of Social Work*, 18th ed., National Association of Social Workers.
Mizrahi, T. and Davis, L. E. eds.（2008）*Encyclopedia of Social Work,* 20th ed., NASW Press and Oxford University Press.
Shulman, L.（1982）*Skills of Supervision and Staff Management*, F E Peacock Pub.
Shulman, L.（1992）*Interactional Supervision*, 2nd ed., NASW Press.
Shulman, L.（2010）*Interactional Supervision*, 3rd ed., NASW Press.
Shulman, L.（2011）*The Skills of Helping Individuals, Families, Groups, and Communities*, 7th ed., Brooks/Cole.

参考文献

Shulman, L（1993）*Teaching the Helping Skills：A Field Instructor's Guide*, 2nd ed., Council on Social Work Education.

第8節 ボーゴのフィールド・インストラクション
―ITPループモデルを中心に―

1 はじめに

　ボーゴ（Bogo）はトロント大学でソーシャルワークを学んだ後，マギル大学でソーシャルワーク修士号を取得した。現在は，トロント大学教授として，臨床ソーシャルワーク実践と，ソーシャルワーク教育における理論と実践について教鞭を執り，1998年～2003年の間はInaugural Sandra Rotman Chair in Social Workを務めている。彼女の研究の関心は，ソーシャルワーク教育と臨床ソーシャルワーク・スーパービジョンを含む，専門的実践に対するコンピテンシーについてである。彼女は研究において，現場教育モデルの開発と評価，そして学生と実践者のコンピテンシーを評価するアプローチを導入し，これらの領域で多くの著作を出版している。長年のソーシャルワーク教育への貢献が評価され，2013年にはソーシャルワーク教育協議会（Council on Social Work Education）より，Significant Lifetime Achievement in Social Work Education Awardを受賞している。

　ボーゴは，ソーシャルワーク実習においてスーパービジョンという用語は用いず，フィールド・インストラクション（field instruction）と表現し，ソーシャルワーカーに対して行われるスーパービジョンとは明確に区別している。しかし，実習教育におけるスーパービジョンを検討する際に，彼女らの理論から学ぶべきものは大きい。

　本節では，1987年にボーゴとベイダ（Vayda）との共著『*The Practice of Field Instruction in Social Work*』（Bogo & Vayda 1987）において発表された，フィールド・インストラクションにおける理論と実践の統合ループモデル（integration of theory and practice loop model：以下，ITPループモデル）

について紹介する。この本の執筆の背景には，1980年に発表されたソーシャルワーク実習に関する調査レポート（Thomlison & Watt 1980）で，現場のフィールド・インストラクターが学生を指導するための準備ができていないと感じていることが報告されたことに影響を受けている。

2 実習指導におけるITPループモデル

　ここでは，ボーゴらの説明に従い，ITPループモデルについて述べていく。彼女らは，ソーシャルワークの実践者と教育者は，実習の役割を理論が実践と統合される場であると常に位置づけているが，往々にして詳しい定義を伴わずにいることを指摘し，教育者となる実践者はそれぞれの実践を検討し，自身がとる行動に影響を与える考え方，態度，価値を明らかにしなくてはならないと述べている。また，実際に，専門的態度はソーシャルワーカーが自身の教育と実践経験を通じて発展させた暗黙知と信念に基づくものであるとし，この統合された専門的知識は確認されることによって，現場の教育者がその統合された専門的知識を学生に伝えることができるとしている。ソーシャルワークの活動は積み重ねられ，継続しているものであることから，そのイメージとしてループが有効であるとしている。そして，それぞれの実践は，過去の経験，新たな知識，今後の見通しと計画を包含しなければならないとし，そのイメージを**図11-8-1**のループモデルとして示した。ITPループモデルは，フィールド・インストラクターが自身と学生それぞれの実践を検討するうえで，さらに学生とフィールド・インストラクターの相互作用においてフィールド・インストラクターの助けになるものと考えられている。以下，ITPループモデルの図に従って，回収（retrieval），内省（reflection），連結（linkage），専門的な対応（professional response）の順に説明する（**図11-8-1**）。

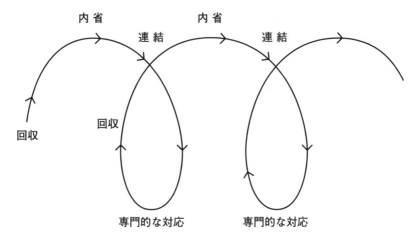

図 11-8-1　フィールド・インストラクションにおける ITP ループモデル
〔原典の図をもとに筆者翻訳〕
〔Bogo, M. and Vayda, E.（1987）*The Practice of Field Instruction in Social Work*：Theory and Process, Columbia University Press, 2〕

（1）回収

　実習指導に向けたループの導入部分は，情報の回収または回想であり，得られた実践経験を描写することである。学生がかかわる実践活動には個人，家族，集団に対するインタビュー，チームや協議会のミーティング，プレゼンテーション，資料を読むこと，レポートを書くことが含まれる。実習指導者は学生の口頭による報告，プロセスレコード，要約記録，音声・ビデオテープ，ライブ・スーパービジョン，または一緒に活動した経験，などの方法により学生の実践データを得ることができるとしている。

（2）内省

　内省はソーシャルワーカーの実践活動の丁寧な考察であり，主観的意味と客観的影響の2つの要素に焦点を当てる。ソーシャルワーク実践では，実践者の「自我」が専門的状況に対する解釈と反応に強い影響を与えることが古くから認識されている。ループにおける内省の段階を通じて，実習指導者はこの2つの要素を含め，学生と一緒に内省的反応を明らかにす

ることができる。内省を通じて，学生の感情，信念，価値，憶測が明らかになり，それらの実践状況内でのクライエントとの相互作用における影響，アセスメントと判断，計画と介入の効果に対する影響についての批判的思考ができる。

(3) 連結

連結は，回収したデータに対する学生とフィールド・インストラクターの両者の認識に関連するものと，内省を通じて明らかになったものを用いるループの一部である。その目的は実践データとこれまでの段階で明らかになった内省的反応を説明する知識を同定しラベル付けすることと，最終的にはその知識を専門的な対応の計画作成に用いることである。連結には，知識に関連した共通の要素を同定するために，状況を要約あるいは一般化するといった行為や態度が求められる。フィールド・インストラクターの役割は，学生の関心を理論や経験知に向かわせるだけではなく，学生がそれらの知識を特別な実践場面との関連において適用できるよう支援することである。

(4) 専門的な対応

専門的な対応は，次に当該状況に遭遇したときの計画の選択である。この計画は，すでに起こった過程から導き出されなくてはならない。多様な見地からの議論を通じて，学生は特定の介入の可能性のある効果について比較し，予見する機会を得ることができる。そして，ループの過程は立て直しに戻り，状況における計画または行動の影響について，新たなデータが収集され，そして過程が再度始まる。

以上のループが繰り返し行われていくことが説明されている。

3 『*The Practice of Field Instruction in Social Work*』初版と第2版の違い

　1987年の初版は，第1章「実習指導の理論」，第2章「実習指導の三者特性」，第3章「実習指導のアプローチ」，第4章「教育理論からの貢献」，第5章「実習に先立って」，第6章「開始期」，第7章「学習環境のモニタリング」，第8章「特別な状況」，第9章「人種的な配慮が必要な実習指導」，第10章「実習指導の法的側面」，第11章「評価」，第12章「終結」，そして，付録として実習指導に関する文献解題が含まれる。第2版は，第1章「理論と実践の統合：ITPループモデル」，第2章「実習指導の世界：学校，学生，機関」，第3章「開始期」，第4章「指導関係」，第5章「学習プロセスを導くこと」，第6章「特別な状況」，第7章「実習指導の法的側面」，第8章「評価と終結」，さらに付録として教育案内の資料がある。第2版（Bogo & Vayda 1998）では，大幅に加筆が行われているが，特にITPループモデルについて，初版では第1章の初めからフィールド・インストラクションの理論として説明が行われているのに対して，第2版では，まずフィールド・インストラクターであるソーシャルワーカーが自ら用いることを念頭に説明が行われ，その後に，学生に対する指導に用いる方法を説明している。このように，初版では学生の指導を中心にITPループモデルの使用が説明されていたが，その後の版では，フィールド・インストラクターと学生の両者が活用できるモデルとして強調されている。

4 おわりに

　日本と北米のソーシャルワークの実習教育システムは，異なる点が少なくない。また，実習現場における実践者が行う指導をボーゴらはフィール

ド・インストラクション（field instruction）と表現しているため，実習スーパービジョンの定義の明確化と両者の異同についての詳細な検討は必要であろう。この点についてボーゴらは，ソーシャルワークにおけるスーパービジョンは一義的に運営機能として考えられ，ソーシャルワーカーのスーパービジョンは，クライエントに対して効果的かつ効率的なサービス提供を確実にすることを目的とすると説明している。そして，ソーシャルワーク実践に向けた学生の教育的準備を表現する用語としての使用は適切ではないとしている（Bogo and McKnight 2006）。

本節で取り上げたループモデルは，多様な母集団，目的，場面におけるあらゆるレベルの介入についてのソーシャルワーク実践の教育に使用できることを念頭に提唱されていることから，日本のソーシャルワーク実習における実践者が行う指導に活用が可能と思われる。また，ボーゴはこのループモデルは，ソーシャルワーカーがクライエントの援助を検討する際に，必要なプロセスであるが，内省と連結の過程が省略され，立て直しと専門的な対応のみとなっている場合が少なくないと指摘している。

このモデルをわが国の実習指導者がそれぞれの実践場面で活用することで，自らの実践を根拠づけて説明できるようになり，そのことがさらに学生の専門性の獲得に向けた効果的な実習指導の展開に役立つものと考えられる。さらに，このモデルは，理論と実践の統合を目的としたものであるが，同時に実践者と学生の専門性を獲得するための共通ツールとして両者の橋渡しをする役割も期待できよう。

（石附 敬）

引用文献

Bogo, M. and McKnight, K.（2006）Clinical supervision in social work：a review of the research literature. *The Clinical Supervisor*, 24（1-2），49-67.

Bogo, M. and Vayda, E.（1987）*The Practice of Field Instruction in Social Work：Theory and Process*, Columbia University Press.

Bogo, M. and Vayda, E.（1998）*The Practice of Field Instruction in Social Work：Theory and Process*, 2nd ed., Columbia University Press.

参考文献

ソーシャルワーク教育協議会.（http://www.cswe.org/，2014.9.19）
Thomlison, B. and Watt, S.（1980）Trends and issues in the field preparation of social work manpower：a summary report. *Canadian Journal of Social Work Education*, 6（2-3），137-158.
トロント大学ソーシャルワーク学部.（http://socialwork.utoronto.ca/，2014.9.19）

第9節 モリソンとワナコットのスーパービジョン

1 はじめに

　イギリスの労働党政権（1997 ～ 2010）時代に行われたソーシャルワーク改革における焦点の一つはスーパービジョンであった。この時代のイギリスのスーパービジョン論で欠かすことができない人物がモリソン（Morrison）である。本節では，スーパービジョンの理論と実践をイギリスにおいて先導したモリソンと，モリソンの理論と実践を現在まで継承し発展させているワナコット（Wonnacott）について取り上げる。

2 モリソンのスーパービジョン

(1) 略歴

　モリソン（1953 ～ 2010）はマンチェスター大学でソーシャルワークを修めた後，イギリス児童愛護協会（National Society for the Prevention of Cruelty to Children；NSPCC）における特別ユニットでの仕事を通じ，児童保護に関するアセスメントの発展に貢献するとともに，『虐待の危険性がある家族：児童虐待のアセスメントと治療（*Dangerous Families：Assessment and Treatment of Child Abuse*）』を共著で執筆し，児童分野で大きな影響を与えた。彼は，1989 年にイギリス児童愛護協会を退職して独立し，イギリス犯罪加害者治療協会（the National Organisation for the Treatment of Abusers）の初期メンバーとしてネットワーク構築や支援実践の発展のた

め長く関わった。また，青少年人材開発評議会（Children's Workforce Development Council；CWDC）および研修・コンサルティング会社 In-Trac において，新人ソーシャルワーカーに対するスーパーバイズ研修やテキストの開発について中心的な役割も担った。

　モリソンの一貫した関心は，保護を必要とするヴァルネラブル（脆弱）な児童にあった。そして，そうした対象に接する最前線の職員こそが質の高いスーパービジョンを受ける必要があるし，彼らの困難な仕事を行うことを可能とするような環境が用意されなければならないと考えていた。モリソンはこうした動機からスーパービジョンの理論を発展させ，さらに，実際にスーパービジョンを行う体制をイギリスにおいて構築したのである。

　彼が2010年に56歳という若さで事故により亡くなったことは大きな衝撃をもって受け止められた。それは，モリソンがスーパービジョンの発展に大きく貢献し，そしてなお期待を寄せられていた人物であったことを示しているだろう。

(2) モリソンの著作

① *Staff Supervision in Social Care*

　1993年にモリソンが執筆・出版した『ソーシャルケアにおける職員のスーパービジョン（*Staff Supervision in Social Care*）』は，ソーシャルケア[注1]における現場職員のスーパービジョンに関する書籍である。本書は何年にもわたりソーシャルワーク領域でのテキストとして採用されたベストセラーであり，ソーシャルケア領域のみならずヘルスケア領域の現場職員や新人職員にも影響を与えた。2001年に第2版，2005年に第3版が示されている。

注1　イギリスにおけるソーシャルケアとは，1990年コミュニティケア法に基づき行われる，ニーズやリスクのある児童や，疾病，障害，高齢，貧困の成人への社会的支援サービスやパーソナルケア，ソーシャルワークを指す。

i) 目次構成とその内容

第3版の目次構成とその内容は以下のとおりである。

第1章　スーパービジョン：目的，政策，定義
第2章　スーパービジョンとその成果
第3章　スーパービジョンで何がもたらされたか：歴史，段階，スタイル
第4章　個人スーパービジョンの契約と構造
第5章　スーパービジョンにおいて反射的な実践を促進するために
第6章　阻害されたサイクル：枠組みと戦略
第7章　グループスーパービジョン
第8章　感情の影響：要因と戦略
資料1　スーパーバイザーのコンピテンス
資料2　レジリエンスのチェックリスト

それぞれの章には内容を理解するため演習問題が盛り込まれ，本書全体で16題が所収されている。

なお，第3版で追加された点は以下のとおりである。

・スーパービジョンがサービス利用者への支援効果に関係することの理解，スーパービジョン実践の影響に関する最近の調査研究（第2章）
・スーパーバイザーがワーカーのレジリエンスや対応力を判断するためにはスーパービジョンを受けた履歴が有効であること（第3章）
・スーパービジョンの記録に関する手引き（第4章）
・コルブ（Kolb）のサイクルを適用して実践でのストーリーサイクルを理解する（第5章）
・行動機能の理解，上がりづらい成果について愛着理論に関連づけた理解，4×4×4介入モデルとプロセスのチェックリスト（第6章）

ii) 基本的な考え方

本書は以下のような考えに基づいて書かれている。

・スーパーバイズはクライエントへの介入のプロセスの一部分である
・スーパービジョンはワーカーの持つ関係性のうち最も重要である
・職員は最高水準のスーパービジョンを受ける資格がある

- 職員はよいスーパービジョンを利用して自ら向上し変化することができる
- スーパービジョンの最優先事項はサービス利用者の利益の促進と保護である
- スーパービジョンはサービス供給の質とサービス利用者の経験を決定づける重要なものである
- スーパービジョンは複雑で技術的なプロセスであり，学習可能なものである
- スーパービジョンは実施するだけでなく感じて思考するものである
- スーパービジョンはプロセスと内容の両方を伴わなければならない
- 職員がサービス利用者に対して取ることが期待されるような態度や価値のモデルをスーパーバイザーは追求すべきである
- スーパーバイズの実施はヘルスケアとソーシャルケアにおいて最も価値のあるタスクの一つである
- スーパービジョンは最も求められるタスクの一つといえる
- スーパーバイザーには訓練，サポート，スーパービジョンが必要である
- スーパーバイジーがどのようにスーパービジョンを行うかは運に任されているわけではない。スーパーバイジーは，十分に活動的で，自らの役割がわかりその準備のあるパートナーとなるに尽きる

iii）4×4×4モデル

モリソンはスーパービジョンをプロセスのあるものとしてとらえるとともに，スーパーバイザーとスーパーバイジーとの二者関係のみにとどまらずスーパービジョンに関わる複数のステークホルダーの関係性に着目し，さらにスーパービジョンの機能についても検討して，4×4×4モデルとして示した。

4×4×4モデルとは，すなわち，スーパービジョンの4つのステークホルダー（サービス利用者，職員，組織，関係機関），スーパービジョンの4つの機能（マネジメント，開発，支持，媒介），スーパービジョンサイクルの4つの要素（経験，回想，分析，行動）からなる，各要素が相

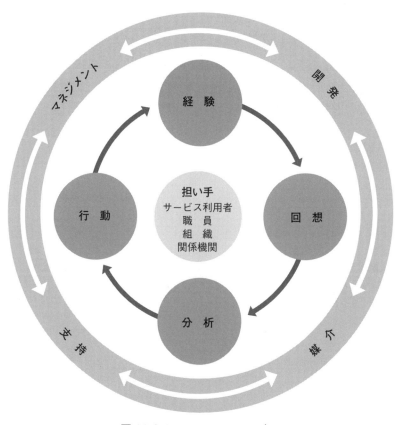

図 11-9-1　4×4×4 モデル

〔Morrison, T.（2005）*From Strength to Strength：A Facilitator's Guide to Preparing Supervisors, Students and Trainees for Supervision*, Pavilion Publishing, 226.〕

互に関連し合い，プロセスを持つスーパービジョンのモデルである（**図11-9-1**）。

4×4×4モデルは，スーパービジョンが，ステークホルダー，機能，サイクル要素の相互作用によって展開されることを示すことにより，ソーシャルワーク実践におけるスーパービジョンの統合的な理解を可能とした。

第9節　モリソンとワナコットのスーパービジョン

② *Making the Most of Supervision in Health and Social Care：A Self- development Manual for Supervisees*

『ヘルスケア領域とソーシャルケア領域で最高のスーパービジョンを行うために：スーパーバイジーの発展のためのマニュアル（*Making the Most of Supervision in Health and Social Care：A Self- development Manual for Supervisees*）』はモリソンとクナップマン（Knapman）の共著で1998年に出版された。スーパーバイジーの視点や経験を通して基本的な考え方やモデルを示したものであり，以下のような内容となっている。

・スーパービジョンとは何か
・スーパービジョンによって得られる利益とは何か
・なぜスーパービジョンが必要なのか
・自分の経験が自身のケースアプローチにどのように影響しているのか
・どのようにしてスーパーバイザーを選んだらいいか
・契約とは何か
・スーパーバイジーの責任と権利
・プロセスにおける活動的なパートナーとなるには
・反射的な実践者となるには
・守秘義務とは

③ *From Strength to Strength：A Facilitator's Guide to Preparing Supervisers, Students and Trainees for Supervision Staff Supervision in Social Care*

2005年にモリソンが執筆した『ストレングスからストレングスへ：スーパーバイザー，学生，実習生がスーパービジョンの準備をするにあたってのファシリテーターのガイド（*From Strength to Strength：A Facilitator's Guide to Preparing Supervisers, Students and Trainees for Supervision*）』は，『ソーシャルケアにおける職員のスーパービジョン（*Staff Supervision in Social Care*）』とともに，新規に認定されたソーシャルワーカー（NQSW）[注2]向けのプログラムのための書籍として広くイギリスで活用された。『ヘルスケア領域とソーシャルケア領域で最高のスーパービジョンを行うために：スーパーバ

イジーの発展のためのマニュアル（*Making the Most of Supervision in Health and Social Care：A Self- development Manual for Supervisees*）』よりも小規模の職場での実践者を想定し，研修教材としても活用できる書籍で，以下の内容が含まれる。

- ・スーパーバイジーが力量を高める理論的根拠
- ・スーパーバイジーのコンピテンス
- ・キーポイントを示したOHPのスライド

3 ワナコットのスーパービジョン ―モリソンの継承者として―

（1）略歴

　ワナコットはイギリスのソーシャルワーカーであり，研修・コンサルティング会社In-Tracの取締役である。ワナコットは，地方自治体，地方児童保護委員会（Local Safeguarding Children Board；LSCB），ボランティア団体などにおける講師およびコンサルタントを務める一方で，調査・研究にも従事している。コンサルタント業務の一環として保育所での虐待に関するケースレビューに携わった経験があり，早期の発達段階における安全な体制構築にワナコットは特に関心を寄せている。

　ワナコットは自身のミクロ・メゾレベルでの活動をもとに，モリソンと共にイギリスにおけるスーパービジョンの理論と実践を発展させ，またその研修プログラムの開発を行ってきた。そして，モリソンが急逝した後もワナコットは理論と実践を継承し発展させている。

注2　NQSWは2013年3月末で廃止され，ASYE（Assessed and Supported Year in Employment）に変更されている。

(2) ワナコットの著作

① Mastering Social Work Supervision

『ソーシャルワークスーパービジョンをマスターするために（*Mastering Social Work Supervision*）』は，「Mastering Social Work Skills」シリーズの1冊であり，ソーシャルワークスーパービジョンのための実践的なガイドブックである。多くの文献を用いて概念の説明と整理を行うとともに，スーパービジョンの事例を豊富に紹介している。スーパービジョンの概念的な理解についてはモリソンの4×4×4モデルを基礎にしており，カデューシン（Kadushin）をはじめとしてスーパービジョンの機能に着目したさまざまなモデルがこれまでに存在するが，実践を行ううえではそうした機能的モデルを超えた理解が必要であるとワナコットは説明する。そして，4×4×4モデルに基づいて，スーパーバイザーが具体的にどのような質問をしたらよいのか，あるいは具体的な事例に対してどのように対応したらよいのかを各章で示している。目次構成は以下のとおりである。

第1章　はじめに—ソーシャルワークスーパービジョンの構成
第2章　基礎の理解
第3章　権威あるスーパーバイザー
第4章　ソーシャルワーカーのアセスメントをスーパーバイズする：効果的な実践のための基礎づくり
第5章　個々の実行状態を理解し管理する
第6章　おわりに—スーパーバイザーを支持し成長させる

②研修パッケージとテキスト

Developing and Supporting Effective Staff Supervision, training pack（研修パッケージ）

Developing and Supporting Effective Staff Supervision Reader: A Reader to Support the Delivery of Staff supervision Training for those Working with Vulnerable Children, Adults and their Families（テキスト）

モリソンの『ソーシャルケアにおける職員のスーパービジョン（*Staff Supervision in Social Care*）』の核となる概念をもとに作成した研修パッケージ，およびそれに合わせて作成されたテキストである。テキストは，研修とは切り離してスーパービジョンの読み物として読むことも可能である。

モリソンの『ソーシャルケアにおける職員のスーパービジョン（*Staff Supervision in Social Care*）』のポイントを中心に，以下の7章構成で解説している。

第1章　スーパービジョンで何ができるのか？
第2章　スーパービジョンを行うための統合アプローチ：4×4×4モデル
第3章　スーパーバイズ関係をつくる
第4章　スーパービジョンにおいて感情を積極的に用いる
第5章　複合的に行う：スーパーバイズの最前線の実践
第6章　成果を向上させるためのスーパーバイズ
第7章　スーパービジョンの訓練とは：スーパーバイザーの支持，開発，維持

4　イギリスのソーシャルワーク改革におけるモリソンとワナコットの業績

モリソンとワナコットはイギリスのソーシャルワーク改革，特にスーパービジョンについて大きく関与していたことが窺える。

(1) Supervision article : Standards for employers and supervision framework statement

イギリスのソーシャルワーク改革の背景として，1990年代にイギリスで発生した児童虐待による死亡事件（ヴィクトリアのケース）について，自治体が虐待と認識していながら防げなかったことへの批判がある。2000年にはケア基準法（Care Standards Act 2000）が成立してソーシャル

ワークの実施体制に大きな改革が行われることとなった。これに伴ってGSCC（General Social Care Council）[注3]が2001年に設立され，イギリスのソーシャルワーカーの研修を担うこととなった。

その後の2009年12月に，ソーシャルワークタスクフォース（Social Work Task Force）が2009年12月に最終報告書「安全で信頼ある未来を創る（Building a safe, confident future - The final report of the Social Work Task Force)」をまとめて政府に対し勧告した。この報告書の中で示された「15項目の提案」の7番目にスーパービジョンが位置づけられている。そして，「ソーシャルワーカーのスーパービジョンのため明確な全国的要件によって新しい水準が支持される必要がある」と書かれている。

ソーシャルワークタスクフォースの勧告内容を前進させるため，ソーシャルワークリフォームボード（Social Work Reform Board）が2010年に教育局内に設置された[注4]。ソーシャルワークリフォームボードはさまざまなソーシャルワークに関する文書を作成しているが，スーパービジョンに関しては『従事者のための標準及びスーパービジョンのフレームワークに関する文書（Standards for Employers and Supervision Framework Statement）』（2010）がある。このうち，Supervision article の筆者はモリソンとワナコットである。

(2) Guide for supervisors early professional development

CWDC が2009年に開発した，新任ソーシャルワーカーのための全国研修プログラムのための実施ガイドで，モリソン，ワナコット，フランケル（Jeremy Frankel）の協力によって作成された。

注3　2010年に労働党政権から連合政権に移行したイギリスでは財政引き締めの一環として団体の統合・廃止等を図った。GSCC は the Health and Social Care Act 2012 により2012年8月1日から HCPC（the Health and Care Professions Council, formerly the Health Professions Council；HPC）に移行した。この HCPC は保健福祉関係の16団体から構成される。

注4　2010年に連合政権となったことを受けた変更によりソーシャルワークリフォームボードは2013年9月に廃止された。

5 おわりに

　モリソンは自らのソーシャルワーク実践もふまえてスーパービジョンを体系化した第一人者であり，イギリスのソーシャルワーカー養成の中にスーパービジョンが明確に位置づけられるにいたったのはモリソンの研究の貢献が大きかったといえる。モリソンの理論を通して，職員の資質の向上を図るうえではスーパービジョンが不可欠であることが確認できるとともに，ソーシャルワーク実践におけるスーパービジョンの位置づけと重要性があらためて理解できる。特に，スーパービジョンを相互作用モデルによって説明することで，スーパービジョンを総合的に理解できるようになり，スーパービジョン実践においてステークホルダー，機能，サイクル要素を意識し，どの段階に働きかけるべきかが明確となった。これによりソーシャルワーカーの質の向上とソーシャルワーク実践の深化をもたらしうると考えられる。

（大村　美保）

引用文献

- Morrison, T.（1993）*Staff Supervision in Social Care*, Pavilion Publishing and Media.
- Morrison, T.（2001）*Staff Supervision in Social Care*, 2nd ed., Pavilion Publishing and Media.
- Morrison, T.（2005）*Staff Supervision in Social Care*, 3rd ed., Pavilion Publishing and Media.
- Dale, P., Davies, M. and Morrison, T.（1989）*Dangerous Families：Assessment and Treatment of Child Abuse*, Routledge.
- Social Work Reform Board（2010）*Standards for employers and supervision framework statement*.（http://www.）
- Social Work Reform Board（2010）Supervision article.（http://www.）
- Wonnacott, J.（2011）*Mastering Social Work Supervis*. Jessica Kingsley
- Wonnacott, J.（2014）*Developing and Supporting Effective Staff Supervision*, training pack, Pavilion Publishing and Media.
- Wonnacott, J.（2014）*Developing and Supporting Effective Staff Supervision：A reader to support the delivery of staff supervision training for those working with vulnerable children, adults and their families*. Pavilion Publishing and Media.

参考文献

Baim, C., Erooga M. and Horwath J.(2010)Tony Morrison. *Journal of Sexual Aggression*, 16(2), 257-258.

British Journal of Social Work ホームページ.(http://www.oxfordjournals.org/our_journals/social/anniversary_papers.htmlm, 2014.8.31)

In-Trac ホームページ.(http://www.in-trac.co.uk/, 2014.8.31)

Pavilion ホームページ.(http://www.pavpub.com/staff-supervision-in-social-care/, 2014.8.31)

◆ あとがき ◆

　本書は，日本におけるソーシャルワーク・スーパービジョンの展開に関して，現時点に焦点を当て，今後の展開への一里塚とすること，これが大きな目的であり，また課題でもありました。さらに，本書は，一般社団法人日本社会福祉教育学校連盟の60周年事業として編まれたものです。表紙カバーにも示されている緑のロゴマークは，全国の加盟校による連携・協同・つながりを象徴し，また緑の線は，はるかに広い青い海を越えて，国際的な連帯を通して結ばれている連盟の姿を現しています。ソーシャルワーク・スーパービジョンという重要な方法の一里塚を形作るうえで，日本全国の教育現場や実践現場の実情や課題に加えて，国際的視点から捉え直すことを重視しました。

　ソーシャルワーク理論を構成する二種類の体系として，Theory of Social Work（セオリー・オブ・ソーシャルワーク）と Theory for Social Work（セオリー・フォー・ソーシャルワーク）が存在することはあらためて言うまでもありませんが，ソーシャルワークにおいて，Theory in Use をどのように確立していくかが鍵になります。ソーシャルワーク・スーパービジョンの理論は，Theory in Use の視点からとりわけ実践者の大きな期待を背景に展開しています。我が国において，実践の方法としてのスーパービジョンの活発な動向が，さらに促進されることを望むとともに，ソーシャルワーク理論の展開と長い歴史の中で車の両輪であり続けているその姿を検証し，再考することを試みています。

　本書の各章の構成は，国内外における時系列的な縦の軸と，多様なソーシャルワーク領域や分野における現在の到達段階を反映する横の軸によって組まれています。各章は，29名の教員の方々により執筆され，ソーシャルワーク・スーパービジョンにおいて，複雑に絡み合う機能，価値観と倫理，関係性という要素，また個人，グループ，ピア等の具体的な形式や方法，メンタリング・コンサルテーションについてもその理論と現状が

示されています。さらに,第10章では,多様な実践教育や実践現場におけるスーパービジョンの理論的展開と現状が提示されています。加えて,第11章の文献からみた諸外国のスーパービジョンでは,全国の若手の教員の方々との研究会を継続して行い,ソーシャルワーク・スーパービジョン論の展開に関して,アダムズ,リッチモンド,ロビンソンから現在に至るまでの経緯や課題を検討し,再考を積み重ねてきたことが基になっています。

ソーシャルワーク・スーパービジョンの体系や理論的課題を検証する意図に加えて,認定社会福祉士・認定上級社会福祉士制度におけるスーパービジョンの重要性を日本社会福祉教育学校連盟としてどのように担うことができるかについて検討を重ねてきました。日本社会福祉教育学校連盟の継続するスーパービジョン研修や,日本社会福祉士養成校協会・日本精神保健福祉士養成校協会との全国社会福祉教育セミナーにおける参加者の方々との熱心なディスカッションは,実践現場におけるスーパービジョンへの期待と共に,あらためてソーシャルワーク・スーパービジョン論のあり様を求められていることが明らかになりました。さらに,編集委員の所属する大学院におけるスーパービジョンに関する演習や講義を通して,院生教育の課題も示されました。これらの多様な要請や期待,課題,検討項目をできる限り含み,読者の方に提示することを試みました。

編集にあたり,用語の統一,例えばソーシャルワーカーあるいはワーカーとするか,利用者かあるいはクライエントか,また個別スーパービジョンか個人スーパービジョンとするか等の重要な用語は多岐にわたりますが,それらの用語については,一部ご相談させていただいたものもありますが,多くは執筆者の意向に基づいています。

今後も激しく変化する地域・社会・生活等の多様な局面で,クライエント・利用者のために,クライエントと共に,というソーシャルワークのあり方について,スーパービジョンの研鑽に力を得て見直し,省察を深め,クライエント・家族・地域・社会に届けるミッションを一層果たすことが

できますよう,編者一同願っております。日本において新たなソーシャルワーク・スーパービジョン論に関する本書が,教育の現場で,また,実践の現場で読み継がれ,検討を重ねていただくことにより,スーパービジョンの文化の形成とその醸成に役立つことを祈念しております。末筆になりますが,執筆者の先生方には,時間等の限られているなかでご尽力いただき,多くのご示唆をいただいたことに心から感謝致します。中央法規出版,編集部の野池隆幸氏には,日本社会福祉教育学校連盟ソーシャルワーク・スーパービジョン編集委員会の意向をご理解いただき,刊行まで多大なご支援とご協力を重ねて下さいました。あらためて心から感謝申し上げます。

2015年4月吉日
一般社団法人日本社会福祉教育学校連盟
ソーシャルワーク・スーパービジョン編集委員会

索引

あ

アート ……………………………… 4
アイデンティティ ……………… 21
アウトリーチシステム ………… 395
アカウンタビリティ ………… 29, 80
アセスメント …… 133, 192, 299, 387, 402, 434
アダムズ（Addams）………… 4, 516
アプテカー（Aptekar）………… 97
荒川義子 ……………………… 7, 449

い

医学モデル …………………… 497
移行期 ………………………… 567
意思決定 …………………… 402, 412
異質性 ………………………… 29
異種の専門家同士 …………… 154
依存 …………………………… 143
意味伝達過程的概念タイプ … 132
インターディシプリナリ・モデル … 489
インフォーマルなメンタリング … 268, 269

う

ウィークネス ………………… 500

え

影響過程的概念タイプ ……… 132
エクスクルージョン ………… 488
エコシステム論………… 182, 183, 187
エコマップ …………………… 497
エコロジカル ………………… 201
エビデンスベースド・プラクティス
 ………………………… 29, 210
エンゲージメント …………… 127
援助方針会議 ………………… 403
エンパワー …………………… 133
エンパワメント …………… 133, 392

お

オースティン（Austin）……… 51
岡部卓 ………………………… 15

奥川幸子 ……………………… 15

か

ガーディナー（Gardiner）…… 144
カーペンター（Carpenter）… 37
解決志向アプローチ ………… 181
開始期 ……………… 229, 231, 565
開始段階 ……………………… 125
回収 …………………………… 326
介入型ソーシャルワーク …… 397
介入研究 ……………………… 37
介入方法 ……………………… 183
開発の役割 …………………… 403
科学的根拠に基づく実践 …… 290
学習理論 ……………………… 174
柏木昭 …………………… 449, 492
家族療法 ……………………… 556
課題中心 ……………………… 154
価値 …………………………… 95
価値観・思索への働きかけ … 141, 142
価値と倫理 …………………… 325
学校コンサルテーション …… 281
カデューシン（Kadushin）… 5, 50, 59, 66, 67, 68, 159, 243, 361, 404, 543
金子仁郎 ……………………… 296
カプラン（Caplan）……… 279, 286, 295
川田譽音 ……………………… 8
環境調整 ……………………… 439
環境の中の人 ………………… 497
関係性 …………………… 143, 362
関係性理論 …………………… 180
間主観性 ……………………… 495
間主観的アプローチ ……… 179, 185
間接性 ………………………… 145
管理・運営機能 ……………… 6
管理機能 ……………………… 348
管理的機能 …… 4, 139, 160, 402, 460
管理的コンサルテーション … 286
管理的スーパービジョン …… 27, 69, 70, 549
管理的役割 ………………… 391, 405

き

機関内スーパービジョン …… 70
機関の機能 …………………… 58

593

危機コンサルテーション ……… 153, 286
擬似的治療関係 ………………… 107
気づき …………………………… 146
気づきの事例検討会 ………… 18, 251
機能主義ケースワーク ……… 47, 535
機能的モデル …………………… 79
木村忠二郎 ……………………… 370
逆転移 ……… 177, 178, 180, 184, 189, 205, 492
客観的評価 ……………………… 466
キャッチ・ポジティブ ………… 408
キャリア的機能 ………………… 266
キャリアパス …………………… 305
キャロル（Carroll） …………… 3
教育機能 …………………… 348, 354
教育現場 ………………………… 153
教育的機能 ……… 4, 139, 160, 402, 460
教育的スーパービジョン … 27, 69, 73, 76, 549
教育的役割 ………… 391, 405, 408
共感 ……………………………… 135
共感過多 ………………………… 465
強制保護サービス ……………… 401
強制力 …………………………… 148
強調 ……………………………… 138
共通原則 ………………………… 98
業務マネジメント ……………… 362
局外者 …………………………… 154
許容的雰囲気 …………………… 235
距離 ……………………………… 162
記録 ……………………………… 249

く

クナップマン（Knapman） …… 582
窪田暁子 ………………… 13, 391, 449
クライエント中心療法 ……… 55, 174
クリニカル・ソーシャルワーカー … 65
クリニカル・ソーシャルワーク・スーパービジョン ……………… 59, 60
グループ
　——規模 …………………… 223
　——凝集性 …………… 223, 233
　——計画 …………………… 230
　——形成への援助 ………… 232
　——文化 …………………… 225
グループ・スーパービジョン … 22, 34, 35, 217, 243, 391, 455, 463, 495
　——過程 …………………… 228
　——定義 …………………… 243
　——特長 …………… 227, 228
　——方法 …………………… 238
　——連合モデル ………… 35, 36
グループダイナミクス（集団力学） ……………………………… 221
グループワークスキル ………… 35
グレイ（Gray） ………………… 163
黒川昭登 …………………… 9, 243

け

ケアマネジメント ……………… 497
ケアマネジャー ………………… 423
経営コンサルテーション ……… 281
刑務所リピーター ……………… 392
契約 ……… 21, 81, 82, 84, 125, 127, 194, 197
契約書 …………………………… 195
契約段階 ………………… 194, 231
ケースカンファレンス ………… 497
ケース記録 ……………………… 238
ケース検討 ……………… 249, 530
ケースコンサルテーション … 154, 286
ケースワーカー ………………… 370
権威 ……………………………… 174
権威関係 ………………… 127, 148
権威性 ……………… 127, 148, 555
原家族 …………………………… 556
現業員 …………………………… 367
言語機能 ………………………… 137
言語的コミュニケーション …… 135
言語メッセージ ………………… 132
研修 ……………………………… 37
現任訓練 ………………… 355, 371
権力関係 ………………………… 106

こ

効果検証 ………………………… 120
効果的実践のイノベーション … 290
効果的スーパービジョン ……… 83
肯定的スーパービジョン ……… 28
公平原理 ………………………… 101
コーチング ……………………… 263

国際慈善会議 ……………………… 357
国際生活機能分類 ……………… 497
小島蓉子 ………………………… 449
個人スーパービジョン …… 22, 34, 167, 404, 455
　──デメリット ……………… 166, 167
　──プロセス ………………………… 190
　──メリット ………………… 165, 167
個人的関係 ………………………………… 62
子ども虐待対応の手引き ……………… 404
個別会合 ………………………………… 74
個別ケース検討会議 …………………… 400
個別コンサルテーション ……………… 287
コミュニケーション …… 132, 139, 222
　──過程 …………………………… 134
　──機能 ………………………… 29, 139
　──障害 ………………………… 431, 437
　──スキル …………………… 134, 249, 250
コミュニケーションエンパワメント
　モデル ………………………… 133, 134
コミュニティソーシャルワーク ……… 388
小山進次郎 ……………………………… 369
コルブ（Kolb） ………………………… 151
コンサルタント …………… 154, 280, 297
コンサルティ ……………… 154, 280, 301
コンサルテーション …… 153, 279, 282, 283, 295, 352
　──支援機能 ………………… 282, 283
　──支援構造 ………………… 282, 283
　──定義 ……………………………… 279
　──導入・実施プロセス …………… 287
　──目的 ……………………………… 295
　──モデル …………………………… 304
コンテクストモデル …………………… 178
コントラクト ……………………………… 21
困難事例 ………………………………… 423
コンピテンシー …………… 21, 201, 211
コンピテンシーモデル ………………… 321
コンプライアンス ……………………… 405
コンフリクト …………………………… 489

さ

再現性 …………………………………… 120
最適化 …………………………………… 113
作業期 ……………………… 229, 235, 566
査察指導 …………………… 20, 376, 377

査察指導員 ………………… 14, 220, 367, 370
査察指導制度 …………………………… 373
サポート …………………………………… 80
サポートシステム ……………………… 268
360度評価 ……………………………… 210

し

恣意性 …………………………………… 135
ジェノグラム …………………………… 497
支援環境開発 …………………………… 488
支援困難事例 …………………………… 391
ジェンダー ……………………………… 557
支援的機能 ………………………… 6, 139
支援ネットワーク ……………………… 386
塩村公子 …………………………… 6, 13
自我心理学 ………………… 170, 176, 184
時間軸 …………………………… 494, 500
時間制限 ………………………………… 154
時間的および空間的広がり …………… 135
自己覚知 … 76, 188, 201, 205, 326, 491
自己決定 ………………………… 492, 494
自己心理学 ……………………………… 170
自己の開示 ……………………………… 127
自己評価 …………………… 109, 202, 209
自己防衛 ………………………………… 126
支持機能 ………………………… 348, 354
支持的 …………………………………… 139
支持的機能 ……… 5, 160, 246, 361, 460
支持的スーパービジョン …… 28, 69, 77, 487, 492, 494, 549
支持的役割 ……………… 391, 405, 410, 411
時熟 ……………………………… 492, 493
システム論 ……………………… 181, 201
事前準備 ………………………………… 21
実施段階 ………………………………… 196
実習教育 …………………… 14, 153, 218
実習記録 ………………………………… 323
実習指導 ………………………… 316, 494
実習指導者 ………………… 153, 316, 320
実習巡回指導 …………………………… 315
実習スーパービジョン ………… 47, 575
実習担当教員 …………………… 316, 321
実証の研究 ……………………………… 218
実践家参画型評価 ……………………… 290
実践教育 ………………………………… 151
実務者会議 ……………………………… 400

595

質問の技法 ………………………… 135
私的なストレス …………………… 121
指導監督 …………………… 374, 375
児童虐待 …………………………… 399
自動思考 …………………… 490, 491
児童相談所 ………………………… 399
児童相談所運営指針 ……………… 403
児童福祉司 ………………… 404, 406
社会改革 …………………………… 523
社会活動 …………………………… 523
社会診断 …………………………… 536
社会生活 …………………………… 103
社会正義 …………………………… 65
社会的・経済的・政治的・文化的影響
　要因によるストレス …………… 121
社会的共通資本 …………………… 383
社会的排除 ………………………… 385
社会的包摂 ………………………… 474
社会的抑制メカニズム …………… 224
社会的ロールモデル ……………… 4
社会福祉協議会 …………………… 473
社会福祉士 ………………………… 21
社会福祉士及び介護福祉士法 …… 313,
　315, 318, 329
社会福祉事業法 …………… 367, 371
社会福祉士制度 …………………… 313
社会福祉主事 ……………… 367, 370, 373
社会福祉士養成 …………………… 21
社会福祉士養成課程 ……… 313, 316
社会福祉士養成校 ………………… 21
社会福祉専門職 …………………… 20
社会変革 …………………………… 523
社会保障制度に関する勧告 ……… 373
社会モデル ………………………… 295
自由意志 …………………………… 154
終結期 ……………………… 229, 237, 567
終結段階 …………………………… 125
重層的なストレス ………………… 121
集団コンサルテーション ………… 287
周辺症状 …… 426, 427, 428, 429, 432,
　433, 436
十文字表 …………………………… 498
熟達した力 ………………………… 148
主体的相互関係 …………………… 493
守秘義務 …………………… 207, 493
受理会議 …………………………… 403
シュルマン（Shulman）…… 28, 135, 190,
229, 237, 561
準備期 ……………………… 229, 565
準備段階 …………………… 125, 126
生涯教育 …………………………… 361
障害者総合支援法 ………………… 489
小地域福祉活動 …………… 476, 478
情緒的な疲労感 …………………… 122
情報力 ……………………………… 148
処遇困難 …………………… 488, 503
職能団体 …………………………… 462
職場 ………………… 160, 163, 192, 204
職場外部 …………………… 166, 185
職場外のスーパーバイザー ……… 25
職場内のスーパーバイザー ……… 25
職場内部 …………… 160, 163, 166, 185, 186,
　198
所内研修 …………………………… 73
初任者教育 ………………………… 464
自律性 ……………………… 554, 555
自律尊重原理 ……………………… 100
事例研究 …………………………… 421
事例検討 …………… 35, 421, 492, 495, 496
事例検討会 ………………………… 35
ジレンマ …………………………… 111
人為的記号 ………………………… 135
深化と修正段階 …………………… 235
診断主義 …………………………… 491
診断主義ソーシャル・ケースワーク
　………………………………………… 51
信念バイアス ……………… 490, 500
新保美香 …………………… 14, 20
信頼関係 …………………………… 438
心理・社会的機能 ………………… 267

す

スーパーバイザー ……… 46, 162, 167, 211
　――介入 …………………………… 238
　――介入技術 ……………… 233, 236
　――基本的姿勢 ………………… 411
　――傾向 ………………………… 141
　――権威の源 …………………… 556
　――権限 ………………………… 162
　――パワー ……………………… 167
　――評価 ………………………… 211
　――方法 ………………………… 141
　――役割 …………… 231, 236, 238, 538

スーパーバイザーとスーパーバイジー
　　‥‥‥‥‥‥‥‥181, 188, 205
　　──距離 ‥‥‥‥‥‥‥‥ 205
　　──力関係 ‥‥‥‥‥ 162, 181
　　──パワー ‥‥‥‥‥‥‥ 188
スーパーバイジー ‥‥‥‥‥ 161, 163
　　──依存 ‥‥‥‥‥‥‥‥ 108
　　──権限 ‥‥‥‥‥‥‥‥ 161
　　──個人記録 ‥‥‥‥‥‥ 335
　　──自己チェックシート ‥‥ 335
　　──目的 ‥‥‥‥‥‥‥‥ 163
スーパーバイジー・スーパーバイザー間
　の関係性 ‥‥‥‥‥‥‥‥‥ 119
スーパーバイジースキル ‥‥‥‥ 35
スーパービジョン ‥‥‥ 46, 69, 93, 162,
　196, 198, 199, 204, 210, 347
　　──6つの課題 ‥‥‥ 29, 30, 31, 32
　　──機能 ‥‥‥‥‥ 6, 139, 162
　　──基本型 ‥‥‥‥‥‥‥ 159
　　──教育 ‥‥‥‥‥‥‥‥ 37
　　──記録 ‥‥‥‥‥‥ 198, 204
　　──訓練 ‥‥‥‥‥‥‥‥ 357
　　──形態 ‥‥‥‥‥‥‥‥ 34
　　──契約 ‥‥‥‥‥‥‥‥ 204
　　──構造 ‥‥‥‥ 67, 160, 163, 556
　　──種類 ‥‥‥‥‥‥‥ 45, 46
　　──準備段階 ‥‥‥‥‥‥ 192
　　──多様性 ‥‥‥‥‥‥‥ 45
　　──定義 ‥‥ 59, 61, 66, 68, 163,
　361, 448
　　──評価 ‥ 196, 198, 199, 204, 210
　　──プロセス ‥‥‥‥‥‥ 126
　　──文化 ‥‥‥‥‥‥‥‥ 37
　　──目的 ‥ 21, 23, 63, 107, 160, 161,
　162, 196
　　──モデル ‥‥‥‥‥‥‥ 80
　　──役割 ‥‥‥‥‥‥‥‥ 402
　　──ルーツとCOS ‥‥‥‥ 347
スーパービジョン過程 ‥‥‥‥‥ 23
スーパービジョン機能表 ‥‥‥‥ 335
スーパービジョン教育 ‥‥‥‥‥ 356
スーパービジョンゲーム ‥‥‥‥ 205
スーパービジョン・サイクル ‥‥‥ 83
スーパービジョン実施契約書 ‥‥ 335
スーパービジョンモデル ‥‥ 173, 362
杉本照子 ‥‥‥‥‥‥‥‥‥ 6, 449
スタッフ会議 ‥‥‥‥‥‥‥‥ 218
スタッフ養成 ‥‥‥‥‥‥‥‥ 73
スティグマ ‥‥‥‥‥‥‥ 489, 490
ストレス ‥‥‥ 28, 77, 78, 120, 122, 483
ストレス・バーンアウト ‥‥‥‥ 443
ストレスマッピング ‥‥‥‥‥‥ 123
ストレングス ‥‥‥ 433, 491, 497, 498,
　499
ストレングスモデル ‥‥‥‥‥‥ 432

せ

生活困窮者 ‥‥‥‥‥‥‥‥‥ 473
生活困窮者自立支援事業 ‥‥‥‥ 386
生活支援員 ‥‥‥‥‥‥‥‥‥ 480
生活保護スーパービジョン ‥‥‥ 14
生活保護法 ‥‥‥‥‥‥‥‥‥ 367
生活モデル ‥‥‥‥‥‥‥‥‥ 326
性差 ‥‥‥‥‥‥‥‥‥‥‥‥ 147
省察 ‥‥‥‥‥‥‥ 143, 470, 495, 503
省察的実践 ‥‥‥‥‥‥‥‥‥ 496
精神医学的リエゾン・
　コンサルテーション ‥‥‥‥ 281
精神疾患 ‥‥‥‥‥‥‥‥ 490, 503
精神障害 ‥‥‥‥‥‥‥‥‥‥ 503
精神障害者 ‥‥‥‥‥‥‥ 488, 492
精神分析 ‥‥‥‥ 160, 169, 173, 174, 176,
　178
精神分析学 ‥‥‥‥‥‥‥‥‥ 542
精神分析療法 ‥‥‥‥‥‥ 52, 53, 217
精神分析理論 ‥‥‥‥‥‥‥‥ 54
精神保健福祉士 ‥‥‥‥‥‥ 487, 502
精神保健福祉法 ‥‥‥‥‥‥‥ 488
成長促進機能 ‥‥‥‥‥‥‥‥ 6
成長と評価 ‥‥‥‥‥‥‥‥‥ 4
成長モデル ‥‥‥‥‥‥‥ 170, 174
生命倫理の四原理 ‥‥‥‥‥‥‥ 99
セーフティネット ‥‥‥‥‥‥‥ 386
セツルメント活動 ‥‥‥‥‥‥‥ 516
セツルメント・ソーシャルワーカー
　‥‥‥‥‥‥‥‥‥‥‥‥‥ 516
セルフ・スーパービジョン ‥‥ 34, 455
善行原理 ‥‥‥‥‥‥‥‥‥‥ 99
全米ソーシャルワーカー協会（NASW）
　‥‥‥‥‥‥‥‥‥‥ 3, 64, 543
専門価値 ‥‥‥‥‥‥‥‥‥‥ 64
専門関係 ‥‥‥‥‥‥‥‥‥‥ 62
専門職アイデンティティ ‥‥‥ 56, 64

597

専門職大学院 …………………… 496, 502
専門職同一性 …………………… 63
専門職養成 ……………………… 313
専門職倫理 ……………………… 94
専門的自己 ……………… 321, 325, 460

そ

総合相談支援事業 ……………… 415
相互関係 ………………………… 120
相互交流 ……………………… 5, 34
相互交流アプローチ …………… 28
相互交流パターン ……………… 222
相互作用アプローチ ……… 561, 565
相互作用過程的概念タイプ …… 132
相談援助実習 ……………… 313, 316
相談援助実習指導 ……………… 313
ソーシャル・アクション …… 393, 398
ソーシャルケアプラン ………… 397
ソーシャル・ケースワーク …… 49
ソーシャルサポート・システム … 275
ソーシャルワーカー教育 ……… 359
ソーシャルワーカー像 ………… 325
ソーシャルワーカー倫理綱領 … 64, 68, 103, 112
ソーシャルワーク教育 ………… 358
ソーシャルワーク教育協議会 … 543
ソーシャルワーク実践 …… 47, 64, 247
ソーシャルワーク・スーパービジョン
　……………………………… 45, 47
　——概念と定義 ………………… 3
　——機能 ………………… 27, 49
　——定義 ……………………… 59
　——文化 ……………………… 19
　——役割 ……………………… 49
即時性 …………………………… 135
側面からの支持者 ……………… 141
組織運営 ………………………… 70
組織外スーパーバイザー ……… 113
組織・機関のストレス ………… 121
組織的ビューロクラシー ……… 71
組織内スーパービジョン …… 70, 110
組織文化 ………………………… 308
組織マネジメント ……………… 421
措置 ……………………………… 403
ソリューションフォーカス・
　アプローチ …………………… 28

た

ターナー（Turner）……………… 52
第三者評価機関 ………………… 302
対象関係学派 …………………… 170
対象関係論 ………………… 176, 178
対人関係 ………………………… 62
ダイナミック・ケースワーク … 51
多機関協働アプローチ ………… 285
多重債務者 ……………………… 384
多職種連携 ………………… 295, 397
脱孤立 …………………………… 103
脱疎外 …………………………… 103
田中千枝子 ………………… 33, 325
ダネット（Dunnett）……… 164, 176
タフト（Taft）…… 47, 52, 53, 55, 56, 57, 535
多面的な関係性 ………………… 119
多様な限界 ……………………… 4
ダンラップ（Dunlap）……… 52, 53

ち

地域ケア会議 …………………… 421
地域サービス …………………… 523
地域生活定着支援センター …… 392
地域福祉活動記録 ……………… 478
地域包括ケア ………… 295, 309, 414
地域包括ケア研究会 …………… 414
地域包括ケアシステム ………… 388
地域包括支援センター ………… 414
チーム・スーパービジョン …… 34
チームのストレス ……………… 121
チームビルディング …………… 489
力関係 ……………………… 147, 179
置換 ……………………………… 138
地区委員会 ………… 349, 350, 354
逐語記録 ………………………… 200
逐語録 …………………………… 468
知的障害者施設 ………………… 442
中核症状 …… 426, 427, 429, 432, 433, 436
中間管理職 ………………… 161, 186
中間段階 …………………… 125, 128
調節 ……………………………… 138
直接的な実践 …………………… 361

直面化 ……………………… 135, 491

つ
ツイ（Tsui）……………… 119, 347

て
出会い ……………………………… 127
出会い段階 ……………………… 229
定期的・継続的コンサルテーション
　……………………………………… 286
定期的コンサルテーション ……… 153
抵抗 ………………………… 177, 197
デイビス（Davys）…… 125, 126, 128, 129, 130
ディベロップメント ……………… 80
デッソー（Dessau）……………… 220
転移 …… 177, 178, 180, 184, 189, 205, 492
伝達性 …………………………… 135

と
統合 ……………………………… 143
統合モデル ……………………… 176
当事者 …………………………… 492
当事者研究 ……………………… 491
同質性 …………………………… 29
同時併行的 ……………………… 145
統制と自律 ……………………… 9
道徳 ……………………………… 95
トーマス（Thomas）……………… 28
トラウマ体験 …………………… 490
トランスディシプリナリ・モデル … 489
取り決め ………………… 81, 82, 84

な
内省 ………………… 137, 143, 322, 326
内省的思考 ………………… 245, 247
内省的実践 ……………………… 258
内発の動機 ……………………… 245
仲村優一 ………………………… 219
成毛信男 ………………………… 135

に
ニーズアセスメント ……………… 498
日本医療社会事業協会 …………… 320
日本医療社会福祉協会 ……… 319, 320
日本社会福祉士会 …… 314, 319, 320
日本社会福祉士養成校協会 …… 20, 319, 321
日本精神保健福祉士 ……………… 502
日本精神保健福祉士協会 …… 487, 501
ニューヨーク慈善組織協会 ……… 357
ニューヨーク貧困者生活改善協会 … 350
人間関係の重要性 ………………… 65
認知行動療法 ……………… 174, 491
認知症高齢者 ……………… 137, 426
認定看護管理者制度 ……………… 341
認定看護師制度 …………………… 341
認定社会福祉士 …………… 329, 331
認定社会福祉士・
　認定上級社会福祉士制度 ……… 21
認定社会福祉士認証・認定機構 … 330, 502
認定上級社会福祉士 ……… 329, 331
認定スーパーバイザー養成研修 … 501

ね
ネグレクト ……………………… 409
ネットカフェ難民 ………………… 394
ネットワーク …………………… 397
年齢差 …………………………… 147

の
能動的な促進者 ………………… 141
野末聖香 ………………………… 296

は
ハークネス（Harkness）……… 159, 404
パートナーシップ ……… 134, 326, 488
パートナーシップ関係 …………… 127
パートナーシップモデル ………… 557
パーマネンシー …………………… 404
バーンアウト … 28, 443, 444, 483, 548
媒介機能 …………………… 6, 564
ハウ（Howe）……………… 148, 163

波長合わせ ………………………… 230
ハッチンソン（Hutchinson）…… 49, 51
ハミルトン（Hamilton）………… 313
パラレルな関係性 ………………144, 145
パラレルプロセス ………………… 563
ハルハウス ………………………… 516
パワー ……………………………… 204
判定会議 …………………………… 403
反復 ………………………………… 138

ひ

ピア ………………………………… 244
ピア関係 …………………………… 245
ピア・スーパービジョン …… 22, 28, 34, 243, 245, 251
　　──課題 ……………………… 248
　　──過程 ……………………… 256
　　──スキル …………………… 251
　　──定義 ……………………… 243
　　──方法 ……………………… 251
　　──目的 ……………………… 245
ピアスタッフ ……………………… 489
ヒエラルキー ……………………… 354
引きこもり ………………………… 473
非言語コミュニケーション ……… 136
非言語的コミュニケーション …… 135
非言語メッセージ ………………… 132
ビッグブラザーズ・
　ビッグシスターズ運動 ………… 263
ヒューマンコミュニケーション … 132
ビューロクラシー ………………… 69
評価 ……………………… 129, 160, 191
評価機能 ……………………… 29, 139
評価・終結段階 …………………… 198
評価的 ……………………………… 139

ふ

ファシリテーター ………………… 497
フィールド・インストラクション … 570
フォーマルなメンタリング …268, 269
フォローアップ …………………… 22
深田博己 …………………………… 132
福祉サービス第三者評価 ………… 301
福祉事務所 ……………… 219, 367, 373
福祉人材確保指針 ………………… 486

福山和女 ………………… 11, 29, 449
不全感 ……………………………… 129
ブラウン（Brown）………… 287, 297
プラクティショナー ……………… 64
振り返り …………………… 129, 146
プリチャード（Pritchard）…… 29, 139
ブレイクダウン …………………… 499
フロイト（Freud, S.）…… 49, 52, 217
プロクター（Proctor）…………… 35
プログラム開発と評価 …………… 289
プログラム評価の専門性 ………… 291
プロセス …………………………… 270
プロセスレコード ………………… 200
プロセティックス ……… 406, 407, 409
プロテジェ ………………………… 264
プロトコル ………………………… 403
文化的能力 ………………………… 364

へ

併行関係 ………… 178, 180, 187, 205
別離 ………………………………… 129
ベテランバイアス ………… 490, 500
ヘルスケア・スーパービジョン … 548
変換のプロセス …………………… 3

ほ

報酬としての力 …………………… 148
ホーキンス（Hawkins）…………… 143
ボーゴ（Bogo）………… 14, 162, 570
ホームレス ………………………… 384
補完 ………………………………… 137
ポジショニング …………… 489, 499
ボストン慈善組織協会 …………… 355
ボストン友愛訪問員 ……………… 351
ボヤス（Boyas）…………………… 122
ボランティア訪問員 ……………… 349
ホロウェイ（Holloway）………… 160

ま

前田ケイ …………………… 8, 449
マクレランド（McClelland）…… 321
マクロ実践ソーシャルワーク …… 290
マックナイト（McKnight）……… 162
マッチング ………………………… 273

マルチディシプリナリ・モデル …… 489
マンソン（Munson）……… 5, 50, 59, 60, 65, 119, 141, 147, 164, 217, 551

み

ミスポジション論 ……………… 498
密室性 ………………………… 204
民生安定所 …………………… 373
民生委員 ……………………… 369

む

無危害原理 …………………… 100

め

明確化 ………………………… 135
メタ認知的発話 ……………… 250
メディエーション ……………… 80
メナ（Mena） ………………… 122
メンター ………………… 262, 265
　――候補者 ………………… 273
　――制度 …………………… 265
メンターシップ ……………… 209
メンタリング ………………… 260
　――アセスメント ………… 272
　――機能 ……………… 265, 266
　――計画 …………………… 273
　――効果 …………………… 265
　――実施 …………………… 274
　――定義 …………………… 264
　――評価 …………………… 275
　――目的の明確化 ………… 272
メンタルヘルス ……… 295, 487, 503
メンティ ………………… 264, 265
メンティ候補者 ……………… 273

も

モニタリング ………………… 274
モリソン（Morrison）…… 5, 50, 79, 80, 127, 209, 577

や

役割演技 ……………………… 239

ゆ

友愛訪問員 …………… 348, 353, 527
有給職員 ………………… 349, 353
有給専任吏員 ………………… 371
有効で適切な援助技術への働きかけ
　………………………… 141, 142
有償チャリティワーカー …… 528

よ

要保護児童対策地域協議会 …… 400
4つの機能 …………………… 81
予防重視型システム ………… 414
4×4×4モデル …………… 83, 86, 580
4軸のスーパービジョン体制 …… 29, 33

ら

ライアン（Ryan） …………… 133
ライブ・スーパービジョン … 455, 462
ラベリング …………………… 490
ラポール ……………………… 122
ランク（Rank） ……… 49, 52, 535
ランク心理学 ………………… 537

り

リアリティ・ショック体験 …… 461
力動関係 ……………………… 494
リスクマネジメント ………… 305
リソース ………………… 491, 499
リッチモンド（Richmond）…… 4, 47, 137, 356
リプスキー（Lipsky） ………… 406
リフレーミング ………… 491, 500
リフレクション ……………… 496
理論化への働きかけ …… 141, 142
臨床実践上のストレス ……… 121
リンズリー（Linsley） ……… 406
倫理 …………………………… 93
倫理基準 ………………… 104, 112
倫理規定 ……………………… 207
倫理綱領 ………………… 65, 96
倫理的基盤 …………………… 5

れ

レヴィン（Lewin） ……………… 221
連結 ……………………………… 322, 326

ろ

ローカル・ガバナンス …………… 385
ロールプレイ ……………… 143, 239
ロールモデル ………… 261, 264, 466
ロビンソン（Robinson） … 4, 47, 50, 52, 55, 58, 358, 535

わ

渡部律子 ………………… 16, 251, 449
和辻哲郎 ……………………………… 93
ワナコット（Wonnacott） …… 50, 79, 81, 83, 577, 583

B

BPSD（Behavioral and Psychological Symptoms of Dementia） ………… 427

C

COS（Charity Organization Society） ……………………………… 4, 518
Council on Social Work Education；CSWE ………… 543
CPS（Child Protective Services） …… 401
CWDC（Children's Workforce Development Council） ………… 578

E

e-スーパービジョン ……………… 34

F

FKグリッド ……………………… 325

G

GHQ ……………………………… 368
GSCC（General Social Care Council） ……………………………… 586

H

Hull-House Charter ……………… 519

I

ICF（International Classification of Functioning, Disability and Health） ……………………………… 497
ITPループモデル ……… 322, 326, 571

M

MSW ……………………………… 459

N

NASW（National Association of Social Workers） ………… 545, 546
National Association of Social Workers；NASW ……………… 543

O

OJT（On the Job Training） ……… 502
OSCE ……………………………… 211

P

PSW ………………………… 487, 488

S

Social Diagnosis ………………… 536
Social Work Reform Board ………… 586
Social Work Task Force …………… 586
Street Level Bureaucrat（SLB） …… 405

《監修・編者・執筆者一覧》

◆監　修
　一般社団法人日本社会福祉教育学校連盟

◆編　集
　一般社団法人日本社会福祉教育学校連盟
　ソーシャルワーク・スーパービジョン編集委員会

◆編集委員（五十音順）
　阿部裕二（東北福祉大学総合福祉学部教授，日本社会福祉教育学校連盟
　　　　　副会長）
　稲沢公一（東洋大学ライフデザイン学部教授，同連盟副会長）
　大島　巖（日本社会事業大学学長，同連盟会長）
　北島英治（日本社会事業大学大学院特任教授，同連盟監事）● 編集副
　　　　　委員長
　黒木保博（同志社大学社会学部教授，同連盟副会長・常務理事）
　野口定久（日本福祉大学社会福祉学部教授，同連盟副会長・常務理事）
　野村豊子（日本福祉大学大学院教授，同連盟前会長）● 編集委員長
　藤林慶子（東洋大学社会学部教授，同連盟前事務局長）● 編集副委員長
　船水浩行（東海大学健康科学部教授，同連盟事務局長）
　※役職は 2015 年 3 月末現在

◆執筆者および執筆分担（五十音順）
　飯村史恵（いいむら・ふみえ）
　立教大学コミュニティ福祉学部准教授 ………………………… 第 10 章第 7 節
　石附　敬（いしづき・たかし）
　東北福祉大学総合福祉学部講師 ………………………………… 第 11 章第 8 節

大島　巖（おおしま・いわお）
日本社会事業大学学長 …………………………………刊行にあたって，第7章1節

大村美保（おおむら・みほ）
筑波大学人間系障害科学域助教 ……………………………… 第11章第9節

岡田進一（おかだ・しんいち）
大阪市立大学大学院生活科学研究科教授 ……………………… 第10章第4節

荻野剛史（おぎの・たかひと）
東洋大学社会学部准教授 ……………………………………… 第11章第6節

北島英治（きたじま・えいじ）
日本社会事業大学大学院特任教授 …………………………………… 第1章

木下大生（きのした・だいせい）
聖学院大学人間福祉学部准教授 ……………………………… 第10章第5節

木村容子（きむら・ようこ）
日本社会事業大学社会福祉学部准教授 ……………………… 第11章第7節

黒木邦弘（くろき・くにひろ）
熊本学園大学社会福祉学部准教授 ……………………………… 第6章第1節

黒木保博（くろき・やすひろ）
同志社大学社会学部教授 ……………………………………………… 第5章

小山　隆（こやま・たかし）
同志社大学社会学部教授 ……………………………………………… 第2章

笹尾雅美（ささお・まさみ）
貞静学園短期大学専任講師 …………………………………… 第11章第2節

塩村公子（しおむら・きみこ）
東北福祉大学総合福祉学部教授 ……………………………………… 第4章

芝野松次郎（しばの・まつじろう）
関西学院大学人間福祉学部教授 ……………………………… 第10章2節

志村健一（しむら・けんいち）
東洋大学社会学部教授 ………………………………………… 第6章第2節

菅原里江（すがわら・りえ）
東北福祉大学総合福祉学部准教授 ……………………………… 第11章第3節

高山恵理子（たかやま・えりこ）
上智大学総合人間科学部准教授 ……………………………… 第8章第1節

髙山直樹（たかやま・なおき）
東洋大学社会学部教授 …………………………………………… 第7章第2節

野口定久（のぐち・さだひさ）
日本福祉大学社会福祉学部教授 ……………………………… 第10章第1節

野﨑瑞樹（のざき・みずき）
東北文化学園大学医療福祉学部准教授 ……………………… 第11章第1節

野村豊子（のむら・とよこ）
日本福祉大学大学院教授 ………………………………………序章・第3章

平澤恵美（ひらさわ・えみ）
同朋大学社会福祉学部専任講師 ……………………………… 第11章第4節

藤林慶子（ふじばやし・けいこ）
東洋大学社会学部教授 ………………………… 第8章第2節，第10章第3節

船水浩行（ふなみず・ひろゆき）
東海大学健康科学部教授 ……………………………………… 第9章第2節

古屋龍太（ふるや・りゅうた）
日本社会事業大学大学院教授 ………………………………… 第10章第8節

保正友子（ほしょう・ともこ）
立正大学社会福祉学部教授 …………………………………… 第10章第6節

山口友佑（やまぐち・ゆうすけ）
東洋大学大学院博士後期課程 ………………………………… 第11章第5節

横山　穰（よこやま・ゆずる）
北星学園大学社会福祉学部教授 ……………………………… 第9章第1節

ソーシャルワーク・スーパービジョン論

2015年5月27日　発行

監　修　　一般社団法人　日本社会福祉教育学校連盟
発行者　　荘村明彦
発行所　　中央法規出版株式会社
　　　　　〒110-0016　東京都台東区台東 3-29-1　中央法規ビル
　　　　　　営　　業　　TEL03-3834-5817　　FAX03-3837-8037
　　　　　　書店窓口　　TEL03-3834-5815　　FAX03-3837-8035
　　　　　　編　　集　　TEL03-3834-5812　　FAX03-3837-8032
　　　　　　http://www.chuohoki.co.jp/

印刷・製本　　永和印刷株式会社

定価はカバーに表示してあります。
ISBN978-4-8058-5157-9

本書のコピー，スキャン，デジタル化等の無断複製は，著作権法上での例外を除き禁じられています。また，本書を代行業者等の第三者に依頼してコピー，スキャン，デジタル化することは，たとえ個人や家庭内での利用であっても著作権法違反です。

落丁本・乱丁本はお取り替えいたします。